〈2판〉

교육과정의 이해

소경희 저

교육과학사

2판 서문

이 책은 2017년 처음 출판되었다. 어느덧 7년에 가까운 세월이 흘렀다. 길지 않은 시간임에도 불구하고 그동안 우리의 교육 환경에 많은 변화가 있었다. 교육과정이라는 학문은 태생적으로 '실천적'인 측면을 지니고 있기 때문에 이러한 변화에 무관심할 수 없다. 책을 쓴다는 일이 쉽지 않은 일이기에 필자는 당초 개정판을 염두에 두지 않았었다. 그러나 교육과정을 둘러싼 몇 가지 주요한 변화는 불가피하게 개정을 서두르게 했다.

이 책에서 주목한 변화는 크게 세 가지이다. 첫째는 점점 더 불확실해지고 있는 미래 사회를 전망하면서 OECD가 새롭게 추진한 역량 프로젝트 'Education 2030'이다. 둘째는 2024년부터 단계적으로 적용될 '2022 개정 교육과정'의 고시 및 향후 국가 교육과정 개정을 담당할 새로운 국가 조직인 '국가교육위원회'의 출범이다. 마지막으로는 교육과정 연구에 있어서 '포스트-재개념주의'라는 새로운 흐름의 출현이다. 이러한 변화는 교육과정 실제뿐만 아니라 이론에도 영향력을 가진다는 점에서 교육과정을 가르치거나 배우고자 하는 사람들에게 중요하다.

이 책은 여전히 13장으로 구성되어 있다. 새로운 장을 추가하지 않았다. 앞에서 언급한 주요 변화는 6장, 8장, 11장, 13장의 내용을 수정하거나 보완하는 형태로 개정판에 반영되었다. 6장에서는 OECD의 'Education 2030' 프로젝트를 비교적 상세히 소개함으로써 미래 사회의 학교교육에서 왜 역량의 함양이 중요하며, 학교교육에서 역량의 의미가 어떻게 이해되어야 하는지를 좀 더 명료히 드러내고자 했다. 8장에서는 2022년 12월 22일 고시한 '2022 개정 교육과정'의 주요 개정 방향과 학교급별 특징을 추가해 제시했다. 11장에서는 '2022 개정 교육과정'의 개정 및 개발 과정을 추가하고, 2021년 9월 27일에 출범한 '국가교육위원회'의 향후 국가 교육과정 개정과 관련한 역할을 덧붙였다. 13장에서는 교육과정 연구 분야에서 새롭게 출현하고 있는 '포스트-재개념주의' 흐름을 간략하게 추가했다. 이외에, 13개의 장 전반에 걸쳐 필요한 곳에서 최근의 변화된 내용을 반영한 수정과 보완이 이루어졌다. 일부 문장도 좀 더 매끄럽게 다듬었다.

이 책의 가장 큰 변화는 각 장의 서두에 '탐구 쟁점 예시'를 2~5개 정도 제시했다는 점이다. 필자는 지난 몇 년 동안 이 책을 가지고 수업했다. 부분적으로 강의가 이루어지긴 했지만 대부분의 수업은 필자가 예시적으로 제시한 '탐구 쟁점'을 가지고 토론하는 형태로 진행되었다. 학습자들은 수업 전에 책을 미리 읽고 생각을 정리해 왔다. 장별로 제시된 '탐구 쟁점 예시'는 수업 시간에 활용할 수 있는 것을 그야말로 '예시'한 것이다. 교수자들은 이를 참고하거나 더 좋은 쟁점들을 추가하여 수업을 운영할 수 있을 것이다. 학습자들은 제시된 탐구 쟁점을 통해 각 장에서 다루고자 하는 주된 주제와 내용이 무엇인지를 좀 더 분명하게 파악할 수 있을 것이다.

이 책은 학부나 대학원의 '교육과정' 관련 수업을 위한 하나의 읽기 교재용도로 집필되었다. 그러나 이 교재의 내용을 어떻게 읽고 활용할 것인지는 독자의 몫이다. 필자의 경험에 의하면, 이 책을 주된 읽기 교재로 사용한다고 해도 실제 수업에서 생성된, 혹은 교수자와 학습자 간에 이루어진 교육적 경험은 매년 다를 수 있다. 매번 학습자들이 다르고, 이들의 관심사와 관점, 사유 방식이 서로 다르기 때문이다. 교수자 또한 이들에 반응하여 수업 방식을 변경하거나 추가적인 읽기 자료를 제공할 수밖에 없다. 어떤 형태로 수업이 진행되든 이 책은 '교육과정' 분야의 이론과 실제를 이해하고 관련된 지식을 심화하는 데 기초가 될 수 있을 것으로 기대된다.

이 책을 쓰고 개정하는 데에는 같이 연구하고 공부했던 수많은 학생들의 도움이 컸다. 이들과의 수업, 토론, 대화 속에서 필자의 문제의식과 사유가 좀 더 분명해지고 확장될 수 있었다. 그동안 만난 모든 학문적 인연에 감사하다. 또한 무한한 돌봄과 지원을 하며 묵묵히 기다려주는 가족에게도 늘 감사하다. 마지막으로 개정을 독려하고 편집에 애써주신 교육과학사에도 감사의 마음을 전한다.

2024년 1월
저자 소경희

1판 서문

이 책이 출간된 2017년은 교육과정 학계에서 의미 있는 시점이다. 교육과정이라는 학문의 탄생은 『교육과정』을 제목으로 내세운 저서가 세상에 처음으로 등장한 1918년으로 알려져 있다. 따라서 이를 기점으로 하면, 교육과정의 학문적 역사는 100여 년 정도가 되었다고 할 수 있다. 우리나라의 경우, 교육과정 연구자들의 학문 공동체인 한국교육과정학회는 1967년에 창립되었다. 따라서 2017년은 한국 교육과정학이 50주년을 맞이하는 의미 있는 해이기도 하다.

이 책은 교육과정 분야의 100여 년의 삶의 역사를 훑는다. 교육과정이 하나의 학문 분야로서 살아 온 역사는 타 학문에 비해 길지 않지만, 그 삶은 다른 어느 학문보다 역동적이며 풍성하다고 할 수 있다. 이는 교육과정 분야가 주된 탐구 대상으로 삼는 '교육과정'이라는 것이 주어지거나 고정되어 있는 어떤 것이기보다는 늘 새롭게 사유되고 탐색될 수 있는 것이기 때문이다. 누구든지 교육과정에 대한 입장을 드러낼 수 있으며, 이 입장은 늘 도전될 수 있는 것이다. 이로 인해 교육과정 분야는 교육과정에 대한 저마다의 입장을 드러내고 이를 여러 논리와 이론을 동원하여 설득하기 위한 연구들로 차고 넘친다. 이 점은 지난 100여 년에 걸쳐 수행된 교육과정 분야의 연구들을 정리해 내는 작업이 쉽지 않음을 말해준다.

필자는 1986년에 '교육과정' 전공으로 대학원 공부를 시작한 이래 30여년에 걸쳐 교육과정을 연구하거나 가르치는 삶을 살아왔다. 돌이켜보면, 필자도 그 30여 년의 삶 동안 이러저러한 방식으로 교육과정에 대해 나름의 입장을 표명하는 데 동참했다. 한편으로 필자는 밀려들어오는 서양, 특히 영미권의 교육과정 연구와 이론의 흐름에 뒤질세라 늘 이들 나라에서 출판된 신간과 저널을 뒤적이며 새롭게 부각된 주제나 쟁점을 반영한 글을 썼다. 다른 한편으로 필자는 자주 바뀌는 국가 교육과정의 개정 및 개발 작업에 한국의 교육과정 학자로서의 일말의 책임감과 의무감을 갖고 참여하거나 이와 관련된 글을 써댔다. 역동적인 교육과정 분야만큼이나 연구자나 학자로서의 필자의 삶도 분주했으며, 따라서 그 삶의 경험을 정리하거나 꼼꼼히 성찰해 볼 여유를 갖기가 어려웠다.

이 책의 집필은 그동안 필자가 교육과정에 대해 공부하고 이해한 것을 어떻게든 정리해 보겠다는 동기로 시작되었다. 따라서 이 책의 내용은 엄밀히 말하면 필자의 학문적 경험과 사유를 반영한 것으로, 교육과정에 대해 필자가 이해한 것을 유목화하여 제시한 것이다. 이 책을 통해 교육과정의 개념, 역사, 개발, 실행, 이론 등에 대한 필자의 이해를 보여줄 것이나, 독자 여러분은 이를 토대로 자신만의 교육과정 관점을 구축해보길 기대한다.

이 책은 총 13개의 장으로 구성되어 있다. 1장과 2장은 교육과정을 개념적으로 이해하기 위한 것이다. 교육과정은 여러 맥락에서 다양한 의미로 사용되고 있기 때문에 사람들 간에 교육과정을 두고 품고 있는 생각이나 지칭하는 바가 다를 수 있다. 1장에서는 교육과정이라는 개념이 갖고 있는 성격을 드러내고, 교육과정을 이해하는 데 혼란을 야기할 수 있는 용어들을 검토한다. 2장에서는 교육과정의 의미가 여러 측면에서 다양하게 이해될 수 있음을 제시함으로써 교육과정에 대한 폭넓은 이해를 강조한다.

3장은 교육과정의 역사를 다룬다. 교육과정은 주어진 것이 아니라, 교육적 이상과 관점을 달리하는 여러 집단들이 갈등하고 분투한 결과물이라고 할 수 있다. 3장에서는 오늘날 교육과정에 대한 관점을 형성하는 데 큰 영향을 끼친 미국의 교육과정사를 검토한다. 특히 19세기 말부터 20세기 전반기에 미국의 학교 교육과정을 지배하기 위해 각축전을 벌였던 인문주의자, 발달주의자, 사회효율성주의자, 사회개량주의자들의 입장을 살펴본다.

4, 5, 6장은 교육과정에 대한 서로 다른 관점을 다룬다. 학교 교육과정을 구성하고자 할 때, 가르쳐야 할 내용에 초점을 둘 수도 있고, 가르침을 받는 대상인 학생에게 초점을 둘 수도 있으며, 기르고자 하는 인간상에 초점을 둘 수도 있다. 이 세 가지 가운데 어디에 더 초점을 두는가에 따라 구성된 교육과정의 성격은 매우 달라진다. 4장은 가르쳐야 할 내용 그 자체에 초점을 둔 지식 중심 교육과정의 주장과 이론을 제시한다. 5장은 가르침을 받는 대상인 학생에게 초점을 둔 경험 중심 교육과정의 주장과 이론을 소개한다. 6장은 최근 들어 주목되고 있는 것으로, 기르고자 하는 인간상에 초점을 두고 학생들의 역량 발달을 목표로 삼는 역량 중심 교육과정을 다룬다.

7장과 8장은 우리나라 교육과정의 역사와 발달 과정을 제시한다. 미국과 달리 우리나라는 국가가 직접 초·중등학교의 교육과정을 통제해 왔기 때문에, 학교 교육과정의 주도권을 차지하기 위한 학자들 간의 투쟁은 발견하기 어렵다. 따라서 우리나라 교육과정의 역사에 대한 검토는 수차례에 걸쳐 개정되어 온 국가 교육과정을 소개하는 것으로 대신한다. 7장에서는 해방 전의 교육과정을 간략히 개괄한 후 제6차 교육과정까지의 교육과정을 살펴본다. 8장에서는 21세기 우리나라 학교교육의 기본 토대를 제공했던 제7차 교육과정부터 가장 최근에 개정되어 2017년부터 단계적으로 시행되는 '2015 개정 교육과정'까지를 검토한다.

앞에서 소개한 내용들이 교육과정의 개념과 역사, 그리고 교육과정에 대한 관점을 소개하는 것에 초점을 두었다면, 9, 10, 11, 12장은 교육과정을 개발하고 실행하는 것에 초점을 둔 내용으로 구성된다. 이들 내용을 다룸에 있어서 필자의 의도는 교육과정 개발과 실행을 위한 최선의 방법을 처방하는 데 있기보다는, 교육과정 개발과 실행을 보는 여러 관점이 있을 수 있음을 제시하는 데 있다. 어떤 관점을 갖는가에 따라 교육과정을 개발하거나 실행하는 방법은 달라질 수 있기 때문에, 최선의 방법을 찾기에 앞서 여러 관점을 이해하는 일이 중요하다고 할 수 있다. 9장에서는 교육과정 개발과 설계에 관한 여러 모형을 소개한다. 10장에서는 교육과정을 구성하는 각 요소들을 설계하는 원리와 함께, 최근에 교육과정 설계 원리로서 주목받고 있는 교육과정 통합을 그 개념과 의미가 올바로 이해될 수 있도록 다소간 길게 제시한다. 11장에서는 교육과정에 관한 의사결정을 누가 하는가에 초점을 맞추어 교육과정이 실제로 개발되는 체제를 살펴보고, 우리나라 교육과정 개발의 수준과 실제를 제시한다. 12장은 교육과정 실행에 대해 서로 다른 관점이 있을 수 있음을 제시하는 데 초점을 둔다.

이 책의 마지막인 13장은 교육과정 연구의 흐름을, 지난 100여 년에 걸쳐 이 분야에서 이룩해 낸 연구들을 범주화하여 소개하는 것으로 구성된다. 본래 교육과정에 대한 전문가들의 관심은, "학교에서 무엇을 가르쳐야 하는가," 즉 교육 내용에 대한 탐색으로부터 출발한 것이다. 그러다 1918년에 『교육과정』이라는 이름의 책의 등장과 함께, 교육과정은 "교육과정을 어떻게 개발해야 하는가"를 탐구하는 학문으로 알려지게 되었다. 그러나 교육과정의 학문적 성격을 교육과정 개발과 관련시키는 이러한 흐름은 1969년에 위기를 맞게 된다. 1969년 슈왑이라는 학자는 교육과정 분야가 '개발'에만 초점을 맞춘다면 이 분야는 죽음에 이를 것이라고 경고했다. 이후 교육과정 분야는 교육과정 '개발'의 시대를 접고 교육과정 '이해'의 시대로 나아가기 위해 폭넓은 관점과 맥락 속에서 재개념화되어 왔다. 그 재개념화 작업은 지금도 진행 중이며, 그 갈래는 정리하기 힘들만큼 다양하다. 더군다나 교육과정 '개발'에 초점을 두는 흐름도 여전히 살아남아서 초기 교육과정 분야의 연구 전통을 이어가고 있다. 13장에서는 20세기 초부터 최근까지 추진되어 온 이러한 교육과정 연구의 흐름, 다시 말하면 교육과정 이론화의 노력을 검토한다.

이 책은 위에서 소개한 13개의 장을 통해 교육과정이라는 분야에서 자주 언급되는 핵심적인 주제를 다루고자 했다. 따라서 이 책은 학부나 대학원의 '교육과정' 관련 수업에서 하나의 읽기 교재로 사용될 수 있을 것이다. 특히 필자는 이 책의 내용이 그대로 전달되기보다는 토론이나 성찰을 위한 수업의 자료가 되길 기대한다. 이 책은 또한 교육과정과 관련된 여러 통념에 의문을 갖거나 좀 더 알고 싶어 하는 현직 교사들에게도 도움이 될 것이다.

그러나 다시 한번 강조하자면, 이 책은 교육과정 분야의 주요 관심사에 대한 필자의 이해를 드러낸 것이다. 필자의 교육과정에 대한 사유와 경험은 여전히 진행 중에 있다. 따라서 이 책의 내용은 절대시되기 보다는 비판적으로 읽혀질 필요가 있다. 이 책에서 다루어진 여러 주제들은 많은 대화와 토론을 필요로 한다. 이 대화와 토론에 독자 여러분도 참여하기를 기대한다. 집필을 어떻게든 끝내야 한다는 조바심에 아쉬움이 남은 채로 마무리된 부분도 있고, 다소간 어렵게 집필된 부분도 있다. 독자들의 지적과 질타를 기다린다.

이 책이 나오기까지 주변의 많은 도움이 있었다. 시간과 공간, 그리고 가까운 사람들의 도움이 없었다면 지난 세월을 되씹는 집중적인 작업을 해낼 수 없었을 것이다. 여름과 겨울 방학을 통째로 아름다운 자연을 벗 삼아 집필에만 몰두하게 해 준 가족과 이웃에게 더할 나위 없이 감사하다. 그들의 숨죽임과 기다림에 이 책이 나올 수 있었다. 마지막으로 윤문을 도와준 허예지, 장연우 선생, 그리고 편집에 애써주신 교육과학사의 편집실에도 감사의 마음을 전한다.

2017년 2월

저자 소경희

차 례

교육과정의 성격 및 관련 용어

제1장

교육과정이란 무엇을 지칭하는가? 이 질문에 대한 답은 쉽지 않다. 교육과정이라는 용어는 우리 주변의 다양한 맥락에서 사용되고 있기 때문이다. 몇 가지 예를 들어 보자. 우선 교육과정은 사범대학이나 교육대학과 같은 초·중등학교 교사를 양성하는 기관에 개설된 교직 과목 가운데 하나를 지칭하는 것으로 사용된다. 교육과정이라는 용어는 또한 최근에 고시된 '2022 개정 교육과정'과 같이 국가 수준에서 개발하여 고시하는 교육과정을 언급하기도 하고, 이를 토대로 개발되는 시·도 혹은 학교 수준의 교육과정을 지칭할 때도 사용된다. 대학 수준에서는 단과 대학별 혹은 학과별 과목의 이수 체계를 지칭하는 용어로 교육과정이라는 이름이 사용된다. 학교 밖에서도 교육과정이라는 용어를 쉽게 발견할 수 있다. 여러 형식적·비형식적 교육 기관에서 제공하는 프로그램이 교육과정이라는 용어로 제시되곤 하는 것이다.

한편 많은 대학에는 교육과정이라는 과목을 가르치는 전임 교수가 있고, 대학원에 교육과정 전공이 있다. 교육과정이라는 용어가 하나의 학문 분야를 지칭하는 것으로 사용되고 있는 것이다. 한국교육학회 산하에 있는 '한국교육과정학회'라는 학술 단체는 바로 교육과정이 하나의 학문 혹은 연구 분야임을 분명히 한다. 최근에 일부 교수들은 자신의 학문적 정체성을 '교육과정' 전공이라는 이름 대신에 '교육과정학' 전공으로 드러내기도 한다.

이와 같이 교육과정이라는 용어는 특정 교육 기관에서 다루는 교육 내용을 지칭하기도 하고, 하나의 학문 분야를 지칭하기도 한다. 더군다나 교육과정이라는 용어는 국가와 같은 중앙의 거시적 수준에서부터 개별 학교와 같은 좀 더 지역적이고 미시적 수준에 이르기까지 다양한 수준과 맥락에 걸쳐서 활용되고 있다. 따라서 '교육과정'이라는 용어는 하나의 고정된 실체와 의미를 갖고 있다고 보기 어렵다. 교육과정이 지칭하는 바가 모호하다는 것은 교육과정을 둘러싼 의사소통과 연구가 쉽지 않다는 것을 의미한다. 따라서 이 장은 교육과정에 대한 본격적인 소통을 하기 이전에, 교육과정이 갖고 있는 성격을 드러내고, 교육과정을 이해하는 데 혼란을 야기할 수 있는 용어들을 검토한다.

【탐구 쟁점 예시】

1. '교육과정'의 실천적 및 학문적 성격은 무엇인가?
2. 교과, 학문, 지식, 기능의 의미는 무엇이며, 이들은 어떻게 서로 관련되는가?
   1) 교과와 학문은 어떤 관계여야 하는가?
   2) 기능과 지식은 어떤 관계여야 하는가?

1. 교육과정의 성격

앞에서 지적했듯이 교육과정은 특정 교육 기관에서 다루는 교육 내용을 지칭하기도 하고, 하나의 학문 분야를 지칭하기도 한다. 이 점 때문에 교육과정의 성격은 모호하기가 이를 데 없다. 예컨대 교육과정에 대한 개론적인 것을 다룰 때, '교육과정'이라고 해야 하는가 아니면 '교육과정이론'이라고 해야 하는가? 교육과정에 대한 역사를 다룬다면 '교육과정사'라고 해야 하는가 아니면 '교육과정이론사'라고 해야 하는가? 어느 경우든 전자는 교육 기관에서 교육 내용으로 다루어지는 것 그 자체에 대한 것이며, 후자는 교육과정이라는 학문에 대한 것이라고 할 수 있다. 그러나 양자는 엄밀히 구분되기 어려우며, 실제로 우리가 접하는 많은 교육과정 저서에서는 이러한 용어를 혼용함으로써 혼란을 가중시키고 있다. 교육과정과 관련해서 왜 이러한 개념적인 혼란이 야기되는가? 이 절에서는 이러한 혼란이 어디에서 연유된 것인지를 이해하기 위해 교육과정의 성격을 살펴본다.

가. 교육과정은 학교교육의 핵심이다

학교는 교육과정을 중심으로 움직인다. 학교의 일상은 대개 시간표에 따라 이루어진다. 월요일부터 금요일까지의 시간표에는 국어, 수학, 영어, 음악, 미술 등의 시간이 배당되어 있다. 교사와 학생들은 이 시간표를 확인하며 학교 생활을 해나간다. 시간표에 있는 교과들, 그리고 그 교과들에서 다루어지는 교육 내용을 우리는 흔히 교육과정이라고 한다. 학교 시험뿐만 아니라 대학입학수학능력 시험도 이러한 교육과정에 기반을 두고 출제된다. 따라서 교육과정은 학교교육의 알맹이에 해당한다고 할 수 있다. 국가 수준에서 교육과정이 자꾸 바뀌면 학교교육에 혼란이 온다는 것은 교육과정이 학교교육에서 차지하는 위상을 극명하게 보여준다.

그러나 여기서 몇 가지 질문이 생길 수 있다. 세상의 많은 지식 가운데 어떻게 하여 국어, 수학 등의 교과가 학교의 시간표에 나름의 자리를 차지하게 되었으며, 원예나 디자인 등은 그 자리를 점하지 못하는가? 왜 수학 수업에는 늘 음악이나 미술보다 더 많은 시간이 배정되어 있는가? 수업 시간에 배우는 각 교과의 내용은 누가 어떻게 선정하는가? 시간표에 제시된 것 이외에 더 의미 있는 교육 활동은 없는 것인가? 지금까지 시간표에 제시된 대로 그리고 교과서에 담겨진 대로 공부를 해왔다면, 이제 내 삶에 당연시 되어왔던 이러한 것들에 대해 질문을 제기하고 이에 대한 탐색을 해볼 필요가 있다. 교육과정을 공부한다는 것은 바로 학교교육의 핵심이 되는 교육과정과 관련된 문제들을 탐색해 본다는 것이다. 특히 지금까지의 학교교육에 모종의 변화나 개선이 필요하다는 생각을 해봤다면, 다른 무엇보다도 그것의 핵심인 교육과정을 세밀하게 검토해 볼 필요가 있다.

나. 교육과정은 모학문이 없다

교사가 되려는 사람들은 교직 과목을 수강해야 한다. 그 가운데 교직이론 과목은 교사로서의 전문적 삶에 기초가 되리라 기대되는 것으로, 교육철학, 교육행정, 교육사회, 교육심리, 교육과정 등이 이에 해당한다. 대부분의 교직이론 과목은 모학문을 가지고 있다. 예컨대 교육철학은 철학, 교육행정은 행정학, 교육사회는 사회학, 교육심리는 심리학 등의 학문적 기반을 갖고 있다. 이들 교직이론 과목은 각자가 의존하는 모학문, 즉 철학, 행정학, 사회학, 심리학 등의 개념이나 이론, 방법론에 기대어 그 체계를 갖출 수 있었다. 따라서 이들 과목의 학문적 성격이나 다루고자 하는 영역은 비교적 분명한 편이다. 행정학이라는 학문 분야에서 언급되는 용어와 이론들을 교육행정 과목에서도 쉽게 발견할 수 있는 것이다.

그러나 교육과정은 다른 교직이론 과목과 달리 모학문이 없다. '과정학'이라는 것이 없기 때문에 교육과정은 기댈만한 학문적 토대가 애초부터 없었다고 할 수 있다. 이것은 교육과정의 태생이 다른 교직이론 과목과는 다름을 보여준다. 사실 교육과정은 아주 오래 전부터 어떤 시대에나 있었다. 우리는 교육과정이 없는 교육 기관을 상상할 수 없다. 서구의 그리스 로마 시대이든, 우리나라의 삼국시대이든 간에 교육 기관이 있는 곳이면 가르치고 배우는 내용, 즉 교육과정이 존재했었다. 말하자면 교육과정은 학문적인 탐구 분야로 논의되기 이전부터 교육의 실천적인 장면에 이미 존재하고 있었으며 교육에서 중요한 역할을 해 왔다. 이러한 사실은 교육과정이 학문적인 공동체의 구조적인 지지 없이도 그 자체를 유지할 수 있음을 보여준다.

교육과정은 교육 기관에서 수행해야 할 실천적이고 규범적 활동의 필요성 때문에 등장한 것이다. 따라서 교육과정은 모학문에 기반을 두고 성립된 다른 교직이론 과목과 달리 학문적인 탐구 분야로서의 체계나 특징이 약한 편이다. 나중에 자세히 설명되겠지만, 교육과정이 학문적인 탐구 분야로서 다루어지기 시작한 것은 20세기 초 정도이다. 그러나 그 이후 오늘날까지도 교육과정 분야가 어떤 성격의 학문이어야 하며, 어떤 연구를 해야 하는가를 두고 논쟁이 계속되고 있다. 이러한 상황은 교육과정이 학문적 탐구 분야로서 출발하지 않았으며, 특별히 의존하고 있는 모학문이라는 것이 없기 때문에 당연한 것이라고 할 수 있다.

모학문이 없다는 점에서 교육과정은 그 정체성 형성에 어려움을 겪기도 하지만, 다른 한편으로 보면 이러한 상황은 교육과정이 독자적으로 나름의 학문적 성격을 구축해나갈 수 있다는 가능성을 제공하기도 한다. 실제로 교육과정 연구자들은 교육과정의 독자적인 학문적 정체성을 확보하기 위한 노력을 하고 있다. 최근에 일부 교육과정 연구자들이 자신의 전공을 '교육과정'이라고 하는 대신에 '교육과정학'이라고 밝히는 것은 이러한 의지를 강하게 드러내는 것이라고 할 수 있다. 이들은 교육과정이 학문적 분야로서 출발하지 않았고 그 학문적 정체성이 여전히 모호하다는 점 때문에 교육과정'학'이라는 다소간 의도적인 표현을 통해 좀 더 학문적인 탐구 분야가 되기를 열망하고 있는 것이다.

다. 교육과정은 종합적이고 실천적 성격의 학문이다

교육과정에 대한 학문 공동체의 관심이 비교적 늦게 시작되었지만, 이제 교육과정은 엄연히 교육학계 내에 하나의 학문 분야로서 자리하고 있다. 미국의 대학원 과정에서 흔히 볼 수 있는 'Department of Curriculum and Instruction'(일명 'C & I')은 교육학과를 대표하는 전공이다. 우리나라에도 교육학과나 교직 과목이 설치되어 있는 대학원에는 교육과정 전공이 있다. 이들 대학원 과정에서는 교육과정을 계속 연구할 학문 후속 세대를 양성하기도 하고, 학교 현장의 교육과정 실천과 관련된 교사들의 전문성이나 연구 능력을 함양하기도 한다.

교육과정 분야의 학문적 성장은 이와 관련된 학회나 전문 연구 기관의 설립 및 발달을 통해서도 확인할 수 있다. 한국 교육계를 대표하는 학회는 한국 전쟁 중인 1953년에 피난지인 부산에서 창립된 한국교육학회이며, 이후 교육학의 하위 분야들을 중심으로 분과 학회들이 생겨났다. '한국교육과정학회'도 그 중 하나로서 1967년에 설립되었으며, 교육과정을 연구하고 실천하고 있는 많은 사람들이 이 학회에 소속되어 있다. 이 학회의 구성원들은 교육과정에 관한 이론과 실제의 문제를 연구함으로써 이 분야의 학문적 발전은 물론 우리나라 교육 현실을 개선하는 데 기여하고 있다.

다른 한편으로 우리나라의 국가 수준의 교육과정을 전문적으로 연구하는 독립적인 기관도 출현하게 된다. 1998년에 개원한 '한국교육과정평가원'은 정부 출연 연구 기관으로서 고등학교 이하 각급 학교의 교육과정을 연구 · 개발하는 데 헌신하고 있다. 국내외에서 교육과정을 공부하고 박사 학위를 취득한 많은 연구자들이 이곳에서 연구 활동을 하고 있으며, 교육과정 분야의 많은 대학 교수들이 이 연구 기관을 거치기도 했다.

교육과정은 학문 분야로서 출발한 것은 아니지만, 오늘날 하나의 학문 분야로서 매우 왕성하게 풍부한 연구물을 쏟아내고 있다. 그러나 교육과정의 학문적 성격은 교육학의 다른 분과 학문들과는 다소간 다르다고 할 수 있다. 이것은 앞에서 언급한 바 있는, 교육과정은 모학문이 없다는 점과 관련된다. 교육과정은 특정 학문에 의존하기보다는 교육학 내의 여러 분과들의 학문적 성과를 모두 고려한다는 점에서 종합적인 성격을 지닌다. 또한 교육과정은 그 연구 결과가 실제 교육 현장에 직접적인 영향을 미칠 수 있다는 점에서 매우 실천적인 성격을 지닌다고 할 수 있다. 말하자면 교육과정은 종합적이고 실천적인 학문으로서의 특징을 지닌다. 이것은 교육과정이 실천적인 맥락의 필요에 의해 생겨난 것이라는 점과 무관하지 않다. 교육과정은 교육 현장에서 무엇을 가르치고 배워야 하는가에 대한 질문으로부터 생겨난 것이며, 이는 교육철학, 교육심리, 교육사회 등 교육학의 여러 하위 학문 분야의 연구물을 종합적으로 탐색할 때 비로소 답해질 수 있는 성격의 것이다. 또한 이렇게 탐색하여 만들어진 교육과정은 교육 현장에 있는 교사와 학생들에게 직접적으로 다가간다는 점에서 매우 실천적인 성격의 것이다.

따라서 교육과정 연구자들은 교육과정에 관한 이론과 실제의 문제를 탐색하는 사람들이라고 할 수 있다. 교육과정 이론에 관심을 갖는 사람들은 교육 현장에서 무엇을 왜 가르쳐야 하는가를 이론적으로 탐색한다거나 실제 학교 교실에서 가르쳐지고 있는 것을 다양한 이론적 관점을 가지고 비판적으로 해석하고 이해하고자 한다. 반면 교육과정 실제에 관심을 갖는 사람들은 실제 교육 현장에서 사용될 수 있는 교육과정을 만들어 내거나 이를 실행하는 방안에 관심을 갖는다. 그러나 교육과정 연구에 있어서 이론과 실제는 밀접히 관련된 것으로, 교육과정에 대한 이론적 연구는 교육과정 실제에 영향을 미치고 교육과정 실제는 교육과정 이론을 위한 탐구 대상이 될 수 있다. 말하자면 교육과정이라는 학문 분야는 학교교육의 핵심이라고 할 수 있는 '교육과정'을 둘러싼 이론적이고 실제적인 문제들을 탐색하는 데 주된 관심을 갖는 분야라고 할 수 있다.

2. 교육과정과 관련된 용어에 대한 이해

"학교에서 무엇을 배우는가?"라는 질문에 대해, 대개는 "교과"라는 답이 돌아온다. 좀 더 구체적으로는 국어, 수학, 영어, 사회, 과학 등등의 교과들이 열거된다. 학교교육은 시간표에 편성된 교과를 중심으로 이루어지고 있기 때문에 이와 같은 반응은 당연하다고 할 수 있다.

그러나 '교과'라는 용어는 학교교육과 관련된 사유를 하는 데 있어서 혼란을 야기하는 주범이라고 할 수 있다. 학교교육이 교과를 중심으로 이루어져야 한다는 것이 당연시되면서도, 학교교육의 문제점으로 자주 지목되고 있는 것 또한 교과 중심 교육이다. '교과'라는 용어는 한편으로는 학교교육을 위해 필수불가결한 것으로 간주되기도 하고, 다른 한편으로는 학교교육이 극복해야 할 대상이기도 한 것이다.

'교과'가 긍정적인 것으로도 부정적인 것으로도 간주되는 것은 우리가 '교과'라는 용어에 이러저러한 이데올로기적 색채를 가미시켜 왔기 때문이다. 교과를 학교교육에 필수불가결한 것으로 보는 입장에서 교과는 곧 학문이다. 즉 국어, 수학, 영어 등의 교과를 배우는 것은 곧 해당 학문을 배우는 것과 동일하며, 이러한 학문을 배우는 것은 세계에 대해 체계적으로 축적되어 온 여러 가지 앎의 방식을 알아가게 된다는 점에서 의미가 있다. 여기서 교과는 문화, 계속성, 기준이라는 이름으로 옹호된다. 다른 한편으로 교과 중심의 학교교육을 비판하는 입장에서 교과는 학생들에게 아무런 의미가 없는 지식을 담고 있는 것으로 간주된다. 이 입장에서 교과는 경험이나 활동과는 반대되는 의미의 지식으로 이해되며, 따라서 교과 중심 교육은 지식 중심 교육과 같은 것으로 취급된다. 여기서 교과는 '전통적', '구식의', '인위적인' '부적절한' 것으로 비판받는다. 이와 같이 교과는 우리가 이 용어에 어떤 의미를 부여하느냐에 따라 그것의 가치가 달라질 수 있는 것으로, 모두가 동일한 의미로 '교과'라는 용어를 활용하고 있지 않다. 따라서 아래에서는 교과라는 용어의 본래적인 의미와 더불어 이 용어와 함께 사용되는 학문, 지식, 기능 등의 용어를 살펴본다. 이들 용어에 대한 의미는 각 용어에 대해 이 책이 취하고 있는 입장이기도 하다.

가. 교과

교과는 교육과정을 조직하기 위한 개념적 조각(segment)에 해당하는 것이라고 할 수 있다. 세상에는 배워야 할 것이 엄청나게 많으며, 수업을 위해서는 이것이 어떻게든 쪼개질 필요가 있다. 교과는 이것을 쪼개어 비교적 분명한 학습 분야로 조직하는 방식이다. 말하자면 교과는 교육적인 목표를 성취하기 위해 교육 내용을 조직하고 이를 위한 시간을 편성하고자 하는 사람들의 노력을 지원하기 위한 것이다. 이렇게 볼 때 교과는 교육과정의 개념적 혹은 조직적 구성 요소를 명명한 것에 지나지 않는다(Alexander, 2010). 교과는 전적으로 중립적인 용어라고 할 수 있으며, 따라서 우리는 교과에 어떤 의미든지 부여할 수 있다. 교과가 이러저러 해야 한다고 주장하는 것은 이를 주장하는 편에서만 의미가 있다. 교과는 본래 특정의 의미나 가치를 갖고 있었다기보다는, 교육과정을 조직하기 위한 하나의 형식적인 틀로서 우리가 어떤 의미를 부여하는가에 따라 그것의 내용적이고 질적인 의미가 드러나는 것이다.

교과는 여러 가지 형태로 구성될 수 있다. 즉 교과는 학문적으로도 주제 중심적으로도 구성될 수 있으며, 분과적으로도 통합적으로도 구성될 수 있다. 따라서 교과 중심 교육과정이라는 말은 다의적 해석이 가능하다는 점에서 그 의미가 매우 모호한 것이라고 할 수 있다. 교과 중심 교육과정을 지식 중심 교육과정과 동일한 것으로 보는 것 또한 교과의 본래의 의미를 제대로 이해한 것이라고 볼 수 없다. 교과는 학문이나 지식만을 담아낼 수 있는 것이 아니기 때문이다. 따라서 교과 중심 교육과정이 문제가 있다고 할 때, 그 비판은 교과라는 이름에 대한 것이라기보다는 그 교과에서 무엇이 어떻게 가르쳐지고 있는가에 대한 것이어야 한다. 교육과정이 교과로 틀지워졌기 때문에 구식인 것이 아니라 그 교과 속에서 다루어지는 내용과 이를 가르치는 교사의 노력이 진부하기 때문에 구식인 것이다.

나. 학문, 그리고 학문과 교과의 관계

교과는 교육과정을 조직하기 위한 중립적인 틀로서 뭐든지 담아낼 수 있는 것임에도 불구하고 지금까지 교과는 학문을 중심으로 구성되어 왔다. 우리의 학교에서 가르치고 있는 교과명이 대학의 학문명과 거의 같다는 점은 이를 보여준다. 그 결과 교과는 흔히 학문과 동일한 것으로 이해되기도 한다. 그러나 교과는 학문과 다르다는 점을 인식할 필요가 있다. 이것은 앞서 언급한 바와 같이 교과가 중립적인 용어라는 점에서 뿐만 아니라, 학문을 교과로 보는 것은 의도하지 않은 결과를 야기할 수 있기 때문이다.

학문은 지식의 분파로서 지식이 여러 영역으로 쪼개어진 것이다. 좀 더 구체적으로 말하면, 학문은 세계의 특정 영역이나 분야를 서술하고 이해하기 위해 구축된 것으로, 서로 구분되는 고유의 탐구와 의미 구성 방식으로 체계화된 여러 지식 영역들을 의미한다. 따라서 각 학문은 그 학문에 고유한 개념과 탐구 양식, 산물을 가지고 있다. 이 점에서 학문적으로 접근한다는 것은 각 학문 영역에서 사용하는 개념적 도구, 사유 방식, 탐구 양식 등을 활용한다는 것을 의미한다. 예컨대 과학의 학문적인 앎의 방식은 과학의 법칙이나 원리를 암기하는 것이 아니라, 과학의 고유한 개념을 이해하고 과학적인 사고와 탐구 절차를 활용하는 것이다. 학문으로서의 과학을 학교의 교과로 들여올 때는 이러한 기대가 함의되어 있다.

대학의 학문 구조를 학교 교과로 변용시키는 작업은 1960년대에 이루어졌다. 당시 교육 철학자들은, 교과는 대학에서 연구하는 학자들에 의해 체계적으로 정의되고 만들어진 지적인 학문에서 가져와야 한다고 제안하였고, 이러한 제안에 따라 대학의 학문이 학교의 교과로 사용될 수 있도록 변용되었다(Macdonald, 2003). 이후 지금까지 교과명은 학문과 거의 동일하게 명명되었으며, 교과의 내용도 각 교과가 토대를 두고 있는 학문의 내용에 의존하여 구성되어 왔다. 말하자면 교과란 해당 학문 분야의 본질과 구조를 중심으로 선정 · 조직되었으며, 수업 또한 교과의 토대가 되는 학문을 교육적으로 변용하여 가르치는 데에 주안점을 두어 왔다. 교과를 규정해 온 이러한 관행에는 '교과는 곧 해당 학문이다'라는 통념이 완강하게 자리하고 있으며, 이 통념은 일종의 제도처럼 우리를 지배해 왔다. 말하자면 우리에게는 교과를 해당 학문의 내용으로 환원해서 보려는 사고 습관이 여전히 남아 있는 것이다(소경희, 2010).

그러나 대학의 학문이 학교의 교과로 들어왔을 때, 교과는 당초 의도한 학문적인 성격을 갖기가 쉽지 않았다. 흔히 교과는 학생들에게 학문의 최종적 산물의 형태로 제시되었다. 이것은 교과가 학문 고유의 **지식**을 형성하고 탐구하는 과정과 같은, 학문을 특징지우는 생생한 요소들을 담아내기 어렵기 때문이었다(Rogers, 1997). 사실 교과는 그 교과와 관련된 개념이나 사실 혹은 주제와 같은 내용 측면에서 규정되기 때문에 그 교과 고유의 개념과 이해를 만들어낸 탐구 양식으로부터 유리될 수밖에 없다. 그 결과 교과에는 당초의 의도와 달리 학생들이 암기하도록 제시된 무기력한 조각들, 즉 다른 사람들이 만들어 놓은 결론, 이해, 사실들이 담기게 된다. 따라서 학교교육에서 교과로 변형된 학문들은 본래의 생명력을 잃어버린 경우가 많다. 학생들이 교과를 통해 '학문'을 접하고 있다고 생각하기 쉬우나, 실제 학생들은 진정한 학문적 앎의 방식을 배우기보다는 학문의 무기력한 조각을 접할 뿐인 것이다. 이 점에서 교과는 학문과 동일한 것이 아니며, 교과에 학문의 명칭을 활용하는 것은 오히려 교과 학습이 피상적이라는 이미지를 더욱 강화시킬 수 있다.

교과가 학문과 동일한 것이 아니라는 점은 최근 여러 나라의 교육과정 문서를 통해서도 확인된다. '시민성'(citizenship)이나 '컴퓨팅'(computing)과 같은 전통적인 학문의 범주에 해당하지 않은 교과들이 등장하고 있으며,

'환경과 기술'처럼 전통적인 학문의 벽을 뛰어 넘어 조직된 간학문적인 성격의 교과도 볼 수 있다. 따라서 최근에 많은 나라들은 교육과정을 조직하는 개념적 틀로서 교과 대신에 '학습 영역'(learning area)이라는 용어를 사용하고 있다. 이것은 중립적이어야 할 교과라는 용어에 오랫동안 붙박혀져 있었던 특정의 의미, 즉 학문의 이미지를 버리기 위한 불가피한 대안으로 보인다. 말하자면 학습 영역은 교과의 이데올로기적 색깔을 지우고 교과를 중립적인 용어로 되돌리기 위한 교과의 다른 이름인 것이다.

다. 지식

오늘날 많은 사람들은 구글이나 네이버에 지식이 있다고 본다. 따라서 필요한 정보를 이들 검색기를 통해 쉽게 얻고자 한다. 예컨대 '광합성'이 무엇인지 알고 싶다면 구글 검색창에 이 단어를 입력해 넣으면 된다. 그러면 광합성에 관한 많은 정보들이 줄줄이 열거된다. 따라서 이제 우리는 지식을 가르치는 수업은 구식이며, 교사의 일은 학생들이 정보와 사실에 접근할 수 있도록 준비시키는 것이라는 말을 자주 듣는다.

그러나 지식은 검색되고 저장되길 위해 존재하는 단순한 사실이나 정보와 동일한 것이 아니다. 우리가 인터넷을 활용하여 검색할 수 있는 사실이나 정보는 지식의 한 가지 유형으로 '명제적 지식'에 해당하는 것이다. 명제적 지식은 다른 사람들이 발견한 것을 아는 것, 즉 '~라는 것임을 안다'(knowing that)는 것을 의미한다. 이러한 명제적 지식은 '절차적 지식'을 동반하지 않으면 무기력한 것이 될 수 있다. 지식을 배우는 것이 의미가 없다는 주장은 바로 명제적 지식만을 암기하는 학교교육을 염두에 둔 것이라고 할 수 있다. 명제적 지식은 절차적 지식을 동반해야 생명력을 지닐 수 있다. 절차적 지식이란 명제적 지식이 성립됨을 증명한다거나 그 지식의 탐구 과정을 시연해 보이는 등 명제적 지식을 획득하는 과정이나 절차를 아는 것(knowing how)을 일컫는다. 지식이란 명제적 지식과 절차적 지식 모두를 의미하는 것으로 앎의 결과만이 아니라 앎의 과정도 포함한다. 따라서 앎의 결과에 해당하는 사실과 정보를 지식과 동일시 하는 것은 지식의 본질을 왜곡한 것이라고 할 수 있다.

여러 영역의 지식들이 사실이나 정보의 모음만이 아닌, 각 영역의 탐구 과정, 설명 양식, 검증 준거를 포함한 고유의 앎의 과정이나 의미 구성 방식들로 간주된다면, 지식은 과거와 현재를 이해하기 위한 매우 풍성한 창을 제공할 뿐만 아니라 미래의 문제와 필요를 다루기 위한 유용한 수단이 될 수 있다(Alexander, 2010). 이러한 의미의 지식은 또한 학생들에게 인터넷이나 텔레비전 등에서 쏟아져 나오는 모든 정보의 진위와 가치를 검증하기 위한 핵심적인 도구를 제공할 수 있다. 학교는 지식이 갖는 이러한 힘(power)을 살릴 수 있는 교육을 할 필요가 있다. 이렇게 볼 때, 지식 중심 교육과정에 대한 거부는 지식의 본질 그 자체에 대한 오해에서 비롯된 것이라고 할 수 있다. 진정한 지식 중심 교육과정은 파편적인 정보나 사실의 전달과 습득이 아니라, 학생들을 앎의 과정과 그 산물로 입문시키는 것이다.

한편, 최근 교육과정 분야에서는 공적으로 제공된 형태의 지식만이 아니라 개인이 구성하는 지식에도 관심을 갖는다. 개인은 공적인 성격의 지식에 대해 자신만의 의미를 구성할 수 있으며, 이것은 '공적 지식'(public knowledge)에 대비해서 '개인적 지식'(personal knowledge)으로 불린다. 국가 수준에서 개발하여 제공한 국가 교육과정은 공적 지식이라고 할 수 있으며, 교사나 학생이 이러한 국가 교육과정을 가르치거나 배우는 과정에서 나름대로 획득하거나 구축한 지식은 개인적 지식이라고 할 수 있다. 또한 교육과정에서 다루어지는 지식이 사회 구조나 권력과 어떤 관계가 있는지도 이해할 필요가 있다. 이러한 이해가 없다면, 교육과정에서 특정 종류의 지식이 어떻게 해서 다른 지식보다 중요시 되는지, 교육 내용이 어떻게 사회의 주류 문화에만 관심을 갖고 다른 문화를 주변화시키거나 배제시키는지를 알기 어려울 것이다.

라. 기능, 그리고 기능과 지식의 관계

최근에 지식 중심 교육이 갖는 문제에 대한 교육적 해결책으로 기능(skill)에 대한 논의가 유행이다. 학교에서 이루어지는 지식 중심 교육이 앞에서 언급한 지식의 본질을 다루기보다는 진부한 정보나 사실의 전달에 불과하다는 비판이 일면서 기능에 대한 관심이 부상하고 있다. 21세기의 교육받은 사람의 필수 요소로서 학문적인 기능뿐만이 아니라 의사소통 기능, 대인관계 기능, 사고 기능 등이 언급되고 있다. 여기에는 기능이 지식에 부족하다고 가정되는 속성들, 즉 현대 삶에의 적합성, 미래를 위한 융통성, 직접적인 경험 등을 모두 갖고 있다는 믿음이 있다. 학문의 고유한 앎의 과정과 탐구 양식조차도 기존의 지식 교육에서는 배제되어 왔다는 점에서 기능이라는 이름으로, 즉 '학문적 기능'으로 강조된다.

기능은 어떤 것을 잘 할 수 있는 능력을 의미한다(Alexander, 2010). 전통적으로 기능은 주로 수공업적인 활동을 능숙하고 솜씨 있게 잘 할 수 있는 능력을 의미하는 것으로 사용되어 왔으나, 수공업의 쇠퇴와 더불어 직업 세계에서 그 위상은 약화되어 왔다. 그러나 기능이 본래 갖고 있었던 의미, 즉 어떤 것을 할 수 있는 능력이라는 의미에 함의되어 있는 실천적인 측면으로 인해 기능 교육은 오늘날 지식 교육의 무기력함을 대체할 수 있는 것으로 새롭게 주목받고 있다. 과거 직업적인 성격을 갖고 있었던 기능이 최근 들어 좀 더 일반적이고 포괄적인 성격의 능력을 지칭하는 것으로 거듭나고 있는 것이다. 앞에서 언급한 의사소통 기능이나 대인관계 기능 등은 바로 이러한 맥락에서 강조되고 있다. 학교교육을 통해 학생들이 무언가를 아는 것에 머물지 않고 실천적인 종류의 어떤 것을 할 수 있는 능력을 갖추도록 기대된다는 점에서 기능은 교육의 매우 중요한 측면이라고 할 수 있다.

그러나 교육과정이 지식 대신에 기능으로만 구성되어야 한다고 보는 것은 위험하다. 어떤 기능이든지 지식을 필요로 하며, 앞에서 언급했었던 본질에 충실한 지식 교육은 학생들의 삶에 '힘'이 되어 줄 것이기 때문이다. 기능을 중심으로 한 교육과정은 어떤 것을 할 줄 알게 되는 것을 강조하기 때문에, 직업 세계가 필요로 하는 것의 영향을 받을 가능성이 있다. 그 결과 이해하기, 성찰하기, 사색하기, 분석하기, 평가하기 등 우리 삶에 중요하고 필요한 능력이 경시되기 쉽다. 그러나 이러한 능력을 도외시한 기능의 행사는 교육적으로 의미가 있다고 할 수 없다. 따라서 기능을 지식이나 이해, 탐구와 반대되는 것으로 보는 것은 바람직하지 않다. 기능은 앎과 이해를 강조하는 지식을 대체하기보다는 이를 보완하는 것으로 이해되어야 한다. 적절히 활용된다면 기능은 충분히 납득할만하고 필요한 방식으로 지식 중심이었던 기존의 교육과정의 영역을 확대할 수 있다.

참고문헌

소경희(2010). 학문과 학교교과의 차이: 교육과정개발에의 함의. **교육과정연구**, 28(3), 107-125.

Alexander, R.(2010). Towards a new curriculum. In R. Alexander(Ed.), *Children, their world, their education: Final report and recommendations of the Cambridge Primary Review*(pp. 237-278). New York: Routledge.

Macdonald, D.(2003). Curriculum change and the post-modern world: Is the school curriculum-reform movement an anachronism? *Journal of Curriculum Studies, 35*(2), 139-149.

Rogers, B.(1997). Informing the shape of the curriculum: New views of knowledge and its representation in schooling. *Journal of curriculum studies, 29*(6), 683-710.

교육과정의 의미

제2장

1. 교육과정의 개념적 의미
2. 여러 층위의 교육과정: 교육과정의 수준(level)
3. 보이는 교육과정과 보이지 않는 교육과정
4. 국가 교육과정과 학교 교육과정 간의 관계

'교육과정' 수업 첫 시간에, '교육과정'이라고 하면 뭐가 떠오르는가를 물어보면 대다수의 학부 학생들은 자신이 여태껏 배웠던 교과목들이나 시간표를 말하곤 한다. 교사들은 주로 그들에게 부과된 국가 교육과정을 떠올린다. 교육과정에 대한 이미지는 교육과정을 어떤 맥락에서 어떻게 경험해 왔는가에 따라 다르게 형성될 수 있는 것이다. 따라서 교육과정에 대해 분명한 정의를 내리는 것은 쉽지 않다. 교육과정을 연구하는 학자들도 교육과정에 대해 다양한 정의를 내리고 있다. 아래 몇 가지를 제시해 본다.

정의 1: "학교에서 다루는 교과들이 곧 교육과정이다"
정의 2: "교육과정은 국가나 학교가 계획하고 의도한 모든 학습이다"
정의 3: "교육과정은 학교의 지도하에 학생들이 갖는 모든 경험이다"

위의 정의들은 교육과정이 포괄하는 범위에 있어서뿐만 아니라, 교육과정이 어느 정도 의도된 것인지에 있어서도 차이가 있다. 즉 교육과정은 교과 정도로 좁게 규정되기도 하고, 교과 이외의 것을 포함한 학생들이 갖는 모든 경험이라는 광의의 의미로 규정되기도 한다. 또한 교육과정은 교육 제공자 편에서 계획하고 의도한 것을 의미하기도 하고, 그러한 계획이나 의도에 상관없이 학생들 편에서 경험한 모든 것으로 이해되기도 한다.

교육과정에 대한 학자들의 다양한 정의는 교육과정에 대한 하나의 분명한 정의가 있을 수 없다는 점을 드러낸다. 이 점은 교육과정에 대한 의사소통을 어렵게 하는 측면이 있지만, 다른 한편으로 보면 교육과정에 대한 다양한 논의를 가능하게 함으로써 교육과정을 다각도로 이해할 수 있게 해주는 장점도 있다.

교육과정을 두고 다양한 정의가 있을 수밖에 없는 것은 학자들 간에 교육과정을 바라보는 관점이 다르기 때문이다. 이러한 관점의 차이는 사소한 것이 아니다. 교육과정을 어떻게 바라보는가에 따라 교육과정의 범위나 교육과정 설계 방식이 완전히 달라질 수도 있기 때문이다. 이 장에서는 교육과정의 의미를 여러 측면에서 검토하는 데에 초점을 둔다. 이 과정에서 이 책이 취하는 관점도 자연스럽게 드러나게 될 것이다.

【탐구 쟁점 예시】

1. 교육과정을 '과정'(process)에 초점을 두어 이해한다는 것은, '결과'(outcome)에 초점을 둔 교육과정에 대한 이해와 어떻게 다른가?
2. '계획된', '실행된', '경험된' 교육과정 모두에 관심을 두어야 하는 이유는 무엇인가?
3. 학창 시절에 경험한 '잠재적 교육과정'과 '영 교육과정'에는 어떤 것들이 있는가?
4. 국가 교육과정과 학교 교육과정 간의 관계는 어떠해야 하는가?

1. 교육과정의 개념적 의미

교육과정은 수많은 정의를 가지고 있으나 그럼에도 불구하고 그 많은 정의는 동일한 어원적 뿌리를 가지고 있다. 교육과정의 어원적 의미는 여러 시대를 거치면서 학자들 간에 다양한 방식으로 해석되고 활용되어 왔다. 따라서 교육과정의 의미를 이해하는 가장 우선적인 방식은 그것의 어원적 의미를 확인해 보는 것이 될 수 있다. 이하에서는 교육과정의 어원적 의미를 검토하고, 여러 다양한 교육과정의 정의를 이 어원적 의미에 비추어 이해해 보고자 한다.

가. 교육과정의 어원적 의미

교육과정은 curriculum이라는 영어의 번역어이다. curriculum이라는 단어는 라틴어 '쿠레레'(currere)로부터 유래한 것으로, 이는 경마장의 '달려가야 할 코스'를 의미한 것이다. 이 어원은 교육과정이 유형물로서의 '코스'를 의미할 수도 있고 개인적 경험으로서의 '코스 달리기'를 의미할 수도 있음을 보여준다. 그러나 이 가운데 어디에 초점을 두는가에 따라 교육과정의 의미는 크게 달라진다. 달리 말하면, 초점을 명사, 즉 '코스'에 둘 것인지, 아니면 동사, 즉 달리는 '과정' 그 자체에 둘 것인지에 따라 교육과정이 갖게 될 실제적 의미와 이해에는 큰 차이가 있다(소경희, 2012).

쿠레레의 의미 중 명사적 의미, 즉 '코스'에 초점을 두는 접근은 교육과정을 수업과 구분하면서 교육과정이란 수업이 따라야 할, 혹은 수업을 통해 도달해야 할 '결과'(outcome)로 이해하는 경향이 있다. 이러한 '결과'는 흔히 '학과 코스'(course of study)로 언급되어 왔으며, 따라서 이 접근에서 교육과정 설계는 학과 코스를 선정하고 조직하는 문제로 한정된다.

다른 한편, 쿠레레의 의미 중 동사적 의미, 즉 '과정'에 초점을 두는 접근은 교육과정을 교수-학습 과정에서 교사와 학생 간에 이루어지는 상호작용과 관련된 것으로 본다. 교수-학습 과정에서 이루어진 교사와 학생들의 삶에 대한 이야기가 교육과정이 될 수 있다는 것이다. 다시 말하면 교사와 학생들의 삶에 대한 이야기가 시간이 흘러감에 따라 교육과정이 된다는 것이다. 이러한 접근에서 교육과정의 의미는 결과보다는 과정 측면에서 규정될 수 있는 것으로, 교육과정은 교수-학습 과정에서 교사와 학생이 지속적으로 겪는 교육적 경험의 총체이다. 따라서 이 접근에서는 교육과정 설계의 초점을 학과 코스를 효과적으로 개발하는 데에 두기보다는, 교수-학습의 과정을 드러내고 이해하는 데 둔다.

영어로서 '교육과정'이라는 단어가 도입된 이후, 교육과정은 주로 '코스'의 의미, 즉 공식적인 학과 코스나 프로그램을 지칭하는 것으로 사용되었다(Clandinin & Connelly, 1992). 특히 교육과정이 하나의 학문 분야로 체계를 잡아갈 무렵인 20세기 초반부터는 학교의 '학과 코스'를 학문에 기반을 둔 교과와 관련시킴으로써 교육과정은 여러 교과목을 열거해 놓은 것으로 이해되었다. 교육과정이 경마장을 달리는 과정이라기보다는 형태가 있는 사물, 즉 따라야 할 코스 안내서로 믿도록 훈련되어 왔다. 최근까지도 교육과정은 교수-학습이 일어나고 있는 교실 실제와 관련되기보다는 주로 교과와 관련된 것으로 이해되는 경향이 있다. 말하자면 우리는 교육과정을 주로 달려야 할 코스 측면에서만 생각할 뿐, 달리는 과정에 있는 개인들의 경험의 측면에서는 생각하지 않아 왔다. 교육과정의 라틴어 어원에 비추어 볼 때, 교육과정에 대한 이러한 이해는 교육과정의 의미를 특정한 방향에서만 강조한 것으로, 교육과정의 어원적 의미를 축소시킨 것이라고 할 수 있다.

나. '결과'(outcome)에 초점을 둔 교육과정의 의미

앞에서 제시한 것처럼 '교육과정'은 주로 수업이 따라야 할, 혹은 수업을 통해 도달해야 할 '학과 코스'로 이해되어 왔다. 이것은 '교육과정'이라는 단어가 처음으로 교육적인 장면에서 사용되었던 상황과 밀접한 관련이 있다. 따라서 이하에서는 돌(W. Doll)이라는 교육과정 학자의 글(2002)에 기대어 교육적 맥락에 '교육과정'이라는 단어가 처음 사용되던 상황을 떠올려 본다.

교육적인 맥락에서 'curriculum'이라는 단어는 프랑스 파리 대학의 교수였던 라무스(P. Ramus)가 1576년에 발표한 『Professio Regia』라는 저서에 처음 등장했다. 라무스는 이 책에서 '지식의 지도'(map of knowledge)를 제시했으며, 여기에서 교육과정이라는 단어를 계열성 있는 학과 코스를 언급하는 것으로 사용했다. 당시는 학습에 모종의 계열적 순서가 있다고 생각하던 시기가 아니었다. 고대 그리스 시대부터 중세 교회 학교에 이르기까지 배움은 매우 개별화된 것이었으며 제한적인 것이었다. 가르침과 배움은 학생들이 당대의 거장이 선정하거나 직접 쓴 텍스트를 공부하기 위해 그 수하에 모여들었을 때 일어났다. 학생들은 그들이 원하는 것을 공부하기 위해 거장을 찾아서 이곳 저곳으로 떠돌아다녔다. 이 과정에 학습의 계열성이라는 것은 없었으며, 공부를 끝마친다는 의미도 없었다. 중세에 3학(문법, 수사학, 논리학)과 4과(대수, 기하, 천문, 음악)와 같은 지식 범주가 존재했으나 이 경우에도 이를 배우는 계열적인 순서 같은 것은 전혀 없었다.

그러다가 16-17세기경 프로테스탄티즘과 상업주의, 그리고 중산층의 등장과 함께 단순화, 효율성, 방법 등에 관심을 둔 새로운 사회적 흐름이 생겨나게 되었다. 가르침의 방식도 과거 고전적인 텍스트에 대한 문답식 해석으로부터 바람직하고 처방된 결과를 곧장 제공하는 방식으로 바뀌게 되었다. 더불어 지식과 가르침의 방식을 체계화하기 위한 노력이 추진되었다.

라무스는 지식과 가르침을 '체계화'하는 데에 전 생애를 바친 사람이었다. 그는 지식에는 절대적인 순서가 있어서 먼저 올 것과 나중에 놓일 것이 있다고 보았으며, 따라서 단절 없는 선형적인 과정 속에서 일반적인 것으로부터 특수한 것으로의 지식의 위계적인 조직 방식이 가능하다고 주장했다. 1576년에 출판된 그의 저서는 이러한 그의 생각을 담아낸 것으로, 그 책에 제시되어 있는 지식의 지도는 지식을 범주화해서 계열적으로 조직해 놓은 것이다. 여기서 교육과정이라는 단어는 지식의 지도의 계열적 조직을 서술하기 위해 사용된 것이다. 라무스는 그가 그려낸 지식의 지도가 모든 지식에 잘 맞는 일반적인 윤곽이며, 이러한 윤곽은 지식의 구조만이 아니라 지식을 획득하기 위한 구조라고 보았다. 지식을 체계화하려는 그의 아이디어는 동료들로부터 문답법이라는 오래되고 고결한 그들의 직업을 희석시키는 저속한 방식이라는 비판을 받았으나, 그럼에도 불구하고 그의 저서는 당시에 수차례 다시 찍어내야 할 정도로 큰 호응을 얻었다.

라무스의 지식의 체계화에 대한 아이디어는 가르침에 있어서 '순서'가 있도록 설계된 것이었다. 이러한 아이디어는 당시의 종교개혁자 캘빈이 모든 기독교인들의 삶에서 기대했던 순종, 질서, 통제 등과 부합한 것이었다. 질서와 규율에 기반을 둔 신앙을 가진 캘빈니스트들에게는 이러한 순서나 체계가 당시의 혼란스런 세계 속에서 젊은이들을 이끄는 길을 제공할 수 있는 것으로 간주되었다. 따라서 16-17세기 당시 몇몇 캘빈주의 대학들은 라무스의 아이디어에 기반하여 학과 코스의 체계를 마련했다. 이들 대학은 모든 학생들이 참여해서 끝마쳐야 하는 처방된 학과 코스를 서술하기 위한 것으로 '교육과정'이라는 단어를 사용했던 것이다.

이후 19-20세기를 거치면서 교육과정은 특히 미국에서 공식적인 학습 코스나 프로그램의 의미로 사용되기 시작했다. 이것은 교육적 맥락에서 통제와 질서를 부여하기 위해 사용되기 시작했던 교육과정이라는 용어가 미국의 산업적 팽창기의 학교교육을 효율적으로 운영하는 데에도 적절한 것으로 간주되었기 때문이다.

1890년대 미국은 급격한 산업적 팽창기에 들어서게 되며, 학교교육에도 산업화의 바람이 불기 시작했다. 다양한 배경의 학생들이 학교에 쏟아져 들어오면서 그동안 교사의 역할에 무게 중심을 두었던 학교교육은 표준화된 교육과정에 주목하게 되었다. 종래에는 교사만 있으면 교육이 가능한 것으로 간주되었으나 이 시기에는 교육과정에 구현된 지식과 가치를 중심으로 교육해야 한다는 인식이 있었다. 따라서 학교교육의 일상적인 과정을 표준화하고 체계화하는 작업에 관심을 갖기 시작했다. 이러한 체계화에는 테일러(F. Taylor)가 1911년에 출판한 『과학적 경영』(Scientific management)에서 소개한 '과학적 경영' 원리가 큰 영향을 미쳤으며, 이러한 원리는 20세기 동안 교육과정 개발과 설계를 위해서 뿐만이 아니라 작업 관리를 위한 전형이 되었다.

테일러가 그의 과학적 경영 원리에서 가장 중시한 것은 '통제'에 대한 것이었다. 그는 "관리자와 노동자 간의 동등한 작업 및 책임 분배"라는 원리를 통해 관리자의 과업은 세밀한 계획을 세우는 것이며, 노동자의 과업은 이들 계획을 철저하게 따르는 것이라고 주장했다. 이 원리에 따르면, 각 노동자는 매일 세밀한 작업 지침서를 받게 된다. 이 지침서는 무엇을 해야 할지 뿐만 아니라 어떻게 해야 할지, 그리고 그것을 하는데 정확히 얼마만큼의 시간을 써야 하는지를 구체화한 것으로, 노동자는 이러한 주어진 작업 지침서를 따라야 했다.

초창기 교육과정 학자들은 산업체, 즉 공장에서 활용되던 테일러의 과학적 경영 원리를 학교의 교육과정과 수업을 계획하는 데에 끌어들였다. 이들은 공장에서 경영을 위해 미리 세밀하게 마련해 놓은 작업 지침서와 마찬가지로 교육과정과 수업을 위한 구체적인 행동 목표를 설정하는 데 관심을 두었다. 이러한 이들의 작업에는 교육과정이라는 단어가 처음 사용되었던 때와 마찬가지로 통제의 목적이 두드러지게 나타났다. 즉 외부에서 부과한 행동 목표가 항상 학습 활동 자체보다 미리 결정되고 우선시 되었다.

공장으로서의 학교라는 산업적인 메타포는 세월이 흐르면서 약화되어 왔으나, 테일러의 과학적 경영 원리를 가능하게 했던 기본 가정은 오늘날에도 여전히 지배적이라고 할 수 있다. 이것은 그 가정이 오늘날까지 교육과정 분야에 막대한 영향을 끼치고 있는 타일러(R. Tyler)의 저작에 반영되어 있기 때문이다. 타일러는 1949년에 출판된 그의 유명한 책 『교육과정과 수업의 기본 원리』(Basic principles of curriculum and instruction)에서 목표가 미리 설정되어야 하며 이러한 목표에 비추어 그 이후의 과정, 즉 학습 경험이 선정되고 조직되며 평가되어야 한다고 주장했다. 이러한 타일러의 주장에는 교육의 기본 목적이 사람들의 행동 패턴을 의도된 규범이나 결과로 변화시키는 데 있다는 점이 전제되어 있으며, 이것은 테일러가 중요시한 '통제'를 생각나게 한다. 타일러의 주장은 '타일러 원리'라고 불릴 정도로 교육계를 지배해 왔으며, 오늘날에도 그 영향력은 여전하다.

이상의 내용은 '교육과정'을 수업이 따라야 할, 혹은 수업을 통해 도달해야 할 결과, 즉 학과 코스로 보아온 관점을 소개한 것이다. 살펴본 바와 같이, 교육과정이라는 단어는 그 학문 분야가 탄생한 것으로 알려진 20세기 초반보다 훨씬 전인 16-17세기부터 교육 장면에서 통제와 질서를 부과하기 위한 방법으로 사용된 것이었다. 말하자면 교육과정은 처음부터 '통제'의 목적으로 사용되었으며, 이러한 통제의 아이디어에 기반한 교육과정에 대한 관점은 오늘날까지 여러 교육과정 학자들의 저작 속에서 지속되고 있다. 이 관점에서 교육과정은 흔히 구조화되고 계열화된 일련의 학습 결과, 곧 학과 코스를 의미하는 것으로서 의도했던 목표나 결과에의 도달을 중시한다. 의도하는 결과를 계획하고 처방하는 것을 교육과정으로 본다거나, 그러한 결과를 위해 마련된 코스 그 자체를 교육과정으로 보는 것은 바로 이러한 관점에서 교육과정의 의미를 이해하려는 것이라고 할 수 있다.

다. '과정'(process)에 초점을 둔 교육과정의 의미

교육과정의 의미를 '과정'에 초점을 두어 이해하고자 하는 관점은 교육과정의 라틴어 어원인 쿠레레의 의미를 복원하는 데에 관심이 있다. 특히 이 관점에서는 지금까지의 교육과정이 쿠레레의 명사적 의미, 즉 구조화되고 계열화된 일련의 학과 코스로만 이해되어 왔다는 점을 비판하고, 그동안 무시되어 왔던 쿠레레의 동사적 의미, 즉 교수-학습 과정에 있는 개인의 경험 측면에서 교육과정의 의미를 이해하고자 한다.

'결과'에 초점을 둔 관점에서는 교육과정이 외부에서 부과한 목표나 결과에 따라 미리 계획되고 표준화될 수 있는 것으로 가정되었다. 여기서 교사나 학생은 다른 사람이 계획한 목표를 위한 수단이 되거나 공적이거나 공통된 목표의 수단으로 간주된다. 그러나 '과정'에 초점을 둔 관점에서 교육과정은 교수-학습 과정에 참여하고 있는 개인들의 교육적 경험으로 간주되며, 따라서 미리 계획하거나 처방할 수 있는 성격의 것이 아니다. 교육과정은 외부에서 부과한 어떤 것이 아니라 교사나 학생들이 실제로 경험하고 있는 어떤 것인 것이다.

1960년대 이후 일부 교육과정 학자들은 의식적으로 종래의 교육과정 개념에 침투해 있는 권위주의적이고 일방적인 통제에 반대하기 시작했다. 교육과정의 의미를 '결과'보다는 '과정' 측면에서 이해하고자 하는 관점은 바로 이러한 맥락에서 등장한 것으로 미국의 유명한 교육철학자인 듀이(J. Dewey)의 사상에 토대를 두고 있다.

듀이의 교육과정에 대한 아이디어는 다음 세 가지로 요약될 수 있다(Doll, 2002). 그것은 첫째, 교육은 하나의 과정(process)으로서 외적인 결과를 목표로 하지 않는다. 둘째, 결과 혹은 목표는 활동 이전에 미리 설정되기보다는 활동 내부로부터 나온다. 셋째, 아동과 교육과정, 그리고 학습자와 텍스트는 양자 간의 상호작용을 통해 통합된다. 이러한 아이디어에 따르면, 교육과정은 미리 정해진 외적 결과가 아니다. 행동의 목표나 방향은 교수-학습 활동 내부에서 출현하는 것이어야지, 외부에서 사전에 부과하는 것이어서는 안 된다. 그리고 이러한 목표나 방향은 개인적이거나 사적인 수준에서 결정되는 것이 아니라, 특정 상황 내부에 있는 개인과 환경 간의 공적인 상호작용의 결과이다. 말하자면 목표나 결과는 사전에 외부에서 미리 계획되어 부과되는 것도 아니며, 개인 혼자만의 결정에 의해서 설정되는 것이 아니라 개인이 속한 상황 내부에서 개인들 간이나 개인과 환경

간의 상호작용 속에서 생겨나는 것이다. 이 점에서 교수-학습 과정에서 개인의 경험은 전적으로 사적인 것이 아닌 공적인 성격을 띨 수 있으며, 이러한 공적인 상호작용을 통해서 끊임없이 재구성되고 변형된다. 상호작용을 통해서 개인이 초기에 가졌던 단순한 호기심이 학문적 탐구로, 그리고 흥미가 지력으로 변형될 수 있는 것이다. 듀이에게 있어서 교육과정은 바로 이러한 상호작용을 통해서 계속적으로 재구성되거나 변형되는 개인의 경험이다. 이러한 성격의 교육과정은 미리 고정된 어떤 것이라기보다는 재구성 혹은 변형이 계속해서 진행 중인 과정에 있는 것이라고 할 수 있다.

듀이도 앞서 소개한 '결과'에 초점을 두었던 교육과정 학자들처럼 과학적인 방법에 관심을 가졌다. 그러나 과학적 방법의 첫 단계를 지식의 논리적 구조(예: Ramus)나 산업 사회의 경제적 사회적 필요(예: Taylor, Tyler)를 규명하는 것에 둔 다른 학자들과 달리, 듀이는 항상 아동이나 학습자의 경험으로부터 출발하여야 한다고 보았다. 따라서 듀이에게 교육과정은 학습자 개인으로부터 출발하여 그 개인이 다른 환경, 예컨대 교사, 다른 학습자, 텍스트와의 상호작용을 통해 자신의 경험을 끊임없이 성찰하고 변형해 가는 과정 그 자체이다. 여기서 듀이는 그의 과학적 방법이 개인의 경험을 더욱 지적인 것으로 만들 때만 가치가 있는 것이라고 보았다. 듀이에게 중요한 것은 개인 경험의 변형이었던 것이다. 타일러와 같은 목표나 결과를 중시하는 교육과정 학자들도 개인에게 어느 정도 관심을 가졌으나, 이들의 교육과정을 이끈 것은 변형보다는 효율적인 운영이었다. 따라서 이들이 주장한 교육과정에서는 목표가 다른 사람들에 의해 미리 설정되었으며, 이를 달성하는 방법이 획일화되었다. 그러나 듀이가 보기에 모든 사람에게 획일화된 일반적 방법을 부과하는 것은 개인을 온당하게 고려하지 않은 것이다.

교육과정을 '과정'에 초점을 두어 이해하고자 하는 관점은 듀이의 사상에 기대어 '교수-학습의 과정' 그 자체나 그 과정에서의 '개인적 경험' 측면에서 교육과정을 규정한다. 교육과정을 공적인 것에 대한 개인적 경험의 성격에 대한 탐색(Pinar, 1975)으로 본다던가, 교육과정이란 달려야 할 일직선의 코스가 아니라 좀 더 다양하고 상호연관된 형태로 자연스럽게 진화해 가는 복잡하고 역동적인 상호작용의 망(Doll, 2002)이라고 보는 입장은 이러한 관점에 근거하고 있다. 또한 교육과정을 여러 서로 다른 교실에서 탐색되고 검증되어야 할 프로포절이나 가설(Stenhouse, 1975)로 보는 것이나, '전달'을 위해서 교사에게 전해주어야 할 어떤 것이 아니라 학습자가 사유하고 실천할 때 따라야 할 방법에 대한 구체화로 보는 것(Pring, 2013)도 교육과정을 '과정'에 초점을 두어 이해하는 방식에 해당한다.

이제 교육과정은 더 이상 오직 하나의 형태, 즉 정해진 학과 코스로만 규정될 수 없다. 학과 코스는 전체 교육과정의 일부에 불과한 것으로 보아야 한다. 교육과정은 개인이 달려가야 할 것을 사전에 계획하거나 처방하는 데에 관심을 갖기보다는 달리는 과정, 즉 교수-학습 과정에 있는 개인들이 실제로 무엇을 경험하고 있는지에 초점을 두어야 한다. 사실 우리의 교수-학습 상황이 매우 다양하고 복잡하다는 점을 염두에 두면, 외부에서 부과한 획일화된 통제는 교육 현실을 의미 있게 변화시키기 어렵다고 할 수 있다. 오히려 교수-학습 상황 내부의 자연스럽고 복잡한 상호작용 속에서 형성된 통제가 의미 있는 변화를 야기할 수 있다. 따라서 교육 현실을 진정으로 변화시키려면 외부에서 새로운 처방을 계속 부과하기보다는 교수-학습 과정에 있는 개인의 경험의 질을 변화시키는 데 관심을 둘 필요가 있다. 교육과정의 개념을 교수-학습의 과정, 그리고 그 과정에 있는 개인의 경험에 초점을 두어 이해할 필요성은 바로 여기에 있다고 할 수 있다.

2. 여러 층위의 교육과정: 교육과정의 수준(level)

교육과정은 그것이 어느 층위나 수준에서 언급되는가에 따라 그 의미하는 바가 달라질 수 있다. 흔히 교육과정은 전문가들에 의해 계획되고 실행가들에 의해 실천되며 학생들에게 경험되는 삶의 여정을 거친다. 따라서 교육과정은 그것의 계획, 실행 혹은 경험 수준 각각에서 개념화될 수 있으며, 개념화되어야 한다. 여러 층위의 교육과정 개념화가 필요한 이유는 각 층위에서 지칭하는 교육과정의 실체가 서로 다르기 때문이다. 말하자면 계획된 교육과정이 그대로 실행되지 않으며, 실행된 교육과정이 경험된 교육과정과 같지 않을 수 있다. 따라서 각 층위 혹은 수준별로 구분하여 교육과정을 개념화해보는 것은 교육과정에 대한 의사소통을 분명히 할 뿐만 아니라 교육과정을 다각도로 이해하는 데에 도움을 준다. 그러나 교육과정은 총체적으로 이해될 필요가 있으며, 교육과정의 총체적 의미는 교육과정이 실제로 작동하는 방식인 세 층위, 즉 계획, 실행, 경험 수준의 교육과정의 모습을 모두 파악할 때 가능하다. 예컨대 한국의 교육과정이 어떠한가 하는가는 계획된 국가 교육과정 문서만을 검토해서는 안 되고, 그러한 국가 교육과정이 학교에서 어떻게 실행되고 있으며, 학생들에게 어떻게 경험되고 있는가를 총체적으로 검토해야 제대로 이해될 수 있는 것이다.

가. 계획된 교육과정

흔히 교육과정은 계획된다. 그 계획은 매우 구체적일 수도 있고 개요적인 성격의 것일 수도 있다. 이러한 계획된 교육과정은 문서에 담기게 되며, 따라서 문서로서의 교육과정이라고 할 수 있다. 계획된 교육과정, 즉 교육과정 문서는 학교 현장에서의 교육과정을 실행하기 위한 지침의 역할을 하는 것으로, 교육 목표와 내용, 교수-학습 방법, 평가 등에 관한 사항을 담고 있다.

교육과정 문서는 여러 주체들에 의해 만들어질 수 있다. 우리나라의 경우, 과거에는 국가가 만든 국가 교육과정 문서만 존재했었다. 국가 교육과정이 막강한 힘을 가지고 전국의 모든 초·중등학교의 교육과정 편성·운영을 획일적으로 통제해 왔던 것이다. 그러나 지방 자치화 시대가 열리면서 제6차 교육과정 시기부터는 지역과 학교가 나름의 여건을 반영한 교육과정을 계획할 수 있는 권한을 갖게 되었다. 따라서 오늘날 우리나라의 교육과정 문서는 국가, 지역, 학교 수준에서 만들어지고 있다.

국가 수준에서 계획한 문서는 '국가 교육과정'이라고 불린다. 국가 교육과정은 초·중등교육법 제23조 제2항에 의거하여 고시된 것으로, 초·중등학교에서 편성·운영하여야 할 학교 교육과정의 공통적이고 일반적인 기준을 제시한 것이다. 국가 교육과정은 총론과 각론으로 구성된다. 최근 고시된 '2022 개정 교육과정'의 경우, 총론에는 교육과정의 성격, 교육과정의 구성 방향, 학교 교육과정 설계와 운영, 학교급별 교육과정 편성·운영의 기준, 학교 교육과정 지원 등에 대한 지침이 제시되어 있다. 각론이란 초·중등학교에서 다루는 교과별 교육과정을 지칭하는 것으로, 각 교과의 교육과정에는 교육과정 설계의 개요, (교과의) 성격 및 목표, 내용 체계 및 성취기준, 교수·학습 및 평가 등에 대한 지침이 제시되어 있다.

지역 수준에서 계획한 문서는 전국의 17개 시·도 교육청에서 만든 각 시·도의 '교육과정 편성·운영 지침'을 지칭한다. 지역 수준의 교육과정은 국가 교육과정을 토대로 각 시·도의 교육청이 관내 초·중등학교를 위해 지역의 실정이나 여건을 고려하고 추구하는 교육적 방향을 반영하여 계획한 것이다. 이에 따라 국가 교육과정이라는 공통된 토대를 갖고 있으면서도 시·도 간에 계획된 교육과정은 차이가 있을 수 있게 되었다. 예컨대 서울시 교육과정과 경기도 교육과정은 그 추구하는 바나 구체적 계획이 다를 수 있다.

학교 수준에서 계획한 문서는 '○○학교 교육과정' 혹은 '○○학교 교육계획'이라는 이름으로 제시된다. 학교 수준의 교육과정은, 개별 학교가 국가 교육과정과 소속된 시·도의 교육과정 편성·운영 지침을 토대로 학교의 실정에 적합한 교육과정을 비교적 구체적으로 계획한 것이다. 좀 더 미시적인 수준으로 내려가면, 초등학교에서 주로 계획되는 학년 혹은 학년군 교육과정, 그리고 개별 교사가 자신의 수업을 위해 계획한 문서도 학교 수준의 교육과정에 해당한다고 할 수 있다.

계획된 교육과정은 어느 수준에서 만들어지든 간에 향후 진행될 교육 활동에서 기대하는 바를 담아낸 것으로, 실행을 위한 일종의 지침이라고 할 수 있다. 계획된 교육과정은 학교와 같은 공식적인 기관을 위해서만 존재하는 것이 아니다. 학교 밖에서 다양한 형태의 교육 활동을 제공하는 단체나 기관도 계획된 교육과정을 가지고 있다. 어떤 성격의 기관이든지 간에 계획된 교육과정은 그 기관의 교육 활동을 보여주는 공식적인 문서라고 할 수 있다.

나. 실행된 교육과정

우리는 늘 계획을 세우는 삶을 산다. 그러나 우리의 삶은 계획대로 되지 않은 경우가 많다. 그럼에도 불구하고 우리는 또 계획을 세운다. 또 다시 무너지더라도 계획이 없는 것보다 계획을 세워보는 것이 삶의 방향을 제공하는 경우가 많기 때문이다. 그러나 주의 깊게 계획된 교육과정이라고 하더라도 그대로 실행되기는 어렵다. 그것이 실행되는 맥락의 여러 요인들이 계획된 교육과정의 실천을 어렵게 하기 때문이다.

학교 맥락에서 계획된 교육과정은 교사들에 의해 실행된다. 교사들은 국가나 시 · 도, 혹은 학교 수준에서 계획된 교육과정 문서에 근거하여 수업하도록 기대된다. 그러나 교사들의 수업은 계획된 문서대로 진행되지 않는 경우가 많다. 여기에는 여러 가지 이유가 있을 수 있다. 교사들은 흔히 자신들이 갖고 있는 가치, 관점, 신념에 기반하여 계획된 문서를 읽고 해석하며 실천한다. 동일한 교과서로 가르쳐지는 국사 수업이 담당 교사에 따라 흥미롭게 진행되기도 하고 따분하게 전개되기도 하며, 비판적인 관점의 수업이 되기도 하고 보수적 관점의 수업으로 흐르기도 하는 것이다. 교사들의 수업은 또한 대입시 위주의 환경으로부터 자유로울 수 없다. 따라서 계획된 문서와 다르게 실제 수업은 대입시 위주로 이루어질 수도 있다. 교사들이 처해 있는 교실 맥락, 특히 학생들의 다양한 배경과 능력도 계획된 문서를 그대로 실천하는 것을 어렵게 한다. 배움보다는 돌봄이, 그리고 진도를 나가는 것보다는 기초 학력을 다지는 것이 절박한 학생들에게는 문서에 계획된 대로의 수업을 하는 것이 오히려 바람직하지 않을 수도 있다.

실행된 교육과정은 교사들이 학교에서 실제로 전개한 교육과정이다. 구체적으로 이것은 교사의 실천적인 수업 행위를 지칭한다. 교사의 수업 행위 그 자체가 교육과정인 것이다. 이러한 교사의 수업 행위는 계획된 교육과정 문서대로 이루어질 수도 있고 그렇지 않을 수도 있다. 말하자면 실행된 교육과정은 계획된 교육과정과 다를 수 있는 것이다. 이 점에서 계획된 교육과정과는 별도로 실행된 교육과정을 살펴볼 필요가 있다. 학교교육을 제대로 이해하기 위해서는 계획된 교육과정 문서만이 아니라 직접 학교 현장에 가서 실제로 전개되고 있는 교육과정을 살펴볼 필요가 있는 것이다. 학생들에게 직접적인 영향을 미치는 것은 계획된 문서가 아닌 교사의 수업 행위이기 때문이다.

다. 경험된 교육과정

가르치는 것과 배우는 것이 같은 것인가? 가르치는 대로 학생들은 배우는가? 이러한 질문은 매우 중요하다. 왜냐하면 이 질문에 대한 답은 "아니요"이기 때문이다. 우리는 흔히 계획을 잘만 세운다면 그리고 잘 가르치기만 한다면 학생들이 의도한 대로 배울 것이라고 기대한다. 따라서 계획된 교육과정 문서를 만들고, 이를 가르칠 교사를 양성하거나 연수시키는 데에 많은 노력과 시간을 들인다. 그러나 기대와 달리 학생들은 가르치는 대로 배우지 않을 뿐만 아니라 가르치지 않은 것도 배운다. 예컨대 학생들의 올바른 인성 함양을 목표로 계획되고 실행된 수업이 학생들에게는 인성에 대한 지식 교육으로 경험될 수도 있을 뿐만 아니라 인성 교육은 고루한 것이라는 인식을 심어줄 수도 있다.

경험된 교육과정은 교육의 결과로 학생들에게 구현된 교육과정을 의미한다. 구체적으로 이것은 교수-학습의 과정을 통해 학생들이 결과적으로 획득한 경험이나 성취, 태도 등을 지칭한다. 사실 계획되고 전개된 교육과정이 본래 의도한 바대로 학생들에게 경험되지 않은 경우가 많다. 여기에는 여러 가지 이유가 있을 수 있겠으나, 이유가 어찌되었든 이러한 간극은 계획된 교육과정 문서나 이를 실행하는 교사들의 책임이라고 보아야 한다. 학생들에게 구현된 교육과정은 계획되고 전개된 교육과정이 야기한 결과이기 때문이다. 이러한 사실은 의도된 교육과정과 실제 학생들에게 구현된 교육과정 간의 간극을 확인하고 이를 좁히려는 데에 많은 관심이 주어질 필요가 있음을 시사한다. 경험된 교육과정은 계획되고 실행된 교육과정이 학생들에게 어떻게 수용되고 있는가에 초점을 둔 것으로, 의도한 교육과정의 실질적인 성과를 판단하는 데 매우 중요한 측면이라고 할 수 있다.

3. 보이는 교육과정과 보이지 않는 교육과정

모든 학교는 사전에 계획한 공식적인 교육과정을 가지고 있다. 이것은 흔히 각 학교의 홈페이지에 탑재되어 있는 것으로 우리가 쉽게 눈으로 볼 수 있는 교육과정이다. 그러나 학교에는 이와 더불어 공식적으로 계획하지는 않았지만 학생들에게 영향을 미치는 교육과정도 존재한다. 이것은 학교의 공식적인 문서를 통해서는 볼 수 없는 것이다. 만약 눈에 보이는 공식적인 교육과정만을 고려한다면, 우리는 눈에 보이지 않으나 학생들에게 긍정적 혹은 부정적인 방향으로 큰 영향을 미칠 수 있는 교육과정의 중요한 측면을 놓칠 수 있다. 이하에서는 눈에 보이는 공식적 교육과정과 함께, 학교에 엄연히 존재하나 명시적으로는 보이지 않는 잠재적 교육과정, 그리고 학교에 존재하지 않는 영 교육과정에 대해 살펴본다.

가. 공식적 교육과정

공식적인 교육과정은 학교 시간표에 특정 시간이 할당되어 있는 공식적인 활동을 의미한다. 이러한 공식적 교육과정은 문서의 형태로 제시되며, 따라서 앞에서 살펴본 계획된 교육과정은 공식적 교육과정과 그 의미가 같다고 할 수 있다.

공식적인 교육과정은 점심 시간이나 방과 후 시간, 그리고 주말이나 공휴일에 자발적으로 진행되는 많은 비공식적 활동과는 구분된다. 그러나 최근에는 종래에 비공식적인 것으로 간주되던 활동들이 점차 학교에 의해 계획되고 지도되고 있으며, 이에 따라 공식적 교육과정의 범위는 확대되고 있다. 과거 정규 교육과정과 분리된 것이라는 의미의 '정규 교육과정 외'(extracurricular) 활동, 예컨대 소풍이나 수학여행, 학예회 행사 등도 공식적 교육과정에 포함되고 있다. 이것은 교육과정을 광의로 정의하려는 움직임과 관련된 것으로, 학교의 계획과 지도 하에 이루어지는 모든 학습 활동을 공식적 교육과정으로 간주하려는 것이다. 실제로 우리나라 각 학교의 공식적 교육과정 문서에는 정규 교육과정만이 아니라 그 외의 교육 활동도 계획되어 있다.

나. 잠재적 교육과정

잠재적 교육과정이란, 학교가 공식적으로 계획한 교육과정 문서에나 심지어 학교 운영에 책임 있는 교사들의 의식 속에도 명시적으로 포함되어 있지 않으나, 학교 활동이 계획되고 조직되는 방식이나 학교가 제공한 교육 내용을 통해서 학생들이 학교에서 학습한 것들이다(Kelly, 2011). 달리 말하면 잠재적 교육과정은 계획된 공식적인 교육과정에는 없으나 학생들이 학교 생활을 하면서 암암리에 학습하게 되는 것을 의미한다. 우리가 갖고 있는 사회적 역할이나 성역할에 대한 인식과 같이 우리 삶의 많은 측면들에 대한 태도는 바로 이러한 방식으로 학습되는 경우가 많다. 예컨대 상사에게는 무조건 순종을 해야 한다거나 여성은 조신해야 한다는 인식은 학교 생활 속에서 은연 중에 학습된 잠재적 교육과정일 수 있는 것이다.

잠재적 교육과정은 공식적 교육과정에서 명시적으로 볼 수 없는 것으로, 그것은 애당초 계획되지 않아서 그럴 수도 있지만 숨겨져 있기 때문에 우리가 못 볼 수도 있다. 이와 관련하여 잠재적 교육과정이 어떻게 형성되는가에 대해서 두 가지 관점이 있다. 잠재적 교육과정을 처음으로 개념화한 잭슨(P. Jackson)(1968)은 잠재적 교육과정이 계획되지 않은 것이라는 측면을 부각시켰다. 그는 초등학교 교실에서 학생들의 생활을 관찰한 결과, 학생들이 교실에서 공식적인 교과 내용만을 배우는 것이 아니라 학교 생활에 적응하는 방식도 배운다는 것을 발견했다. 그에 의하면, 학생들은 다른 학생들과 함께 지내야 하고, 여러 가지 형태의 평가를 감당해야 하며, 교사와 학생들 간의 권력 관계가 존재하는 교실 문화 속에서 이에 적응하는 방식을 암암리에 배우게 된다. 예컨대 남과 더불어 살기 위해서는 참고 견뎌야 하고, 칭찬을 받기 위해서는 때론 속임수가 필요하며, 권력이 있는 사람에게 잘 보여야 한다는 등의 학습이 이루어진다. 잭슨이 보기에 이러한 생활 방식이나 태도는 공식적인 교육과정에는 없는 것이긴 하나 명백히 학교생활을 통해 습득되고 있기 때문에 의미가 부여될 필요가 있었다. 따라서 그는 공식적인 교육과정에 계획되어 있지 않은 이러한 학습 경험을 잠재적 교육과정이라고 명명했다.

잭슨을 포함하여 잠재적 교육과정이 애초 계획된 것이 아니라는 관점에서는, 학생들이 학교 생활을 통해 암암리에 학습한 일부 가치와 태도가 교사들에 의해 직접적으로 의도된 것은 아니라고 본다. 이 관점에 따르면, 잠재적 교육과정은 공식적인 교육과정의 부산물로서 공식적인 교육 내용을 가르칠 때 부수적으로 학습되는 것이다. 따라서 잠재적 교육과정은 공식적 교육과정이 있는 한 늘 존재할 수밖에 없다. 그러나 이 관점에서는 잠재적 교육과정이 비록 교사가 직접적으로 의도한 것은 아니라고 하더라도 공식적 교육과정을 배우는 동안 경험한 것이기 때문에 교사가 이에 대해 책임을 져야 한다고 본다. 즉 교사들은 계획된 것만이 아니라 계획하지 않았음에도 학생들이 배우고 있는 것이 무엇인지에 대해 관심을 갖고 이에 대한 적절한 대처를 할 필요가 있다는 것이다. 예컨대 교사가 계획하지는 않았지만, 학생들이 학교 생활을 통해 인종차별주의적이거나 성차별주의적인 인식과 태도를 습득한 것으로 보인다면, 교사는 이를 제거하려는 시도를 해야 하는 것이다.

다른 한편으로, 잠재적 교육과정은 특정 의도나 계획에 기반한 것이라는 관점이 있다. 특정 의도에 기반한 것임에도 이를 잠재적 교육과정이라고 하는 것은 이러한 의도가 공식적 교육과정에 '숨겨져'(hidden) 있어서 명시적으로 보이지 않기 때문이다. 따라서 이 관점에서 잠재적 교육과정은 '숨겨진 교육과정'(hidden curriculum)으로 명명되기도 한다. 공식적 교육과정에 특정 의도를 숨긴다는 것은 그 의도가 공개적으로 드러내기 어려운 성격의 것이기 때문이다. 흔히 학생들에게 제공된 공식적인 교육 내용에는 이를 만들어낸 사람들의 숨겨진 가치가 함의되어 있다. 따라서 '누가' 공식적 교육과정을 만드는가에 주목할 필요가 있다. 즉 어떤 계층, 지역, 전공, 학교 출신의 사람들이 공식적 교육 내용을 선정하는 데에 참여하는지를 눈여겨 볼 필요가 있는 것이다. 대부분의 사람들은 자신들이 속해 있는 집단의 이익이나 관심으로부터 자유롭지 못하기 때문에, 공식적 교육과정에도 이를 만드는 사람이 속한 집단의 가치나 이익이 반영될 가능성이 있다. 사실 어떤 내용이 공식적인 교육과정에 포함되어 있다는 것은 그 자체로 그러한 지식이 중요하고 가치있다는 것을 드러내는 것이라고 할 수 있다. 따라서 학생들에게 제공된 공식적인 교육 내용에는 이를 만들어낸 사람들의 숨겨진 가치가 함의되어 있다고 할 수 있으며, 학생들은 교육 내용을 학습하면서 암암리에 이러한 숨겨진 가치를 습득하게 된다.

특정 정권이나 정치권이 교육과정을 계획하는 데 막강한 힘을 가질 경우, 공식적인 교육 내용에 특정의 가치가 의도적으로 감추어져 있을 가능성은 더 많아지게 된다. 계획하는 사람들 편에서는 명백히 인식하고 있으나 학생들에게는 '감추어진' 특정의 가치들이 공식적 교육과정의 일부분을 형성할 수 있는 것이다. 이 경우 잠재적 교육과정은 공식적 교육과정의 부산물이 아니라, 공식적 교육과정의 중요한 일부일 수 있다. 일리치(I. Illich)(1971)와 같은 학자는 학교의 공식적 교육과정이 이와 같이 은밀하고 부당한 방식으로 학생들에게 특정 가치를 주입하는 역할을 하기 때문에 '탈학교'(deschooling) 사회를 주장하기도 했다. 그에게 있어서 학교교육은 특정한 가치에 입각한 지식 분배를 통해 모종의 사회적 정치적 통제를 하고 있기 때문에 폐기되어야 할 것이었던 것이다.

잠재적 교육과정이 어떻게 형성되든 간에 우리는 이상에서 언급한 학교교육의 잠재적인 측면을 무시할 수 없다. 즉 계획과 실천의 부산물이든 숨겨진 것이든 간에 학교에서 학생들에게 일어난 학습은 교육과정의 중요한 측면으로 고려될 필요가 있다. 특히 교사들은 이렇게 암암리에 일어나는 학습에 세심한 관심을 가질 필요가 있으며, 학생들에게 제공하는 교육 내용에 감추어진 함의를 학생들이 인식하고 규명할 수 있도록 도와줄 필요가 있다.

다. 영 교육과정

공식적 교육과정 안에 모든 것을 담아낼 수는 없다. 따라서 공식적 교육과정에 담겨있는 것은 선택된 것이라고 할 수 있다. 교육과정은 여러 가능한 것들 가운데 선택되는 것으로, 우리나라의 국가 교육과정이나 교과서에 담겨진 내용도 바로 이러한 선택적 전통을 따르고 있는 것이라고 할 수 있다. 이 과정에서 특정 교과 혹은 가치가 선택될 수도 있고 배제될 수도 있다.

'영 교육과정'(null curriculum)이란 영어의 'null'이 의미하듯이 '없는' 혹은 '비어있는' 교육과정을 뜻한다. 다시 말하면 영 교육과정이란 공식적인 교육과정에 선택되지 않은 혹은 배제된 교육과정이다. 공식적인 교육과정에 존재하지 않는 것이라면, 학교에서도 공식적으로 가르쳐지지 않을 것이다. 아이즈너(E. W. Eisner)(1979)는 이와 같이 학교에서 가르치지 않은 교육과정에 주목하여 이를 '영 교육과정'이라고 개념화 했다.

공식적인 교육과정에 존재하지도 않은 교육과정을 굳이 개념화할 필요가 있는가 하는 의문이 제기될 수 있다. 존재하지 않는 것에 이름을 부여하고자 하는 것은 그 존재의 부재가 야기하는 영향력이 크기 때문일 것이다. 앞서 제시한 잠재적 교육과정은 공식적 교육과정에 명시적으로 보이지는 않는다 하더라도 결과적으로 공식적 교육과정으로 인해 학생들이 학습한 것을 지칭한다. 그러나 영 교육과정은 공식적 교육과정에 없기 때문에 학습할 수 없는 상태를 지칭한다. 공식적 교육과정에 특정 교과가 없다거나 교과 내용에 특정 주제나 사고방식이 배제되어 있다면, 이들 교과, 주제, 사고방식이 영 교육과정에 해당한다. 예컨대 국가 교육과정에 '생태학'이 없다거나 국사 교과서에 근현대사의 일부 내용이나 비판적인 사고가 배제되어 있을 경우, '생태학'이나 근현대사의 일부 내용, 비판적 사고 등이 학생들에게 영 교육과정이 되는 것이다.

공식적 교육과정으로 어떤 내용이 선택되고 배제되어야 하는가에 대한 답은 쉽지 않다. 그러나 학생들의 삶에 중요함에도 불구하고 공식적인 교육과정에서 배제됨으로 인해 학생들이 특정 내용이나 사고방식을 배울 기회를 박탈당하는 것은 바람직하지 않다. 영 교육과정은 바로 이 문제에 주목한 것으로, 학습할 가치가 있는 중요한 것들이 학교교육에서 배제되고 있지는 않은가를 살피는 데 늘 긴장을 늦추지 않기를 요청하는 것이라고 할 수 있다.

4. 국가 교육과정과 학교 교육과정 간의 관계

우리나라는 국가 교육과정을 가지고 있다. 앞에서도 소개한 바와 같이 국가 교육과정은 문서의 형태로 고시되며, 이 국가 교육과정에 비추어 교과서가 개발되고 학교 교육과정이 편성 · 운영된다. 그러나 학교의 교육과정이 국가 교육과정에 기반을 둔다고 해서 국가 교육과정과 동일한 것이 될 수는 없으며, 되어서도 안 된다. 학교라는 맥락에는 국가 수준에서 고려할 수 없는 많은 다양한 변수들이 작동하고 있기 때문이다. 그러나 우리는 흔히 국가 교육과정을 학교 교육과정과 혼동하는 경향이 있다. 국가 교육과정이 곧 학교 교육과정이라는 인식이 바로 이에 해당한다. 이하에서는 국가 교육과정과 학교 교육과정 간의 차이를 이해하고 이들 간의 관계를 검토해 본다.

우리나라의 국가 교육과정 문서에 해당하는 것이 다른 나라에도 있다. 국가나 주 수준에서 제공하는 교육과정 '기준'(standard) 혹은 교육과정 '프레임웍'(framework) 등이 이에 해당한다. 이러한 국가나 주 수준에서 제공하는 교육과정 문서는 그 기능이 대체로 학교의 교육과정을 안내하는 데 있다. 따라서 국가 수준에서 제시하는 교육과정은 '실러버스'(syllabus)의 성격을 가지는 것이라고 할 수 있다. 실러버스는 학교에서 이루어져야 할 교육과정에 대한 지침과 개요를 서술한 것으로서, 무엇이 가르쳐지고 배워져야 하는가에 대한 구조화된 요약과 개요라고 할 수 있다(Luke, Weir & Woods, 2008)

실제로 문서로 작성된 국가 교육과정은 실러버스 정도의 성격을 가질 필요가 있다. 국가 교육과정 문서는 개별 교실에서 일어나는 것을 다 담아내거나 세세하게 통제하기 어렵기 때문이다. 학교의 교육과정은 여러 요인들에 의해 형성된다. 여러 요인 가운데 국가 교육과정이 핵심을 차지하긴 하나 학교 교육과정은 이것에만 의존하지 않는다. 즉 학교 교육과정은 학생들이 교실에 가져오는 배경 지식, 교사의 전문성, 선정된 교과서 내용, 전문적 자원의 이용 가능성, 학교장의 리더십, 학교의 거버넌스와 책무성 구조, 고부담 시험, 이용 가능한 재정 자원, 교실의 물리적 환경 등 여러 요인들의 영향을 받는다. 국가 교육과정은 개별 학교마다 다른 이러한 실천적 맥락을 모두 고려할 수 없다. 따라서 국가 교육과정이 학교 교육과정의 모든 것을 처방하거나 지시할 수 있다고 생각하는 것은 잘못된 인식이다. 국가 교육과정은 학교 교육과정 운영을 위한 최소한의 틀, 즉 학교에서 가르치고 배워야 할 것의 원칙과 개요 정도만을 담아내야 한다. 국가 교육과정이 수업을 어떻게 운영할 것인가와 관련된 구체적 방법을 처방할 수는 없으며, 그렇게 해서도 안 된다. 이것은 학교와 교사의 전문적 판단 영역으로 존중되어야 하기 때문이다.

우리나라의 경우, 국가 교육과정은 곧 학교 교육과정으로 인식되는 경향이 있다. 이는 국가 교육과정 문서의 총론에 제시된 교육과정 편제와 시간(단위) 배당 기준이 학교의 시간표로 그대로 옮겨져 왔으며, 각론, 즉 교과별 교육과정도 학교에서 가르치는 것을 구체적으로 처방해왔기 때문이다. 그러나 이제 국가 교육과정은 [그림 2-1]에서 보여지는 것처럼, 학교 교육과정의 일부라는 점을 인식할 필요가 있다. 이것은 국가 교육과정 문서가 각 학교에서 실제로 이루어지는 교육과정의 모든 것을 구체화하고 통제할 수 없다는 점 때문만이 아니라 더 적극적으로는 학교 교육과정이 개별 학교가 처한 지역이나 학생들의 맥락과 특수성에 기반하여 개발될 필요가 있기 때문이다. 이 점을 고려한다면, 국가 교육과정은 지역 사회나 학교 수준에서 나름의 결정을 할 수 있는 여지를 제공할 수 있는 형태가 되어야 한다. 이 말은 국가 교육과정이 학교에서 제공하는 수업 시간의 대다수를 처방하는 것이 되어서는 안 된다는 것을 의미한다. 학교는 국가 교육과정을 특정 학생들의 필요에 적합한 방식으로 맥락화할 수 있는 충분한 공간과 시간을 가질 수 있어야 한다. 국가 교육과정 문서에 학교에서 다루어야 할 맥락을 상세화하는 것은 과잉 처방이라고 할 수 있으며, 교사가 다른 맥락을 사용할 자율성과 융통성을 침해하는 것이라고 할 수 있다.

[그림 2-1] 국가 교육과정과 학교 교육과정 간의 관계

다른 한편으로, 교사들은 학교 교육과정이 국가 교육과정을 보완하고 맥락화한 것이어야 한다는 점을 인식할 필요가 있다. 학교 교육과정은 각 학교의 학생들이 경험하는 교육과정의 총체를 의미한다. 따라서 학교 교사들은 전문적 판단과 창의성을 발휘하여 자신들 앞에 놓여 있는 학생들에게 적합한 교육과정을 제공해야 한다. 학교에서 학생들에게 제공하는 교육과정은 국가 교육과정에 제시된 것 이외에도 부가적인 교과나 프로그램을 포함하여 국가 교육과정보다 훨씬 풍성한 것이 되어야 할 것이다.

참고문헌

소경희(2012). 역량 중심 교육을 위한 교육과정 설계 방안으로서 '과정-탐구' 모형 활용의 가능성과 의미 탐색. 교육과정연구, 30(1), 59-79.

Clandinin, D., & Connelly, F.(1992). Teacher as curriculum maker. In P. Jackson(Ed.), *Handbook of research on curriculum*(pp. 363-401). New York: MacMillan.

Doll, W.(2002). Ghosts and the curriculum. In W. Doll & N. Gough(Eds.), *Curriculum visions*(pp. 23-70). New York: Peter Lang.

Eisner, E.(1979). *The educational imagination: On the design and education of school programs*. New York: Macmillan.

Illich, I.(1971). *Deschooling society*. London: Calder.

Jackson, P.(1968). *Life in classrooms*. New York: Holt, Rinehart & Winston.

Kelly, A.(2011). *The curriculum: Theory and practice*(6th ed.). London: SAGE.

Luke, A. Weir, K., & Woods, A.(2008). *Development of a set of principles to guide a P- 12 syllabus framework: A report to the Queensland Studies Authority Queensland*, Australia. Queensland Studies Authority.

Pinar, W.(1975). *Curriculum theorizing: The reconceptualists.* Berkeley, CA: McCutchan.

Pring, R.(2013). *The life and death of secondary education for all.* London: Routledge.

Stenhouse, L.(1975). *An introduction to curriculum research and development.* London: Heinemann.

Tyler, R.(1949). *Basic principles of curriculum and instruction.* Chicago: The University of Chicago Press.

교육과정의 역사적 기초

제3장

1. 인문주의자
2. 발달주의자
3. 사회효율성주의자
4. 사회개량주의자

영국의 유명한 사학자 토인비(A. Toynbee)의 말처럼 역사는 돌고 돈다. 교육과정의 역사도 마찬가지이다. 오늘날 교육과정을 지배하는 흐름은 완전 새로운 것이 아니라 과거의 역사 속에 그 뿌리를 두고 있다. 교육과정의 역사도 돌고 도는 반복을 거듭하고 있는 것이다. 따라서 현재의 교육과정뿐만 아니라 미래의 교육과정을 이해하기 위해서는 교육과정에 대한 역사적인 안목을 갖출 필요가 있다.

교육과정은 주어진 것이 아니라, 다양한 이해관계를 가진 사회 구성원들이 의식적으로 만들어낸 사회적 구성물이다. 따라서 교육과정은 교육적 이상과 관점이 다른 여러 집단들이 갈등하고 분투한 결과물이라고 할 수 있다. 교육과정의 역사를 이해한다는 것은 교육과정을 구성해 온 지식과 사상의 시대에 따른 변화를 탐색한다는 것을 의미한다.

이 장에서는 교육과정의 역사적 기초를 미국 교육과정사를 중심으로 다룬다. 이것은 우리나라의 교육과정이 역사적으로 미국의 영향을 받은 바가 크기 때문이기도 하지만, 교육과정에 대한 실험과 논의가 다른 어느 나라보다 미국에서 풍성하게 전개되어 왔기 때문이다. 미국은 고도로 분권화된 학교교육 체제로 인해 많은 의미 있는 교육과정 개발 활동이 국가가 아닌 대학이나 사적 조직 수준에서 대학교수나 컨설턴트들에 의해 이루어져 왔다. 그리고 이들이 개발한 것이 직접적으로 학교 교육과정을 구성해 왔다. 이러한 상황은 교육과정과 관련한 매우 풍성한 논의와 실험을 가능하게 했다. 유럽의 교육철학적 전통이나 이론들도 미국의 학교 교육과정을 구성하는 데 실험적으로 적용됨으로써 비로소 꽃을 피운 경우가 많다.

교육과정 역사에 대한 이해는 다음 네 가지 주제에 대한 검토를 통해서 가능할 수 있다(Bellack,1969). 즉, 1) 학교 현장에서 실제로 가르쳐 왔던 것, 2) 하나의 연구 및 학문 분야로서의 교육과정의 성장 과정, 3) 교육과정 이론가들의 삶과 업적, 4) 국가 수준의 교육과정 문서 등이 검토될 수 있다. 우리나라와 같은 국가 교육과정이 있는 나라는 주로 4)의 주제로 교육과정 역사를 파악할 수 있다(이 책의 7장과 8장에서 다루어진다). 이 경우에는 교육과정 개발의 주요 주체가 정부 부처이기 때문에 그 교육과정을 개발한 사람들이 부각되지 않는다. 그러나 미국의 경우는 국가의 직접적인 감독 밖에서 교육과정 개발이 이루어지기 때문에 그 개발과 관련된 특정한 사람이 드러나게 된다. 따라서 미국의 교육과정사는 이러한 사람들을 중심으로 검토될 수 있다. 이 장에서는 위에서 제시한 주제 가운데 1)과 3)에 초점을 두되, 주로 학교에서 무엇을 가르쳐야 하는가에 대한 여러 학자들의 주장을 살펴볼 것이다. 2)의 주제는 이 책의 13장에서 별도로 다루어진다.

이 장에서 다루게 될 미국 교육과정사는 19세기 말과 20세기 초에 해당한다. 이 시기는 미국에서 전통적인 지식 중심 교육에 대한 불만과 함께 학교에서 무엇을 가르쳐야 하는지를 두고 여러 이해 집단들이 격렬한 투쟁을 벌인 때이다. 이 시기를 지배했던 여러 주장들은 오늘날까지도 교육과정의 큰 흐름으로 이어지고 있기 때문에 이 시기를 검토해보는 것은 의미가 있다. 미국의 교육과정 학자인 클리버드(H. Kliebard)(2004)는 이 시기에 미국 교육과정을 지배했던 입장을 크게 네 개의 집단, 즉 인문주의자, 발달주의자, 사회효율성주의자, 사회개량주의자로 분류하여 잘 정리하고 있다. 발달주의자, 사회효율성주의자, 사회개량주의자들은 모두 전통적인 교육을 지배해 왔던 인문주의자를 비판하기 위해 등장한 집단들로 진보주의적 입장이라고 할 수 있다. 그러나 이들 진보주의적 진영의 비판에도 불구하고 전통적인 인문주의자도 이 시기에 여전히 살아남아서 자신의 목소리를 내었다. 따라서 20세기는 어떤 지식이 가장 가치로운가, 학교교육의 중심 기능은 무엇인가를 둘러싸고 이들 네 집단이 나름의 해석을 제시하고 논의하는 각축장이 되었다. 그러나 이 시기에 이들 네 집단 가운데 어느 한 집단이 절대적인 우세를 획득하지는 못했다. 결국 이 시기 미국의 교육과정이 되었던 것은 어느 한 집단의 전적인 승리의 결과라기보다는 이들 네 집단 간의 느슨하고 다소간 모호한 타협의 결과라고 할 수 있다. 이 장에서는 클리버드가 분류한 네 집단을 중심으로 미국 교육과정의 역사를 살펴본다.

【탐구 쟁점 예시】

1. 위의 네 입장 가운데 어떤 것이 오늘날의 학교교육에서 더 설득력이 있다고 보며, 왜 그렇게 생각하는가?
2. 모든 학생은 목적지와 상관없이 동일한 성격의 교과를 배워야 하는가, 아니면 진로와 관심에 따라 학생 간에 서로 다른 성격의 교과를 배울 필요가 있는가?
3. 학교 교육과정은 사회의 규범이나 질서를 유지하기 위한 것이어야 하는가, 아니면 사회를 개선하거나 변화시키기 위한 것이어야 하는가?

1. 인문주의자

미국의 학교에 등장했던 전통적인 교과는 19세기 대학에서 다루어졌던 학문들의 학교 버전이라고 할 수 있다. 교육과정이 하나의 연구 분야로 형성되기 이전에 학교 교육과정을 구성한 것은 이러한 교과, 좀 더 실질적으로 말하면 이 교과를 가르치기 위한 교과서였다. 따라서 전통적인 학교교육에서는 교사들의 손에 교과서를 쥐어주고 교사가 이를 잘 가르치기를 기대했다. 그러나 19세기 말 급격한 산업화가 진행되면서 학교교육의 역할에 변화가 요청되고, 많은 학생들이 중등학교에 물밀 듯이 들어오면서부터 교사의 역할에 그 무게 중심을 두었던 학교교육이 교육과정에 담겨진 지식 및 가치에 주목하기 시작했다.

인문주의자들(humanists)은 고대 전통과 서양의 문화적 유산을 수호하는 데에 관심이 있는 집단이다. 따라서 이들은 전통적으로 내려오는 가치와 문화의 전수를 교육과정의 핵심으로 본다. 이들은 19세기 말의 사회 변화에 직면해서도 기존에 다루어왔던 전통과 가치를 재해석하여 학교 교육과정에 여전히 담아내야 한다는 입장을 견지한다.

오늘날 미국 교육과정의 전신이라고 할 수 있는 교과는 하버드대학교 총장인 엘리어트(C. Eliot)가 주축이 되어 1892년에 결성된 10인 위원회에 의해 수립된 것이다(Rogers, 1997). 이 위원회는 학교에서 다루어야 할 지식을 몇 개의 학문적 성격의 교과로 분류했다. 엘리어트를 포함한 인문주의자들은 학교교육의 목표를 '지성의 발달'로 보았으며, 삶에 있어서의 가장 좋은 준비는 마음(mind)의 발달에 가장 도움이 되는 학문적 교과들 속에 놓여 있다고 믿었다. 그리하여 이들은 학교 교육과정이 대학에 기원을 두고 있는 학문들로부터 도출되어야 한다고 주장했다. 이러한 이유로 학문적 성격의 교과가 학교의 교육과정으로 들어왔으며, 각 교과는 수업을 위한 시간표 속에 배열되기 위해 한 시간도 안 되는 시간 단위로 쪼개져서 운영되었다. 즉 교과가 교육과정을 운영하는 기본적인 단위 혹은 요소가 되기 시작한 것이다.

학문적 교과를 중심으로 한 전통적인 교육은 오랫동안 미국의 교육계를 지배해 왔으며, 19세기 말 여러 진보주의 진영의 학자들이 이러한 인문주의자들의 구상을 논박하였으나 항상 되살아나곤 했다. 클리버드에 따르면, 교과는 많은 비판에도 불구하고 엄청난 회복력을 갖고 있어서 어떠한 대안도 교육과정의 기본 요소로서의 교과를 성공적으로 대체하기 어려웠다. 이하에서는 교육과정의 인문주의적 전통이 어떤 논리에 의해 주장되어 왔으며, 어떻게 발전해 왔는지를 살펴본다.

가. 전통적 교육과정의 이론적 토대: 정신도야론

미국은 20세기 초까지 대학 입학을 목적으로 하는 학생들을 위한 고전 교과 중심의 전통적 교육과정이 중등교육에서 지배적이었다. 라틴어, 그리스어, 고전문학, 대수, 기하, 천문 등이 이에 해당한다. 왜 학교에서 이러한 고전 교과를 가르쳐야 하는가에 대해서는 우선적으로 19세기에 이들 교과의 가치를 정당화한 '정신도야론'(the doctrine of mental discipline)을 통해 이해해볼 수 있다. 정신도야론에 대해서는 이 책의 4장에서 구체적으로 다루게 될 것이므로, 여기서는 간략히만 언급한다.

정신도야론의 기본 전제는 기억, 추론, 의지, 상상력과 같은 우리의 마음 혹은 정신 능력을 강화시키는 힘을 가지고 있는 교과가 별도로 있으며, 이러한 교과가 학교의 교육과정이 되어야 한다는 것이다. 이에 의하면 당시 학교에서 가르쳐지고 있는 전통적인 교과는 바로 이러한 힘을 갖고 있는 것으로, 학생들은 이들 교과를 배움으로써 그들의 마음이나 정신을 도야할 수 있다. 말하자면 라틴어, 그리스어, 고전문학, 대수, 기하, 천문 등의 교과는 학생들의 마음이나 정신 능력을 도야하는 힘을 가지고 있기 때문에 가르치고 배울 가치가 있다는 것이다.

19세기 정신도야론의 아이디어를 가장 잘 대표하는 것은 1828년에 제시된 예일대학교 교수단(Yale faculty)의 보고서라고 할 수 있다. 이 보고서는 당시 자연과학과 실용적 교과를 가르쳐야 한다는 주장에 대항하여 전통 교육과 인문주의 가치를 열렬히 옹호한 주장을 담아낸 것이다. 이 보고서에서는 교육의 두 가지 주요 기능을 구분하고 있다. 하나는 마음의 '도야'(discipline), 즉 마음 능력을 강화하는 것이요, 다른 하나는 마음의 '알맹이'(furniture), 즉 마음을 내용으로 채우는 것이다. 오늘날의 용어로 하면 전자는 사고능력을 개발하는 것에 해당하며, 후자는 지식과 기능을 획득하는 것에 해당한다. 예일대학교 교수단 보고서에서는 이 가운데 전자, 즉 마음의 도야를 좀 더 중요한 교육의 기능으로 간주했으며, 그리스어, 라틴어, 대수, 기하, 고전문학 등의 교과를 통해 이러한 기능을 실현할 수 있다고 보았다. 즉 이 보고서는 정신도야론에 기반하여 당시 가르쳐 온 전통적 인문 교과의 가치를 재확인하는 역할을 하였다. 전통적인 교과는 그 교과에 담겨있는 내용 자체의 의미보다는 그 내용에 대한 학습을 통해 우리의 마음이나 정신을 단련시키는 기능을 하기 때문에 배울 가치가 있는 것이었다.

그러나 1890년대에 정신도야론은 비판받기 시작했다. 비판 가운데 하나는 전통적으로 처방된 교과만이 우리의 마음이나 정신을 도야시킬 수 있는 것인가에 대한 것이었다. 말하자면 당시 학교에서 가르쳐온 전통적 교과가 아닌 더 다양한 교과를 통해서도 마음이나 정신을 도야시킬 수 있다는 주장이 제기되었다. 이보다 더 정신도야론을 지탱시키기 어려웠던 비판은, 르네상스 시대의 품위 있는 유럽인의 삶에 그 뿌리를 둔 인문주의적 교과가 새로운 산업 사회의 요구에 적절하지 않다는 것이었다. 특히 1890년대 초반, 학생들이 중등학교에 대량으로 유입되면서 예일대학교 보고서에서 옹호한 교육과정이 새로운 학생 인구에 계속 봉사할 수 있을 것인가 하는 문제가 제기되었다. 그리하여 19세기 말 정신도야론은 더 이상 설득력을 얻기 어려웠으며, 인문주의자들은 그들의 주장을 지속시킬 다른 이유를 찾아야만 했다.

나. 10인 위원회와 엘리어트(C. Eliot)의 주장

1890년대 미국은 중등학교가 급격히 팽창한 시기로, 다양한 배경의 많은 학생들이 중등학교에서 교육을 받았다. 이즈음 학교마다 서로 다른 교과목이 제공되는 혼란을 극복하기 위해 초·중등학교 교육과정을 어느 정도 표준화하기 위한 노력이 시도되었다. 전미교육협회(National Education Association, 이하 NEA)는 초등교육을 위한 15인 위원회, 중등교육을 위한 10인 위원회, 대학입학자격요건 마련을 위한 위원회 등 세 가지 위원회를 조직하여 초·중등학교 교육과정을 위한 아이디어를 제시하도록 했다. 이 가운데 10인 위원회의 영향력이 가장 컸다.

1892년 NEA 산하에 조직된 10인 위원회는 본래 중등교육을 위한 것이었으나, 대학입학자격요건을 단일화하는 데에 주된 관심을 두었다. 이것은 당시 대학의 입학자격요건이 대학마다 차이가 있어서 고등학교 교육과정 운영에 어려움이 있다는 지적 때문이었다. 더군다나 당시 고등학생들의 극히 일부만이 대학에 가는 상황에서 고등학교 교육과정을 어떻게 운영해야 하는가의 어려움도 함께 고민해야 했다.

10인 위원회의 의장은 하버드대학교의 총장이었던 엘리어트(C. Eliot)였다. 그는 인문주의자이자 정신도야론의 지지자였다. 그는 학교의 핵심 기능이 학생들의 논증 능력(reasoning power)을 체계적으로 발달시키는 데 있다고 보았다. 그에 의하면, 학교 교육과정은 이러한 마음의 습관을 기를 수 있도록 구성되어야 하며, 학생이 자신의 생각을 명확하고, 간결하게, 그리고 설득력 있게 표현할 수 있도록 하는 것이 학교의 중요한 과제가 되어야 했다. 그러나 그는 대부분의 정신도야론자들과 다르게 전통적인 교과만이 아니라 어떤 교과든지 잘만 가르치면 도야적 가치가 있는 교과가 될 수 있다고 보았다.

엘리어트는 고등학교의 모든 학생들이 동일한 과정을 따르는 데에 반대하고, 선택 과정을 제안했다. 그는 4개의 과정을 제시하면서 학생들은 이 가운데 1개의 과정을 선택할 수 있고, 대학은 학생들이 어느 과정을 선택하든 대학입학자격으로 동등하게 인정하도록 했다. 고등학교가 개설할 수 있는 4개의 과정은 '고전어' 과정(라틴어, 고전문학, 수학), '라틴어-과학' 과정(라틴어, 수학, 과학), '현대어' 과정(프랑스어, 독일어, 문학, 작문, 역사), '영어' 과정(라틴어, 독일어, 프랑스어 중 택1, 문학, 작문, 역사)이었다. 그러나 엘리어트를 포함한 10인 위원회는 대학을 준비하는 학생과 그렇지 않은 학생 간에 교육과정이 달라야 한다는 점에는 만장일치로 반대했다. 즉 대학 준비 여부와 상관없이 학생들은 이 4개의 과정 가운데 하나를 선택해야 했다. 10인 위원회는 모든 학생들이 목적지와 상관없이 다양한 교과에 대해 최상의 수업을 제공받을 권리가 있다고 보았다. 이 위원회에서는 삶을 위한 교육이 곧 대학을 위한 교육이며, 엄격한 대학 공부를 위해 적절한 준비가 필요하듯이 삶을 위해서도 훌륭한 교육을 받아야 한다고 주장했다. 엘리어트는 그가 제시한 어떠한 과정의 교과라도 잘만 가르치면 모든 계층의 시민들을 인문주의적 이상, 즉 이성의 힘, 미적 감각, 높은 도덕성을 갖도록 발달시킬 수 있다고 보았다.

10인 위원회의 중등교육과정을 위한 권고는 19세기의 전통적 교육과정으로부터의 온건한 이탈을 보여준다. 즉 고전적 교과만을 고집하지 않고, 현대 외국어와 영어 등 현대적 교과를 고전적인 교과와 나란히 놓음으로써 여러 성격의 학교 교과들을 동등하게 취급하고 있는 듯한 모양새를 취하고 있는 것이다. 그러나 10인 위원회는 어떤 성격의 교과든 그것은 진로와 상관없이 모든 학생들을 위한 것이 되어야 한다고 함으로써 모두를 위한 자유교육이라는 인문주의 이상을 이어가고 있다고 할 수 있다.

20세기가 흘러가면서 10인 위원회의 권고는 사회 변화 및 변화하는 학교 인구에 충분히 반응하지 못한 것으로, 그리고 대학이 고등학교에 대해 매우 어리석은 지배를 행사한 것으로 비판받게 되었다. 10인 위원회가 권고한 것은 고전적인 것이든 현대적인 것이든 간에 모두 학문적 성격의 교과였으며, 대학입학자격요건을 통해 대학이 고등학교 교육과정을 결정한다는 점에서 대학의 고등학교 교육에 대한 부당한 지배로 보였던 것이다. 특히 10인 위원회가 모든 학생들의 교육을 위해 적절한 것이라고 보았던 학문적 성격의 교과들은 대학에 갈 고등학생들에게만 적절한 것으로, 졸업 후 밥벌이를 해야 하는 대다수의 고등학생들은 10인 위원회가 주장한 종류의 교육과정을 추구하기 어려웠다. 이에 따라 20세기 초기 10년 동안 인문주의 가치는 미국의 학교 교육과정에서 실질적으로 구현되지 못했다. 인문주의가 추구하는 가치는 당시의 미국 생활의 추세 및 대중 교육의 흐름과 불일치했기 때문에 미국 교육의 주류 정책으로부터 소외될 수밖에 없었던 것이다. 인문주의자가 강조한 전통적인 학문적 교육과정은 대학진학을 준비하는 고등학교에 다니는 일부 학생들과 관련해서만 보존되었다.

다. 15인 위원회와 해리스(W. Harris)의 주장

앞서 소개했던 10인 위원회가 중등학교 교육과정을 제안하기 위한 것이었다면, 15인 위원회는 1895년에 조직된 것으로서 초등학교 교육과정에 대한 아이디어를 구안하기 위한 것이었다. 15인 위원회의 의장은 당시 미국 정부의 교육국장이었던 해리스(W. Harris)였다.

해리스는 일찍이 교육과정의 중요성을 주장한 사람으로, 교육과정이 교육자들에게 가장 중요한 문제라고 보았다. 그에 의하면, 새로 태어난 영혼은 좋거나 나쁜 행동을 할 가능성이 있으며, 이러한 영혼을 진리에 대한 지식, 미에 대한 사랑, 선한 것을 하려는 습관 등에 관심을 갖도록 발달시키는 것이 바로 교육과정의 기능이다. 따라서 그는 교육과정이 아동들의 변덕스런 관심이나 즉흥적 충동으로부터가 아니라 서구 문명의 위대한 자원으로부터 출발해야 한다고 보았다. 이러한 견해는 그가 인문주의자임을 명백히 보여주는 것으로, 그는 19세기말 쇠퇴하기 시작한 정신도야론의 입장과는 다른 논리로 인문주의적 교육과정을 위한 새로운 원리를 명료화했다.

해리스는 앞서 소개한 엘리어트보다 사회 변화에 더 민감한 사람이었으나, 서구 문명의 최상의 자원으로 구성된 교육과정이 여전히 미국 학교에 가장 적절하고 바람직하다고 보았다. 그에 의하면, 사회가 변하고 학교 구성원의 성격이 변해도 인류의 문화는 전달되어야 하며, 이는 5개의 "영혼의 창"(windows of the soul)을 통해서 가능하다. 여기서 5개의 영혼의 창은 5개의 교과, 즉 문법, 문학 및 예술, 수학, 지리, 역사를 지칭하는 것이다.

해리스는 그가 영혼의 창으로 제시한 5개 교과의 가치를 중심으로 초등학교 교육과정에 대한 그의 견해를 다음과 같이 설명한다. 학교는 먼저 아동이 가정에서 획득하는 '구어적 어휘'를 넘어서서 읽기와 쓰기 측면에서 언어를 구사할 수 있는 기회를 제공해야 한다. 언어 구사력이 증가되면 아동은 구어에 대한 의존에서 해방되고, 구어에 한정된 개인적 경험의 세계를 넘어서는 곳에 도달하게 된다. 그 곳에서 아동은 영혼의 첫 번째 창, 즉 '산수'의 창으로 들어가게 된다. '산수'는 물리적 세계를 지배하는 추상적 관계로 들어설 수 있게 하는 것으로, 정확한 측정은 자연을 정복하는 첫 단계라고 할 수 있다. '산수'에서는 기본적 산술보다는 점차 자연과학에 활용될 수 있는 수학적 능력을 갖출 수 있도록 교육이 제공되어야 한다. '지리'는 무생물적 세계를 인간 세계와 관련시키는데 기여하는 교과로, 강이나 섬, 도시 이름을 암기하는 것이 아닌 자연과 인간 간의 상호관계를 이해하는 데 초점을 두어야 한다. '역사'는 개인의 행위보다는 제도에 초점을 두고 그 성취에 담긴 의미를 이해하는 데 역점을 두어야 한다. '문법'은 인간 경험으로 밝힐 수 있는 모든 문제에 대한 설명을 제공한다는 점에서 중요시 되어야 하며, '문학'은 삶을 총체적으로 바라보게 하고 인간 특성의 본질적인 것을 이해하게 해준다는 점에서 중요하다.

해리스는 이와 같이 전통적인 인문교과의 가치를 중시하면서, 교육과정이 위에서 언급한 5개의 교과를 중심으로 구성되어야 한다고 주장했다. 그러나 그의 전통적 교과에 대한 옹호는 정신도야론의 것과 그 논리가 달랐다. 정신도야론에서는 전통적 교과가 우리의 마음이나 정신 능력을 강하게 도야시켜줄 수 있다는 점에서 그 가치가 있다고 보았다. 그러나 해리스는 전통적 교과의 마음이나 정신 능력을 강화하기 위한 수단으로서의 가치보다는 그러한 교과가 직접 제공하는 내용 측면에 더 관심을 가졌다. 그는 교과의 가치를 결정하는 데 중요한 것은 그것의 형식보다는 내용이라고 보고, 전통적 교과는 의미 있는 내용을 담고 있기 때문에 가르치고 배울 가치가 있다고 주장했다. 즉 그는 전통적 교과의 도야적 가치보다는 학습되어야 할 내용의 가치를 강조함으로써 인문주의 이상을 보존하는 교육과정을 새롭게 정당화했다. 이와 같이 해리스는 정신도야론과는 다른 논리에 근거하여 인문주의적 교육과정을 강조했으나, 19세기 말의 개혁주의자들은 그를 현 상태의 옹호자라고 격렬히 비판했다. 그럼에도 불구하고 현대 미국 교육과정에 남아있는 인문학적 성격의 교과는 해리스의 유산이라고 할 수 있다.

2. 발달주의자

발달주의자들(developmentalists)은 교육과정에 대한 인문주의자들의 견해를 비판하면서 등장한 집단으로 19세기 말과 그 이후의 교육과정에 커다란 영향을 미쳤다. 이들은 교육과정의 출발점으로서 전통적인 교과 대신에 학생의 즉각적인 삶이나 관심을 취하는 입장을 견지한다. 이 입장은 헤르바르트 학파에 그 뿌리를 두고 있으며, 홀(S. Hall)의 아동연구 운동을 거쳐 킬패트릭(W. Kilpatrick)의 '프로젝트법'으로 이어진다.

가. 헤르바르트 학파

발달주의자들은 독일에서 헤르바르트(J. Herbart)의 교육이론을 공부하고 돌아온 헤르바트 학파(Herbartian)의 주장에 토대를 둔 집단이다. 1892년 앞서 소개한 10인 위원회가 창설된 곳과 동일한 장소에서 일부 교육학자들이 헤르바르트 클럽(Herbart Club)을 결성했으며, 이는 1895년 헤르바르트 학회(National Herbart Society)로 재조직된다.

교육과정에 대한 헤르바르트 학파의 주장은 그들 논의의 핵심인 '문화사 이론'(culture epoch theory), '상관'(correlation), '집중'(concentration)의 의미를 검토함으로써 이해될 수 있다. '문화사 이론'이란 인류 문화의 역사적 발달 과정에 대한 회고를 통해 발견한 명제, 즉 개체 발달은 종족 발달을 반복한다는 점을 지칭한 것이다. 이러한 명제는 17세기에 널리 수용되었으나, 이것이 교육과정 이론에 적용된 것은 19세기 후반 헤르바르트 학파에 의해서라고 할 수 있다. 헤르바르트 학파는 문화사 이론에 기대어 아동은 그의 개인 발달에 있어서 인류가 역사를 통해 거쳐 온 단계를 반복한다고 주장했다. 이러한 문화사 이론은 교육과정에 시사를 주는 바, 헤르바르트 학파는 이를 다음 두 가지로 제시한다. 첫째, 개인의 발달 단계는 인류의 발달 과정을 재현하게 되므로, 개인의 발달 단계별로 이에 상응하는 인류의 발달 과정으로부터 추론된 교육과정이 제공되어야 한다. 예컨대 개인의 발달 단계가 인류의 수렵 생활 단계에 해당하는 시기라면 그 시기에 상응하는 학습내용이 제공되어야 한다. 둘째, 인류가 발달하면서 산출해 낸 각 시대의 산출물이 교육과정의 소재가 되어야 하며, 이러한 시대별 산출물에 대한 학습이 아동들의 자연스런 공부 순서가 되어야 아동의 흥미가 유지될 수 있다. 예컨대 인류 발달의 농경 시대를 경험하는 아동들에게는 그 시대에 상응하는 역사적 산물, 특히 그 시기의 문학 작품을 공부하도록 하는 것이 그들의 지속적인 흥미를 보장한다. 이러한 헤르바르트 학파의 문화사 이론은 아동의 발달이나 흥미에 초점을 둔 주장이라는 점에서 아동 연구와 아동 중심을 강조하는 발달주의자들에게 많은 호응을 얻었다.

한편, 헤르바르트 학파는 '상관'과 '집중'이라는 용어를 사용하면서 역사나 문학 같은 특정 교과를 중심에 두고, 여러 교과들을 관련지어 통일성 있는 교육과정을 추구해야 한다고 주장했다. 당시 헤르바르트 학파는 인문주의자인 해리스를 비판하는 데 앞장섰는데, 특히 해리스가 '상관'과 '집중'이라는 용어를 잘못 사용하고 있다는 점에 초점을 두었다. 헤르바르트 학파가 의미하는 '상관'은 교과 간의 상호관계를 가리키는 것이었다. 그러나 해리스는 교과 간의 상관에 관심이 없었다. 오히려 그는 15인 위원회 보고서에서 제시한 5개의 "영혼의 창"에 해당하는 교과를 서로 상관되지 않고 각자 독립적으로 중요한 각각의 교과로 구성했다. 그는 '상관'을 학생들을 영적 · 자연적 환경과 관련짓는다는 의미로 사용했다. '집중'과 관련하여서도 헤르바르트 학파는 이를 역사나 문학 같은 특정 교과를 모든 교과의 구심점으로 삼아 교육과정의 통일성을 추구한다는 의미로 활용했으나, 해리스는 초등학교 교육이 그가 제시한 5개 교과에 집중해야 한다는 의미로 사용했다.

헤르바르트 학파는 해리스를 비롯한 전통적 인문주의자들로 대표되는 교육계의 구질서에 도전하는 데에 초점을 두고 활발하게 활동했다. 이 학파는 미국에서 1892년부터 1905년까지 비교적 짧게 활약했으나, 그 아이디어는 오랫동안 미국 교육과정에 심오한 영향을 미쳤다. 헤르바르트 학파의 아이디어는 당시 막 싹트기 시작한 아동 연구 운동과 일치하지는 않았지만, 상당 부분이 이 운동의 주장자들에게 흡수되었다. 이것은 아동 발달이나 흥미에 대한 헤르바르트 학파의 강조가 아동 연구 운동의 주요 주장과 잘 융화될 수 있었기 때문이었다.

나. 홀(S. Hall)의 아동 연구 운동

19세기 후반에는 아동 연구가 교육과정의 핵심이라는 주장이 국가적인 관심을 끌었다. 아동 연구의 뿌리는 유럽의 아동 중심 교육자들인 코메니우스, 프뢰벨, 페스탈로찌, 루소 등의 교육이론으로까지 거슬러 올라갈 수 있다. 19세기 후반의 아동 연구 운동은 당시에 부각된 과학의 영향으로, 아동의 여러 발달 단계에서 나타나는 행동을 주의 깊게 관찰하고 기록하는 데에 관심을 두는 움직임을 지칭한다.

아동 연구 운동을 이끈 사람은 홀(S. Hall)이었다. 그는 헤르바르트 학파의 문화사 이론의 영향을 받아 아동의 자연스런 발달 과정에 관심을 기울였으며, 아동기에 적절하지 않은 지성적 훈련보다 아동의 건강을 학교교육의 주요 목적으로 더 중시했다. 그의 주장의 핵심은, 아동 발달의 자연스런 순서에 따라 무엇이 가르쳐져야 할지를 결정하는 것이 가장 의미 있고 과학적이라는 것이다. 실제로 그는 1893년에 쓴 "아동 마음을 구성하는 내용"(The contents of children's minds)이라는 글을 통해 아동의 마음이 어떻게 구성되어 있는지를 탐구했다. 그에 의하면, 아동의 마음에 무엇이 있는지를 안다면 무엇을 가르쳐야 하는지를 좀 더 체계적으로 접근할 수 있다. 따라서 그는 표준화된 내용 지식을 학생들에게 부과하는 것에 반대하고 학생들의 현재의 삶을 이해하고 그에 적절한 교육과정을 제공하고자 했다.

이러한 맥락에서 홀은 인문주의자인 엘리어트 주도의 10인 위원회가 제시한 중등교육과정을 위한 다음 세 가지 권고를 비판했다. 첫째, 10인 위원회는 모든 학생들이 장차의 목적지와 상관없이 동일한 방식으로 배워야 한다고 주장한다. 그러나 홀이 보기에 학교 구성원은 매우 다양한 배경을 갖고 있어서 이러한 공통 교육과정이 실행될 수 없다. 따라서 그는 공통 교육과정 대신에, 학생들의 타고난 능력의 차이에 대응하는 차별화된 교육과정(differentiated curriculum)이 제공되어야 한다고 주장했다. 둘째, 10인 위원회는 모든 교과가 동등하게 잘 가르쳐진다면 동등한 교육적 가치를 지닌다고 주장한다. 그러나 홀이 보기에 이러한 주장은 정신도야론이 갖고 있는 문제, 즉 교과에 담긴 내용의 가치를 무시하고, 교과 학습이 야기할 도야적 가치, 즉 형식만을 중시하는 오류를 범하고 있는 것이다. 셋째, 10인 위원회는 대학을 위한 교육이 삶을 위한 교육과 본질적으로 동일하다고 주장한다. 그러나 홀은 이 주장이 고등학교 교육과정에 대한 대학의 지배를 정당화하기 위한 전략에 불과하다고 비판했다.

한편, 홀은 초등학교와 중등학교를 위한 교육과정을 나름대로 제안했다. 초등학교 교육과정에 대해서는 8세 이전에 지적인 공부로 과중한 짐을 지우는 것은 아동에게 해로우므로 주로 놀이로 구성하도록 했다. 읽기와 쓰기 같은 것은 이성이 싹트기 시작하는 8세 이후부터 제공될 수 있으나, 이 경우에도 문화사 이론을 반영하여 아동 발달 단계에 적합한 교육이 제공되어야 한다고 주장했다. 중등학교 교육과정과 관련해서는 라틴어를 영어로 대체하도록 했으며, 이 시기가 학생들이 하늘에 대한 자연적 호기심이 많은 단계이기 때문에 천문학이 강조되어야 한다고 주장했다. 또한 언어나 수학과 같은 형식 교과보다는 지질학이나 생물학과 같은 내용 교과가 더 강조되어야 한다고 주장했다.

교육과정 개혁에 대한 홀의 주장은 아동기와 청소년기에 있어서 지성의 발달을 이전보다 약화시키자는 것이었다. 그에게 있어서는 튼튼한 건강이나 종족의 존속이 지성보다 더 중요했다. 그가 보기에 교육의 주요 목표로서 이성의 발달은 전과학적 시대의 산물이며, 초중등학교에서 그 목표를 달성하려고 하는 것은 에너지를 약화시키고 건강을 해치는데 기여할 뿐이었다. 홀의 아동 연구에 대한 주장은, 아동 자신의 자연적 충동이 무엇을 가르쳐야 하는가를 결정하는 데 사용될 수 있다는 당시의 증가하는 신념에 과학의 권위를 덧붙임으로써 다른 주장보다 영향력을 지닐 수 있었다. 그러나 홀의 핵심 주장, 즉 아동 발달의 자연스런 순서가 곧바로 무엇을 가르쳐야 하는가를 처방할 수 있다는 것은 지나치게 낙관적인 아이디어라는 비판을 받으면서 그의 영향력은 점차 상실되었다.

다. 킬패트릭(W. Kilpatrick)의 프로젝트법

20세기 초반 미국에서는 두 가지 형태의 직업교육이 등장했다. 하나는 새로운 산업 사회의 요구를 충족시키기 위한 것이었으며, 다른 하나는 새로운 사회에 직면하여 시골의 삶과 관련된 특정 가치를 보존하기 위한 것이었다. 이 가운데 후자, 즉 농업교육 프로그램의 일환으로 수행된 프로젝트법이 국가적인 관심을 끌었다.

1908년부터 1909년 사이에 매사추세츠 주에 있는 한 시골 지역의 농업학교 교사인 스팀슨(R. Stimson)은 '홈프로젝트'(home-project)라고 불리는 것을 실행했다. 이것은 학생들이 학교에서 배운 것을 그들 집의 농장 일을 하는 데에 적용할 수 있도록 돕는 프로그램이었다. 예컨대 학생들은 가정에서 소를 먹이는 일을 보조하면서 소 한 마리에게 먹일 배급량을 재고 그 비용을 계산했으며, 소젖의 표본을 학교로 가져와서 박테리아 검사를 하기도 했다. 이것은 학교의 공부를 학생들의 친숙한 일상과 연계시킨다는 점에서 매우 의미 있는 것이었다. 이 프로젝트는 농업교육의 교육과정을 조직하는 하나의 방식으로서 국가적인 관심을 끌 정도로 성공적이었다. 이 프로젝트의 성공을 이끈 주요인은 처음부터 학생들의 개인적인 흥미와 즉각적인 동기를 중요시한 데 있었다. 이것은 발달주의자들의 관심을 끄는 것으로, 프로젝트의 도입은 학생들의 실제적이고 즉각적인 관심 측면에서 교육과정을 재구성할 수 있게 하는 계기를 마련해 줄 것으로 보였다.

프로젝트를 통해 교육과정을 개혁하려는 움직임은 컬럼비아대학교의 교수인 킬패트릭(W. Kilpatrick)에 의해 극적으로 확대되었다. 킬패트릭은 1918년 한 저널에 "프로젝트법"(the project method)이라는 제목의 글을 기고했다. 이 글은 굉장한 호응을 얻었으며, 당시 사그라져 가던 발달주의자들의 입장에 다시 불을 붙일 수 있는 계기가 되었다.

킬패트릭 주장의 핵심은 아동 자신의 자발적이고 유목적적인 활동이 교육과정을 조직하기 위한 기초가 되어야 한다는 것이었다. 그가 제시한 프로젝트법은 아동이 자신의 즉각적인 관심과 필요로부터 출발하여 자신의 목적을 성취해가는 교육과정을 지칭한다. 킬패트릭에게 있어서 교과는 더 이상 교육과정이 아니었다. 그는 교과를 학습되어야 할 어떤 것이 아니라 인간의 목적을 성취하기 위한 도구로 간주했다. 이 관점에서 교과는 수단이지 목표가 아니었다. 이러한 킬패트릭의 주장은 결과적으로 프로젝트법을 교과를 가르치기 위한 하나의 방법이 아닌, 교육과정을 대신하는 것으로 만들었다. 프로젝트라는 '방법'(method)이 교육과정 그 자체가 된 것이다.

킬패트릭의 프로젝트법은 농업교육이라는 특정 영역에서 성공한 교육과정 개혁을 학교교육 전반의 교육과정을 재구성하기 위한 것으로 각색한 것이었다. 이러한 프로젝트법은 짧은 시간 내에 교육과정 구성을 위한 주요 대안으로 각광받았다. 1920년대에는 프로젝트법과 관련된 책이 엄청나게 쏟아져 나왔으며, 학교 실제에서 많이 사용되었다. 교육과정을 프로젝트 형태로 조직하는 움직임은 처음에 사립학교와 대학부설학교에서 많이 이루어졌으나 곧 공립 초등학교와 중등학교에로 확대되었다. 그리고 1930년대에는 이 운동이 활동 교육과정 혹은 경험 교육과정으로 이어졌다.

3. 사회효율성주의자

사회효율성주의자들(social efficiency educators)은 산업화라는 대규모 사회 변화에 직면하여 사회를 통제하고 효율적으로 운영하는 데 관심을 두는 집단이다. 이들은 사회를 통제하기 위해 과학의 힘에 의존한다. 그러나 사회효율성주의자들이 의존하는 과학은 발달주의자인 홀이 생각하는 것과는 다른 것이었다. 홀에게 있어서 과학은 아동의 발달 과정을 이해하기 위해 아동의 행동을 주의 깊게 관찰하고 기록하는 정도의 의미였다. 그러나 사회효율성주의자들에 있어서 과학은 예언 가능하고 질서 정연한 세계를 유지하기 위한 정확한 측정과 엄밀한 기준에 관한 것이었다. 사회효율성주의자들은 과학의 힘을 빌려 표준화된 기준을 만들고 이러한 기준을 학교교육에 적용하고자 했다. 이때 사회효율성주의자들이 기준으로 고려했던 것은 산업 사회에서 필요로 하는 성인의 역할이었다. 이에 따라 사회효율성주의자들은 미래 시민이 될 학생들이 성인으로서의 역할을 잘 수행할 수 있도록 준비시키는 데 초점을 둔 교육과정을 주장하게 된다.

사회효율성주의를 이끈 선두 주자는 라이스(J. Rice)였다. 그는 당초 소아과 의사였으나 교육가로 전환하여 독일에서 교육학을 공부한 사람이었다. 그는 1892년과 1893년, 두 차례에 걸쳐 미국의 여러 지역의 초등학교를 직접 돌아다니면서 발로 뛰는 조사 연구를 수행하였다. 많은 초등학교의 교실 수업을 면밀히 관찰하면서 그는 학교교육 체제가 매우 단조롭고 무기력하다고 느꼈다. 1912년에 출판된 『교육의 과학적 경영』(Scientific management in education)이라는 저서에서, 그는 제목에서도 드러나듯이 교육의 표준화 및 효율성이라는 주제를 다루었다. 그는 이 저서에서, 명료하게 정의된 표준화된 목표와 이 목표의 실현 여부를 확인할 측정 기술의 마련을 통해 학교가 좀 더 효율적으로 운영될 필요가 있음을 주장했다. 라이스의 이러한 주장은 교육과정에 있어서 일종의 과학적 경영 기술의 적용을 강조한 것으로 사회효율성주의자들의 주장을 이끈 단초가 되었다.

가. 로스(E. Ross)의 사회 통제론

19세기 말 20세기 초의 급격한 산업 사회로의 변화 속에서 국가의 대량적인 개입이 필요하다는 주장이 대두되었다. 사회학자인 로스(E. Ross)의 사회이론이 이에 해당하는 것으로, 1901년에 출판된 그의 유명한 책 『사회통제』(Social control)는 이러한 주장을 담고 있다. 이 저서에서 그는 사회의 진보를 자연 법칙에 맡기는 것을 거부하고, 사회 유지를 위해서는 방대한 개입이 이루어질 필요가 있음을 주장하였다. 그에 의하면, 사회는 항상 적의 존재 하에 있으며, 사회 통제가 자기 보호를 위한 무기이다.

로스는 그의 사회이론에 입각해서 교육의 중요한 역할을 제시한다. 그는 20세기 다른 형태의 사회 통제가 쇠퇴하는 상황에서 교육은 사회 통제를 위한 가장 효과적인 무기 가운데 하나라고 보았다. 그가 보기에 당시 미국의 학교는 지적인 것에 너무 치우쳐져 있는 문제가 있었다. 그에 의하면, 지성의 발달이 가치가 없는 것은 아니지만 이러한 치우침은 미국 학교를 사회 통제의 도구로 보다는 개인의 성공을 도와주는 것으로 이끌어 왔다. 그는 산업 사회로의 급격한 변화를 위기 상황으로 보고, 학교가 좀 더 직접적으로 이러한 상황에 대응할 필요가 있다고 보았다. 특히 그는 가족의 영향력이 점차 쇠퇴하고 있는 상황 속에서 학교가 외적인 법규에 복종하는 습관을 형성할 수 있는 기회를 제공해야 한다고 보았다. 요컨대 로스는 산업 사회로의 급격한 변화 속에서 학교가 직접적인 사회 통제의 기능을 해야 하며, 이러한 기능은 매우 절박하고 긴급한 것이라고 보았다.

나. 효율성 운동: 테일러(F. Taylor)의 과학적 경영, 그리고 하나의 연구 분야로서의 교육과정의 탄생

앞서 소개되었던 로스가 제시한 사회 통제 이외에, 사회효율성주의자들의 주장을 구성한 핵심 요소는 '효율성'(efficiency) 그 자체였다. 당시 효율성 운동을 이끈 사람은 테일러(F. Taylor)로서 그는 '과학적 경영'(scientific management)의 아버지로 불릴 정도로 미국 사회에 막강한 영향을 끼친 사람이다. 그는 교육에 직접적인 관심이 없었으나 그가 주장한 과학적 경영 원리는 미국 교육계에 커다란 영향을 미쳤으며, '교육과정'은 이러한 배경 속에서 하나의 전문 연구 분야로 탄생하게 된다.

테일러는 공장을 효율적으로 경영하기 위한 원리로서 과학적 경영을 주장했다. 테일러가 공장의 과학적 경영을 주장한 일차적 목표는 적은 비용으로 더 많은 생산을 하는 것에 있었으나, 그는 이러한 경제적 목적을 넘어서서 로스가 생각한 것과 유사한 질서와 규제에 관심이 있었다. 테일러의 과학적 경영의 핵심은 수행될 과업을 세밀하게 구체화하고 그 과업의 하위 요소들을 효율적인 계열로 조직하는 데 있었다. 이는 복잡한 과업일수록 그것을 가장 기본적인 요소로 쪼개면, 요소별 과업이 단순화되어 노동자들의 실수가 줄고 생산이 증가할 것이라고 보았기 때문이었다. 테일러의 과학적 경영의 슬로건은 효율성이었으나, 그가 효율성을 통해 추구하고자 한 것은 좀 더 질서정연하고 논쟁이 없는 사회였다. 따라서 테일러의 과학적 경영은 정치적 보수주의자들에게 쉽게 포용되었다.

20세기 초반 20년 동안, 미국의 학교들은 학교 경영에 테일러의 과학적 경영 원리를 적용하고자 했다. 당시 미국 학교는 비효율적으로 운영되고 있다는 비판이 많았기 때문에 테일러의 공장 경영 체제를 학교 경영에 적용하는 것은 매우 자연스러웠다. 더 나아가 테일러의 아이디어는 학교 경영에 적용되는 것을 넘어서서 교육과정 개발을 위한 새롭고 강력한 개념적 장치를 제공했다.

교육과정 개발에 테일러의 과학적 경영을 적용한 사람은 1909년에 시카고대학교 교수에 임명된 보빗(J. F. Bobbitt)이었다. 그는 1910년에 시카고대학교에 '교육과정'이라는 이름의 코스를 열었으며, 그 코스는 매학기 개설해야 할 정도로 큰 호응을 얻었다. 1912년에 그는 교육과정에 대한 그의 첫 논문인 "교육에서 낭비의 제거"(The elimination of waste in education)를 출판함으로써 교육과정 분야의 선두 주자로서의 그의 경력을 시작했다. 이 논문에서 보빗은 학교를 공장에 비유하면서 교육과정에 대한 주장을 제시했다. 그는 교육에서 비효율성을 제거하기 위해서는 교육과정이 개인들이 속한 계층에 따라 차별화되어야 한다고 보았다. 그에 의하면, 학생들이 향후에 결코 사용하지 않을 것을 배우는 것은 낭비이며, 이러한 낭비를 줄이기 위해서는 학생들이 미래의 삶에서 차지할 역할을 정확히 예측하여 그에 따른 차별화된 교육과정을 제공해야 한다.

보빗은 1918년에 『교육과정』(The curriculum)이라는 제목의 저서를 출판했다. 이 책은 교육과정에 대한 최초의 전문 서적으로서, 교육과정 분야에서는 이 책의 출판 시점인 1918년을 교육과정이 하나의 전문적인 연구 분야로서 탄생한 시점으로 보는 경우가 많다. 이 책에서 보빗은 교육과정을 과학적으로 개발하는 방법을 제시했다. 여기서 그가 교육과정을 개발하기 위해 사용한 과학적 기법은 활동 분석(activity analysis)이었다. 활동 분석에 따른 교육과정 개발 과정은 인간의 삶을 구성하는 활동을 세밀하게 분석하는 것으로 시작한다. 분석된 세부 활동은 목록화되어 교육과정의 목표로 전환되며, 그 다음 단계로 각 목표를 가장 효율적으로 달성할 수 있는 일련의 경험을 만들면 된다. 여기서 보빗이 말하는 인간 활동은 직업적 활동만이 아니라 인간이 실제로 가담하는 모든 활동을 의미하는 것으로, 시민활동, 건강활동, 여가활동, 언어활동, 양육활동, 종교활동, 일반적 사회활동 등을 포함한다.

보빗이 제시한 교육과정 개발 방법에 대한 당시 교육계의 관심은 거의 열광적이었으며, 그 결과 교육과정은 하나의 중요한 전문 분야로 인식되는 지점에까지 이르렀다. 보빗의 주장이 호응을 얻었던 것은 그가 제시한 교육과정 개발 방법의 단순함과 특별함 때문이라고 할 수 있다. 보빗의 주장은 교육과정 개발 작업을 일련의 단계나 절차만 따르면 되는 것으로 단순화시켰으며, 과학적 경영 혹은 과학 그 자체로부터 이끌어진 아이디어라는 점에서 특별한 것으로 인식되었다. 보빗이 주장한 핵심적인 아이디어는 오늘날의 교육과정 개발 작업에서도 대부분 유지되고 있다. 이것은 교육과정 분야의 태생과 밀접한 관련이 있는 것으로, 교육과정 분야는 사회효율성주의자들의 주장과 맞물려 출현했기 때문에 태생적으로 이 입장의 흔적을 가질 수밖에 없다고 할 수 있다.

다. 지능 측정, 지능에 따라 차별화된 교육과정

20세기 초에 사회효율성주의자들의 주장을 지지하는 심리학의 움직임이 있었다. 그것은 학생들의 지능은 타고난 것이며, 이 지능은 정확하게 측정될 수 있다는 것이었다. 당시 심리학자들은 정신도야론의 주장을 비판하면서 학생들의 마음이나 정신 능력은 특정 교과를 배움으로써 도야될 수 있는 성질의 것이 아니라 애초부터 타고난 것이라고 보았다. 따라서 이들은 타고난 지능이 중요하다고 보고, 지능을 미세한 단위로 정확하게 측정할 수 있는 지능 검사(IQ 검사)를 만들었다.

개인의 타고난 지능이나 능력이 다르다는 심리학자들의 주장은 개인의 능력에 따라 차별화된 교육과정이 제공될 필요가 있다는 사회효율성주의자들의 주장을 뒷받침했다. 사회효율성주의자들은 학생들이 미래에 서로 다른 과제를 수행하게 될 것이기 때문에 지능 검사를 통해 이들의 타고난 능력을 확인하고 이에 부합하는 교육과정을 제공해야 한다고 주장했다. 이들에 따르면, 학교는 안정적이고 질서 정연한 사회를 구축하는 데 헌신해야 하며, 이를 위해서는 미래 시민들이 수행하게 될 역할과 관련된 교육과정을 제공해야 한다. 이들이 보기에 대부분의 학생들은 대수나 기하 같은 전통적 교과를 필요로 하는 일을 하지 않을 것이기 때문에 이러한 교과 대신에 학생들이 미래에 하게 될 활동에 맞춰진 교과를 제공하는 것이 더 필요했다. 따라서 이들은 교육과정을 전통적인 교과 이상으로 확대해야 한다고 주장했으며, 이러한 개혁을 시행하는 데 정신 측정 운동은 합법적인 기능을 수행했다.

학생들의 지적인 능력의 차이, 그리고 이에 따라 그들이 미래에 수행하게 될 역할의 차이에 따른 교육과정은 특히 중등학교에서 필요한 것으로 간주되었다. 이러한 흐름 속에서 수학교사인 킹슬리(C. Kingsley)가 1918년에 작성한 보고서가 미국 전역에서 큰 호응을 얻었다. 이것은 NEA 산하의 중등교육개편위원회의 보고서로, 흔히 "기본 원리 보고서"(The cardinal principles report)로 더 알려진 것이었다. 이 보고서에서 킹슬리는 교육과정의 7가지 목표 영역을 건강, 기초기능 습득, 가치로운 가족 구성원, 직업, 시민의식, 여가 선용, 윤리적 품성으로 두고, 교육과정은 위 목표를 효율적으로 수행하기 위한 것으로 구성되어야 한다고 보았다. 여기서 '기초기능 습득'을 제외한 나머지는 모두 삶의 활동 영역에 해당하는 것으로 교육과 실제 삶 간의 매우 긴밀한 관련을 유지하는 모습을 취하고 있다.

25년 전 엘리어트가 주도한 NEA 산하 10인 위원회는 학문적인 성격의 교과를 모든 중등학교 학생들을 위한 교육과정으로 권고했었다. 그러나 킹슬리의 보고서에서는 교육과정 그 자체보다는 교육과정을 이끄는 목표를 제시하는 데에 초점을 두었으며, 교육과정을 이 목표를 성취하기 위한 수단으로 보았다. 또한 이 보고서에서는 고등학교 교육과정의 7가지 목표를 달성하기 위해 필수기초과목 이외에 학생들의 직업적인 요구를 충족하기 위한 과목과, 개별적인 관심을 추구할 수 있는 자유선택과목을 교육과정으로 제공해야 함을 주장했다. 당시 이러한 주장은 널리 수용되었으며, 이에 따라 10인 위원회가 권고한 인문주의적 교육과정은 중등교육에서 더 이상 지배적인 역할을 할 수 없었다. 중등교육의 교육과정은 미래의 삶과 관련하여 서로 다른 목표를 가진 학생들을 위해 다양한 형태로 제공되었던 것이다.

라. 사회효율성주의자의 실질적 성과

20세기 초기 20년 동안 사회효율성주의자들의 주장은 몇 가지 두드러진 성공을 거두었다. 그 첫 번째는 "junior high school"이라는 완전히 새로운 기관이 생겨나고, 정신 측정이 학교에 대규모로 유입되었다는 점이다. "junior high school"은 1910년 전후해서 생겨난 것으로 그 이전의 8년제 초등학교에서 7학년과 8학년을 떼어내어 운영했던 기관이었다. 오늘날의 중학교에 해당하는 이 기관은 미국에 "middle school" 모델이 도입된 1960년대 중반까지 유지되었으며, 초등학교와 고등학교를 매개하는 역할을 하였다. 이 기관은 정신 측정을 통해 학생들의 본성을 파악하고 그에 따른 차별화된 교육과정을 제공하는 데 헌신하였으며, 사회효율성주의자들이 주장한 직업적 지향을 반영했다.

둘째, 사회효율성주의자들의 영향으로 전통적인 학교 교과가 실용주의적인 방향으로 점차 변화되었다. 예컨대 '역사' 교과가 도전을 받으면서, 일부 내용이 효율적인 시민의식을 개발하는 데 목표를 두게 되었다. 또한 이민자들에게 미국 제도를 소개하고 미국의 규범과 가치를 가르치기 위한 가장 효율적인 방식으로 '사회' 교과가 활용되었다.

마지막으로, 사회효율성주의자들의 가장 성공적인 모습은 직업교육에서 볼 수 있다. 1892년 10인 위원회가 제안했던 고등학교의 4개의 선택 과정에서는 직업교육이 완전히 배제되어 있었다. 그러나 20세기 전반기에는 중등학교 수준의 많은 교과가 직업교육에서 추출된 준거를 활용하였다. 이 시기에 '실무 수학'(business math)이나 '실무 영어'(business english) 같은 과목의 인기가 점차 증가했다는 점은 이를 분명히 보여준다. 그리하여 점차 이 시기에는 눈에 띄게 고등학교의 교육과정 전체가 직업화되었다. 고등학교 교육은 대학 준비만이 아니라 공장, 사무실, 가정에서의 구체적 도구 사용과 기능 활동을 위한 훈련을 제공하는 방향으로 이루어졌다. 말하자면 대학에 가지 않으려는 학생들을 위해 그들의 미래 직업적 역할을 위한 직접적인 훈련이 고등학교 교육과정의 중요한 요소로 출현하게 된 것이다.

이와 같이 사회효율성주의자들은 20세기 전반기에 미국의 학교교육을 실제로 개혁하는 데에 있어서 다른 어느 집단보다도 뚜렷한 성공을 거두었다. 그러나 이들의 주장은 학교 교육과정이 사회 진보에 어떠한 역할을 할 수 있을 것인가에 대해서는 관심이 없었다. 이들은 학교 교육과정과 사회 진보와의 관계를 전적으로 도구적 효율성 측면에서만 바라보고 학교가 사회의 질서 유지에 효율적으로 봉사하는 데에 만족했다. 사회 진보나 개선을 위한 교육과정의 역할에 대한 진지한 고민은 이하에서 살펴볼 또 다른 집단의 관심사였다.

4. 사회개량주의자

사회개량주의자들(social meliorists)은 20세기 미국 사회의 사회적 · 경제적 체제에 대해 불만을 품고 학교교육을 통해 사회 불의를 제거하고자 하는 집단이다. 이 입장의 선두 주자는 1880년대와 1890년대에 걸쳐 활동한 사회학자 워드(L. Ward)였다. 워드는 당시에 등장한 많은 문제들이 부의 잘못된 분배만이 아니라 학교를 통한 문화적 자본의 불평등한 분배에 있다고 보았다. 그리고 그는 이러한 잘못된 분배가 사회적 · 경제적 세력에 맡겨지기보다는 지적인 개입, 즉 교육과정 개혁을 통해서 교정될 수 있다고 생각했다. 워드의 이러한 아이디어는 수년 동안 수면 아래에 있다가 1920년대에 카운츠(G. Counts)와 러그(H. Rugg)에 의해 부활한다.

가. 카운츠(G. Counts)의 사회재건주의

카운츠(G. Counts)는 시카고대학교의 교수로 교육계에서 미국 학교를 비판적으로 검토한 첫 인물이었다. 1922년의 연구에서 그는 미국 교육이 출생이나 재능 면에서 선택된 소수, 즉 특권층 인구에게만 봉사해 왔다고 비판했다. 4년 후인 1926년에 그는 미국 15개 도시의 중등학교 교육과정을 연구한 『고등학교 교육과정』(The senior high school curriculum)이라는 책을 출판했다. 그 내용에 따르면, 1923-1924년 동안 미국의 중등교육이 급속히 변화했으며, 잇달아 새로운 교육과정이 출현하고 과거 교육과정이 사라졌다. 카운츠는 이러한 변화에 일부 만족했으나, 미국 문명의 요구에 부응하는 프로그램이 전혀 없다는 점에 실망했다. 1927년에 그는 미국 학교의 반민주적 경향이라는 주제에 관심을 가지고 교육위원회의 사회적 성분을 분석했다. 그 결과 교육위원회 구성원들이 혜택 받은 사회경제적 계층 출신이며, 이 때문에 미국 교육 정책에 이들의 편견이 반영되어 있다는 점이 발견되었다. 이러한 분석 결과에 의존하여 그는 미국 학교 체제가 새롭고 더 나은 사회 질서를 지향하기보다는 기존의 사회 조건을 유지하고 층화하고 있다고 주장했다. 이러한 주장은 1920년대에 많은 사람들의 관심을 끌었다.

카운츠의 주장이 미국 전역에 영향을 미친 것은 미국에 닥친 경제적 어려움 때문이었다. 1929년의 대공황으로 미국 경제가 급격하게 악화되고 대규모 실업 사태가 발생했으며, 이로 인해 미국의 진보 진영 지도자들은 기업에 대한 강력한 통제와 정부의 적극적인 개입을 요구하기 시작했다. 장기화된 실업은 자본주의 미래만이 아니라 아동의 자연스런 발달에 대한 낙

관주의를 사그라지게 하고, 학교가 사회 체제가 가진 결함에 비판적으로 대처할 필요성을 제기했다. 카운츠는 대공황을 통해 명백하게 드러난 문제를 바로잡을 수 있는 것은 혁명이 아니라, 새로운 학교 프로그램이라고 보았다. 당초 1920년대 중반에 카운츠가 제시했었던 사회재건주의 아이디어는 대공황이라는 상황과 맞물리면서 1920년대 말과 1930년대 초에 걸쳐 미국 전역에서 교육 지도자들의 호응을 얻었다.

카운츠는 1930년에 출판한 한 책에서 사회효율성주의자들의 과학적인 교육과정 개발 방식, 특히 활동 분석 기법에 내재된 사회 순응주의를 비판했다. 그는 교육과정이 성인들이 가담하는 활동에 대한 객관적인 분석으로부터 추론될 수 있다는 데 대해, 그러한 추론이 객관적이 될 수 없다고 보았다. 그에 의하면 추론은 결국 판단자들의 선택이며, 판단자들은 거의 항상 미국 문화의 지배적 관심을 자신들의 선택에 반영할 것이기 때문에, 학교 교육과정은 필연적으로 기존의 사회 질서를 유지하고 지속하기 위한 도구가 될 수밖에 없다. 그는 또한 사회효율성주의자들이 주장하는 맹목적인 효율성을 비판하면서 경영의 효율성이 교육의 이상이 되어서는 안 된다고 선언했다. 따라서 그는 개별화라는 이름으로 학생을 분류한다거나 교육과정을 작은 작업 단위로 쪼개는 것에 대해서 비판했다.

카운츠는 1932년에 좀 더 급진적인 제안을 포함하는 선언문, 즉 "학교가 감히 새로운 사회 질서를 구축할 수 있는가?"를 발표했다. 여기서 그는 학교가 다른 사회 기관을 비판할 수 있으며, 그러한 사회 기관이 성공적으로 기능하지 못할 때에는 그 과업을 대신 수행할 수도 있다고 보았다. 이를 위해서 그는 교육과정의 영역을 전통적인 교과 이상으로 무한정 확대할 필요가 있다고 주장했다. 그는 또한 미국 학교교육의 지배적 가치로 자리 잡은 극단적 개인주의를 사회 정의 및 사회 개혁을 강조하는 교육 신조로 대체해야 한다고 보았다. 이러한 카운츠의 주장은 새로운 사회 질서를 창조하는 데 있어서 학교의 역할에 대한 활발한 논쟁을 이끌었다. 그러나 카운츠의 주장이나 아이디어는 학교에 실제로 침투되지는 못했다.

나. 러그(H. Rugg)의 사회과 교과서

사회개량주의자들이 학교 수준에서 거둔 하나의 주요한 성공은 사회개량주의자의 사회과 교과서 시리즈가 많은 학교에서 채택되었다는 점이다. 카운츠의 동료이자 컬럼비아대학교 교수인 러그(H. Rugg)가 쓴 사회과 교과서는 많은 학교에서 대규모로 채택되면서 큰 성공을 거두었다. 러그는 학교 교과의 인습적 조직에 대한 대안을 탐색하면서 역사, 경제, 정치, 산업, 지리 등을 '사회적 가치' 측면에서 통합한 통합사회를 제안했다. 기존의 사회 교과는 교육과정이 불필요하게 분화되어 있는 대표적 교과였다. 따라서 그는 사회과 내 여러 학문의 최상의 학자들이 선언한 법칙과 일반화된 이론에 근거하여 통합사회 교과를 개발해야 한다고 제안했다.

러그는 대공황 이후 좀 더 사회개량주의에 관심을 갖고 사회 재건이나 갱생을 세계적인 문제로 보기 시작했다. 영국, 프랑스 등과 같은 나라에서 그가 본 사회 불안의 많은 것은 지나치게 학문적 교육에 치중한 결과 때문이었다. 따라서 그는 당시의 재앙을 피하기 위해서는 지적으로 편향된 교육 체제가 근본적으로 재구성될 필요가 있다고 보았으며, 그 첫 단계로 변화하는 사회의 문제나 쟁점으로부터 직접 교육과정을 위한 새로운 내용을 구축해야 한다고 주장했다.

러그는 사회과 교육과정을 미국이 직면한 주요 사회 문제에 대한 관심을 환기시키는 측면뿐만 아니라 사회과학자들이 일반화한 이론 측면에서 구성하고자 했다. 그러나 그는 사회효율성주의자들이 주장한 활동 분석은 전혀 사용하지 않았다. 그가 보기에 교육과정을 위한 근거로 현재의 활동을 분석하는 것은 현 사회를 유지하는 데에만 봉사할 뿐이었기 때문이었다. 따라서 그는 1921-1922년 동안 지속된 삶의 활동의 목록이 아닌, 사회과학자들이 그 분야에서 일반화시킨 법칙이나 이론에 근거하여 사회과 교육과정을 구축하려고 했다.

러그가 사회과 교과서 시리즈를 만들기 위해 수행한 연구 프로그램은 엄청난 것이었다. 연구팀은 먼저 미국 사회가 직면한 3000개의 중요한 문제를 규명했고 이것을 나중에 300개로 줄여 사회과 프로그램의 핵심으로 삼았다. 또한 3학년부터 12학년까지의 학생들을 대상으로 그들이 이러한 프로그램의 중요한 개념들을 다룰 수 있는지를 확인해보는 연구를 실시했다. 또 다른 핵심 작업으로 연구팀은 1915-1922년 사이에 선도적 사상가들이 쓴 책으로부터 사회과학에 핵심이 되는 일반화된 내용을 추출하여 목록화하였으며, 이 과정을 거쳐 888개의 목록을 만들어냈다. 이후 『사회과 팸플릿』(Social science pamphlets)의 최종판이 나오기 전까지 글과 그림 등의 다양한 자료들이 면밀하게 연구되었다.

러그의 사회과 교과서 시리즈는 1926년 『인간과 변화하는 사회』(Man and his changing society)라는 새로운 이름으로 시장에 나왔다. 1929년에서 1939년 사이에 교과서는 1,317,960권, 그리고 워크북은 2,687,000권이 팔렸다. 당시 대공황의 여파로 악화된 학교 재정 상태를 감안한다면 이러한 판매는 실로 놀랄만한 것이었다. 이러한 러그의 성취는 사회개량주의자들이 학교 교육과정을 그들의 이상에 따라 개혁하려는 시도 속에서 이루어 낸 하나의 커다란 승리였다.

러그는 카운츠와 마찬가지로 대공황으로 드러난 문제를 바로잡기 위해 혁명보다는 자유로운 기업 체제에 대한 좀 더 강력한 통제에 관심을 가졌다. 그러나 교과서에 반영된 이러한 반자본주의적 테마는 그의 교과서 시리즈를 몰락시키는 데 결정적인 요인이 되었다. 1940년 즈음에 러그의 교과서에 대한 조직화된 반대가 등장했으며, "반미국적(anti-American) 교육자의 교과서"라는 비판을 받기도 했다. 결국 그의 교과서는 1940년 이후로 더 이상 개정되지 못하였고 급속히 인기를 상실하게 되었다.

1880년대와 1890년대에 출현한 워드의 사회개량주의 아이디어는 1920년대에 러그의 교과서 속에서 부활했다고 할 수 있다. 이러한 부활은 사회개량주의 아이디어가 그것의 생존에 좋은 사회적 · 경제적 조건에 있었기 때문이었다. 그러나 세계대전의 발발로 인해 세계가 갈등의 조짐을 보이고 미국의 사회 조건이 더 이상 비판만을 할 수는 없는 상황이 되자 교육과정 변화를 위한 하나의 세력으로서의 사회개량주의는 다른 세력에 길을 내어 주게 되었다.

참고문헌

Bellack, A.(1969). History of curriculum thought and practice. *Review of Educational Research, 39*, 284-291.

Kliebard, H. M.(2004). *The struggle for the American curriculum 1893-1958*(3rd ed.). New York: Routledge Falmer.

Rogers, B.(1997). Informing the shape of the curriculum: New views of knowledge and its representation in schooling. In D. Scott(Ed.), *Curriculum studies: Major themes in education*(Vol. 2, pp. 65-94). London: Routledge Falmer. 2003.

교육과정에 대한 관점(I): 지식 중심 교육과정

제4장

* 이 장은 김재춘 · 부재율 · 소경희 · 양길석(2010)의 저서에서 필자가 집필한 내용을 부분 수정한 것임을 밝힌다.

학교의 교육과정을 구성하고자 할 때, 어디에 초점을 두느냐에 따라 서로 다른 성격의 교육과정을 주장할 수 있다. 가르쳐야 할 내용 그 자체에 초점을 둘 수도 있고, 가르침을 받는 대상인 학생에게 초점을 둘 수도 있으며, 기르고자 하는 인간상에 초점을 둘 수도 있다. 물론 교육과정을 구성할 때는 이 모든 것을 고려하는 것이 일반적이다. 그러나 이 세 가지 가운데 어디에 더 초점을 두느냐에 따라 교육과정의 성격은 매우 달라질 수 있다. 이 장에서 다룰 지식 중심 교육과정은 가르쳐야 할 내용 그 자체에 초점을 두고 학교가 지식, 좀 더 구체적으로는 지식을 담은 교과를 가르쳐야 한다고 보는 입장에서 주장된 것이다.

전통적으로 학생들은 교과를 통해서 교육을 받아왔다. 교과에는 흔히 가치로운 '지식'이 담겨있을 것이라고 가정되어 왔기 때문이다. 이러한 지식 중심의 교육은 오랜 역사를 가지고 있는 것으로 앞의 3장에서 소개된 인문주의자들의 주장은 이러한 교육의 가치를 대변한다. 물론 인문주의자들이 주장한 전통적인 교과는 여러 진보주의 진영의 학자들로부터 비판을 받아 왔으며, 그 결과 20세기 초반부터는 그 영향력을 점차 상실해 왔다. 그러나 진보주의 진영에서 주장한 교육과정은 현재까지도 전통적으로 강조되어 온 지식 중심의 교육과정을 완전히 대체하지는 못하고 있다. 우리는 오늘날의 학교교육에서도 지식 중심 교육과정을 여전히 마주하고 있으며, 이를 여러 세기에 걸친 풍파에도 불구하고 굳건히 살아남아 있는 전통적인 교과를 통해 확인하고 있다. 이것의 이유는 어디에 있는가?

이 장에서는 전통적으로 학교교육을 지배해 왔던 지식 중심 교육과정을 개괄적으로 소개하고, 이러한 지식 중심 교육과정을 뒷받침하는 이론들을 차례로 제시하고자 한다.

【탐구 쟁점 예시】

1. 학교 교과는 '학문적 가치'와 '실용적 가치' 가운데 어떤 측면을 더 중요시해야 하는가?
2. 전통적으로 중시되어 온 교과들이 오늘날에 의미를 지니기 위해서는 어떠한 방식으로 접근되어야 하는가?
3. 지식 중심 교육과정을 뒷받침하는 세 가지 이론, 즉 정신도야론, 지식의 구조론, 지식의 형식론 가운데 어떤 것이 학교 교과의 가치를 설명하는 데 더 설득력이 있다고 보는가?

1. 지식 중심 교육과정 개관

지식 중심 교육과정은 지식을 주된 내용으로 하여 구성되고 운영되는 교육과정이다. 지식 중심 교육과정이란 용어는 1920-1930년대의 미국에서 종래의 교육과정에 대한 대안으로서 새로운 교육과정(즉, 경험 중심 교육과정)이 제안될 때 그 종래의 교육과정을 지칭하는 용어로 사용되었다(이홍우, 1991). 따라서 지식 중심 교육과정이란 전통적으로 학교에서 가르쳐 온 교육과정을 의미한다고 할 수 있다.

전통적으로 학교교육은 지식을 주된 내용으로 하는 교과를 통해서 이루어져 왔다. 따라서 학교 교과가 어떻게 성립되어 오늘날까지 그 명맥을 유지하고 있는가를 살펴보는 것은 지식 중심 교육과정의 전개 과정을 이해하는 데 도움이 될 것이다.

역사적으로 볼 때 초창기 학교 교과는 '실용적 가치'가 아닌 '학문적 가치'에 터해서 성립하고 발전해 온 것으로 보인다. 이것은 초창기 학교가 유한 귀족 계급에 의해 독점되고, 사물이 아니라 언어, 신체적 행위가 아니라 마음, 구체적 생활 사태가 아니라 추상적 관념을 중심으로 교과와 교수 방법이 방향지워졌기 때문이라고 할 수 있다. 고대 그리스 아테네에서는 인간의 성품이나 덕을 함양하는 교육에 초점을 두었으며, 수사학, 문법, 수학, 음악, 철학, 지리, 자연사, 체조(체육) 등이 이러한 함양을 이끌 것으로 가정했다(Priestley & Biesta, 2013). 이러한 교과들은 중세의 '7자유학과'(seven liberal arts)로 이어졌다.

그리스 시대에 뿌리를 둔 7자유학과는 문법, 논리학, 수사학, 대수학, 기하학, 천문학, 음악으로 구성되어 있었다. 7자유학과 중 앞의 세 개 학문, 즉 문법, 논리학, 수사학은 삼학(三學: trivium)이라 불리우는 것으로, 본래 아테네의 시민들이 정치적 활동을 할 때 의사를 바르게 표현하고 논리에 맞는 토론을 전개하며 대중을 설득시킬 수 있는 능력을 필요로 한 데서 유래한 것으로 알려져 있다. 그러나 이러한 정치적 유용성 말고도 그리스인들은 그것이 인간의 마음(이성)을 발달시키는 도구라고 믿고 있었다.

7자유학과 중 나머지 네 개 학문, 즉 대수학, 기하학, 천문학, 음악은 사과(四科: quadrivium)로 불리우는 것으로, 이것은 마음 밖의 세계를 지배하는 질서와 법칙에 관한 교과로 간주되었다. 이 중에서 대수학과 기하학은 특히 다른 교과보다 더 중요하게 여겨졌다. 그것은 이 두 교과가 여러 가지 방식으로 생산적 실용성을 지닌 활동에 응용되기도 하지만, 그것보다는 구체적인 실제에 대한 언급 없이도 추상적으로 사고할 수 있도록 해 줌으로써 진리의 세계에 가장 직접적으로 접근할 수 있게 한다고 보았기 때문이었다(이돈희, 1992).

물론, 그리스 시대에도 지리학, 물리학, 의학 등의 과학 분야를 학교 교과에 포함시켜야 한다는 주장이 대두되기도 하였다. 그러나 대다수 그리스인들은 과학 교과의 가치를 별로 인식하지 못하였다. 그것은 과학이 구체적 사물을 연구하는 것이며, 지성만이 아니라 감각에도 의존하기 때문에 정확한 진리를 말해주지 못한다고 보았기 때문이었다(이돈희, 1992).

7자유학과는 중세기 학교의 핵심적인 교육 내용이었다. 중세기에 삼학(三學)은 기독교의 철학을 연구하는 데에 필요한 도구로 인식되었고 교육과정의 중요한 부분을 점하게 되었다. 르네상스 시대에 이르러 7자유학과는 '인문교과'(humanities)로 계승, 발전되었다. 인문교과는 주로 고전(古典)과 문학, 역사, 종교, 철학 등으로 구성되어 있었으며, 이과 교육이나 직업교육을 구성하는 교과에서 강조하는 것과는 구별되는 것을 추구하였다. 즉 인문교과들은 사회적 유용성이나 생산성과는 무관하게 '자유교육'(liberal education)의 정신을 가르치는 특성을 지녔다.

7자유학과나 인문교과는 그에 포함된 교과의 성격으로 보아 모두 자유교육을 지향한다고 볼 수 있다. 자유교육은 본질상 "돈벌이와 무관하게 그 자체를 목적으로 추구되는 교육, 인간을 기계적으로 만들지 않고 자유롭게 하는 교육, 지나치게 전문화됨이 없이 사물에 관한 폭넓은 이해를 발전시키는 교육"(김수천, 1999)이라고 할 수 있다. 영국의 철학자 허스트(P. Hirst)는 희랍인들의 자유교육에 대한 생각을 제시한 바 있는데, 이는 자유교육이 본래 추구하고자 했던 바를 잘 드러내 준다. 허스트에 의하면, 희랍인들은 지식을 추구하는 것이 바로 인간 정신의 고유한 활동이라고 보고, 그것이 곧 정신적 선(善)의 추구이며 따라서 행복한 생활의 본질적 요소라고 생각하였다. 그들은 또 이성을 바르게 사용함으로써 마음이 사물의 본질을 알게 되고 궁극적이고 불변하는 실재를 파악하게 되며, 그에 따라 거짓투성이의 현상이나 의심스러운 견해와 신념에서 해방되어 올바른 삶의 모습과 방향을 따를 수 있게 된다고 보았다(Hirst, 1974). 이러한 자유교육의 원리에 비추어 보면, 자유교육의 전통을 따르는 교과에 담긴 지식은 진리에 기초한 것이며, 이러한 진리를 추구하는 것은 인간의 고유한 활동인 동시에 행복한 삶의 본질적 요소이기 때문에 그 자체 가치가 있다고 할 수 있다.

이와 같이 초창기 학교 교과는 자유교육의 이념 하에 그 교과가 가지고 있는 학문적 가치 때문에 성립하고 발전되어 왔다. 학문적 가치에 터한 이러한 교과 성립의 방식은 사실상 역사를 통하여 줄기차게 이어져 온 것으로 현재에도 하나의 큰 흐름을 이루고 있다.

그러나 학문적인 가치에 근거해서 성립되고 발달해온 전통적 7자유학과나 르네상스 시대의 인문교과는 17세기 이후 실학주의 · 범지주의 · 자연주의 · 공리주의 · 진보주의로 이어지는 경험적 · 실용적 교육론자들에 의해 심한 비판을 받게 된다. 베이컨(F. Bacon) 등에 의해 경험주의 인식론과 공리주의적 지식관이 제시되자 교육에 있어서도 근본적인 변혁을 요구하는 소리가 높아졌던 것이다. 코메니우스(J. A. Comenius)의 『대교수학』은 감각경험의 중요성과 "모든 사람에게 필요한 모든 것을 가르치는 모든 기술"을 추구했고, 루소(J. J. Rousseau)의 『에밀』은 아동의 본성과 발달 과정에 맞는 교육을 강조하면서 인위보다 자연, 언어보다 사물, 교양보다 생활, 귀족적 시민보다 자유로운 개인, 주형보다 파형을 외쳤다. 한 마디로 모든 것을 뒤

얻으면 옳게 될 것으로 생각했던 것이다(김수천, 1987).

다른 한편으로, 교과 성립의 기반으로서 학문적 가치는 중세기 후반에 성립된 중산 계급의 가치관이 교육에 침투하게 되면서부터 도전을 받게 되었다. 이러한 도전은 시민 혁명과 산업 혁명의 전개, 과학과 기술의 발달, 그리고 생산적인 노동의 가치에 대한 인식의 변화 등의 영향으로 더욱 거세게 전개되었다. 고대나 중세 초기까지 보잘 것 없었던 중산 계급의 경제적 수준과 사회적 영향력은 십자군 전쟁 이후에 크게 향상되었다. 중산 계급의 사람들은, 지식을 획득하거나 탐구하는 일을 그 자체로서 가치있다고 여기기보다는(즉, 지식의 본질적 가치보다는) 오히려 그것의 도구적 성격을 중시하려는 경향을 지니고 있었다. 이들의 영향으로 '실용적 가치'가 학교 교과의 가치를 판단하는 기준으로서 중요하게 고려되기 시작했다.

특히 산업 혁명은 학교가 산업 사회에서 요구되는 실제적 지식을 가르치도록 하는 데에 결정적인 역할을 하였다. 그리하여 산업 혁명 후에는 실제적 지식 혹은 유용한 지식이 중요시되었다. 이것은 새로운 교과의 도입을 초래하였을 뿐만 아니라 기존 교과의 내용에도 변화를 가져왔다. 예컨대 학생들에게 사회의 지도자가 되기 위해 요구된 논리적으로 생각하고 추론하는 방법을 가르쳐 온 수학 교과의 경우, 기능적인 것을 가르쳐야 한다는 주장에 의해서 도전을 받게 되었다.

이러한 가운데 스펜서(H. Spencer)가 1860년에 교과의 가치를 판단하는 기준으로 제시한 '생활에의 유용성'이라는 준거는 종래 학교에서 가르쳐 온 교과에 대한 전면적인 재검토를 요청하였다. 스펜서는 전통적인 자유학과나 인문교과들이 실제 생활과는 관계가 먼 장식적 지식으로 가득 차 있다고 비판하고, 교과의 가치를 판단하는 기준으로 생활 영역에의 유용성을 제시하고 그 생활 영역에 유용한 지식을 가르쳐야 한다고 주장하였다.

스펜서에 의하면 학교에서 가르쳐야 하는 것은 ① 인간의 자기 보존에 직접 관계되는 활동에 관한 지식, ② 생활 필수품을 획득하는 수단으로서 인간의 자기 보존에 직 · 간접적으로 관계되는 활동에 관한 지식, ③ 자녀

양육과 교육에 관계되는 활동에 관한 지식, ④ 적절한 사회적 · 정치적 관계를 유지하는데 필요한 활동에 관한 지식, ⑤ 개인적 기호와 취미를 만족시키기 위한 여러 가지 여가 활동에 관한 지식 등이다. 그는 특히 자연과학의 가치를 강조하면서 이것이 실용적 가치만이 아니라 도야적 가치도 갖고 있다고 주장함으로써 전통적 인문교과들의 뿌리를 흔들어 놓았다.

이러한 흐름은 19세기 들어 미국인의 자유주의적 개척 정신과 결합되어 소위 진보주의 교육 운동으로 이어졌다. 진보주의자들은 대체로 학교를 학생들의 요구에 맞게 전환시키고 그들의 생활 개선과 사회 발전에 이용하려 했다.

3장에서 살펴본 바와 같이, 19세기 말과 20세기 초는 학교에서 무엇을 가르칠 것인가에 대한 논란이 미국의 국가적 관심사가 되었던 시기였다. 이 시기에 학문적 가치를 가진 전통적 교과를 여전히 가르쳐야 한다는 입장은 실용적 가치를 가진 새로운 교과를 가르쳐야 한다는 입장과 경쟁하였다. 전통적 교과를 주장하는 사람들은 당시 자연과학과 실용적 교과의 출현에 직면해서 전통적인 인문교과를 옹호하기 위한 주장을 피력했다. 그러나 르네상스 시대의 유럽, 더 거슬러 올라가면 희랍 시대에 그 기원을 둔 전통적인 인문교과가 새로운 산업 사회의 요구에 적절할 수 있을 것인가에 대해서는 많은 의문이 제기되었다. 더군다나 1890년대 이후로 많은 학생들이 중등학교에 대량 유입되면서 전통적 인문교과는 도전을 받게 되었다.

미국에서 오늘날과 같은 형태의 학교 교과는 19세기 말 20세기 초의 급격한 사회적 · 정치적 변화 과정에서 출발하였다고 할 수 있다(Popkewitz, 1987). 이 시기에 종래 강조되었던 라틴어와 같은 교과는 새로운 범주의 교과, 즉 과학이나 외국어로 대체되면서 오늘날 미국 학교의 일반적인 교과 범주, 즉 수학, 읽기, 과학, 사회, 언어, 예술 등과 같은 범주가 명료하게 출현하기 시작했다.

19세기 후반 이래 학교의 교과는 교과명 만을 고려해 볼 때 온건하게 변해온 것으로 보인다. 예컨대 번스(G. T. Burns)의 연구에 따르면, 1899년의 미국의 중등학교 교과였던 영어, 외국어, 역사(공민, 경제 포함), 수학, 과학 등은 1983년에도 여전히 중등학교의 교과로 존재해 있으며, 여기에 예술과 컴퓨터만이 추가되었을 뿐이다(Burns, 1988). 그리고 최근까지도 19세기 후반에 중등학교에서 가르쳐졌던 교과들이 여전히 학교교육의 '기본 교과'(basics)를 형성하고 있다. 몇 개의 새로운 교과들만이 추가된 정도이다. 오늘날에도 전통적인 교과는 여전히 학교의 기본 교과로 남아 있으며, 일부는 새로운 명칭으로 잔존해 있는 것이다.

이상에서 검토해 본 바와 같이 지식을 중심으로 조직된 지식 중심 교육과정은 희랍 시대에 그 뿌리를 둔 중세기 '7자유학과'로부터 출발하여 르네상스 시대의 '인문교과'를 거쳐 최근까지도 학교교육의 '기본 교과'로서 그 명맥을 유지해 오고 있다. 요컨대 실용적인 가치가 중요시되는 현대에 있어서도 7자유학과로부터 비롯된 지식 중심의 교육과정은 계속 남아 있을 뿐만 아니라 일반적으로 인정된 규범적 지위, 즉 학교의 '기본 교과'로서의 지위를 누리고 있다.

2. 지식 중심 교육과정을 뒷받침하는 이론들

학교에서는 전통적으로 지식 중심 교육을 해왔다. 특히 학교에서 가르쳐 온 교과는 이런 지식 교육을 위한 주요한 도구였다. 그러나 19세기에 이르러 이러한 전통적인 교과의 가치에 대해 의문을 제기하고, 대신에 실용적인 교과를 가르쳐야 한다는 주장이 대두되었다. 이후 지식 중심의 전통적인 교과는 많은 사람들에 의해 비판의 대상이 되어 왔다. 그러나 이러한 도전에 대하여 지식을 중심으로 한 교육 내용, 즉 전통적 교과가 여전히 가치가 있다는 주장들이 있다. 이하에서는 이러한 지식 중심 교육과정의 가치를 뒷받침하는 이론들로 알려진 정신도야론, 지식의 구조론, 지식의 형식론을 살펴본다.

가. 정신도야론

1) 정신도야론의 기원

정신도야론(doctrine of mental discipline)은 학교에서 무엇을 가르쳐야 하며, 그것은 왜 그러한가에 대해 최초의 답을 제공한 이론이라고 할 수 있다. 즉 정신도야론은 전통적으로 학교에서 가르쳐 온 교과의 성립 및 발달을 설명해 줄 수 있는 최초의 이론이다. 그러나 정신도야론이 하나의 이론으로 본격적으로 대두된 것은 19세기에 이르러서이다. 정신도야론은 처음부터 학교에서 가르칠 수 있는 교과를 선정하기 위한 하나의 원리로서 등장한 것이 아니라, 이미 성립되어 가르쳐 온 교과에 대해 그 가치를 의심하는 사람들에게 전통적 교과의 가치를 잘 설명해주기 위해서 뒤늦게 등장한 이론인 것이다.

3장에서 이미 소개되었다시피, 19세기는 전통적인 사회가 산업 사회로 바뀌는 급격한 사회 변화 과정에 놓여있던 시기로, 이러한 급격한 사회 변화에 직면해서 학교가 무엇을 가르쳐야 하는가에 대한 문제가 심각하게 제기되었다(Kliebard, 2004). 당시 일부에서는 종래의 교육 내용이었던 전통적인 교과 대신에 사회 변화에 부응하는 새로운 종류의 교육 내용이 필요하다는 주장이 있었다. 이러한 사태는 종래의 교육을 옹호하는 사람들에게 하나의 도전으로 간주되었다. 정신도야론은 이 도전에 대하여 종래의 교육 내용이었던 고전어와 수학 등의 전통적 교과의 가치를 옹호하려는 목적에서 등장하였다. 3장에서 소개되었던 1828년의 예일대학교 교수단의 보고서나 NEA 산하 10인 위원회의 의장인 엘리어트가 제안한 고등학교 교육과정은 이러한 정신도야론의 입장을 드러낸다.

2) 정신도야론의 주장

교육과정 이론으로서 정신도야론의 뿌리는 플라톤의 견해에까지 거슬러 올라갈 수 있지만, 19세기에 등장한 정신도야론은 18세기 독일 심리학자 울프(C. Wolff)의 주장으로부터 추론된 것이다(Kliebard, 2004). 울프는 인간 정신(mind)이 여러 능력들(faculties)로 구성되어 있다고 주장한 바 있다. 정신도야론은 울프의 심리학에 기초해서, 인간의 정신을 구성하는 제 능력들, 즉 지각, 기억, 상상, 추리 등의 능력을 도야하는 데에 관심을 갖는다.

정신도야론은 정신(mind)과 신체(body)의 비유를 통해 교육과정의 근본적인 문제, 즉 무엇을 가르쳐야 하는가에 대한 명쾌한 해결책을 제공한다. 정신도야론의 주장은 다음과 같다. 인간의 신체가 근육으로 구성되어 있는 것처럼, 인간의 정신도 서로 뚜렷이 구분되는 몇 가지 '능력'으로 구성되어 있다. 그 능력들은 지각, 기억, 상상, 추리, 감정, 의지 등이다. 인간의 마음에 들어 있는 이러한 정신 능력은 마치 신체의 근육이 운동을 통해 단련될 수 있는 것처럼, 훈련 또는 도야(discipline)를 통해서 단련될 수 있다.

정신도야론자들에 의하면, 정신 능력을 도야시키는 힘을 가지고 있는 교과가 별도로 있다. 예컨대 수학은 기억 내지 추리력을 기르는 데 적합하며, 음악은 감정을 도야하는 데 적합하다. 따라서 학교에서 가르쳐야 하는 것은 인간의 정신 속에 들어 있는 여러 가지 능력을 도야시킬 수 있는 교과여야 한다. 이러한 논리에 따르면, 로마 시대와 중세기의 대표적인 교과였던 '7자유학과', 즉 문법, 수사학, 논리학, 대수학, 기하학, 음악, 천문학은 도야적 가치가 큰 것으로 인정받은 것이라고 할 수 있다. 전통적으로 우리 학교교육에서 다루어져 왔던 교과들, 특히 국어, 수학, 음악 등은 바로 이러한 이유에서 가르쳐져 왔다고 볼 수 있다. 말하자면 수학이 교과로서 가치를 가지는 것은 그것이 기억이나 추리력과 같은 정신 능력을 도야하는 힘을 가지고 있기 때문인 것이다.

정신도야론자에 따르면, 특정 교과가 학교에서 가르쳐져야 하는 이유는 그 교과에 담겨 있는 구체적인 '내용' 때문이 아니라, 그 내용을 배움으로써 얻게 될 '정신 능력' 때문이다. 다시 말하면, 무엇을 기억하고 추리하는가가 문제가 아니라, 기억되고 추리되는 것이 무엇이든지 간에 그것을 기억하고 추리한다는 사실이 중요한 것이다. 그러므로 정신도야론에서 특정 교과가 중요시되는 이유는 그 교과가 담고 있는 내용 자체가 중요하기 때문이 아니라, 그것이 정신 능력을 도야할 기회를 제공해 주기 때문이라고 볼 수 있다(이홍우, 1996).

정신도야론에서 정신 도야를 중요시하는 이유는 교과의 학습을 통해 도야된 정신 능력은 어떤 내용이든 상관없이 그 능력을 요구하는 사태에 일반적으로 전이될 수 있다고 보기 때문이다. 이러한 정신도야론의 주장은 이들의 교육 방법을 암시한다. 즉 정신도야론에서는 마치 신체의 근육이 반복적인 운동을 통해 발달되듯이, 특정 교과가 나타내고 있는 정신 능력들도 반복적인 연습(drill)을 통해 발달한다고 본다. 따라서 정신도야론에서는 교육 방법으로서 교과 내용의 반복적인 암기나 연습을 주장한다. 이는 반복적인 훈련이 모든 사태에 적용가능한 일반적인 정신 능력을 습득할 수 있게 한다고 보았기 때문이다.

마음을 신체에 비유하는 이러한 설명 방식은 오랫동안 우리가 무엇을 가르쳐야 하며, 그것을 어떻게 가르쳐야 하는가에 대한 설명을 제공해 주었다. 정신도야론의 주장이 오늘날에는 설득력을 상실해 가고 있지만, 전혀 도외시할 수 없는 부분이 있다. 이 점은, 유행하는 베스트셀러 작품이나 대중가요가 범람하고 있음에도 불구하고, 흔히 '고전'으로 불리우는 문학 작품과 음악이 여전히 많은 사람들의 사랑을 받고 있는 데서 발견할 수 있다. '고전'이 여전히 사람들의 관심을 끄는 것은 그것에 담긴 내용 그 자체의 유용성 때문이라고 보기 어렵다. 오히려 그것은 고전 작품을 읽거나 들음으로써 도야된 정신 능력이 인간관계나 사물에 관하여 판단하고 추리하는 데에 유용하기 때문이라고 보아야 할 것이다. 이 점은 정신도야론이 전통적인 지식 위주의 교과의 가치를 설명하는데 어느 정도 설득력이 있음을 보여주는 것이라고 할 수 있다.

3) 정신도야론에 대한 비판

1890년대에 정신도야론은 문제점이 있는 이론으로 지적되기 시작했다.

정신도야론의 문제점은 당시 심리학자인 제임스(W. James)와 쏜다이크(E. L. Thorndike)의 경험적인 실험을 통해서도 드러났지만, 실패의 좀 더 직접적인 원인은 정신도야론이 당시의 새로운 산업 사회의 요구에 적절한 교육과정을 제시하지 못한다는 점에 있었다(Kliebard, 2004).

심리학자 제임스와 쏜다이크는 정신도야론의 주장이 사실인지를 확인해 보는 실험을 했다. 이들의 실험은 특정 교과를 통해서 도야된 정신 능력이 다른 모든 사태에 일반적으로 전이될 수 있는가와, 특정 교과가 과연 다른 교과에 비해 정신 능력을 도야하는 데 더 적합한가를 검증하는 데 초점이 있었다. 이들의 실험 결과에 의하면, 특정 교과에서 도야된 정신 능력이 기대한 만큼 다른 사태에 잘 전이되지 않았을 뿐만 아니라, 특정 교과(예:역사, 기하, 라틴어)가 다른 교과(예:부기, 속기, 타자)에 비해 정신 능력을 도야하는 데 더 낫다고 할 수도 없었다.

정신도야론에 대한 좀 더 결정적인 비판은 당시의 변화하는 산업 사회, 그리고 중등교육 수혜 인구의 대량적인 유입과 밀접한 관련이 있었다. 19세기 후반, 많은 사람들은 정신도야론에 입각한 전통적 인문교과가 새로운 산업 사회의 요구에 적절할 수 있는가 하는 의문을 제기하기 시작했다. 예컨대 홀(G. S. Hall)은 전통적인 교과는 대학에 가기 위한 일부 고등학교 학생들에게만 적절한 것이라고 비판했다. 그리하여 20세기 초반 미국에서는 정신도야론이 쇠퇴하고 이와는 다른 입장, 즉 진보주의 진영에서 주장한 교육과정이 미국 교육에 광범위하게 영향을 미치게 되었다.

나. 지식의 구조론

1) 지식의 구조론의 등장 배경

20세기 초반 정신도야론이 쇠퇴한 뒤, 미국의 학교교육은 진보주의 교육이 지배했다. 그러나 1950년대부터 미국에서는 당시의 교육, 즉 진보주의 교육 사조에 입각한 소위 '생활 적응 교육'이 학생들에게 무엇인가 중요한 내용을 가르치는 데에 실패하고 있다는 우려가 널리 퍼져 있었다. 생활 적응 교육은 1920년대부터 1940년대에 미국의 학교교육 현장에서 광범위하게 실천되었던 진보주의 교육 사상에 영향을 받은 것이다.

생활 적응 교육이 결정적으로 비판을 받게 된 것은, 1950년대 미국이 소련과의 우위 경쟁에서 결정적인 우세를 획득하지 못하게 된 데 따른 것이다. 당시 미국은 제2차 세계대전 이후 소련과 군사적인 우위 경쟁을 하고 있었다. 그러나 교육 비판가들은 당시의 교육으로는 미국이 소련과의 경쟁에서 우위를 차지할 수 없다고 보았다. 그리하여 학교가 무엇을 가르쳐야 하는가에 대한 문제를 심각하게 고민할 필요성이 제기되었다.

학교가 무엇을 가르쳐야 하는가 하는 문제에 대해, 1950년대에 영향력을 행사한 사람은 사범대학의 교수가 아닌 일반대학의 순수 학문 전공의 교수들이었다. 일반대학의 교수들이 사범대학의 교수들보다 학교에서 가르치고 있는 교과의 성격과 내용 결정에 더 적극적으로 개입했던 것이다. 이들은 진보주의 관점을 가진 사범대학 교수들에 의해 이끌어져 온 당시 초·중등 교육의 질에 대해 개탄했다. 이들이 보기에 당시 학생들은 대학 생활에 필요한 준비도 없이 대학에 들어오고 있었다(Atkin & House, 1981).

이러한 시대 상황 속에서 대학의 수학과 과학 분야 학자들은 중등학교의 수학과 과학 교육과정을 직접 개선하고자 하였다. 이들 과학자들의 분석에 따르면, 당시 중등학교 수학과 과학의 교육 내용은 각 학문의 발전된 내용이나 학자들이 중요하게 간주하는 기본 개념을 거의 포함하고 있지 않았다. 예컨대 물리의 교육 내용은 물리학자들이 가장 중요하다고 간주하는 주제 대신, 기계 공학, 특히 냉장고나 자동차 엔진과 같은 일상생활에 활용되는 장비의 조작에 기반을 둔 물리적 원리들에 초점이 맞추어져 있었다.

1950년대 중등교육 개혁의 움직임은 1957년 10월 소련이 미국보다 먼저 인공위성 스푸트닉(sputnik) 1호를 발사함에 따라 더욱 가속화되었다. 이러한 노력이 응집되어 나타난 것은 1959년 매사추세츠 주의 우즈 호울(Woods Hole)이라는 곳에서 열린 회의를 통해서이다. 이 회의를 통해서 미국 교육의 근본적인 문제가 현재 학교에서 가르치고 있는 교과의 성격에 있다는 점이 검토되었으며, 이 문제를 극복하기 위해 '지식의 구조'(structure of knowledge)라는 개념이 제안되었다. 이 회의의 결과로 제안된 '지식의 구조'라는 개념은 이후 학교 교육과정에 강력한 영향을 미치게 되었다.

2) 브루너의 지식의 구조론

1959년에 열린 우즈 호울 회의의 결과 보고서는 브루너(J. Bruner)에 의해서 1960년에 『교육의 과정』(The process of education)이라는 책자로 출판되었다. 이 책은 회의 참석자들의 연구에 기반을 둔 것으로, '지식의 구조'라는 개념은 이 책에서 소개되고 해설된 개념이다. 브루너는 『교육의 과정』이란 책이 나오게 된 배경을 다음과 같이 진술한다.

> 『교육의 과정』이란 책이 나온 시기를 다시 생각해 보자. 1959년은 당시 학교들의 병폐로 여겨지던 지적인 무목적성에 관해 관심이 높았던 시기이다. 많은 지식의 분야에서 커다란 진전이 있었음에도 이러한 진전이 학교에서 가르치는 내용에는 반영되지 못하고 있었다. 학문의 대열에서 머리(학자)와 꼬리(학생)라고 불릴 수 있는 양자 사이에는 커다란 격차가 벌어지고 있었다. …… 스푸트닉 발사 직후 매사추세츠 주 캠브리지대학에 있던 나의 동료 중 일부는 오늘날 미국이 당면한 커다란 문제는 현대 물리학과 수학의 성과가 중등학교 교육과정에 반영되지 않고 있기 때문이라고 주장하였다. (Bruner, 1971: 18)

브루너의 『교육의 과정』은 '무엇을 가르칠 것인가'라는 문제에 대한 답을 제시하고 있다. 그 책에 의하면, 우리가 학생들에게 가르치는 교육 내용은 '지식의 구조'(또는 '학문의 구조', '교과의 구조')이어야 한다. 『교육의 과정』은 교육 내용으로서의 지식의 구조가 무엇인가를 설명하고 있다.

그러나 『교육의 과정』에서는 지식의 구조가 과연 무엇인가에 대해서 하나의 정확한 개념 정의를 내리고 있지 않다. 사실, 지식의 구조라는 개념은 학교에서 무엇을 가르쳐야 할 것인가에 대한 브루너의 생각을 함축적으로 나타낸 것으로, 어떤 하나의 정확한 진술 용어로 그 의미를 나타내기에는 애초부터 한계가 있었다고 볼 수 있다.

그러나 이 책에 제시된 설명을 통해 볼 때, '구조'란 사실이나 현상을 엮어주는 핵심적인 개념과 원리를 뜻하며, 따라서 '지식(학문)의 구조'란 각 학문의 기저를 이루고 있는 핵심적인 개념과 원리를 뜻한다고 볼 수 있다. 말하자면 지식의 구조란 단순한 사실들이나 잡다한 현상에 대한 정보가 아니라, 이러한 사실이나 현상을 서로 관련짓고 체계화하는 주요 개념이나 원리인 것이다. 예컨대 수학의 경우, 방정식의 기본 법칙인 '교환 · 분배 · 결합 법칙'이 수학의 구조 중의 하나라고 할 수 있다. 왜냐하면, 이 법칙에 스며있는 아이디어를 파악하면 현재 풀려고 하는 '새로운' 방정식은 전혀 새로운 방정식이 아니라, 자기가 늘 알고 있던 방정식의 한 가지 변용에 불과하다는 것을 쉽게 알 수 있기 때문이다.

학교 교육과정이 이러한 지식의 구조 중심으로 구성되어야 하는 이유는 지식의 구조가 갖는 다음과 같은 이점 때문이다. 즉 지식의 구조는 그것을 학습한 사람으로 하여금 자기가 학습한 내용을 ① 쉽게 이해할 수 있게 하고, ② 오래 기억할 수 있게 하며, ③ 학습 이외의 사태에 적용할 수 있게 하고, ④ 고등지식과 초보지식 사이의 간극을 좁힐 수 있다(Bruner, 1960).

지식의 구조라는 개념이 사람들에게 소위 '혁명적인' 아이디어로 받아들여진 것은, 위에 지적된 지식의 구조의 네 번째 이점 때문이다(이홍우, 1996). 이 네 번째 이점은, 지식의 구조를 학습함으로써 학생들은 해당 학문 분야의 첨단에서 그 학문을 발전시키는 학자들이 하는 일이나 그 일의 성과를 알 수 있게 된다는 것을 의미한다. 이 점은 곧 브루너의 대담한 가설과 관련된다. 즉 브루너는 어떤 교과든지 올바른 방식으로 표현하면 어떤 발달 단계에 있는 어떤 아동에게도 효과적으로 가르칠 수 있다고 주장하였다.

브루너에 의하면, 각 학문의 기저를 이루는 구조는 어떤 발달 단계에 있는 학생들에게도 가르쳐질 수 있다. 예컨대 수학과의 구조 중의 하나인 '교환 · 분배 · 결합 법칙'은 초등학교, 중학교, 고등학교, 그리고 대학에 걸쳐서 모두 다루어질 수 있다. 다만 문제는 이러한 지식의 구조를 각 발달 단계의 학생들에게 적절하게 표현해 주어야 한다는 것이다. 말하자면 연령에 상관없이 지식의 구조, 즉 교과의 핵심적인 개념과 원리를 가르치되, 그것을 학생들의 발달 단계에 맞게 번역하고 계열적으로 조직해서 제시할 필요가 있다. 오늘날 교육과정 조직 원리로 널리 알려진 이른바 '나선형 교육과정'(spiral curriculum)의 아이디어는 여기에 기초하고 있는 것이다.

교육 방법에 있어서 브루너는 '탐구 학습'을 주장한다. 이러한 교육 방법은 그의 '핵심적 확신'과 밀접한 관련이 있다. 그의 '핵심적 확신'이란 지식의 최전선에서 새로운 지식을 만들어 내는 학자들이 하는 일이나 초등학교 3학년 학생들이 하는 일이나를 막론하고 모든 지적 활동은 근본적으로 동일하다는 것이다. 즉 학생들이 과학 시간에 과학의 구조를 중심으로 하는 학습 활동은, 과학자가 자기 책상이나 실험실에서 하는 활동과 본질상 동일하다는 것이다. 이런 활동들에 있어서 차이는 하는 일의 종류에 있는 것이 아니라, 지적 활동의 수준에 있다. 그리고 이 때 학생들이 물리학자들이 하는 일과 동일한 종류의 일을 한다는 것은, 이들이 물리학자들이 하듯이 물리 현상을 '탐구'한다는 뜻이다.

이 확신에 의하면, 지식의 구조를 가르친다는 것은 곧 지식을 가르치되, 학생들로 하여금 그 지식 분야에 종사하고 있는 학자들이 하는 일과 비록 수준은 다르다 하더라도 본질상 동일한 종류의 일, 즉 '탐구'를 하도록 하는 것을 의미한다. 이렇게 보면, 브루너가 주장한 지식의 구조는 학교에서 가르쳐야 할 교육 내용의 성격만을 언급하는 개념이라기보다는, 그것을 가르칠 교육 방법까지도 함의하는 개념으로 볼 수 있다.

3) 지식의 구조론의 영향

브루너의 『교육의 과정』은 출판되자마자 전 세계적으로 큰 호응을 얻었으며, 세계 여러 나라 언어로 번역되어 소개되었다. 브루너가 이 책에서 강조한 지식의 구조가 갖는 장점에 대한 여러 가지 설득력 있는 설명은 학교 교육과정의 초점을 진보주의가 강조한 '경험'으로부터 '지식'쪽으로 되돌려 놓으려는 것이었다.

학교 교육과정의 초점을 '지식'쪽으로 돌려놓으려는 브루너의 노력은 일단 성공했다고 할 수 있다. 그러나 브루너가 강조한 교육 내용으로서의 지식은 종래의 정신도야론에서 강조한 지식과 그 성격이 다르다. 정신도야론에서 주장한 교육 내용으로서의 지식은 일반적인 정신 능력을 도야하기 위한 수단의 의미만을 지닌다. 따라서 여기서 교과에 담겨진 지식이란 도야, 즉 반복적인 암기나 연습을 위한 대상에 지나지 않는다.

그러나 브루너가 교육 내용으로서 강조하고 있는 지식의 구조는 다른 어떤 것을 위한 수단이 아니라, 그 자체의 의미를 가지고 있다. 즉 지식의 구조란, 해당 학문 분야의 핵심적인 개념이나 원리를 의미하는 것으로, 이것은 학자들이 그 학문을 탐구할 때 하는 것과 동일한 종류의 일을 통해서만 습득될 수 있는 것이다. 따라서 지식의 구조를 배운다는 것은 곧 해당 학문의 성격에 충실하게 배운다는 것을 의미한다. 이 점에서 지식의 구조를 강조하는 교육과정은 흔히 '학문 중심 교육과정'(discipline-centered curriculum)으로 불린다.

지식의 구조를 골자로 하는 학문 중심 교육과정은 그 실천 과정에서 여러 가지 문제점이 노정되면서 퇴조의 길을 걷게 되었다. 특히 학문 중심 교육과정은 최첨단의 학자들에게나 이해될 수 있는 지식의 구조를 어린 학생들의 교과에도 반영시키려고 함으로써, 학교교육을 지나치게 어렵고 재미없는 것으로 만들어 버렸다는 비판을 받게 되었다.

그러나 우리나라의 경우, 1973년 학문 중심 교육과정을 국가적인 차원에서 수용한 이래, 수차례의 교육과정 개정 과정에서 이를 극복하려는 움직임이 있었음에도 불구하고 좀처럼 이 틀에서 벗어나지 못하고 있다. 특히 교육과정의 주요 구성 요소로서 각 학문의 핵심적인 개념이나 원리를 추출하여, 이를 학년이나 학교급이 올라감에 따라 그 깊이와 폭을 심화 · 확대해서 조직하는 방식, 즉 나선형 교육과정은 여전히 교과별 교육과정 조직의 기본 틀로서 굳건한 자리를 차지하고 있다.

다. 지식의 형식론

1) 지식의 형식론의 등장 배경

브루너의 『교육의 과정』이 미국 교육계에 막강한 영향력을 행사할 즈음, 영국에서도 종래 가르쳐 왔던 전통적인 교과의 가치를 옹호하는 입장이 있었다. 영국은 본래 고전적인 인문 교육의 전통이 깊은 나라이며, 상대적으로 미국에 비해 진보주의 진영의 도전이 거세지 않았다. 그러나 전 세계적으로 일고 있는 전통적인 교과에 대한 도전에 직면하여 영국에서는 이 전통적인 교과의 가치를 옹호하려는 학자들이 있었다.

전통적인 교과의 가치를 옹호한 대표적인 학자는 오늘날까지도 많은 사람들에게 영향을 미치고 있는 피터즈(R. S. Peters)와 허스트(P. H. Hirst)이다. 이들은 전통적인 교과 대신에 '실용적 가치'를 가진 교과를 가르쳐야 한다는 당시의 일부 주장에 대해, 전통적인 교과가 가지고 있는 '내재적 가치'를 논리적으로 설명함으로써 교과가 실용적인 목적만이 아닌 그 자체의 가치에 의해서도 정당화될 수 있음을 보여주려고 했다.

지식의 형식론은 바로 전통적인 교과의 가치를 정당화하려고 한 피터즈와 허스트의 주장을 지칭하는 것이다. 따라서 지식의 형식론 역시 정신도야론과 마찬가지로, 처음부터 학교에서 가르칠 수 있는 교과를 선정하기 위한 하나의 원리로서 등장한 것이 아니라, 종래 가르쳐 온 교과, 즉 주지 교과의 가치를 설득력 있게 드러내기 위해서 주장된 이론이라고 할 수 있다.

2) 지식의 형식론의 주장

피터즈와 허스트는 학교에서 전통적으로 가르쳐 온 교과, 즉 주지 교과의 가치를 정당화하는 데 있어서 '지식의 형식'(forms of knowledge)이라는 용어를 사용한다(Hirst, 1965; Peters & Hirst, 1970). 이들에게 있어서 지식의 형식은 인간의 경험 전체를 이해할 수 있는 방식이다. 이들에 의하면, 인간의 경험은 여러 가지 지식의 형식으로 구조화될 수 있으며, 서로 다른 종류의 지식의 형식은 다른 종류의 인간 경험에 대한 이해를 반영한다. 인간은 여러 가지 지식의 형식에 입문함으로써 비로소 다양한 경험을 이해하는 것이 가능하다. 지식의 형식은 몇 가지로 구분될 수 있으며, 논리학과 수학, 자연과학, 인간과학, 역사, 종교, 문학과 예술, 철학, 도덕적 지식 등이 이에 해당한다. 각 지식의 형식은 그 형식만의 고유한 아이디어나 개념, 탐구 양식, 검증 방식 등 자체의 논리적인 구조를 가지고 있음으로 해서 다른 지식의 형식과 구분된다. 이를테면 수학에 속한 개념과 탐구 양식은 자연과학에 속한 개념과 탐구 양식과는 분명하게 구분되며, 이 점에서 수학과 자연과학은 상이한 종류의 지식의 형식이라고 할 수 있는 것이다. 이와 같이 피터즈와 허스트에게 있어서 지식의 형식 간의 구분은 임의적인 것이 아닌, 논리적으로 의미를 갖고 있는 것으로 이해된다.

위에서 피터즈와 허스트가 분류한 8가지 지식의 형식은 전통적인 학문의 분류와 유사하다. 즉 위에 제시한 지식의 형식은 개념이나 탐구 양식 측면에서 성격이 비슷한 지식을 묶어서 열거해 놓은 것이다. 이러한 지식의 형식이 몇 개로 범주화될 수 있는가 하는 것은 학문을 어떻게 분류하는가에 따라 약간씩 달라질 수 있다. 그러나 지식의 형식을 어떻게 분류하든 간에 이들 지식의 형식에 포함된 지식은 대체로 공통된 특징을 가지고 있다. 그것은 지식의 형식에 포함된 지식은 전통적으로 학교 교과의 주축을 이루어 온 이론적 지식이며, 수많은 사람들에게 그 실용적 가치가 의심스러운 지식이라는 점이다(이홍우, 1991).

피터즈와 허스트는 실용적 가치가 없는 것으로 보이는 지식의 형식, 곧 전통적인 교과를 왜 가르쳐야 한다고 보는가? 이들은 전통적인 교과의 가치를 그것이 자체적으로 가지고 있는 중요한 의미와 역할을 드러냄으로써 정당화하려고 한다. 피터즈와 허스트가 전통적인 교과의 가치를 정당화하기 위해 사용한 설명 방식은 '내재적 가치'와 '선험적 정당화' 논의이다.

내재적 가치란 어떤 다른 목적을 위한 수단으로서가 아닌, 활동 그 자체에 들어 있는 가치를 말한다. 어떤 활동이 내재적 가치가 있다는 것은, 그 활동의 가치가 그 활동과 개념상으로 무관한 다른 어떤 것에 의해서가 아니라, 그 활동 자체에 의해서 규정될 수 있는 경우를 말한다. 따라서 내재적 가치에 관심을 가질 경우에는 내재적 가치가 있는 활동이 어떤 것이며, 왜 그것이 가치가 있는가를 설명하는 데 관심을 갖게 된다.

피터즈와 허스트는 그들이 제시한 지식의 형식이 바로 이러한 내재적 가치를 가진다고 본다. 그리고 이들은 모든 학생들이 심리적으로 좋아하든 싫어하든 간에 이러한 내재적 가치가 있는 지식의 형식을 배워야 한다고 주장한다. 이러한 주장에 대해 이들이 제시한 지식의 형식이 과연 내재적 가치를 가지고 있는지, 왜 모든 학생들이 이러한 지식의 형식을 배워야만 하는지 등의 의문을 제기할 수 있다. 이 의문에 대해 피터즈와 허스트는 선험적 정당화 논의를 사용하여 답한다.

선험적 정당화란 개인이 받아들이는가 아닌가와 무관하게 성립하는 그러한 정당화이다. 피터즈와 허스트에 의하면, 지식의 형식의 내재적 가치는 다음과 같이 선험적으로 정당화된다. 논리학과 수학, 자연과학 등 여러 지식의 형식들은 인간이 장구한 세월 동안 누적적으로 발전시켜온 경험의 상이한 측면을 각각 개념적으로 체계화한 것이다. 이미 지적한 바 있듯이, 수학은 우리 삶 속에서 경험하는 수학적 내용을 체계화한 것이며, 자연과학은 자연과학적 경험을 체계화한 것이다. 이러한 체계화는 특정 개인의 취향에 의해서 이루어진 것이 아니라 인류가 오랫동안 공동으로 발전시키고 엄밀하게 정련시켜온 것이라는 점에서 공적(公的)인 성격을 지닌다. 다시 말하면 여러 지식의 형식들은 우리 삶의 공적 전통을 체계화한 것이라고 할 수 있다. 따라서 우리가 이 세상에서 살아가기 위해서는 좋아하든 싫어하든 간에 우선적으로 이 공적 전통의 체계, 즉 지식의 형식을 알 필요가 있다. 여기서 공적 전통의 체계라고 할 수 있는 지식의 형식은 우리의 선호와 상관없이 우리 삶에 이미 주어진 것이라는 점에서, 그리고 이에 입문되지 않으면 주어진 삶을 원만하게 살아갈 수 없다는 점에서 우리 삶의 선험적이고 논리적인 전제 조건이라고 할 수 있다. 이 점에서 전통적으로 가르쳐 온 지식의 형식은 그 자체의 가치를 가지고 있으며, 이 세상을 살아가는 사람들은 이 지식의 형식에 입문되지 않으면 안 된다.

피터즈와 허스트가 지식의 형식으로 제시한 것은 전통적으로 가르쳐 온 교과의 범주와 크게 다르지 않다. 말하자면 지식의 형식은 바로 피터즈와 허스트가 내재적 가치에 의하여 규정된다고 보는 교과를 가리켜 부르는 이름인 것이다. 이 점에서 지식의 형식론은 학교 교육과정에 제시되어 온 전통적 교과(즉, 주지 교과)를 정당화하는 이론이라고 할 수 있다.

3) 지식의 형식론에 대한 비판

피터즈와 허스트의 지식의 형식론은 전통적으로 학교에서 가르쳐 온 주지 교과의 가치를 정당화하는데 기여해 왔다. 특히 이들은 고대 희랍 시대 이후 서양의 중요한 교육 전통으로 계승되어 온 '자유교육'(liberal education)의 정신을 현대의 상황에서도 살려 내려고 노력하였다. 이들의 주장은 아직도 전통적인 교과가 학교의 주요 교과로 남아있고, 자유교육의 이상을 그리워하는 사람들이 여전히 존재하고 있다는 점에서 교과의 가치를 설명하는 하나의 이론으로 계속 영향력을 행사할 가능성이 있다.

그러나 다른 한편으로, 최근 급속도로 변화하고 있는 학교교육 환경과의 관계 속에서 볼 때, 피터즈와 허스트가 주장하는 지식의 형식론은 많은 한계를 가지고 있다는 비판이 있다. 지식의 형식론에 대한 비판은 크게 다음 두 가지로 요약해 볼 수 있다. 첫째, 지식의 형식론은 주지 교과에 특권적 지위를 부여한다는 비판이 있다. 지식의 형식론에서는 내재적으로 가치가 있는 지식의 형식으로 주로 주지 교과(즉, 이론적 교과)를 포함시키고 있으나, 주지 교과만이 내재적인 가치를 지니고 있다고 볼 수는 없다(홍은숙, 1999). 모든 사회적 실제는 그 나름의 고유한 목적과 가치를 지니고 있으며, 이 점에서 주지 교과만이 아닌 다른 다양한 기술이나 지식, 혹은 활동도 그 자체로 학교에서 동등하게 취급될 필요가 있다. 허스트 본인도 1990년대에 발표한 일련의 논문들에서 지식의 형식과 관련한 자신의 주장에 중대한 오류가 있음을 인정하고, 이론적 학문이나 지식의 형식을 추구하는 교육 대신에 '사회적 실제'(social practice)를 추구하는 교육을 주장한 바 있다. 그에 의하면, 그의 종전 입장의 오류는 이론적 지식을 좋은 삶을 결정하는 유일한 지식의 형태로 보거나 논리적 토대로 본 데 있다. 그의 새로운 입장에 의하면, 이론적 지식이 실제적 지식의 발달이나 합리적인 인간 발달의 논리적 기반이 아니다. 오히려 이론적 지식은 실제로부터 추상된 것으로서 실제와의 관련 하에서만 그 의미가 적절하게 파악될 수 있다. 즉 실제가 이론적 지식에 우선하는 것이므로 교육의 일차적인 관심은 지금 우리가 살고 있는 사회에서 필요한 다양한 사회적 실제에 관한 것이어야 한다(Hirst, 1992). 허스트는 위와 같은 입장에서 지식의 형식이 가진 문제점을 인정하고, 학교 교육과정을 '사회적 실제'의 관점에서 조직할 필요가 있다고 제안한다.

둘째, 지식의 형식론에서 주장하는 선험적 정당화 논의는 학교교육의 역동적인 양상을 충분히 반영하지 못한다는 비판이 있다(소경희, 1997). 지식의 형식론이 주장하는 선험적 정당화 논의는 지식의 형식의 내재적 가치를 논리적 혹은 개념적으로 설명하려는 특징을 지닌다. 따라서 지식의 형식론에서는 지식의 형식을 우리의 삶이 가능하기 위한 논리적 가정으로 받아들여야 한다는 점을 논증하는 데 관심을 둘 뿐, 실제 우리 삶에 구체적으로 또는 사실적으로 작용하고 있는 역동적인 양상, 예컨대 사회 변화, 교육 여건, 학습자들의 흥미 등에 대해서는 관심을 기울이고 있지 않다. 그 결과 지식의 형식론은 학교라는 구체적 맥락에서 특정 교과가 실제로 어떻게 채택되어 가르쳐지고 있는지에 대한 충분한 설명을 제공하지 못할 뿐만 아니라 학교에서 가르쳐야 할 교육 내용을 특정한 형태의 교과로 고착화시키는 경향이 있다.

참고문헌

김재춘 · 부재율 · 소경희 · 양길석(2010). **예비 · 현직 교사를 위한 교육과정과 교육평가**. 서울: 교육과학사.

김수천(1987). 교육과정이론과 교과. 윤팔중 외. **교육과정이론의 쟁점**(pp. 13-30). 서울: 교육과학사.

김수천(1999). **교육과정과 교과**. 서울: 교육과학사.

소경희(1997). 현대교육과정이론에 대한 인식론적 고찰. **교육과정 연구, 15**(1), 241-266.

이돈희(1992). **교육정의론**. 서울: 고려원.

이홍우(1991). 지식중심 교육과정의 재조명. 이영덕(편). **인간교육을 위한 교육과정과 수업의 탐구**. 서울: 교육과학사.

이홍우(1996). **증보 교육과정탐구**. 서울: 박영사.

홍은숙(1999). **지식과 교육**. 서울: 교육과학사.

Atkin, J., & House, E.(1981). The federal role in curriculum development, 1950-80. *Educational Evaluation and Policy Analysis, 3*(5), 5-36.

Bruner, J. S.(1960). *The process of education*. New York: Vintage.

Bruner, J. S.(1971). The process of education revisited. *Phi Delta Kappan, 53*(1), 18-21.

Burns, G. T.(1988). Tradition and revolution in the American secondary curriculum: The Cambridge high school case. *Journal of Curriculum Studies, 20*(2), 90-118.

Hirst, P. H.(1965). Liberal education and the nature of knowledge. In R. D. Archambault(Ed.), *Philosophical analysis and education*(pp.113-138). London: Routledge & Kegan Paul.

Hirst, P. H.(1974). *Knowledge and the curriculum*. London: Routledge & Kegan Paul.

Hirst, P. H.(1992). Education, knowledge and practices. In R. Barrow & P. White(Eds.), *Beyond liberal education: Essays in honour of Paul H. Hirst* (pp. 184-199). London: Routledge. 1993.

Kliebard, H. M.(2004). *The struggle for the American curriculum 1893-1958* (3rd ed.). New York: Routledge Falmer.

Peters, R. S., & Hirst, P. H.(1970). *The logic of education*. London: Routledge and Kegan Paul.

Popkewitz, T. S.(1987). *The formation of school subjects: The struggle for creating an American institution*. New York: The Falmer Press.

Priestley, M., & Biesta, G.(2013). Capacities and the curriculum. In M. Priestley & G. Biesta(Eds.), *Reinventing the curriculum: New trends in curriculum policy and practice*(pp. 35- 49). London: Bloomsbury Academic.

교육과정에 대한 관점(II): 경험 중심 교육과정

제5장

1. 진보주의 교육의 등장과 진보주의교육협회
2. 중등교육에 대한 진보주의 교육의 실험: '8년 연구'
3. 진보주의 교육의 확대: 생활적응교육
4. 듀이의 경험 중심 교육과정 이론

4장에서 소개한 지식 중심 교육과정은 학교 교육과정의 구성에 있어서 가르쳐야 할 내용에 초점을 두고, 그 내용으로서 지식을 담은 교과를 가르쳐야 한다고 보았다. 이 장에서 소개할 경험 중심 교육과정은, 가르쳐야 할 내용 그 자체보다는 가르침을 받는 학생에 더 초점을 두고 교육과정을 구성해야 한다는 입장을 취한다. '우리는 교과를 가르치는 것이 아니라 학생을 가르친다'는 말은 바로 이러한 경험 중심 교육과정의 입장을 잘 드러낸다.

경험 중심 교육과정은 학생의 경험 측면에서 구성된 교육과정을 지칭하는 것으로, 전통적인 지식 중심의 교육과정에 대한 비판과 함께 등장한 것이라고 할 수 있다. 따라서 경험 중심 교육과정은 지식 중심 교육과정에 대비되는 것으로 흔히 이해된다. 그러나 3장에서 보았듯이, 미국의 교육과정 역사에서 전통적인 지식 중심 교육과정에 대한 비판의 흐름은 여러 갈래이다. 즉 아동의 자연스런 흥미나 관심에 초점을 둔 발달주의 입장, 미래 사회에서 실제로 담당하게 될 활동에 관심을 둔 사회효율성주의 입장, 새로운 사회 비전을 제시하는 데에 관심을 둔 사회개량주의 입장 등이 이에 해당한다. 따라서 경험 중심 교육과정은 전통적인 지식 대신에 다른 어떤 것을 주장하는 입장 모두를 포괄할 정도로 그 의미가 열려 있는 것이라고 할 수 있다. 그 결과 경험 중심 교육과정은 아동 중심 교육과정이나 활동 중심 교육과정, 혹은 사회 중심 교육과정과 혼용되어 사용되기도 한다.

사태가 이러한 데에는 경험 중심 교육과정에서 강조하는 '경험'이 이를 활용하는 사람에 따라 달리 이해되는 데에 그 이유가 있다. 흥미로운 것은 경험 중심 교육과정의 입장으로 분류되는 많은 사람들은, 서로 간에 세부 주장을 달리함에도 불구하고, 거의 모두 듀이(J. Dewey)의 아이디어를 자신들의 주장을 뒷받침하기 위한 이론적 배경으로 삼고 있다는 점이다. 이는 오늘날에도 여전한 것으로, 듀이는 전통적인 교육과는 다른 방향의 교육을 제시하는 사람들에게서 자주 언급되곤 한다. 이 점에서 경험 중심 교육과정은 듀이의 생각을 올바로 이해할 때 그 의미가 제대로 파악될 수 있는 것이라고 할 수 있다.

따라서 이 장에서는 경험 중심 교육과정의 등장과 밀접한 관련이 있는 진보주의 교육이 어떻게 전개되고 발달되어 왔는지를 검토한 뒤, 듀이의 경험 중심 교육과정 이론을 다루어 보고자 한다. 이 장의 많은 내용은 3장에서도 소개한 바 있는 미국의 유명한 교육과정 학자, 클리버드의 책(Kliebard, 2004)에 의존하고 있음을 밝힌다.

【탐구 쟁점 예시】

1. '8년 연구'에서 전제한 고교-대학 연계의 상황이 주어져서 우리나라 고등학교의 교육과정을 실험적으로 재구성할 수 있다면, 고등학교 교육과정을 어떻게 바꾸고 싶은가?
2. 실생활 문제 중심의 교육과정을 강조한 '생활적응교육'이 우리나라 고등학교 교육에서 필요하다고 보는가?
3. 학교교과에 대한 듀이의 관점은 무엇이며, 이에 대해 어떻게 생각하는가?

1. 진보주의 교육의 등장과 진보주의교육협회

교육과정을 학생의 경험 측면에서 생각해 보아야 한다는 입장은 20세기에 본격적으로 발달한 것이다. 그러나 경험 중심 교육과정의 역사적 기원은 18세기 루소(J. Rousseau)의 주장으로까지 거슬러 올라갈 수 있다. 루소는 개인은 사회의 영향을 받아 타락하기 전까지는 본래 순수하다고 보고, 아동의 자연스런 발달과 경험을 존중하는 교육을 주장하였다. 이러한 주장은 19세기에 페스탈로찌(J. Pestalozzi)와 프뢰벨(F. Fröbel)과 같은 유럽의 교육 개척자들에 의해 발전되었다. 유럽의 아동 중심 교육은 점차 미국 교육자들의 관심을 끌게 되었으며, 19세기말 미국에서 일고 있었던 진보주의 교육 운동을 추동하였다.

사실, 진보주의 교육은 그 스펙트럼이 굉장히 다양하여 명확하게 규정하기가 쉽지 않다. 19세기 말경, 당시 학교교육을 지배해 왔던 전통적 교육을 비판하고 좀 더 나은 교육을 주장하면서 등장한 모든 진보적 사회 개혁 운동이 이에 속할 수 있기 때문이다. 진보주의 교육은 그 분파가 다양할 뿐만 아니라 진보의 정도나 색깔도 다양하다고 할 수 있다. 3장에서 소개한 바 있는 발달주의자, 사회효율성주의자, 사회개량주의자들은 모두 전통적 교육을 진보적으로 개혁하기 위한 시도를 했다는 점에서 진보주의 교육자들이라고 할 수 있다. 따라서 이들 모든 교육자들을 포섭하는 진보주의 교육에 대한 어떤 분명한 정의는 존재하지 않는다고 할 수 있다(Hansen et al., 2008). 진보주의 교육은 쉽게 조화를 이루기 어려운 진보 진영의 여러 가치를 광범위하게 포착하기 위해 사용되고 있는 용어 정도로 이해될 수 있다. 그럼에도 불구하고 진보주의 교육이라는 우산 속에서 여러 학자들이 공통적으로 추구하는 것이 있다. 그것은 이들이 모두 교육을 통해서 개인과 사회를 개선시킬 수 있다고 믿는다는 점이다.

진보주의 교육은 1919년에 설립된 진보주의교육협회(Progressive

Education Association)를 통해서 본격적으로 전개되었다. 진보주의교육협회는 1907년 존슨(M. Johnson)이 설립한 한 학교에서 발전한 것이다. 이 학교는 연령에 의해 아동들을 엄격하게 구분한다거나 아동 작품을 평가함으로써 경쟁을 유도하는 것을 배제했다. 교육과정은 기본적으로 아동 자신의 자발적 관심이나 흥미로부터 나오는 활동을 중심으로 했으며, 저학년에서는 스토리텔링, 노래하기, 춤추기를 강조했다. 또한 발달주의자 홀(S. Hall)이 주장한 것과 마찬가지로, 8-9세까지는 읽기 수업을 미루고 우화를 가르쳤으며, 공식적인 교과는 중학교 때에야 가르쳤다. 이러한 존슨의 아이디어가 발전되어 1919년의 진보주의교육협회의 창립으로 이어졌으며, 초기 진보주의 교육은 아동의 흥미나 관심을 중심으로 한 '활동 교육과정'(activity curriculum)의 형태를 띠었다.

진보주의교육협회는 초기에는 주로 발달주의자들이 강조한 학교 개혁에 관심을 가진 사립학교의 교사들과 행정가들의 호응을 얻었다. 이후 이 협회는 급성장하여 1919년 설립 당시 그 구성원이 86명이었던 것이 1930년대 초반 한때는 30만 명이 넘을 정도로 번성했다. 이 협회는 1920년에 교육의 목표를 개인의 자유롭고 충만한 발달에 두고, 진보주의 교육의 7대 원리를 제시했다. 그것은 ① 자연적으로 발달할 자유, ② 모든 활동의 동기로서의 흥미, ③ 감독관이 아닌 안내자로서의 교사, ④ 아동의 발달에 대한 과학적 연구, ⑤ 아동의 신체적 발달에 영향을 미치는 모든 것에 대한 관심, ⑥ 아동의 삶의 요구를 충족시키기 위한 학교와 가정 간의 협력 ⑦ 교육 운동에서 주도적인 역할을 하는 진보주의 학교 등이다. 이러한 원리는 진보주의교육협회가 아동 중심 교육의 입장을 취하고 있다는 점을 분명히 드러낸다.

진보주의교육협회가 전국적인 인지도를 얻게 되면서 이 협회가 취하는 극단적인 발달주의적 입장, 즉 아동 중심 교육에 지나치게 경도된 입장은 많은 비판을 받기 시작했다. 비판의 시작은 아이러니하게도 진보주의교육협회가 사상적으로 의존하고 있었던 듀이로부터 시작되었다. 듀이는 1928

년 이 협회의 명예회장직을 수락하는 연설에서 이 협회의 방향, 즉 아동 중심 주의에 의문을 제기했다. 그는 학교가 비형식적인 분위기를 띤다거나 아동의 활동만을 강조한다고 해서 진보주의적이라고 할 수는 없다고 하면서, 아동의 개성이나 자연적 발달에 대해 지나치게 강조를 두지 말라고 했다. 그는 아동에게서 전통적이고 인위적인 구속을 제거하려는 것은 의미 있는 시도이긴 하나, 자유가 그 자체로 목적이 될 수는 없다고 보았다. 따라서 그는 교육과정이 아동의 개인적인 충동으로부터 나와야 한다는 협회의 입장을 질책하면서 아동을 존중한다고 해서 교과를 버리는 것은 잘못된 것이라고 주장했다. 이러한 듀이의 주장은 아동 중심 교육을 전개하는 많은 사람들이 채택한 입장을 분명히 거부하는 것이었다. 다시 말하면, 듀이는 교육과정이 성인의 개입을 배제한 채 전적으로 아동 자신의 참여로만 설계되어야 한다는 진보주의교육협회의 주장을 비판했다. 그는 진보주의교육협회가 발달주의자의 관점을 넘어서길 기원했다. 이러한 듀이의 주장은 4절에서 좀 더 자세히 다루어진다.

듀이에 이어 사회개량주의자인 카운츠(G. S. Counts) 또한 진보주의 교육에 대해 비판했다. 그는 1932년에 열린 진보주의교육협회 연차 모임에서 "진보주의 교육이 진보주의적인가?"라는 연설을 통해 진보주의 교육이 방향성이 부족하다고 비판했다. 그는 진보주의교육협회 회원들이 가지고 있는 신념, 즉 아동 자신으로부터 직접 추론되지 않은 어떤 종류의 교육과정도 아동의 개성을 침해하는 것이라고 보는 신념을 공격했다. 특히 그는 사회개량주의자의 입장에서, 협회의 회원들이 사회의 부정의한 측면이나 현실의 어려운 부분에 관심을 두지 않는 점을 비판하면서, 당면한 사회적 이슈를 적극적으로 다루어야 한다고 주장했다.

이러한 비판의 물결 속에서 1932년 이후 진보주의교육협회는 그 성격이 바뀌기 시작했다. 즉 초기의 아동 중심 입장이 힘을 잃고 카운츠가 주장한 급진적인 사회개량주의적 입장이 새롭게 호응을 얻게 되었다. 과거 수년 동안 발달주의자들의 아동 중심 교육, 그리고 그 결과로서의 활동 중심 교육과정을 추구해 왔던 진보주의교육협회가 사회개량주의자들의 입장으로 그 방향을 전환하게 되었을 때, 진보주의 교육의 모습은 매우 복잡하게 되었다. 따라서 이 시기에 진보주의 교육이란 과연 무엇인가에 대한 관심이 강렬히 표출되기 시작했다. 그러나 진보주의 교육이라고 주장된 많은 요소들은 전통적인 학과 코스에 반감을 가지고 있다는 점에서만 공통점을 가질 뿐, 서로 다른 목소리를 갖고 있었다. 이러한 혼란은 점차 진보주의 교육에 대한 비판으로 이어졌다.

진보주의 교육에 대한 가장 대표적인 비판은 본질주의자인 컬럼비아대학교 배글리(W. Bagley) 교수에 의한 것이었다. 배글리의 진보주의 교육에 대한 비판은 활동 중심 교육과정에 그 초점이 맞추어져 있었다. 그는 진보주의 교육에서 강조한 활동 중심 교육과정은 엄격성이 부족하여 미국 아동이 알 필요가 있는 것을 학습하지 못하게 한다고 비판했다. 그가 보기에 미국 교육에서는 흥미, 자유, 즉각적 요구, 개인 경험, 심리적 조직, 아동 주도 등을 강조하는 이론에 대한 강력한 호응으로 인해 학문적 성취에 대한 관심이 폐기되고, 체계적이고 조직적 학습이 신용을 잃었으며, 오직 활동 중심 교육과정만이 유행하고 있었다. 따라서 그는 당시 미국 학교의 교육과정이 형편없이 나약하고 비효과적이며, 특히 다른 나라의 것과 비교하면 더욱 그러하다고 비판했다.

진보주의교육협회는 진보주의에 대한 이러한 비판, 그리고 대공황의 여파와 제2차 세계대전의 참전 여부를 둘러싼 사회적 혼란 속에서 점차 그 규모가 축소되었으며, 결국 1955년에 공식적으로 해산했다. 그러나 진보주의교육협회를 통해 활성화된 진보주의 교육은 미국 전역은 물론 우리나라를 비롯한 세계 여러 나라의 교육 개혁에 널리 파급되어 오늘날의 교육에도 많은 영향력을 행사하고 있다.

2. 중등교육에 대한 진보주의 교육의 실험: '8년 연구'

진보주의 교육은 초기에 '아동' 중심 교육이라는 명칭이 나타내는 것처럼 주로 초등교육에서 그 영향력이 컸으며, 이로 인해 초등학교의 교육과정에는 많은 놀랄만한 발전이 있었다. 진보주의교육협회 구성원들은 중등 수준에서 교육과정의 변화 속도가 느린 것에 실망했고, 그 원인이 대학입학시험에 있다고 보았다. 즉 대학이 입학요건을 통해 고등학교 교육과정을 지배하고 있기 때문에 중등 수준의 교육과정 개혁이 어렵다고 본 것이다. 이 문제를 해결하기 위해 진보주의교육협회가 야심차게 수행한 프로젝트가 바로 '8년 연구'이다.

'8년 연구'는 1932년에 시작한 것으로, 당시 고등학교 1학년인 학생이 고교 4년과 대학 4년의 8년 동안 경험한 전통적인 교육과 진보주의적 교육 간의 효과를 비교하기 위한 연구이다. 이 연구는 학생들의 고교와 대학 교육의 경험 모두를 대상으로 하고 있기 때문에 고등학교와 대학 모두의 협조가 필요했다. 연구의 총 책임자는 시카고대학교의 교육학과 교수인 타일러(R. Tyler)였으며, 타일러 교수는 이 연구 경험을 통해 교육과정 분야뿐만 아니라 교육평가 분야의 저명한 학자로 우뚝 서게 된다.

'8년 연구'의 기본 아이디어는 이 연구의 실험학교로 참여하게 되는 중등학교를 대학의 지배라는 족쇄로부터 자유롭게 하여 이들 학교의 자유로운 프로그램을 경험한 학생들이 전통적인 프로그램을 마친 학생들과 동등하다는 점을 보여주기 위한 것이었다. 이 연구는 당시 미국 전역의 300여개 이상의 대학들의 협조를 얻은 것으로, 이들 대학은 실험에 참여한 중등학교의 학생들을 각 대학의 입학자격요건과 상관없이 무조건 수용한다는 조건하에 진행되었다. 실험에는 30개 고등학교가 참여했으며, 3000여명의 학생들이 그 연구의 대상이 되었다. 실험학교에는 특정 교육과정이 부여되지 않았으며, 각 학교가 자유롭게 교육과정을 편성할 수 있는 권한과 자유를 누렸다. 따라서 실험학교의 프로그램은 전통적인 학문적 프로그램으로부터의 온건한 변화를 추구하는 학교로부터 급진적인 변화를 시도하는 학교에 이르기까지 매우 다양했다.

교육과정 측면에서 볼 때, 8년 연구의 성과 중의 하나는 '중핵 교육과정'(core curriculum)의 대중화였다(Kliebard, 2004). 중핵 교육과정은 청소년의 필요와 흥미를 중심으로 개발한 코스를 모든 학생들이 공통적으로 배우도록 하는 것이다. 이것은 학문을 모태로 한 전통적인 교과 중심 교육과정과 달리, 청소년에게 필요한 삶의 영역을 중심으로 한 교육과정으로, 여기서 전통적인 교과들은 그 운영 과정에서 통합되어 다루어진다.

대부분의 실험학교는 중핵 교육과정을 운영했다. 예컨대 위스콘신대학교 부설 위스콘신 고등학교(Wisconsin High School)에서는 4가지, 즉 (1) 공동체적 삶, (2) 건강, (3) 직업, (4) 여가 시간을 중심으로 중핵 교육과정을 운영했으며, 이것이 학교 생활의 2/3를 차지했다. 덴버 고등학교(Denver High School) 또한 4가지 삶의 영역, 즉 (1) 개인적 삶, (2) 개인-사회 관계 (3) 사회-시민 관계, (4) 경제 관계를 중심으로 중핵 교육과정을 구성하여 운영했다. 학생들은 하루 6시간의 수업 시간 중 매일 2시간씩을 이러한 중핵 교육과정을 이수하고 나머지는 학생 자신에게 최선의 것으로 판단되는 코스를 자유롭게 선택할 수 있었다. 이 학교의 중핵 교육과정에 제시된 각 영역은 여러 하위 학습 주제들로 구성되어 있었으며, 이들 주제는 교사와 학생들이 함께 계획을 세우고 최종적으로 선정한 것이었다. 예컨대 "(1) 개인적 삶"과 "(4) 경제 관계"의 하위 학습 주제는 다음과 같다(Aikin, 1949, 김재춘 · 박소영[역], 2002: 95-97)

(1) 개인적 삶

1) 다음을 통해 우리 자신을 이해하기

가) 우리의 관심과 태도, 재능을 발견하기

나) 중요한 지식 영역의 정보를 활용하기

다) 시간과 노력을 관리하고 보다 건설적인 삶의 방식을 계획하기
라) 우리의 직업적 관심사와 일반적인 직업 적성에 대하여 인식하기

2) 다음 영역에서 우리가 이미 가지고 있는 관심이나 인식을 향상시키고, 다양한 관심이나 인식을 탐색하기
가) 독서
나) 원예
다) 그림, 모형 제작
라) 노래, 춤

3) 다음 영역에서 삶을 살만한 가치가 있게 만들어 주는 자원에 대하여 깊이 인식할 수 있기
가) 플라스틱 그래픽 미술, 음악, 드라마, 문학 등 다양한 영역에서의 창조적 표현
나) 건강, 몸단장, 청결, 정돈, 언행의 온당함을 강조함으로써 외모나 몸가짐, 사회적 적합성에 있어 자신의 최고의 모습을 만드는 방법 학습

4) 삶의 철학 개발하기

(4) 경제 관계

1) 의복, 거주지, 음식, 물, 동력이 만들어지고 배분되는 경로들을 공부하기
2) 소비자 문제를 다루는 방법들을 인식하고 학습하기
3) 기계 생산이 삶에 미치는 영향과 삶의 조건을 개선시킬 수 있는 가능성들을 인식하기
4) 세계의 대립되는 경제 체제와 생산 및 공급을 위해 제공되는 다양한 방식들을 공부하기
5) 지역 사회를 포함한 전국의 직업 기회들을 공부하고, 직업과 관련하여 개개인의 독특한 능력들을 확인하기

6) 다음에 있어서의 고용의 문제들을 공부하기

가) 직업을 가지기 위한 훈련

나) 구직하기

다) 고용주-고용인 관계

라) 직업 생활의 문화적 측면 발견하기

위의 중핵 교육과정에서 다루는 문제는 학생들이 탐구하고 조사해야 할 성격의 것으로서 영어, 수학, 사회, 과학, 예술 등과 같은 여러 교과의 지식을 필요로 하는 것이다. 따라서 중핵 교육과정에서 각 교과는 매우 중요한 역할을 하나, 고립된 채로 다루어지기보다는 이들 주제를 중심으로 통합적으로 학습된다. 이러한 중핵 교육과정은 학교가 학습자들이 미래 삶에서 담당할 역할을 직접적으로 준비해야 한다는 사회효율성주의자들의 주장과, 학습자의 흥미를 강조하는 발달주의자들의 주장을 융합한 것이라고 할 수 있다(Kliebard, 2004). 이에 따라 실험학교의 교육과정을 결정하는 준거는 성인 사회의 요구와 청소년들의 관심사였으며, 이 두 준거의 영향력은 학교나 교사마다 달랐다.

8년 연구의 또 다른 성과는 교육과정을 '행동주의' 측면에서 생각할 수 있도록 한 점이다(Kliebard, 2004). 8년 연구에 대한 보고서에서 연구팀은 교육이란 인간의 행동 패턴을 변화시키는 과정이라고 가정했다. 8년 연구의 책임자였던 타일러는 교육과정 개발의 중요한 첫 단계는 목표의 진술이어야 하며, 학교가 야기해야 할 인간의 행동 패턴의 변화가 곧 교육목표가 되어야 한다고 보았다. 그는 또한 이러한 목표는 공부가 끝난 후 학생이 보여주어야 할 행동을 진술하는 것이 되어야 하며, 프로그램의 성공 여부는 목표에 구체화되어 있는 행위가 성취되었는지에 의해 판단되어야 한다고 주장했다. 교육과정 개발의 첫 단계로 행동주의적 목표를 진술해야 한다는 이러한 주장은 이후 교육과정 개발에 지속적이고 강력한 영향을 미쳤다. 교육과정 개발에 있어서 엄밀하고 구체화된 목표가 선행되어야 하며, 교육과정의 성공 여부 역시 미리 설정된 목표에 비추어 평가되어야 한다는 생각은 사회효율성주의에 그 뿌리를 둔 것이라고 할 수 있다.

중등학교에 대한 진보주의 교육의 실험은 성공적인 것이었다. 4년의 대학생활 동안 실험학교 출신 학생들이 전통적인 학교 출신 학생들보다 더 성공적인지를 확인하기 위해 다양한 평가가 시도되었다. 30개 실험학교의 졸업생들은 그들이 다니는 대학의 학생들 중 성, 연령, 인종, 학문적 적성 점수, 가정과 지역사회 배경, 관심사 등에 근거하여 유사한 조건을 가진 학생들과 짝을 지어 비교되었다. 그 결과 실험학교 학생들이 전통적인 학교 출신의 학생들보다 대학 생활 전반에 있어서 좀 더 나은 성취를 보였다. 특히 가장 실험적인 학교, 즉 전통적인 대입준비를 하는 학교와는 가장 다른 프로그램을 운영했던 학교의 졸업생들이 훨씬 더 성공적인 성과를 나타냈다. 이러한 결과는 소위 대학입시를 위한 교육과정이 대학에서의 성공을 보장하는 확실한 방법이 아니라는 점을 말해주는 것이었다. 말하자면 대학생활을 준비하는 데에는 특정 교과를 이수하는 것만이 아닌 다양한 종류의 여러 경험이 있을 수 있다는 점이 확인된 것이다. 따라서 진보주의교육협회의 지도자들은, 고등학교에서 전통적인 교과를 지속시켜야 한다는 대학의 요구는 부당한 것이며, 이러한 교과 대신에 사회와 청소년의 필요를 중심으로 조직된 중핵 교육과정을 제공해야 한다고 목소리를 높였다.

8년 연구의 결과는 1942년과 1943년에 "미국 교육의 모험"(Adventure in American education)이라는 이름의 5권의 리포트로 출판되었다. 그러나 실험학교의 성공에도 불구하고 당시 교육계와 일반 대중들의 반응은 이상할 정도로 조용했다. 그 이유는 실험학교들이 서로 다른 교육과정 패턴을 가지고 있어서 그 결과를 해석하기가 쉽지 않았으며, 최종 보고서가 미국이 제2차 세계대전에 참전한 직후 출판된 관계로 일반인의 관심을 끌기 어려웠기 때문이었다. 그럼에도 불구하고 미국 중등교육에서 이루어진 진보주의 교육의 실험은 오늘날 미국의 중등교육이 사회와 학습자의 필요에 부응하는 방향으로 전개되는 데에 의미 있는 자양분이 되었다고 할 수 있다.

3. 진보주의 교육의 확대: 생활적응교육

8년 연구에 참여한 실험학교들이 중핵 교육과정을 통해 대학입시 위주의 전통적인 고등학교 교육을 바꾸기 위한 노력을 한 것과 마찬가지로, 제2차 세계대전 후에도 중등교육에서 학문적인 교과를 줄이려는 움직임은 지속되었다. 생활적응교육은 바로 이러한 흐름 속에서 등장한 것으로 실험학교 수준이 아닌, 전국적인 수준에서 추진된 것이었다.

생활적응교육이 공식적으로 천명된 것은 1945년 즈음이다(Kliebard, 2004). 제2차 세계대전 후, 미국에서는 중등학교 교육과정이 학생들을 충분히 만족시키지 못하고 있다는 비판이 일었다. 이에 미국 교육부는 1944년 "미래의 직업교육" 연구를 추진하였고 그 결과가 1945년 워싱턴에서 개최된 회의에서 발표되었다. 당시 이틀간에 걸친 회의에서 미국의 청소년들이 고등학교에서 적절한 교육을 받고 있지 못하다는 데 대해서는 공감대가 형성되었으나, 앞으로 어떻게 개혁해야 하는가에 대해서는 그 방향이 명료히 드러나지 않았다. 따라서 회의 참석자들은 그들 중 한 사람인 프로서(C. Prosser)에게 회의 내용을 요약해 주도록 요청했다. 이에 프로서는 '프로서 결의안'(Prosser resolution)이라고 알려진 것을 마련했으며, 이 결의안은 생활적응교육의 개시를 알리는 단초가 되었다. 결의안의 내용은 다음과 같았다.

> … 지역의 직업학교는 중등학교 연령 청소년의 20%가 숙련된 직업에 종사하도록 준비시킬 수 있을 것이다. 그리고 고등학교는 계속해서 그 연령의 20%에 해당하는 학생들을 대학 입학을 위해 준비시킬 것이다. 중등학교 연령 청소년의 나머지 60%는 그들이 필요로 하고 미국 시민으로서 살아가기 위한 생활적응훈련을 받을 것이다. 이를 위해 공교육 행정가들은 직업교육 지도자들의 도움을 얻어 이 집단을 위한 프로그램을 구성할 필요가 있다.

> 그러므로 우리는 미국 교육국장과 직업교육국장에게 동수로 구성된 일반 교육과 직업교육 대표자들 간에 가까운 시일 내에 회의를 개최하거나 일련의 지역 회의를 열기를 요청한다. (U. S. Office of Education, 1951: 29)

이러한 결의안은 당시 회의 참석자의 전원 찬성으로 채택되었으며, 이 결의안에 제시된 생활적응교육의 아이디어는 미 교육청의 열광적인 지원을 받았다. 결의안에서 프로서가 전달하고자 한 메시지는, 당시의 중등교육이 직업교육이나 대학준비교육을 원하지 않은 나머지 60%의 학생들을 위해서는 적절하지 않다는 것이었다. 따라서 중등학교 교육과정은 청소년들에게 성인 생활을 준비시키기 위한 실제적인 생활 기능 중심으로 구성될 것이 요청되었다. 이 점은 생활적응교육이 사회효율성주의자들의 주장을 이어가고 있음을 보여준다. 당초 결의안이 주장한 생활적응교육은 중등학교의 대다수, 즉 60%에 해당하는 학생들을 위한 것으로 제시되었으나, 그 운영상의 어려움으로 인해 중등학교 전체 교육과정에 적용되었다.

생활적응교육은 그 시행 초기부터 과연 이것이 어떻게 정의되어야 하는지의 문제에 직면하게 되었다. 생활적응교육이 교육공동체의 많은 지지를 받긴 했지만 정확히 무엇을 달성하고자 하는지는 불분명했던 것이다. 이에 대해 캔델(I. Kandel)이라는 학자는 인간이 살면서 직면하게 될 모든 것이 예견되어야 하며, 교육은 바로 이들에게 초점을 두어야 한다고 주장했다. 예컨대 데이트, 결혼, 아이들 키우기, 일, 직업 등에 적응할 수 있는 교육이 필요하며, 이를 위한 교육이 생활적응교육이라는 것이다. 더글라스(H. Douglass)는 당시 중등학교 중퇴율이 40%에 달하는 것을 상기시키면서 중등학교 교육이 핵심적 학문보다는 삶의 다양한 활동에 적합한 준비여야 한다고 보았다. 따라서 그는 생활적응교육을 "생활적응이 이루어져야 할 삶의 모든 분야(예: 가정생활, 직업생활, 시민생활, 여가생활, 신체적 · 정신적 건강 등)를 꽤 완전하게 준비하는 데에 적합한 중등교육 프로그램"으로 보았다.

생활적응교육은 초기에 전례 없는 정치적 지지를 누렸으며, 학교 행정가들로부터는 지속적인 지지를 얻었다. 학교 행정가들은 이 기회에 중등학교를 단순한 대학 준비 기관이 아닌, 미국의 사회 경제적 생활의 잠재적 준비 기관으로 변형시키고자 했다. 이 과정에서 생활적응교육의 가장 중요한 특징은 교육과정 영역의 무한한 확장이었다. 중등학교의 교육과정이 청소년들이 직면한 실생활 문제로 구성되었으며, 이에 따라 중등학교 이후의 준비, 직업준비, 부모 이해하기, 자동차 운전, 영어사용, 여가활동 등이 교육과정의 영역이 되었다. 학교 행정가들은 이러한 실생활 중심의 교육과정이 학생들의 중퇴율을 낮출 것이라고 보고 이를 적극 지지했다.

생활적응교육은 학교 행정가들의 전폭적인 지지와 함께 학교 현장에서 부분적으로 성공을 거두었다. 이러한 성취는 중핵 교육과정을 운영하는 경우에서와 마찬가지로, 학교가 생활적응교육의 취지에 따라 프로그램을 부분적으로 조정했던 조치 속에서 볼 수 있었다. 비록 중핵 교육과정 주장자들이 학문적 교과를 실질적으로 대치하지는 못했지만, 이들이 교과의 성격을 변형시키는데 어느 정도 성공한 것처럼, 생활적응교육도 이와 유사한 제한적인 성공을 거두었다. 생활적응교육이 큰 인기를 얻었던 것은, 이 교육이 청소년들을 현재의 사회 질서에 적응시킨다는 점 때문이었다. 생활적응교육의 주장자들은 학생들의 높은 중퇴율과 학교에서의 소외에 관심을 가지고, 이 문제의 원인이 대다수 학생들과 거리가 먼 교육과정 때문이라고 보았다. 과거에는 이러한 문제들을 학문적 교과를 추구하는 데 적합하지 않은 소수 학생들에게 직업교육을 제공하는 것으로 해결해 왔으나, 이러한 학생들의 수가 점차 증가하면서 다른 대안이 필요했다. 생활적응교육은 바로 이 문제에 주목하여 중등학교의 교육과정을 문화유산을 대표하는 교과로부터 기능적인 삶의 영역으로 변형시키고자 함으로써 미국 전역에서 호응을 얻을 수 있었다.

그러나 생활적응교육은 대학의 학문적 지도자들로부터 반지성적인 것이라는 비판을 받았다. 사실 20세기 전반기 동안 학계 지도자들은 초중등학교에서 무엇이 가르쳐져야 하는지에 대해 그다지 관심이 없었다. 그러나 생활적응교육의 주장자들이 기본적인 생활에 적응하기 위한 프로그램을 기존 중등학교의 학문적 교육과정에 단순히 추가하는 수준이 아니라 이를 대체하는 것으로 만들고자 하자 학계는 분노를 표출하기 시작했다. 학계 비판의 요지는 당시 교육의 반지성주의적 경향에 대한 것으로, 교육과정 영역에 너무 하찮은 것을 포함시킴으로써 미국 청소년들이 높은 학문적 성취를 할 수 없게 되었다는 것이었다. 이러한 비판의 절정에 일리노이대학교의 식물학과 교수인 풀러(Harry J. Fuller)가 있었다. 그는 당시 미국 고등학교 교육의 질적 수준이 낮음을 비판하면서 이러한 상황을 야기한 교육학 교수들에 대해 독설을 퍼부었다.

1950년대 10년간은 미국의 생활적응교육에 대한 학계의 비판이 격렬하게 들끓은 시기라고 할 수 있다. 당시 가장 설득력을 얻은 비판은 일리노이대학교 역사학과 교수인 베스토(A. Bestor Jr.)에 의한 것이었다. 그는 당시의 학교가 그것의 핵심 기능인 지성의 발달로부터 벗어나있다는 점을 강하게 비판하였다. 그에 의하면, 학교는 지성의 발달이라는 고유의 기능을 수행하기 위한 특별한 종류의 기관으로, 청소년들의 구체적이고 개별적인 요구를 충족시키는 것은 학교의 임무가 아니다. 그가 보기에 생활적응교육 지지자들이 놓치고 있는 것은 청소년의 지적 훈련이라는 학교의 핵심 역할이었다. 따라서 그는 생활적응교육을 촉발한 프로서의 결의안에서 언급한 60%의 학생들에게는 지적인 훈련이 의미가 없을 것이라고 보는 것은 반민주주의적이라고 주장했다. 그가 보기에 지성의 발달은 대학에 갈 소수의 학생들을 위해서만이 아니라 모든 학생들에게 가치 있는 것이며, 학교의 핵심적인 역할이기 때문이다.

생활적응교육은 이와 같이 처음에는 지적 공동체로부터 빠르게 신뢰를 상실해가기 시작하다가 점차 일반 대중들로부터도 멀어졌다. 그 이유는 다음 두 가지 때문이라고 볼 수 있다(Kliebard, 2004). 먼저 생활적응교육이 추구하는 변화의 과도함을 들 수 있다. 생활적응교육 지지자들은 기존 교육과정을 재구성하는 대신에, 전통적인 교과를 생활 영역으로 대체하려고 했다. 이러한 변화는 너무 급진적이어서 결국 지적 공동체로 하여금 학문적 교과를 옹호하도록 만들었으며 이는 대중들의 공감을 얻게 되었다. 다른 한편으로, 1950년대 진행된 소련과의 과학기술 전쟁은 지성을 새롭게 강조하는 분위기를 형성했다. 이러한 분위기 속에서 1957년 소련이 세계 첫 인공위성인 스푸트닉(Sputnik)호를 발사하게 되자, 생활적응교육은 급격히 사그라졌다. 소련 공학의 승리는 소련 교육 체제의 미국 교육 체제에 대한 승리를 의미했으며, 당시 미국 교육 체제를 지배했던 생활적응교육은 이에 대한 책임이 있었던 것이다. 이후 미국 교육은 학문 중심 교육으로 재빨리 선회하게 된다.

4. 듀이의 경험 중심 교육과정 이론

듀이는 1859년부터 1952년까지 93년의 삶을 살았던 사람으로서, 20세기 미국 교육을 상징하는 인물이라고 할 수 있다. 그는 20세기 전반기 미국에서 전개된 여러 갈래의 진보주의 교육 운동에 많은 영향을 미쳤기 때문이다. 따라서 많은 사람들은 진보주의 교육하면 듀이를 떠올리고, 듀이하면 진보주의 교육을 떠올리는 경우가 많다. 그러나 듀이는 적어도 교육과정 문제와 관련해서는 20세기 전반기 경쟁하는 여러 진보주의 진영의 어느 한편과 딱 일치하지는 않는다. 그의 교육과정에 대한 입장은 3장에서 언급한 바 있었던 진보주의 진영의 세 집단, 즉 발달주의, 사회효율성주의, 사회개량주의뿐만 아니라 이들 진보주의 진영이 비판하고자 했던 인문주의 입장의 일부를 종합하고 재해석한 것이다. 따라서 그의 아이디어는 진보주의의 여러 갈래와 어떤 점에서는 일치하면서도, 다른 어떤 점에서는 일치하지 않았다. 이러한 상황 때문에, 그의 아이디어는 자주 잘못 읽혀지고 왜곡되어 왔다. 우리가 듀이를 아동중심교육이나 생활적응교육을 대표하는 사람으로 이해한다든지, 교과의 가치를 부정하고 아동의 흥미나 활동만을 강조한 것으로 이해한다면, 듀이를 제대로 이해하지 못한 것이라고 할 수 있다.

교육과정과 관련된 듀이의 주장은 교육과정을 '가르쳐야 할 교과' 그 자체가 아닌, 그러한 교과를 배우는 학생들의 '개인 경험의 질' 측면에서 생각해 봐야 한다는 것이었다. 이러한 주장은 당시 학문적 성격의 교과를 교육과정으로 당연시해 왔던 교육계에 새로운 바람을 일으켰으며, 이로 인해 그는 자신의 생애뿐만 아니라 오늘날까지 많은 사람들의 추앙을 받고 있다. 그러나 그의 아이디어는 당시 학교 현장에서 왜곡되어 실천되는 경우가 많았고 이러한 상황은 지금도 여전하다. 따라서 듀이는 진보주의자로 알려져 있으나, 그 스스로는 그 시대에 실천되고 있는 편향된 진보주의 교육으로부터 공개적으로 자신을 분리시키려고 했다.

이 절에서는 듀이가 본래 가지고 있었던 교육과정에 대한 아이디어를 이해해 보고자 한다. 이를 위해 이하에서는 듀이가 미국의 20세기 전반기에 전개된 교육과정에 대한 여러 주장들에 대해 어떤 입장을 취했는지를 살펴보고, 그가 직접 운영했던 실험학교의 교육과정을 검토한 뒤, 그의 경험 중심 교육과정 이론의 실체를 파악해 본다.

가. 20세기 전반기의 지배적인 교육과정 주장들에 대한 듀이의 견해

1) 인문주의적 교육과정에 대한 듀이의 견해

듀이는 전통적인 인문주의 교육과정에서 중시하는 교과의 가치를 부정하지는 않았다. 여러 저서에서 그는 학습해야 하는 '어떤 것'이 존재하지 않고는 학습이라는 것 자체가 불가능하다고 강조했다(Hansen et al., 2008). 그는 학교에서 학습해야 할 '어떤 것'이란 인간이 이룩한 성취가 풍부하게 표현되어 있는 예술, 인문학, 수학, 과학과 같은 교과여야 한다고 보았다. 말하자면 그는 풍부한 교과가 없이는 의미 있는 학습이 불가능하다는 입장을 취했다. 따라서 그는 대표적인 인문주의자 해리스(W. Harris)가 주장한 5개의 교과, 즉 문법, 문학 및 예술, 수학, 지리, 역사의 가치를 인정했다. 3장에서 소개한 바와 같이, 해리스는 이 5개의 교과가 서구 문명의 지적 유산의 정수를 담고 있는 것으로, 아동은 이러한 교과를 배움으로써 인간 전체의 경험을 이해할 수 있다고 보았다. 듀이는 이러한 인문주의자가 주장하는 인간의 지적 능력의 힘에 대한 낙관론을 공유하고 있었으며, 따라서 학생들의 지성 발달에 관심을 두었다.

그러나 듀이는 인문주의자들의 교과를 다루는 방식에 대해서는 비판했다. 그에 의하면, 해리스의 주장이 갖는 문제는, 5개 교과를 이미 만들어진 형태로, 그리고 각각을 서로 고립된 채로 가르친다는 데에 있었다. 그가 보기에 교과 간을 구분하여 조직하는 것은 성인들에게는 의미가 있을 수 있으나, 아동들에게 처음부터 이렇게 구분하여 소개하는 것은 바람직하지 않는 것이었다. 왜냐하면 이러한 구분은 아동이 세계를 통합적으로 보기보다는 인위적이고 형식적으로 보도록 하기 때문이다. 더군다나 교과를 이미 만들어진 최종적인 형태로 제시하는 것은 각 교과의 기원을 왜곡할 뿐만 아니라 지식과 인간 생활 간의 거리를 멀어지게 할 수 있다. 그가 보기에 수학이라는 교과조차도 인간 생활의 필요로부터 나온 것이라고 할 수 있으나, 이를 최종적인 형태, 즉 추상화된 지식의 형태로 제시하게 되면, 아동은 이 지식을 인간의 필요나 열망과 관련된 것으로 이해하기 어렵게 된다.

위에서 인문주의자들에 대한 듀이의 비판은 아동을 서구 문명의 정수로 안내하려는 시도에 대한 것이 아니라, 아동이 세계를 보는 방식을 고려하지 않은 채 교과를 아동의 필요나 목적과 무관한 것으로 만들려는 시도에 대한 것이었다. 듀이는 삶 속에서 혹은 삶과 관련하여 이해되지 않은 교과는 무기력하고 의미가 없다고 주장했다. 그가 보기에 인문주의자들은 아동들의 자발적인 관심보다는 그들의 노력이나 의지를 더 요구함으로써 결국 아동들에게서 배움에 대한 흥미를 앗아간다. 이러한 듀이의 비판은 인문주의자들이 교육과정을 구성하는 데 있어서 아동의 마음 상태나 세계를 보는 방식을 심각하게 고려하지 않았다는 점을 지적하는 것이었다.

2) 아동 중심 교육과정에 대한 듀이의 견해

진보주의 교육 운동의 초기에 가장 활발하게 활동했던 발달주의자들은 교육과정이 아동 발달의 자연스런 순서에 따라 결정되어야 한다고 주장했다. 이 입장의 대표자는 3장에서 소개되었던 홀(S. Hall)로, 그는 아동의 자연스런 발달 과정을 탐색하기 위해 아동 연구 운동을 주도하였다. 흥미롭게도 홀은 듀이의 존홉킨스대학교 시절의 지도 교수였으며, 듀이는 그의 실험실에서 일했던 인연이 있었다. 듀이는 홀의 아동에 대한 연구를 환영했으나, 그러한 연구 결과를 교실의 실천적인 사태에 직접 적용해야 한다는 것에 대해서는 비판적이었다. 그가 보기에 아동을 주의 깊게 관찰하여 발견된 사실을 토대로 교육과정을 처방하는 것은 바람직하지 않으며, 아동 연구자들이 수집한 자료는 가설로부터 통제되지 않거나 이론에 의해 확인되지 않은 단순한 사실들에 해당하는 것으로서 과학이라고 할 수 없는 것이었다.

교육과정 구성에 있어서 아동을 중심에 놓는 홀의 아이디어는 진보주의 교육협회가 강조한 아동 중심 교육의 밑바탕이 된 것이었다. 아동 중심 교육은 아동의 자연스런 발달을 중시하는 교육으로, 그 교육과정은 아동의 흥미나 관심을 중심으로 하는 '활동 교육과정'의 형태를 띠었다. 이 교육과정에서 공식적인 교과는 중학교에 가서야 다루어지도록 기대되었다.

듀이는 아동 중심 교육과정이 아동에게서 인위적인 구속을 제거한다는 점에 대해서는 의미 있다고 보았으나, 발달주의자들이 생각하는 것처럼 아동의 자아를 자연적으로 전개되어야 하는 것으로 보지는 않았다. 그는 아동의 교육에 성인, 즉 교사의 적절한 개입이 중요하다고 보았다. 그는 또한 아동 중심 교육이 교과 대신에 아동만을 강조하는 것에 대해 매우 비판적이었다. 그가 보기에 아동 중심 교육을 주장하는 사람들은 흥미를 끌기 위해 아동이 배우는 것에 사탕발림을 하는 데에 관심을 갖는 경향이 있었다. 그러나 그에 의하면, 이것은 외견상 달콤하지 않은 모든 것을 그만 배우게 만드는 것으로, 이러한 교육의 불가피한 결과는 자신이 좋아하는 것만을 하려고 하는 응석받이 아동이다. 이와 같이 듀이는 교육과정에서 아동을 존중한다는 것이 성인의 개입과 교과를 버리고 아동을 단순한 즐거움에 가담시키는 것으로 해석되어서는 안 된다는 점을 분명히 했다.

3) 사회효율성주의 교육과정에 대한 듀이의 견해

20세기 산업 사회의 변화 속에서 사회효율성주의자들은 학교가 직접적인 사회 통제의 기능을 해야 한다고 주장했다. 듀이도 학교교육이 20세기 사회 변화에 적절히 대응할 필요가 있다고 생각했다. 그러나 듀이가 생각한 것은 사회효율성주의자와는 다른 것이었다. 예컨대 산업 사회로의 급격한 변화 속에서 가족의 영향력이 점차 쇠퇴하는 상황에 대해, 사회효율성주의자들은 이를 당연하게 받아들이고 학교가 가족이 해 왔던 역할, 즉 외적인 규범에 복종하는 습관을 형성하는 일을 대신해야 한다고 보았다. 그러나 듀이는 가족의 영향력은 복원되어야 할 것이라고 보고, 학교가 가정과 좀 더 긴밀히 연계될 수 있는 교육을 제공해야 한다고 주장했다. 따라서 그는 학교가 산업 사회로 인해 잊혀지고 있는 가정의 가사 일이나 교육적 가치가 있는 활동을 학과 코스로 도입할 것을 제안했다. 그에게 있어서 산업 사회에서 쇠퇴하고 있는 가족의 역할은 학교가 대신 떠안아야 할 것이기보다는, 가정과 관련된 가치로운 경험을 제공함으로써 어떻게든 회복시켜야 할 것이었다.

한편, 듀이는 학교 교육과정에 직업교육을 도입시켜야 한다는 사회효율성주의자들의 주장에 동의했다. 그러나 그는 이러한 시도가 학교를 예비 공장으로 만드는 형태가 되어서는 안 된다고 주장했다. 사회효율성주의자들은 직업교육을 산업 사회에서 필요한 전문적인 기능의 직접적인 습득으로 보았다. 그러나 듀이는 이러한 직업교육은 지나치게 편협한 것이며, 특히 공장 기계가 점차 자동화되어가기 때문에 특정 기능을 교육시키기보다는 좀 더 광범위한 의미의 직업교육이 제공되어야 한다고 주장했다.

듀이가 생각하는 직업교육은 이에 대한 그의 정의를 통해 확인할 수 있다. 그는 직업이라는 것을 그 성취 결과가 우리 자신에게 명백한 의미를 주고 주위의 다른 사람에게도 유용한 것이 되도록 이끄는 삶의 활동이라고 광범위하게 정의했다(Dewey, 1916: 368). 따라서 듀이에게 직업교육이란 특정 직업 분야에서 일할 사람들에게 단순히 기술적인 준비를 시키는 것이라기보다는 사회의 여러 가지 형태의 활동에 포함되어 있는 지적 · 도덕적 내용을 가르치는 것을 의미하는 것이었다. 이 점에서 그는 직업교육이 모든 학생들에게 가르쳐야 할 교양교육의 일부가 되어야 한다고 보았다. 그는 당시 일반교육과 직업교육을 학생에 따라 분리해서 제공하자는 사회효율성주의 주장에 대해, 한편은 책만 읽히는(bookish) 교육이요, 다른 한편은 편협한 수공 훈련(trade training)만을 시키는 교육이 될 것이라고 비판했다. 그가 보기에 광범위한 의미의 직업교육은 책만 읽어온 학생들을 위해서도 필요한 것이며, 수공 훈련의 편협함을 극복하기 위해서도 필요한 것이었다. 이러한 직업교육에 대한 그의 관심은, 직업교육의 의미를 학생들을 기존의 산업 조직에 '적응'시키는 데에 두었던 사회효율성주의자들과 달랐다. 그에 의하면 직업교육은 삶의 활동의 여러 분야에 대한 학생들의 지적 능력을 발달시키기 위한 것이지, 고용주의 이익을 위한 것이 되어서는 안 되는 것이었다.

듀이는 또한 사회효율성주의자들이 주장했던 정확한 측정에 근거한 표준화된 목표의 설정 방식에도 비판적이었다. 그는 사회효율성주의자들이 하는 것처럼, 활동 분석을 통해서 교육과정 목표를 결정하고 교과를 선정하려는 시도는 기존 사회 질서에 만족할 때만 적절한 것이라고 보았다. 그가 보기에 학교교육은 기존 사회를 더 나은 방향으로 변화시키는 기능을 해야 하기 때문에 기존 사회의 질서를 유지하는 방식으로 목표를 설정하는 것은 적절하지 않은 것이었다. 더군다나 듀이는 교육과정이 학습자의 현재 경험이 아닌, 성인들의 활동에 대한 분석으로부터 시작되어야 한다는 것에 동의하지 않았다. 그는 교육과정이 항상 아동 혹은 학습자의 경험으로부터 시작해야 한다고 보았다. 그에 의하면, 교육과정은 학습자 개인의 경험으로부터 출발해서 이 경험을 더욱 지적인 것으로 만들 때에만 가치가 있는 것이었다. 그가 중요시 한 것은 미래의 성인 역할에 대한 준비가 아닌, 학습자 개인 경험의 재구성이자 변형이었다. 사회효율성주의자들도 학습자들에게 어느 정도 관심을 가졌으나 이들의 교육과정을 이끈 것은 학습자들의 변형보다는 오히려 이들의 효율적인 관리였다(Doll, 2002). 따라서 듀이는 학습자 개인의 경험과 상관없이 미리 설정된 목표를 제시하고, 이를 효율적으로 달성하는 데 초점을 둔 사회효율성주의에 비판적이었다.

나. 듀이학교

듀이는 시카고대학교의 교수로 임명된 후, 1896년부터 1904년까지 시카고대학교 내에 듀이학교(Dewey school)로 알려진 실험학교를 설립하여 운영하였다. 듀이학교는 1896년 1월, 2명의 교사와 16명의 아동으로 시작했다. 그는 실험학교를 통해 그의 이론을 만들기도 하고 직접 검증하기도 했다. 따라서 듀이의 교육과정에 대한 아이디어가 어떻게 실천될 수 있는가에 대한 그림은 이 실험학교의 교육과정을 통해 가장 잘 확인할 수 있다.

듀이는 실험학교 운영의 이론적 근거로서 인문주의자인 해리스, 발달주의자인 홀과 헤르바르트학파 등의 아이디어를 재구성했을 뿐만 아니라, 교육이 사회의 진보를 야기할 수 있다는 사회개량주의자들의 아이디어에 의존했다. 그는 이들 아이디어에 기반하여 실험학교를 개인과 사회와의 관계를 염두에 두고 구상했다. 그가 보기에, 모든 교육의 궁극적 문제는 심리적인 요인과 사회적인 요인을 통합하는 것으로, 이러한 양자 간의 통합은 그가 평생을 두고 씨름한 것이었다. 그에게 있어서 교육은, 한편으로는 개인의 능력을 가능한 최대한으로 발달시키는 것이며, 다른 한편으로는 개인의 능력의 표현을 그가 살아가고 있는 사회의 목표와 어떻게든 통합시킬 수 있도록 해야 하는 것이었다. 이러한 목표를 달성하기 위해 그는 학교를 '공동체의 축소판'(miniature community)으로 만들고자 했으며, 이를 통해 학교는 공부하는 곳만이 아니라 살아갈 장소가 되었다. 또한 그는 학교교육이 '현재' 아동에게 가치 있는 것에 그 방향을 두어야 하며, 그 외 다른 어떤 것이나 미래 생활을 위한 준비여서는 안 된다고 생각했다.

듀이에게 있어서 학교 운영의 목적은 아동을 현재의 관심사로부터 그를 둘러싼 세계를 지적으로 다룰 수 있는 능력을 갖추는 방향으로 이끄는 것에 있었다. 이를 위해 그가 가장 중요한 것으로 보았던 것은 이러한 목적을 가장 잘 촉진할 수 있는 교육과정을 구성하는 것이었다. 듀이 자신이 계획한 학교를 실험실(laboratory)로 생각한 것은 이 점을 염두에 둔 것으로, 자신의 학교에서 이것이 어떻게 성취될 수 있는가를 확인해보기 위한 것이었다.

듀이학교의 교육과정은 여러 교과를 통합한 형태로 구성되었다. 그러나 헤르바르트학파가 통합의 구심점을 역사와 문학과 같은 기존 교과로 본 것과 달리, 듀이는 새로운 성격의 구심점을 착안해 냈다. 듀이에게 있어서 교육과정 통합의 구심점은 '일'(occupation)이었다. 그가 생각한 일이란 흔히 생각하는 직업교육을 의미하는 것이 아니라, 인간이 가담하는 모든 기본적인 사회적 활동을 의미했다. 따라서 듀이학교의 교육과정은 듀이가 일이라고 부른 사회적 활동을 교육과정 통합의 구심점으로 삼아, 이러한 사회적 활동의 진화 과정을 추적하도록 구성되었다. 그리하여 아동들은 단순화된 사회적 활동의 단계로부터 시작하여 점차적으로 더 큰 사회의 구조나 작동 양식에 친숙할 수 있도록 안내되었다. 듀이는 이와 같은 사회적 활동으로 구축된 교육과정이 그가 당초에 구상한 학교의 모습, 즉 개인의 발달과 사회의 목표를 조화시킬 수 있는 다리를 제공할 수 있다고 보았다.

듀이학교는 4세부터 13세까지의 아동들이 다니는 9년간의 초등학교로, 교육과정은 3개의 연령군(4-7세, 7-10세, 10-13세)으로 나뉘어 운영되었다. 이 학교의 목표는 기술적인 지식이나 특정 정보를 습득하는 데에 있는 것이 아니라, 아동이 그가 살아가고 있는 세계에 대한 질서정연한 감각을 갖도록 하는 데에 있었다. 즉 아동이 직접적으로 접하는 세계인 가정으로부터 시작해서 점차 학교, 이웃, 더 큰 사회로 나아갈 수 있도록 하는 데에 있었다.

듀이학교의 학과 코스는 '공작'(manual training), '역사와 문학', '과학'의 3개 영역으로 구성되어 있었다. 이러한 영역이 어떻게 다루어졌는지를 '공작'을 예로 들어 살펴보자. '공작' 교육의 목적은 유용한 운동 기능을 발달시키는 데 있는 것이 아니라, 사회 정신을 함양하고 아동이 그가 구성원인 사회에서 잘 살아가기 위한 동기를 제공하는 데에 있었다. 이를 위한 기본적인 사회적 활동으로는 요리나 목공과 같은 것이 가르쳐졌는데, 이는 이러한 활동이 화학이나 수학이라는 조직화된 지식체로 나아가기 위한 출발점을 제공하기 때문이었다. 말하자면 화학이나 수학을 처음부터 가르치는 대신에 화학이나 수학이 어떻게 하여 조직화된 지식체로 발전해왔는지를 추적하여, 아동들이 그 진화의 초기 단계부터 접근해갈 수 있도록 한 것이다. 듀이도 아동이 화학이나 수학에 능하게 되길 바랐다. 그러나 그는 이를 추상화된 지식체가 아닌 이들 교과가 처음 인류에게 필요했던 상황에서 다루어졌던 것과 같은 방식으로 소개되어야 한다고 보았다. 그가 보기에 요리나 목공은 바로 그러한 상황으로, 아동은 요리나 목공 활동에 가담함으로써 화학이나 수학의 요소들에 자연스럽게 진입해 갈 수 있는 것이었다. 이러한 듀이의 아이디어는, 교과라는 것이 선반 만들기, 옷 만들기 등과 같은 사회적 활동으로부터 진화된 것이므로 교과 공부는 그러한 사회적 활동으로부터 시작되어야 한다는 것을 의미한다. 예컨대 과학을 배우는 가장 확실한 경로는 과학을 발생시킨 기본적인 사회적 활동을 접하게 하는 것이다.

듀이는 1899년 4월에 진행된 실험학교의 기본 원리에 대한 3개의 강연을 통해 그의 교육관을 드러냈다. 강연의 주요 요지는 다음 세 가지로 정리될 수 있다. 첫째, 실험학교가 공동체의 축소판이 될 수 있도록 공동의 목적을 위해 협력할 기회를 제공하는 다양한 형태의 사회적 활동을 도입했다. 이에 학교는 수업을 받는 곳만이 아니라 살아가는 장소가 되었다. 둘째, 실험학교에서 이루어지는 활동은 사회적 가치뿐만 아니라 아동의 본능이나 충동도 추구했다. 아동은 사회적 혹은 의사소통적 본능, 무언가를 만들려는 구성적 본능, 표현적 충동, 예술적 충동을 가지고 있으며, 이러한 본능이나 충동은 문화사 이론에서 말한 원시적인 삶과 어느 정도 연결되어 있으리라고 가정되었다. 즉 실험학교는 아동이 원시 사람들의 전형적인 활동을 반복하려는 본능을 가지고 있다고 보고 이러한 활동을 교육과정을 구성하는 데 활용했다. 셋째, 실험학교는 학교가 사회적 삶으로부터 고립된다거나, 어떤 교과를 다른 교과로부터 고립시키는 것을 '낭비'로 보고, 이러한 낭비를 없애고자 했다.

듀이는 시간이 흐르면서 실험학교의 작업을 그의 전반적인 인식론적 아이디어와 결부시켰다. 그는 지식 이론은 실제적 상황에서 나와야 하며, 사고가 지식이 되기 위해서는 행동에 의해 검증될 필요가 있다고 보았다. 그가 보기에 학교는 사고를 효과적으로 발달시키는 데 가장 적합한 장이었다. 따라서 듀이에 의하면, 학교교육의 궁극적 목적은 지성의 발달이어야 한다. 왜냐하면 지성의 발달은 개인이 자신의 환경을 통제할 수 있도록 할뿐만 아니라 지적인 사회적 행위가 더 나은 사회를 보장하기 때문이다. 그가 전통적인 학과 코스를 거부한 것은 그것이 지적인 내용을 강조했기 때문이 아니라, 엄밀한 의미의 지적인 측면이 부족하다고 보았기 때문이었다.

듀이는 실험학교의 코스를 설계할 때, 당시에 제안된 두 가지 방안, 즉 1) 전통적인 교과를 배열하는 것, 2) 즉각적이고 감각적으로는 호소하나 특별히 아무 것도 이끄는 것이 없는 자유로운 경험과 행동의 흐름을 허용하는 것 모두를 거부했다. 실험학교 교육과정에서 그가 찾은 해결책은 아동을 점차 논리적인 지식체에 접근할 수 있도록 아동의 삶과 흥미 속에서 그것과 관련된 최상의 기회를 찾는 것이었다. 즉 그가 생각하는 교육과정은 아동의 삶과 흥미 속에서 점차 논리적으로 조직된 교과로 이끄는데 가장 적절한 것들을 찾아내어 배열하는 것이었다.

듀이학교는 듀이가 1904년 시카고대학교를 떠나 컬럼비아대학교로 옮겨가면서 지속될 수 없었다. 그의 교육과정에 대한 실험은 길지 않았으나, 이 시기 그의 생각은 이후 『민주주의와 교육』(Democracy and education, 1916)이라는 저서에 종합적으로 담기게 된다. 듀이학교에서 실험된 교육과정은 당시 미국의 일반 학교에 실질적인 영향을 미치지는 못했다. 그러나 실험을 통해 형성된 그의 아이디어는 당대뿐만 아니라 오늘날에도 큰 영향력을 행사하고 있다.

다. 듀이의 교육과정 이론: 경험 중심 교육과정

듀이의 교육과정 이론에서 두드러진 것은 모든 종류의 이원론을 극복하려고 한 점이다. 그는 개인을 사회와, 아동을 교과와, 그리고 심리를 논리와 구분하면서, 대립된 개념의 어느 한편에 서서 교육과정 이론을 전개하는 것에 대해 반대했다. 따라서 그의 교육과정 이론은 이러한 이원론을 극복하는 방안을 모색하는 가운데 탄생했다.

교육과정에 관한 듀이의 문제의식은, 아동이 이미 갖고 있는 소박한 경험으로부터 어떻게 하면 성인 의식에 있는 완전하고 체계적인 지식을 점차적이고 체계적으로 산출해 낼 것인가에 대한 것이었다. 이 문제의식에는 두 사람, 즉 아동과 성인이 존재한다. 듀이는 양자 간의 근본적인 차이에 주목했다. 아동은 아직 미성숙하고 발달되지 않은 존재요, 성인은 성숙한 존재로서 그의 경험 속에는 특정한 사회 목표와 가치가 구현되어 있다. 아동은 즉각적이고 직접적인 경험의 세계에 사는 반면, 성인은 실제 세계로부터 추상화되어 논리적으로 배열된 세계에 익숙하다. 듀이가 보기에 아동과 성인 간의 이러한 차이는 매우 중요한 것으로 교육과정 개발 시에 고려되어야 한다.

일반적으로 교과는 성인의 세계에 가까운, 즉 논리적인 조직이다. 교과는 주제로, 주제는 단원으로, 단원은 구체적 사실이나 기능으로 나뉘어 왔다. 교과는 전체로 보면 그것에 접근하는 길이 매우 멀어 보이나, 그 과정이 일련의 단계로 되어 있어 쉽게 여행할 수 있다. 그러나 듀이가 보기에 이러한 교과는 아동의 세계에서는 낯선 것이다. 따라서 듀이는 무엇이 가르쳐져야 하는가의 기준은 교과가 아닌 아동에 있어야 한다고 보았다. 즉 아동, 그리고 아동 발달의 측면이 교육과정을 설계하기 위한 출발점이 되어야 한다는 것이다. 그렇다면 아동은 성인 세계, 즉 논리적으로 조직된 교과를 언제 어떻게 맛볼 수 있을 것인가?

듀이는 위의 문제, 즉 아동의 성인 세계와의 관계 문제를 '경험'이라는 개념 속에서 해결하고자 했다. 그는 아동의 경험과 다양한 형식의 교과 간에 정도가 아닌, 종류 상에 어떤 간극이 있을 것이라는 생각을 버리고, 아동과 교과를 경험의 연속선상의 양 극점으로 볼 것을 요청했다. 그가 보기에 교육과정은 경험의 연속체라고 할 수 있는 것으로, 그 연속체의 한 지점, 즉 아동의 즉각적인 경험으로부터 출발하여 다른 한 지점, 즉 논리적으로 조직되고 추상화된 성인들의 경험으로 움직이도록 구성되어야 한다. 그에 의하면 교육과정은 지식 발달의 단계, 즉 인류가 지성을 사용하여 자신의 세계를 통제하는 방식에서 밟아 온 단계를 고려할 필요가 있으며, 이러한 고려는 교육과정이 즉각적인 경험으로부터 점차 추상화된 논리적 조직으로 접근되어야 함을 시사한다. 이러한 단계적인 접근을 고려할 때, 듀이는 논리적으로 조직된 교과를 아동에게 처음부터 제시하는 것은 바람직하지 않으며, 그러한 교과를 아동에게 적절하게 심리화시킬 필요가 있다고 보았다. 그리고 그는 교사가 바로 이 일을 담당해야 한다고 보았다. 예컨대 과학 교사는 물론 과학 교과에 관심이 있겠지만, 그의 주요 임무는 과학적 지식이 어떻게 하면 아동의 경험의 일부가 될 수 있는지에 관심을 가져야 한다는 것이다.

교육과정과 관련된 이러한 듀이의 생각은 교육과정의 논리적 측면과 심리적 측면에 대한 그의 논의 속에서 더 분명히 드러난다(Dewey, [1897], 1972; 소경희, 2009). 여기서 논리적 측면이란 성인 세계의 이론적 학문, 즉 위에서 언급한 논리적으로 조직된 교과를 나타내며, 심리적 측면은 아동 세계의 학교교과, 즉 교과를 심리화한 것을 나타낸다. 학문이 학구적 탐구의 최종 결과와 관련하여 개발된 것인 반면에, 학교교과는 미성숙한 학습자의 경험과 사고방식을 고려하는 방식으로 조직된 것이다. 또한 학문이 학교교과의 최정상 혹은 완성된 결과에 해당하는 것인 반면에, 학교교과는 학문의 획득을 위한 통로를 제공하는 것이다. 따라서 듀이가 보기에 학교 교육과정을 구성하는 단위가 되어야 하는 것은 학문이 아니라 학교교과여야 한다. 학교교육의 주된 관심은 산출된 사실이나 과학적으로 검증된 원리들로 구성된 학문에 대한 것이 아니라, 학습자에게 적절한 개인적 경험으로서의 교과에 대한 것이기 때문이다. 예컨대 학습자들에게 있어서 '지리'라는 학교교과는 학자들의 것과 달라야 한다. 학습자들에게 있어서 '지리'는 최종 성취된 결과의 입장에서가 아니라 소박한 출발점의 입장에서 접근되어야 한다. 말하자면, 학습자의 현재 경험 내에서 '지리'를 구성할 만한 가치가 있는 것을 발견해야 한다. 이것은 학습자들에게 지리를 가르치는 '방법'에 대한 질문이 아니라, '어떤' 지리가 학습자를 위한 것인가에 대한 질문을 함으로써 추구될 수 있는 것이다.

위와 같은 입장에서 듀이는 학교 교육과정의 내용 선정 및 조직과 관련하여 몇 가지 원칙을 제공한다(Dewey, [1938], 1998; 소경희, 2009). 첫째, 학교교과는 학습자의 현재 경험으로부터 추론될 필요가 있다. 학교교과로 불릴 수 있는 것은 어느 것이든지 처음에는 일상 경험의 영역 내에 있는 소재로부터 추론되어야 한다. 둘째, 학교교과는 이미 경험한 것을 좀 더 충분하고 풍성하며 더 조직된 형식으로 점차 발달시키는 방식으로 선정되고 조직될 필요가 있다. 셋째, 학교교과의 선정과 조직은 학교 안과 밖의 삶의 사회적 성격에 초점을 두어야 하며, 이를 위해서는 직업, 공동체적 삶, 일,

사회관계, 일상적 문제 등이 학교교과를 위한 조직 원리로서 고려되어야 한다.

이렇게 볼 때, 학교 교육과정에 대한 듀이의 입장은 전통적인 학문적 성격의 교과를 거부하는 데 있지 않았다. 그가 주장한 것은 교과의 거부가 아닌, 교과의 재구성이었다. 그가 주장한 교과의 재구성은 교과를 심리적인 것으로부터 출발하여 논리적인 것으로 조직해 가는 것을 의미한다. 이것은 진보적인(progressive) 교과 조직이라고 불리는 것으로, 듀이 교육과정이론의 핵심에 해당한다. 그에 의하면 지식 분야는 기본적인 인간 활동에 그 기원을 둔다. 교과라고 불릴 수 있는 것은 어떤 것(예: 수학, 역사, 지리 등)이든지 일상생활 경험 속의 소재로부터 나온다. 듀이가 보기에 전통적인 교육과정의 문제는 교과가 갖고 있는 인간 경험 속의 이러한 기원을 무시하고, 지식을 아동의 의지 및 흥미와 무관하게 제공하였다는 데에 있다. 듀이가 그의 실험학교 교육과정 구성에서 중시한 '사회적 활동'은 논리적으로 조직된 지식을 그것의 인간 경험 속의 기원으로 회복시키기 위한 것이었다. 그러나 듀이는 아동의 경험 속에서 학습을 위한 소재를 발견하는 것은 단지 첫 단계에 불과한 것으로 다음 단계가 없다면 그 교육과정은 의미가 없다고 보았다. 다음 단계란 이미 경험한 것을 좀 더 풍부하고 조직된 형태로 진보적으로 발전시키는 것으로, 숙련되고 성숙한 사람에게 제시된 것과 유사한 그러한 형태의 교과로 이끄는 것을 의미한다. 듀이가 생각한 교육과정이 취해야 할 방향은 아동이 성숙한 학자가 보이는 지적 과정에 점차 근접해 가도록 하는 것이었다. 요컨대 듀이는 아동이 지적으로 성장하고 발전해 갈 수 있도록 아동의 경험을 지속적으로 재구성하고 변형하는 데에 교육과정 구성의 초점을 두었다고 할 수 있다.

참고 문헌

소경희(2009). 학문과 학교교과의 차이: 교육과정개발에의 함의. **교육과정연구**, 28(3), 107-125.

Aikin, W.(1942). *The story of the eight-year study*. New York: Harper. 김재춘 · 박소영(역). **8년 연구 이야기**. 서울: 교육과학사, 2002.

Dewey, J.(1916). *Democracy and education*. New York: Macmillan.

Dewey, J.(1972). The psychological aspect of the school curriculum. In J. Boydston & F. Bowers(Eds.), *The early works of John Dewey 1882-1898: Vol. 5. 1895-1898*. Carbondale: Southern Illinois University Press(Originally published, 1897).

Dewey, J.(1998). *Experience and education: The 60th anniversary edition*. West Lafayette: Kappa Delta Pi(Originally published, 1938).

Doll, W.(2002). Ghosts and the curriculum. In W. Doll & N. Gough(Eds.), *Curriculum visions*(pp. 23-70). New York: Peter Lang.

Hansen, D., Anderson, R., Frank, J., & Nieuwejaar, K.(2008). Reenvisioning the progressive traditional in curriculum. F. Connelly, M. He, & J. Phillion(Eds.), *The SAGE handbook of curriculum and instruction*(pp. 440-459). Thousand Oaks, CA: Sage Publications.

Kliebard, H. M.(2004). *The struggle for the American curriculum 1893-1958* (3rd ed.). New York: Routledge Falmer.

U.S. Office of Education(1951). *Vitalizing secondary education: Education for life adjustment*. Washington, DC: U.S. Government Printing Office.

교육과정에 대한 관점(III): 역량 중심 교육과정

제6장

1. 역량 중심 교육의 등장 배경
2. 역량 중심 교육과정의 역사적 기원
3. 학교교육에서 역량의 의미
4. 교육과정에 대한 역량 중심적 접근

* 이 장은 역량 중심 교육과정에 관해 필자가 기존에 발표한 연구물(소경희, 2006, 2007, 2009, 2012, 2013, 2015, 2020)과, 이상은 외(2018) 보고서에서 필자가 집필한 내용에 토대를 두고 기술된 것임을 밝힌다.

4장과 5장에 걸쳐 지식 중심 교육과정과 경험 중심 교육과정을 각각 살펴보았다. 지식 중심 교육과정은 가르쳐야 할 내용, 즉 교과 그 자체를 교육과정으로 보고자 하는 입장이었다. 경험 중심 교육과정은 가르침을 받는 학생 편에서 교육과정을 생각해 보자는 입장으로, 학생 경험 측면에서 교육과정을 구성할 것을 주장했다. 그러나 두 입장은 초점을 달리하긴 했지만 모두 학생들의 지성의 발달을 강조하며, 교과를 중시했다. 양자 간의 차이는, 지식 중심 교육과정이 전통적으로 가르쳐 온 학문적 성격의 교과를 처음부터 학생들에게 제공하려고 한 반면, 경험 중심 교육과정에서는 학생들을 교과와 관련된 친숙한 경험으로부터 출발하여 점차 그 교과의 논리에 접근해 가도록 이끈다는 점에 있었다.

역량 중심 교육과정은 위의 두 입장과 달리, 학생들의 역량의 발달에 초점을 둔다. 여기서 역량은 지성 이상의 것을 의미하는 것이다. 즉 역량은 학생들이 아는 것에만 머무는 것이 아니라, 앞으로의 사회에서 개인과 사회 전반의 삶의 질을 향상시키는 데 참여할 수 있는 자질과 능력을 갖추기를 강조하는 용어이다.

역량 중심 교육은 21세기에 들어서 부각된 것으로, 종래의 지식 교육으로는 21세기 사회에 적절하게 대응할 수 없다는 문제의식으로부터 등장한 것이다. 이에 역량 중심 교육과정은 학교가 21세기에 적절히 살아갈 수 있는 사람을 길러야 한다는 요청에 부응해, 무엇을 가르쳐야 하는가보다는 어떤 사람을 길러야 하는가에 우선적인 초점을 둔다. 따라서 역량 중심 교육과정에서는 학생들이 살아갈 미래의 사회적 삶에서 갖추어야 할 역량을 명료히 드러내고, 이러한 역량을 중심으로 교육과정을 구성하게 된다. 역량 중심 교육과정에서 교과 지식은 이러한 역량을 발달시키는 데 유용한 도구 혹은 소재라는 점에서 그 가치를 지니게 된다. 이 장에서는 최근에 많이 회자되는 역량 중심 교육과정을 그 등장 배경, 역사적 기원, 의미, 특징 등을 중심으로 살펴본다.

【탐구 쟁점 예시】

1. 누스바움이 주장하는 10가지 핵심 역량이 미래의 모든 인간들의 존엄성을 보장하는 데에 핵심이 된다고 할 수 있는가? 이러한 역량이 학교교육을 통해서 다루어져야 한다고 보는가?
2. 역량 중심 교육에서 주장하는 전통적인 지식 교육에 대한 비판이 온당한가?
3. 역량 중심 교육과정에 대한 인문주의적 접근이란 무엇을 의미하며, 이것이 학교

교육에 주는 시사점은 무엇인가?

4. OECD가 미래 학습자들에게 기대하는 '변혁적 역량'이란 무엇을 말하는가?
5. 역량 중심 교육과정 설계란 어떤 것이며, 이것의 가능성과 한계는 무엇인가?

1. 역량 중심 교육의 등장 배경

오늘날 우리는 학생들이 학교교육을 통해 단순히 교과 지식을 축적하기보다는 실제로 무언가를 할 수 있는 능력을 갖추기를 더 기대한다. '역량'의 의미를 가장 단순하게 말하자면 바로 이러한 무언가를 할 수 있는 자질과 능력이라고 할 수 있다. 그렇다면 왜 우리는 학교교육이 단순한 지식 축적이나 획득만이 아닌 무언가를 할 수 있는 자질과 능력, 즉 역량에 초점을 두어야 한다고 보는가? 사실 역량이라는 것은 새로운 개념이 아니다. 전통적인 자유교육에서도 어떤 사람이 교육받았다는 것은 특정 맥락에서 적절한 행동과 판단을 할 수 있는 자질과 능력을 소유하고 있는가에 따라 파악될 수 있다고 함으로써 무언가를 할 수 있는 자질과 능력이 교육받은 결과여야 함을 분명히 해왔다. 그럼에도 불구하고 오늘날 역량에 대한 관심이 새롭게 부각되고 있는 것은, 21세기 사회 변화 및 이러한 변화에 적절히 부응하지 못하고 있는 학교교육의 현실과 밀접한 관계가 있다. 이하에서는 학교교육이 역량에 주목하게 된 배경을 검토해 본다.

가. 21세기 사회의 특징과 요청되는 교육

1) 미래 사회의 불확실성에 따른 교육과정 설계의 어려움

미래 사회가 어떻게 될 것인가에 대해서는 넘치도록 많은 전망이 있다. 미래에 대한 여러 전망 가운데 비교적 뚜렷이 드러나는 것은 기술 혁신에 대한 기대와 도전이다. 우리 사회는 이미 4차 산업혁명으로 언급되고 있는 기술 혁신(사물 인터넷, 인공지능, 로봇 공학, 소셜 미디어, 3D 프린팅 등)이 이끄는 급격한 변화를 경험하고 있으며, 이러한 변화는 앞으로도 가속화될 것이다. 기술 혁신의 도움으로 공유 경제나 공유 가치의 창출과 같은 새로운 비즈니스 모델이 생겨나고 있을 뿐만 아니라, 조직 문화 또한 좀 더 개방적이고 유연하며 협업적이 되고 있다. 그러나 동시에 기술 혁신에 따른 우려와 도전도 출현하고 있으며, 이는 향후 가속화될 것으로 전망된다. 예컨대 빅데이터의 사용은 개인 프라이버시를 위협할 수 있으며, 소셜 미디어를 활용한 데이터의 손쉬운 조작과 창조는 가짜 뉴스를 양산함으로써 무엇이 진짜인지를 판단하기 어려운 "포스트-진리"(post-truth) 시대를 낳고 있다.

다른 한편으로, 미래 사회는 우리가 언제 어떤 형태의 도전을 받을지 도무지 알 수 없는 불확실함으로 가득 차 있기도 하다. 특히 우리가 그동안 경제 성장을 위해 남용하고 파괴해 온 자연 환경이 미래 우리 삶에 끼칠 영향을 예측하기가 쉽지 않다. 자연 생태계 파괴로부터 야기된 전례 없는 실존적 위협을, 전 세계를 강타한 "COVID-19"를 통해 우리는 이미 경험한 바 있다. 최근 들어 자연보호를 넘어서서 자연과의 공존에 대한 인식이 고양되고 있으나, 이는 기술 혁신에 대한 관심보다 크지 않은 편이다. 그러나 그동안 우리가 파괴한 자연으로부터 야기될 도전은 기술 혁신보다 더 예측하기 어렵다는 점에서 미래의 우리 삶에 더 심각한 영향을 끼칠 가능성이 있다.

오늘날의 사회에서 교육에 대한 논쟁이 겪는 어려움은, 바로 앞서 언급한 바와 같이 미래가 불확실하다는 점에 있다. 오늘날 학교교육이 이루어지고 있는 21세기 사회에는 산업 시대를 지배했던 확실성이 더 이상 존재하지 않는다. 개인의 교육을 위한 여러 조건들이 충분히 규명되거나 예측될 수 없으며, 학생들이 장차 직면하게 될 과업이 변화무쌍하여 한 때 획득된 지식이 평생의 도전을 충족시키는 데 충분하지 않을 수도 있다. 이러한 미래의 불확실성은 확실한 목표나 지식에 기반을 둔 교육과정 설계를 어렵게 한다. 더구나 앞서 언급한 미래 사회의 특징은 미래를 살아갈 사람들에게 기술 혁신이 야기하는 사회 경제적 변화의 요구에 적절히 대응할 수 있는 능력을 갖출 것을 요구하는 동시에, 지속가능한 사회를 위해 인간의 웰빙(well-being)만이 아니라 자연환경을 포함한 지구의 웰빙을 향상시키는 데 참여할 것을 요구한다.

2) 21세기 사회가 요구하는 학교교육의 방향

앞서 언급한 미래 사회에 대한 전망은 향후 학교교육의 방향에 대해 여러 가지 질문들을 던진다. 어떻게 하면 학생들을 아직 만들어지지 않은 일자리에 대비하고, 아직 상상할 수 없는 사회적 문제를 해결하며, 아직 발명되지 않은 기술을 사용할 수 있도록 준비시킬 수 있을까? 어떻게 하면 서로 다른 관점을 이해하고 존중하며, 지구의 지속가능성과 집단적 웰빙을 위한 책임 있는 행동을 요구하는 초-연결된 세계 속에서 모든 학생들이 잘 살아갈 수 있게 할 수 있을까? 이러한 질문들은 학교교육에 이전과는 다른 기준, 즉 뉴-노멀(new-normal)을 탐색할 필요성을 제기한다.

미래의 우리 삶에 닥칠 변화는 우리 사회에 만연한 불평등을 더 극대화할 수도 있고, 이와 반대로 이를 제거하기 위한 기회가 될 수도 있다. 1800년대 산업혁명이 이 혁명으로부터 이득을 얻은 사람들과 그렇지 않은 사람들 간에 격차를 만들어 냈듯이, 제4차 산업혁명 또한 사람들 간에 이러한 격차를 야기할 가능성이 있다. 미래 교육은 가속화된 기술 혁신과 불확실한 삶의 조건이 야기할 수 있는 불평등의 문제를 제거하고, '모두'가 개인적으로나 사회적으로 가치 있는 삶을 살 수 있는 방향으로 제공되어야 할 것이다.

미래 사회의 모든 사람들이 가치 있는 삶을 살기 위해 필요한 것은 경제적인 것, 즉 소득이나 소비에 관한 것만이 아니다. 개발 경제학자인 센(A. Sen)과 도덕 철학자인 누스바움(M. Nussbaum)은 '역량 접근법'을 통해 이 점을 강력히 주장한다(Nussbaum, 2011). 이들은 GDP와 같은 경제 수치나 성장만으로는 삶의 질을 측정할 수 없다고 보고, 역량을 개인의 삶의 질을 판단하는 틀로 삼아야 한다고 본다. 왜냐하면 특정 나라가 경제적으로 성장했다고 해서 그 나라의 모든 사람들이 혜택을 받고 있다고 보기 어려우며, 경제적 성장에 초점을 맞추게 되면 오히려 혜택 받지 못한 개개인이 겪는 불평등이나 박탈감이 무시될 가능성이 있기 때문이다. 따라서 역량 접근법에서는, 경제 성장이 아닌 개개인의 행복에 초점을 맞추어 삶의 질을 평가

하며, 이를 통해 사회 정의를 실현하고자 한다. 여기서 역량은, 개개인이 가치 있는 삶을 살아가기 위해 필요로 하는 것, 좀 더 구체적으로 말하면, 개개인이 실제로 무언가를 할 수 있고, 무언가가 될 수 있도록 보장하는 일련의 행동적 존재론적 차원에서 필요한 능력으로 규정된다.

누스바움은 미래의 모든 인간들이 존엄성을 보장받는 삶을 살아가는 데 핵심이 되는 10가지 핵심 역량의 목록을 제시한다(Nussbaum, 2011: 33-34). 그녀는 정의로운 사회가 되기 위해서는 헌법과 교육 체제가 모든 사람들이 이러한 10가지 핵심 역량에 대해 최저 수준 이상으로 접근할 수 있도록 보장해야 한다고 주장한다.

① 생명(life): 평균 수명을 누릴 수 있어야 함.

② 신체적 건강(bodily health): 양호한 건강을 누릴 수 있고, 적절한 영양을 공급받으며, 적절한 주거 공간을 가질 수 있어야 함.

③ 신체적 무결성(bodily integrity): 자유롭게 이동할 수 있어야 하고, 성폭행이나 가정폭력과 같은 폭력적 공격으로부터 보호받아야 하며, 출산 여부를 주체적으로 선택할 수 있어야 함.

④ 감각, 상상, 사고(senses, imagination, thought): 감각을 활용할 줄 알고, 상상하고 사고하고 추론할 줄도 알아야 함. 그리고 이러한 것들은 문해력 및 기초적인 수학적 · 과학적 훈련뿐만 아니라 이를 넘어서는 적절한 교육을 통해 계발되어야 함. 종교, 문학, 음악 등 자신이 선택한 작품과 사건을 경험하고 제작할 때 사고력과 상상력을 사용할 수 있어야 함. 정치적 및 예술적 표현의 자유와 종교 활동의 자유를 보장받으면서 자신의 생각을 사용할 수 있어야 함. 즐거운 경험을 하고 유익하지 않은 고통을 피할 수 있어야 함.

⑤ 감정(emotions): 우리 외부의 사물과 사람들에 대한 애착을 가져야 하고, 우리를 사랑하고 아끼는 사람들을 사랑하고 그들의 부재에 슬퍼해야 하며, 일반적인 사랑, 슬픔, 그리움, 감사, 정당한 분노 등을 느낄

수 있어야 함.

⑥ 실천이성(practical reason): 선(善)의 개념을 형성할 수 있어야 하며, 자신의 삶의 계획을 비판적으로 성찰할 수 있어야 함.

⑦ 관계(affiliation):

ㄱ) 다른 사람과 더불어 살아가고, 다른 사람을 인정하고 관심을 보이며, 다양한 형태의 사회적 상호작용에 참여할 수 있어야 함. 다른 사람의 상황을 상상할 수 있어야 함.

ㄴ) 자기-존중의 사회적 기반을 가져야 함. 다른 사람과 동등한 가치를 지닌 존엄한 존재로 대우받을 수 있어야 함. 이를 위해서는 인종, 성별, 성적 지향, 민족, 계급, 종교, 출신 국가 등에 따른 차별이 사라져야 함.

⑧ 인간 이외의 종(other species): 동물, 식물, 자연 세계에 관심을 갖고 이들과 관계를 맺으며 살아갈 수 있어야 함.

⑨ 놀이(play): 웃고 놀 줄 알아야 하며 여가 활동을 즐길 수 있어야 함.

⑩ 자신의 환경에 대한 통제(control over one's environment):

ㄱ) 정치적으로는, 자신의 삶을 지배하는 정치적 선택에 효과적으로 참여할 수 있어야 함. 정치적 참여 권리, 언론과 결사의 자유를 가질 수 있어야 함.

ㄴ) 물질적으로는, 재산을 소유할 수 있고 다른 사람과 동등하게 재산권과 취업할 수 있는 권리를 가져야 함. 부당한 수색과 압수로부터 자유로울 수 있어야 함. 직장에서 인간답게 일하고, 실천이성을 행사하며, 다른 근로자들과 상호 인정하는 의미 있는 관계를 맺을 수 있어야 함.

누스바움이 열거한 10가지 핵심 역량에 대해서는, 이러한 역량 목록을 제시할 필요가 있는지, 열거된 10가지가 최선의 것인지에 대한 비판이 있을 수 있다. 그러나 누스바움이 제시한 핵심 역량은 좀 더 나은 미래를 위해서, 우리 사회 혹은 교육이 반드시 관심을 두어야 할 부분이 무엇인지를 구체적인 수준에서 드러내 준다는 점에서 의미가 있다고 할 수 있다. 이러한 역량 접근법은, 교육이 직업 세계가 요구하는 자격증이나 졸업증의 취득만이 아니라, 개개인들이 실질적으로 잘 살아갈 수 있는, 즉 개인들이 할 수 있고 될 수 있는 데에 필요한 좀 더 광범위한 역량을 발달시켜야 함을 시사한다.

개인의 삶은 그가 속한 사회적 삶과 분리될 수 없으며, 학교교육은 사회적 적합성을 고려하지 않을 수 없다는 점에서 학교의 교육과정은 현재의 변화하는 사회적 · 경제적 환경에 따라 수정될 필요가 있다. 미래에 학생들이 직면하게 될 다양한 문제 상황을 미리 예측할 수 없다고 할 때, 특정 지식을 확실한 내용 체계로서 확정짓고 이를 교육 목표와 내용으로 제공하는 것은 무의미한 일이 될 수 있다. 미래의 불확실한 상황 하에서는 개인들이 그러한 상황에서 주체적으로 행동할 수 있게 하는 자질과 능력을 개발하는 것이 학교교육의 핵심 과제가 될 필요가 있다. 역량은 이 점에서 미래교육을 위한 가장 실용적인 대안으로 떠오르고 있다(Klieme et al., 2004). 왜냐하면 역량은 타고난 것이 아니라 적절한 경험을 통해 획득되는 자질과 능력으로서, 평생에 걸쳐 발달되고 고양될 수 있으며, 모든 종류의 문제에 열려 있는 성격의 것이기 때문이다. 따라서 학교 교육과정이 확고 불변한 지식을 단순히 제공하는 것을 넘어서서, 학생들이 직면하게 될 다양한 맥락에서 필요한 실천적 역량을 함양시키는 데 초점을 두는 것으로 새롭게 설계될 필요가 있다는 논의가 호응을 얻고 있다.

나. 전통적인 지식 교육의 한계와 역량 중심 교육과정의 필요

학교에서 무엇을 가르쳐야 하는가 하는 문제와 관련하여, 다양한 의견이 존재해 왔지만, 그럼에도 불구하고 우리는 흔히 자유교육을 학교교육의 전형으로 받아들여 왔다(유재봉, 2001). 전통적인 자유교육은 직업교육과 구별되는 교육, 즉 학문과 지식을 일상적 유용성과 무관하게 가르친다는 점에서 학문적 성격의 지식을 강조하고 있다고 할 수 있다. 그리고 이러한 학문적 성격의 지식은 그 자체의 논리적 구조를 가지고 있다고 가정되는 서로 구분된 '교과'의 형태로 조직되어 학생들에게 제공되어 왔다. 이렇게 하여 학교교육에서는 '교과'가 교육받은 사람을 형성하는 틀로 간주되어 왔으며, 교육받은 사람은 이러한 교과 영역에서 학문적으로 성공한 사람을 의미해 왔다(Pring, 1995).

그러나 학문적 성격의 지식 교육이 21세기 사회의 삶 속에서도 개인의 삶의 질을 의미 있게 향상시킬 수 있는 유일한 길인가에 대해서는 많은 의문이 제기되어 왔다(Bridges, 1996; Pring, 1995; Young, 1998). 이는 전통적인 지식 교육이 급격하게 변화하고 있는 21세기 사회에서 성공적인 삶을 살아가는 데 필요한 것들을 교육시키는 데에 한계가 있다는 반성에서 기인한다. 이에 따르면, 종래의 학문적 성격의 지식 교육은 주로 폭넓은 지식과 이해의 획득에 초점을 두는 것으로 일상생활 속에서 필요한 실제적 요구나 직업을 위한 경제적 요구에 대처할 수 있는 실천적 지식(practical knowledge)이나 기능(skill)을 무시해 왔으며, 이로 인해 변화하는 사회적·경제적 환경과 적절히 연결되어 오지 못했다.

학교교육에 대한 역량 중심적 접근은 그동안 학교교육이 제공해 온 지식 교육의 한계로부터 등장한 것이라고 볼 수 있다. 사실 역량에 대한 본격적인 논의가 도입되기 이전에도 전통적인 지식 교육에 대한 비판의 목소리는 끊임없이 제기되어 왔다. 전통적인 지식 교육의 특징은 다양한 학문의 형식, 좀 더 직접적으로는 교과를 통해서 지성을 발달시키는 것이었다. 이러한 교육은 이론적인 것을 실제적인 것으로부터, 내재적으로 가치로운 것을 유용한 것으로부터, 이해를 개인 특성으로부터, 명제적인 지식을 방법적 지식으로부터, 지적인 덕을 실생활에서 요구되는 실제 성향으로부터 분리시키는 특징을 지니고 있다. 그 결과 전통적인 지식 교육은 '적합성'(relevance)의 측면에서 도전을 받아왔다. 즉 전통적인 지식 교육은 학습 내용의 실제적 적합성이나 직업 세계와의 관련성을 무시함으로써 사회와 실제의 문제를 다루는 데 무기력한 것으로 지적받아 왔다(Pring, 1995). 다음의 글은 이러한 전통적인 지식 교육을 받은 사람이 직면하는 문제를 보여주고 있다.

> '교육받은'(educated) 사람이라는 아이디어는, 실용적인 기술에 숙달하도록 교육받거나 훈련되지 않은, 학문적으로 공부한 사람을 의미하는 것이다. 즉 이해할 수는 있으나 행동할 수 없는 사람을 의미한다. 중등교육이나 고등교육의 과정에 있는 학생들이 점차 전문 교과를 접하게 되면서 해당 분야의 공부하고 학문하는 기술만을 배운다는 의미에서 그러하다. 그들은 특정 교과의 지식은 가지고 있지만, 그 지식을 교육 체제 밖의 세계에 적합한 방식으로 활용할 준비가 되어있지 않다. (Royal Society for the Arts, 1991: 5, Bridges, 1996: 358에서 재인용)

이러한 지적은 전통적인 지식 교육이 교육을 추상적이고 비실제적이며 논리적인, 다시 말해서 지나치게 학문적인 성격의 것으로 환원시키는 우를 범해 왔다는 점을 환기시키는 것이라고 할 수 있다. 영국의 대표적 교육학자인 프링(R. Pring)(1995)은, 전통적인 지식 교육이 무시해온 실제적 측면도 교육받은 사람, 즉 인간다운 삶을 살아갈 수 있는 사람의 특징이 되어야 한다고 주장한다. 예컨대 사회적으로 살아가는 법, 사람들과의 관계를 즐기는 법, 협동적으로 일하는 법, 도덕적으로 행동하는 법, 정치적인 행위를 하는 법, 실제적인 문제를 해결하는 법 등도 학교교육을 통해서 배워야 한다. 이러한 내용은 앞서 누스바움이 제시한 핵심 역량과도 관련되는 것으로, 프링이 보기에 이러한 사회적 삶에서 필요한 실제적 지식이나 능력도 사람들의 삶의 질을 고양시키는 데 필수적인 것이다.

종래의 학교교육은 학문적 성격의 지식을 담은 교과를 중심으로 이루어져 왔다. 여기서 지식이란 세계를 이해하고 통제하기 위해 획득되어야 할 어떤 것으로 간주되었으며, 이러한 지식에 기반을 두고 설계된 교과 중심 교육과정은 가르치는 것을 전달로, 배우는 것을 획득으로 보는 관점을 촉진해왔다. 이러한 관점에서 역량은 교과 지식을 제대로 전달하고 획득하면 자연스럽게 따라 나올 것이라고 가정되었다. 그러나 지금까지 교과 지식 중심으로 제공되어온 학교교육의 결과는 해당 교과에서 기대하는 역량을 길러내는 데에 성공적이지 못한 것으로 평가되고 있다. 이는 교과 지식 중심 교육의 한계를 드러내는 것으로, 많이 안다고 해서 반드시 무언가를 할 수 있거나 무언가가 되는 것은 아님을 보여준다. 전통적인 지식 교육이 갖고 있는 이러한 한계는, 이제 학교교육이 학생들의 사회적 삶에서 필요한 역량을 길러주는 데에 좀 더 적극적이고 실질적인 관심을 가져야 함을 요청하고 있다.

2. 역량 중심 교육과정의 역사적 기원

역량 중심 교육과정이라는 말이 많이 회자되고는 있으나, 이것이 정확히 무엇을 뜻하는가를 파악하기는 쉽지 않다. 역량 중심 교육과정이라는 동일한 이름을 사용하고 있다고 하더라도, 어떤 관점에서 접근하고 해석하는가에 따라 그 구체적인 의미와 성격은 다를 수 있다. 이것은 역량 중심 교육과정에 대해 여러 관점이 있을 수 있음을 드러내는 것으로, 이러한 관점이 어떻게 형성되고 발달되었는지에 대한 궁금증을 자아낸다.

사실, 역량 중심 교육과정에서 강조하고 있는, 사회적 삶에서 필요한 지식이나 능력 측면에서 교육과정을 구성해야 한다는 주장은 새로운 것이 아니다. 교육과정사를 들여다보면, 사회적 삶의 실제적 역할에 대한 분석을 통해 교육과정을 설계하려는 움직임은 이미 20세기 초에 목격되며, 이것은 3장에서 검토한 바 있었던 20세기 전후의 미국 중등학교 교육과정 논쟁에서 그 기원을 찾을 수 있다(Grant, 1979).

20세기 전후 미국에서는 사회 변화와 함께 중등학교 인구가 숫자상으로 상당히 팽창되면서 매우 다양한 배경을 가진 새로운 학생들을 어떻게 교육시킬 것인가 하는 것이 교육의 주된 쟁점으로 부각되었다. 이에 대해 사회효율성주의자들은 학생들이 장차 수행하게 될 서로 다른 좀 더 구체적인 직업상의 역할에 관심을 둔 반면, 듀이는 모든 학생들이 공통으로 직면하게 될 삶의 일반적인 역할에 관심을 두었다. 전자는 학생들에 따라 다른 차별화된 교육과정 설계에 주목했으며, 후자는 모든 학생들에게 공통으로 부과할 공통 교육과정 설계에 초점을 두었다. 양 입장은 이와 같이 구체적인 측면에서는 서로 다른 해결책을 제시했으나, 학교 교육과정을 사회적 삶의 실제적인 측면과 관련시켜 개혁하고자 했다는 점에서는 공통적이라고 할 수 있다. 양 입장 간의 차이는 사회적 삶에서 학생들이 담당하거나 직면하게 될 역할의 성격을 다르게 보고 있다는 점이었다. 한편에서는 역할을 고도로 정련되고 구체적으로 진술된 기술이나 기능 측면에서 규정하고 이에 따라 교육과정을 설계하려고 했던 반면, 다른 한편에서는 역할을 총체적인 관점에서 바라보면서 문화, 인성, 시민성 등의 요소를 통합하여 교육과정을 설계하려고 했다. 전자는 행동주의적 접근, 후자는 인문주의적 접근이라고 할 수 있는 것으로 이하에서는 이를 살펴본다.

가. 행동주의적 접근

교육과정에 대한 행동주의적 접근은 개인이 담당하게 될 특정 역할 내에서 수행해야 할 구체적 행위나 기능에 대한 분석을 토대로 교육과정을 설계하는 데 관심이 있다. 이러한 접근은 20세기 초에 등장한 것으로, 특히 테일러(F. Taylor)(1911)가 제시한 과학적 경영과 직무 분석(job analysis)이라는 아이디어가 이에 직접적인 영향을 미쳤다고 할 수 있다. 테일러는 경영 원리의 하나로 사람들이 하는 일에 대한 과학적 분석, 즉 직무 분석을 주장하였다. 이 직무 분석은 각 직무를 그것을 구성하는 수많은 단계와 과정으로 체계적으로 분석하고 해체하는 것으로 당시 산업계에서 노동자의 선정 및 배치와 관련하여 매우 유용한 것으로 받아들여졌다. 그러나 이것의 더 큰 의미는 노동자의 교육에 대한 함의였다. 즉 직무 분석은 특정 과업을 수행하기 위한 가장 효율적인 방식을 드러낼 뿐만 아니라 사람들에게 특정 직업이나 역할을 수행하도록 훈련시키는 가장 효율적인 방식을 드러내는 것이기도 했다(Neumann, 1979). 그리하여 직무 분석은 20세기 초반에 군대, 산업체, 기업의 훈련 프로그램을 과학화하는 데 많은 영향을 미쳤다.

테일러의 아이디어는 교육과정 설계에도 새롭고 강력한 접근을 취할 수 있는 개념적 장치를 제공했다(Kliebard, 2004). 최초의 교육과정 전문 서적으로 알려진 『The curriculum』(1918)에서 보빗(J. F. Bobbitt)은 테일러의 영향을 받아 교육과정 설계의 과학적 방법을 소개했다. 보빗이 제안한 과학적 방법은 '활동 분석'(activity analysis)이었다. 이것은 직무 분석의 다른 이름이라고 할 수 있는 것으로 여기서 분석될 '직무'는 삶이었다. 그가 설명한 활동 분석에 의한 교육과정 설계 방법은 다음과 같다.

> 인간의 삶이 아무리 다양하다고 하더라도 그것은 구체적 활동의 수행으로 구성된다. 삶을 준비하는 교육은 이러한 구체적 활동을 정확하고 충분하게 준비시키는 것이다. 사회계층별로 그러한 활동이 아무리 많고 다양하다고 하더라도 그것은 발견될 수 있다. 이것은 일의 세계를 조사하여 이들 일을 구성하는 세목을 발견하기만 하면 된다. 이러한 세목은 인간이 필요로 하는 능력, 태도, 습관, 이해, 지식의 형식을 보여줄 것이며, 교육과정의 목표가 될 것이다. … 교육과정은 아동과 청년들이 그러한 목표를 획득하기 위해 가져야만 하는 일련의 경험이 될 것이다. (Bobbitt, 1918: 42)

보빗에게 있어서 활동 분석은 교육과정 설계를 위한 출발점으로서 교육과정의 목표를 도출하기 위한 것이었다. 실생활의 활동 측면에서 명료화되고 진술된 이러한 교육과정 목표는 오늘날 행동 목표라 불리는 것의 원조에 해당한다. 활동 분석에 의한 교육과정 구성은 1930년대에 쇠퇴하기 시작했으나 제2차 세계대전과 더불어 군대의 훈련 프로그램 연구에서 다시금 관심을 받았다. 1950년대와 1960년대에 수백 명의 심리학자들은 국가의 대규모적인 지원 하에 군대의 훈련 프로그램 연구에 참여하였으며, 이들은 과제 분석(task analysis)을 활용하여 훈련 프로그램의 목표를 행동적인 용어로 구체화하고자 했다.

이상에서 언급한 직무 분석, 활동 분석, 과제 분석 등에 의한 교육과정 설계는 오늘날 역량 중심 교육과정이라는 이름으로 수행된 일부 교육과정 설계에서 그 모습을 볼 수 있다. 이러한 흐름을 잇고 있는 역량 중심 교육과정 주장자들은 학습자들이 수행해야 할 활동에 대한 매우 상세한 분석을 통해 그 구체적인 활동 중심으로 교육과정을 설계하려는 특징을 지닌다. 그러나 모든 역량 중심 교육과정이 이러한 접근을 취하는 것은 아니다. 또 다른 일부 역량 중심 교육과정 주장자들은 이러한 접근을 '교육'이 아닌 '훈련'에 해당하는 것이라고 비판하면서, 교육과정 설계에 훨씬 더 광범위하고 덜 상세화된 접근을 취한다. 이러한 접근은 인문주의적 접근이라고 할 수 있으며, 이하에 소개된다.

나. 인문주의적 접근

교육과정에 대한 행동주의적 접근이 오늘날에도 여전히 우세하긴 하지만, 일부 역량 중심 교육과정 주장자들은 행동주의적 접근과 달리, 학생들이 사회에서 직면하게 될 역할을 폭넓게 보려고 한다. 이는 교육에 대한 인문주의적인 접근에 해당하는 것으로, 역사적으로 볼 때 듀이(J. Dewey)의 입장이 그 대표적인 것이라고 할 수 있다.

듀이([1915], 1966)도 보빗과 마찬가지로 교육이 학생들이 직면하는 사회적 삶에 관심을 가져야 한다고 보았다. 그러나 그가 보기에 개인은 삶에서 하나의 역할이 아닌 다수의 역할을 가질 수 있다. 따라서 그는 특정 과제나 직무에 한정된 교육과정을 강하게 거부한다. 그에 의하면, 과제 구체적인(task-specific) 교육과정은 편협한 것으로, 이와 같은 교육 경험의 폭이 좁은 교육과정은 개인의 발달을 방해하고 성장 가능성을 제한하여 결과적으로 개인이 자신에게 적합한 직업을 찾는 것을 매우 어렵게 만든다. 마찬가지로 직무 구체적인(job-specific) 교육과정은 본질적으로 비민주적인 것으로, 이것은 학생들이 자신들이 준비하고 있는 직업의 사회적 의미를 알 수 없게 하며, 자신들이 맡은 직업적 역할에 대해 비판적이거나 독립적일 수 없게 한다.

듀이에 의하면, 학생들이 장차 종사하게 될 직업을 미리 정하고 정확하게 그것에 들어맞는 준비를 시키기 위하여 교육하는 것은 현재의 발달 가능성을 해치는 것이며, 따라서 장차 올바른 직업 생활을 위한 준비도 잘 시켜주지 못한다. 다시 말하면, 그러한 훈련은 판에 박힌 방식으로 기계적인 기술을 길러줄 지는 모르지만(그런 일은 싫증, 혐오감, 태만 등을 자아낼 수 있으므로, 그런 기술조차도 확실히 길러준다는 보장은 없다), 직업에서 지적인 보람을 찾을 수 있도록 해주는 기민한 관찰력이나 조직적이고 창의적인 계획 능력은 길러주지 못한다. 독재적으로 운영되는 사회에서는 그러한 교육이 흔히 자유와 책임감의 발달을 의식적으로 저지하는 수단으로 사용되고 있기도 하다. 즉 소수의 사람이 계획과 명령을 하고, 다른 사람들은 그 지시를 따르면서 미리 규정된 좁은 방향으로만 노력을 하도록 의도적으로 통제될 수 있는 것이다(Dewey[1915], 1966: 307).

듀이([1915], 1966)가 학생들에게 미래의 직업적 삶을 준비시키기 위해 설계한 이상적인 교육과정은 폭넓은 성격의 것이었다. 그에 의하면, "직업의 지적 · 사회적 의미를 완전하게 인정하는 교육은 그 내용 속에 현 상태의 역사적 배경에 대한 수업, 생산의 자료와 수단을 지적이고 창의적으로 다루는데 필요한 과학적 훈련, 그리고 미래의 근로자가 당대의 문제를 파악하고 그 개선책을 다각도로 찾도록 도와 줄 경제학, 공민, 정치학 등의 과목을 포함시킬 것이다. 무엇보다도 그러한 교육은 변화하는 조건에 대한 적응력을 훈련하여, 미래의 근로자들이 그들에게 닥치는 운명에 맹목적으로 복종하는 일이 없도록 할 것이다"(p. 319). 이와 같이 듀이는 학생들을 단순히 훈련시키는 것이 아니라 교육시킬 수 있도록 그들을 위한 교육과정이 좀 더 폭넓게 접근되어야 함을 주장했다. 이러한 듀이의 주장은 학생들을 매우 구체적인 사회적 역할로 준비시키고자 하는 행동주의적 접근과는 다른 것이라고 할 수 있다.

다. 자유교육의 적극적 실천으로서의 역량 중심 교육

초·중등학교에서 역량 중심 교육을 한다고 할 때 고려되어야 할 것은 행동주의적 접근보다는 인문주의적 접근이라고 할 수 있다. 최근의 급격한 사회 변화는 특정 분야에 한정된 구체적인 지식이나 기술보다는 좀 더 광범위하고 일반적인 지식이나 기술을 요구하고 있기 때문이다. 역량 중심 교육과정에 대해 인문주의적 접근을 취한다고 할 때, 이는 인문교육을 주된 내용으로 해왔던 자유교육을 다시 한번 돌아보게 한다.

최근에 언급되는 역량 중심 교육은 전통적인 자유교육이 추구되었던 세계와 매우 다른 사회적 환경 속에 살고 있는 학생들을 염두에 두고 등장한 것이다. 이러한 역량 중심 교육은 학생들이 교육을 통해 무엇을 배워야 하는가보다는, 교육을 받은 결과로 무엇을 할 수 있으며 어떤 사람이 되어야 하는지에 관심을 갖는다. 흥미로운 것은 전통적인 자유교육도 본래 이러한 관심, 즉 인간의 형성에 관심을 두었었다는 사실이다.

우리가 흔히 비판하는 자유교육은 실제의 삶에 무기력한 지식 교육을 지칭한다. 그러나 고대 아테네에서 추구했던 자유교육은 인간의 형성에 초점을 둔 것으로 지식 그 자체의 습득이 주된 목적이 아니었다. 즉 파이데이아(paideia)라는 이름으로 행해진 당시 교육은 좋은 성품이나 덕, 좀 더 구체적으로 말하면 시민으로서 갖추어야 할 덕을 함양하는 것을 목적으로 하였다(Priestly & Biesta, 2013). 당시의 수사학이나 문법 같은 교과들은 바로 이러한 실천적인 덕을 갖춘 인간을 형성하는 데 도움이 되리라고 가정되었기 때문에 가르쳐진 것이었다.

전통적인 자유교육의 주장자인 고대 그리스 철학자 아리스토텔레스(Aristoteles)도 자유교육을 통해 길러야 할 인간상에 관심을 가졌다. 그는, "교육받은 사람은 교사가 설명할 때 사용하는 방법의 좋고 나쁨을 공정하고 즉각적으로 판단할 수 있어야 한다. 사실 교육을 받았다는 것은 이것을 할 수 있다는 것이다. 보편적인 교육을 받은 사람조차 그가 이러한 능력을 가지고 있다는 점 때문에 교육받았다고 생각된다"(1937, p. 643)고 주장했다. 이러한 주장은 교육받은 사람이 갖추어야 할 능력을 언급하고 있는 것으로, 교육받았는지의 여부는 학생들이 특정 맥락에서 필요한 능력을 보여줄 수 있는가에 따라 파악될 수 있음을 말해준다.

파이데이아나 아리스토텔레스가 추구했던 자유교육의 목적은 오늘날의 역량 중심 교육 주장자들이 내세우는 것과 동일하다고 할 수 있다. 역량 중심 교육 주장자들은 교육받은 사람이 무엇을 할 수 있으며, 어떤 사람이 되어야 하는지를 말하고자 하며, 다만 이를 아리스토텔레스보다 훨씬 더 적극적이고 구체적으로 말하는 데 관심을 갖는다. 이렇게 볼 때 학교교육에 대한 역량 중심 접근은, 전통적인 자유교육이 본래 관심을 가졌던 교육받은 결과로 갖추어야 할 능력이나 자질에 대한 강조를 복원하기 위한 것이라고 볼 수 있다.

한편, 역량 중심 교육은 그것이 강조하는 역량이 무엇을 위한 것인가에 따라 자유교육을 좀 더 적극적으로 추구하기 위한 수단이 될 수도 있고, 단순히 생계유지를 위한 것이 될 수도 있다. 역량 중심 교육에 경멸적인 시선을 보내는 많은 사람들은 역량 중심 교육이 질이 낮은 형태의 훈련에 불과한 것으로, 이론적 지식 및 인문 학습의 전통과 무관한 것으로 생각한다. 그러나 이러한 비판은 앞에서 소개한 바 있는 역량 중심 교육에 대해 행동주의적 접근을 취하는 입장에만 해당된다.

인문주의적 접근을 따르는 역량 중심 교육과정에서는 학문에 의해 명료화된 이론적 지식의 중요성을 무시하지 않는다. 그러나 역량 중심 교육에서는 실제적 지식이 이론적 지식 못지않게 가치가 있으며, 사실 더 가치가 있는 것으로 간주된다. 이는 자유교육의 목표에 있어서 강조점의 전환, 즉 이론적인 것의 우위에서 실제적인 것의 우위로의 전환을 나타낸다. 역량 중심 교육의 주장자들에 의하면, 학생들에게 필요한 것은 단순한 이론적 지식만이 아니라 지식을 효과적으로 활용할 수 있게 하는 기능, 능력, 태도이며, 이러한 실제적 지식이 진정한 '자유'교육의 가장 중요한 부분이다.

사실, 학교교육에 대한 역량 중심적 접근은 자유교육이 주목하지 않은 실제의 세계에 대한 관심을 요청한 것이라고 할 수 있다. 즉 이 접근은 '무엇을 아느냐'가 아니라 특정 맥락의 수행과 관련하여 '무엇을 할 수 있느냐'를 강조한다. 역량의 실제적인 측면에 대한 이러한 강조는 역량 중심적 접근을 자유교육과 양립할 수 있게 할 뿐만 아니라, 적극적인 자유교육을 위해서는 그러한 접근이 필요함을 보여준다(Bridges, 1996).

그러나 역량 중심 교육이 실제적 지식을 강조한다고 해서 어떤 유형의 실제적 지식이든지 자유교육의 교육과정에 포함될 수 있는 것은 아니다. 역량 중심 교육에서는 역량의 발달을 구체적인 직업 훈련의 의미로 보기보다는 전통적인 자유교육이 본래 가지고 있는 실제적 기능의 의미로 보고자 한다. 전통적 자유교육의 실제적 기능이란 자유교육이 인간 행동의 다양화된 영역에서 합리적인 결정을 하는데 유용할 수 있다는 점을 말한다. 역량 중심 교육은 이러한 자유교육의 맥락에서, 매우 다양한 환경에서 활용될 수 있는 일반적 성격의 실제적 지식을 강조한다.

이상에서 검토한 역량 중심 교육은 교육을 받은 결과로 갖추어야 할 능력이나 자질에 교육의 주된 관심을 둔다는 점에서, 그리고 구체적인 직업교육보다는 인간 행동의 여러 영역에서 활용될 수 있는 일반적인 능력을 강조한다는 점에서 자유교육적 성격을 가지고 있다고 할 수 있다. 그러나 역량 중심 교육은 전통적인 자유교육에서 추구하고자 하는 바를 계승하고는 있으나, 전통적 자유교육의 이론적 측면보다는 실제적인 기능 측면을 강조한 것이라고 할 수 있다. 즉 역량 중심 교육에서는 자유교육을 받은 사람이 실제적인 행동에서도 명확한 대안을 형성하거나 합리적인 선택을 할 수 있어야 한다는 점을 강조함으로써 자유교육에서 그동안 놓치고 있었던 부분을 부각시키고 있는 것이다.

3. 학교교육에서 역량의 의미

'역량'은 본래 직업 훈련이나 직업교육 분야에서 사용되어 오던 용어이다. 그러나 최근 들어 이 용어는 학교교육과 관련한 논의에서도 쉽게 발견할 수 있다. 특히 영향력 있는 국제기구인 OECD가 역량의 개념을 직업이나 직무와 관련된 것이 아닌, 우리의 전체적인 삶의 질의 향상을 위해 필요한 것으로 규정하면서, 학교교육은 역량에 무관심할 수 없게 되었다. 그러나 교육계에서 회자되고 있는 역량은 그것의 개념과 실체가 모호할 뿐만 아니라, 직업 사회에서 사용하고 있는 것과의 차별성도 그다지 명료하게 부각되어 있지 않다. 따라서 역량은 그것이 사용되는 맥락이나 사용하는 사람에 따라 다른 의미와 목적으로 활용되고 있다. 사실 학교교육 맥락에서 역량 교육은 기존 교육의 한계를 극복하고 미래 사회의 변화에 부응할 수 있을 것이라는 기대 하에 주목되어 왔다. 이러한 역량 교육이 갖는 잠재력이나 혁신성의 크기는 역량의 의미를 어떻게 해석하고 받아들이는가에 따라 달라질 수 있다(박지애 외, 2019). 이하에서는 전 세계 많은 나라의 학교 교육과정을 역량 중심으로 개혁하는데 기폭제 역할을 한 OECD의 역량 프로젝트와 이 프로젝트에서 제시하는 역량의 의미, 그리고 여러 나라 국가 교육과정에 반영된 역량을 간략히 소개함으로써 학교교육에서 추구하고자 하는 역량의 의미를 살펴본다.

가. OECD의 역량 프로젝트에 제시된 역량의 의미와 특징

역량이라는 개념은 본래 직업 사회의 필요에 의해서 등장했으나, OECD의 역량 관련 프로젝트를 통해 직업이나 직무와 관련된 것에서 벗어나 일반적인 삶의 질과 관련한 논의로 발전해 왔다. 일찍이 OECD는 1997년부터 수행하여 2003년에 종결한 'DeSeCo'(Defining and Selecting Key Competencies) 프로젝트를 통해 '역량'의 중요성을 천명하고, 미래 사회에 필요한 핵심 역량을 규명한 바 있다. 'DeSeCo' 프로젝트는 OECD가 주관하는 PISA(Programme for International Student Assessment) 시험을 단순한 지식과 기능에 대한 평가가 아니라 새로운 역량 영역에 대한 평가로 확장하기 위해 시작된 것이었다. 이에 따라 이 프로젝트에서는 학생들의 역량 수준을 측정하는 국제조사를 위한 개념적 틀을 제공할 목적으로 미래 사회에 필요한 핵심 역량을 규명하였다. 이후 이 프로젝트의 결과는 전 세계 학교 교육과정을 역량 중심으로 이끄는데 기폭제 역할을 했다. 여기에서 더 나아가 OECD는 앞으로의 사회가 이전에 상정했던 것보다 훨씬 더 복잡하고 새로운 도전을 제시할 것이라고 보고, 2015년부터 역량을 새롭게 규정하는 작업을 해오고 있다. 이것은 'Education 2030' 프로젝트로 불리는 것으로, 2030년에 성인이 될 학생들이 갖추어야 할 역량을 새롭게 규정하고 이에 따른 역량 교육의 방향을 제시하는 데 초점을 두고 있다.

'DeSeCo' 프로젝트에서 역량이란, "지식과 기능뿐만 아니라 태도, 감정, 가치, 동기 등과 같은 사회적·행동적 요소를 총 동원하여 특정 맥락의 복잡한 요구를 성공적으로 충족시키는 능력"(Rychen, 2003: 3)을 의미했다. 이 프로젝트에서는 오늘날의 복잡한 사회에서 개인이 성공적으로 살아가기 위해서뿐만 아니라 사회 또한 잘 작동하기 위해서는 광범위한 범주의 역량이 필요하다고 보고, 많은 가능한 역량 가운데 삶에 걸쳐서 반드시 필요한 몇 가지의 역량만을 추출하여 이를 '핵심 역량'(key competencies)이라는 용어로 소개했다. 규명된 핵심 역량은 '여러 도구들을 상호작용적으로 사용하기', '이질적인 집단에서 상호작용하기', '자율적으로 행동하기'였으며, 이것은 하나 혹은 몇몇의 맥락에 구체적인 특수 역량(specific competencies)이 아니라, 삶의 맥락에 걸쳐 모든 사람에게 필요한 일반적인(generic) 성격의 것이었다.

한편, 'Education 2030' 프로젝트에서는 역량 개념을 'DeSeCo' 프로젝트에서보다 좀 더 간결하게 제시한다. 이 프로젝트에 따르면, 역량은 "복잡한 요구를 충족시키기 위해 지식, 기능, 태도와 가치를 동원하는"(OECD, 2018: 5) 능력으로 정의된다. 'Education 2030' 프로젝트에서도 'DeSeCo' 프로젝트와 마찬가지로, 역량이 추구하는 바가 개인과 사회 모두를 위한 것이어야 함을 제시한다. 그러나 이 프로젝트에서는 'DeSeCo' 프로젝트가 사용했던 '성공'(success)이라는 표현을 걷어내고 대신에 '웰빙'(well-being)이라는 표현을 사용한다. 이는 'Education 2030' 프로젝트에서 제시한 미래 교육의 목표가 앞에서 센과 누스바움이 지적한 것과 마찬가지로, 경제적인 성장만이 아닌 개인과 사회 전반의 삶의 질을 향상시키는 것에 우선순위를 두고 있음을 명확히 드러낸 것이다. 즉 이 프로젝트에서는 '웰빙'을 미래 교육이 추구해야 할 비전이자 목표로서 전면에 부각시켰다.

'Education 2030' 프로젝트에서 개인과 사회 모두의 '웰빙'을 미래 교육이 추구해야 할 비전이자 목표로 삼았다는 것은, 이 프로젝트가 과거 교육 담론을 지배해 온 '성공'이라는 메타포와 강하게 결부된 경제발전 논리를 탈피하고 있음을 나타낸다. 물론 웰빙은 수입과 부, 직업과 소득, 주거 등과 같은 물질적이고 경제적인 자원을 갖는 것도 포함하는 개념이다. 그러나 이 프로젝트에서는 웰빙의 이러한 측면보다는 건강, 시민으로서의 참여, 사회적 연계, 교육, 안전, 삶의 만족도, 환경 등 삶의 질과 관련된 측면에 더 초점을 둔다. 특히 이 프로젝트에서는 이러한 삶의 질과 관련된 모든 조건들에 누구나가 공평하게 다가갈 수 있는 '포용적 성장'(inclusive growth)을 추구한다.

'Education 2030' 프로젝트가 추구하는 '모두'의 '웰빙'을 지향하는 역량 교육의 특징은, 이 프로젝트가 새롭게 범주화한 역량 범주에서 좀 더 드러난다. 역량의 특징과 관련하여, 'Education 2030' 프로젝트는 'DeSeCo' 프로젝트가 사용했던 '핵심 역량'과 달리, '변혁적 역량'(transformative competencies)이라는 용어를 사용한다. '변혁적 역량'이라는 개념을 통해 이 프로젝트에서는 사회의 요구에 대응할 수 있는 역량만이 아니라 사회를 더 나은 방향으로 변화시킬 수 있는 역량을 강조하고 있다. 더구나 이 프로젝트에서 제시한 역량은 '변혁적'이라는 역량의 성격에 부합하게 '새로운 가치 창출하기', '긴장과 딜레마 조정하기', '책임감 갖기'라는 세 범주로 구성되어 있다. 이 가운데 '긴장과 딜레마 조정하기'는 과거 'DeSeCo' 프로젝트에서 제시한 '이질적인 집단과 상호작용하기'라는 역량을 발전시킨 것이라고 할 수 있다. 그러나 'DeSeCo' 프로젝트에서 제시했었던 새로운 변화에 대응하는 역량, 즉 '여러 도구들을 상호작용적으로 사용하기' 및 '자율적으로 행동하기' 등은 'Education 2030' 프로젝트에서 별도로 강조되고 있지 않다. 대신에 이 프로젝트에서는 새로운 변화를 창출해내고 이에 책임감을 갖도록 하는 역량, 즉 '새로운 가치 창출하기' 및 '책임감 갖기' 등이 새롭게 부각되어 있다.

'Education 2030' 프로젝트에서는 교육이 미래의 지속가능하고 포용적 성장에 필요한 지식, 기능, 태도와 가치를 발달시키는데 매우 중요한 역할을 해야 한다고 본다. 특히 이 프로젝트에서는 과거의 'DeSeCo' 프로젝트에서는 주목하지 않았던 '학생 행위주체성'(student agency)을 강조한다. 이 프로젝트가 보기에 학생들이 미래를 위해 가장 잘 준비가 되려면 변화 주체가 되어야 한다. 학생들이 변화 주체가 될 때, 이들은 자신들의 주변 환경에 긍정적인 영향을 끼칠 수 있고, 미래에 영향을 줄 수 있으며, 타인들의 의도와 행동, 감정을 이해할 수 있고, 자신들이 하는 행위의 장·단기적 결과를 예상할 수 있기 때문이다. 따라서 이 프로젝트에서는 교육이 학생들의 주체적인 행위, 즉 행위주체성을 발달시킬 수 있도록 도와야 한다고 본다. 이 프로젝트에 따르면, '행위주체성'이란 세계에 참여하려는 책임의식을 갖는 것, 그렇게 함으로써 사람, 사태, 환경 등에 더 나은 방향으로 영향을 미치려는 책임의식을 갖는 것을 의미한다.

'Education 2030' 프로젝트에 따르면, 점점 더 예측하기 어려운 변화를 겪고 있는 사회에 직면하여, 학생들은 개인의 웰빙뿐만 아니라 사회의 웰빙을 추구하는데 헌신해야 한다. 즉 학생들은 미래 사회의 환경적, 경제적, 사회적 도전에 직면하여 이러한 도전들을 헤쳐나갈 수 있어야 하며, 이를 위해 공동체의 번영, 지속가능성, 웰빙 등을 가치롭게 여길 필요가 있다. 학생들은 분열보다는 협력, 단기간의 이득보다는 지속가능성을 우위에 두면서 책임감 있게 권한을 행사할 수 있게 될 필요가 있는 것이다. 이러한 맥락에서 'Education 2030' 프로젝트에서는 무엇보다도 학생들의 '행위주체성'의 발달이 미래 교육의 초점이 되어야 한다고 본다. 학생들이 명확한 가치가 있는 목적을 설정하고 아직 개척되지 않은 기회를 찾으며 중대 문제에 대한 다각적인 해결책을 찾는 법을 알아가는 것이 미래 사회에서 매우 중요한 것이 될 것이기 때문이다. 이 프로젝트에서 제안한 학생들의 행위주체성 개념은 교육이 학생들을 직업 세계를 위해 준비시키는 것을 넘어서서 적극적이고 책임감 있으며 참여하는 시민이 될 수 있도록 준비시켜야 한다는 점을 적극적으로 부각하기 위한 것이라고 할 수 있다.

위에서 살펴본 'DeSeCo' 프로젝트와 'Education 2030' 프로젝트에 제시된 역량의 의미와 특징을 비교해 보면 [그림 6-1]과 같다.

구분	'DeSeCo' 프로젝트	'Education 2030' 프로젝트
역량의 목표	개인과 사회의 '성공'(sucess)	개인과 사회의 '웰빙'(well-being)
역량의 정의	지식과 기능뿐만 아니라 태도 · 감정 · 가치 · 동기 등과 같은 사회적 · 행동적 요소를 총 동원하여 특정 맥락의 복잡한 요구를 성공적으로 충족시키는 능력	복잡한 요구를 충족시키기 위해 지식, 기능, 태도와 가치를 동원하는 능력
역량의 특징	**'핵심'(key) 역량** - 경제적 활동에 중요한 역할을 하고, 개인적이고 사회적 유익을 야기할 수 있는 것 - 특정 분야만이 아니라 삶의 광범위한 맥락에 걸쳐 적용될 수 있는 것 - 모든 개인에게 중요한 것	**'변혁적'(transformative) 역량** - 학생들이 삶의 모든 영역에서 적극적인 참여를 통해 더 나은 방향으로 영향을 미치려는 책임의식 - 학생들이 혁신적이고 책임감 있으며 의식적인 사람이 되는 데에 필요한 것
필수 역량	- 여러 도구들을 상호작용적으로 사용하기 - 이질적인 집단에서 상호작용하기 - 자율적으로 행동하기	- 새로운 가치 창출하기 - 긴장과 딜레마 조정하기 - 책임감 갖기
역량의 핵심	성찰(reflectiveness)	학생 행위주체성(student agency)

[그림 6-1] 'DeSeCo' 프로젝트와 'Education 2030' 프로젝트에서 제시한 역량의 의미와 특징 비교

나. 역량의 총체적 성격과 의미

2000년대에 들어선 이후 교육계에 역량에 대한 소개가 꾸준히 이루어져 왔음에도 불구하고, 역량 교육에 대한 이해는 사람들마다 다른 경향이 있다. 역량을 지식을 대체하기 위한 것으로 이해한다거나, 기능(skill)으로 좁혀서 보는 관점이 이에 해당한다. 이에 따라 역량은 정치적 수사에 불과한 것이라거나, 교육 개념으로서의 역량은 폐기되어야 한다는 주장까지 나오고 있다. 이러한 주장에 따르면, 역량은 학교교육에 핵심이 되는 교육 내

용에 대한 공적 논쟁을 피하거나(Willbergh, 2015), 교육을 학습화시킴으로써 학교교육을 통해서 얻을 수 있는 힘 있는 지식에 대한 관심을 약화시킬 우려(Priestley & Biesta, 2013; Young, 2011)가 있다.

그러나 여전히 세계 여러 나라에서 역량 교육은 점점 더 복잡해지고 불확실한 미래에 대응하는 최선의 선택으로 간주되고 있다. 이 점은 전통적인 교육보다는 역량 교육이 미래에 대응할 수 있는 힘을 갖고 있을 것이라는 믿음에 기인한다. 그러나 역량 교육은 어떠한 관점에서 접근하고 해석하느냐에 따라 전통적 교육과 별반 다르지 않을 수도 있고, 이와 반대로 전통적 교육이 직면한 문제를 타개할 대안이 될 수도 있다(박지애 외, 2019). 최근에 주목된 역량은 변화된 미래 사회의 교육에 적절하게 개념화되어 왔다는 점에서, 앞에서 살펴본 OECD 프로젝트가 제시한 역량의 총체적 성격과 의미를 미래 지향적 관점에서 좀 더 적극적으로 해석하면 다음과 같다.

1) 역량이란 무엇인가를 할 수 있는 '-하기'(doing) 능력만이 아니라, 존재론적인 변화, 즉 '-되기'(becoming)와도 관련된 것이다

OECD 'DeSeCo' 프로젝트에 따르면, 역량은 역동적인 수행과 관련될 뿐만 아니라 매우 복합적이고 총체적인 능력을 함의한다. 즉 역량은 특정 맥락의 요구를 유능하게 수행해 내는 능력이며, 성공적 수행을 위해 이에 적절한 지식과 기능 이외에 태도, 감정, 가치, 동기 등과 같은 요소 모두를 갖춘 상태를 의미한다. 이 프로젝트에서 역량 개념이 제시된 이후, 역량은 흔히 지식의 활용 능력, 즉 무언가를 아는 것에 머물지 않고 아는 것을 할 수 있는 능력이라는 점에 주로 초점을 두어 강조되어 온 경향이 있었다. 그러나 이러한 이해는 역량의 잠재성을 아는 것을 할 수 있게 하는 수행력 정도에 머물게 할 뿐, 교육을 통해 끊임없이 다른 존재가 되게 하는 힘으로까지는 고양시키지 못하는 한계가 있다(박지애 외, 2019).

OECD의 'Education 2030' 프로젝트는 이전의 프로젝트에서 제시했던 역량의 의미를 더 발전시켜 '변혁적' 역량을 강조한다. '변혁적' 역량에서는 단순히 아는 것을 할 수 있는 능력만이 아니라 더 나은 미래를 만들기 위해 어떤 존재가 되어야 하는가라는 존재론적 차원의 역량을 강조한다. 즉 점점 더 예측하기 어려운 미래 사회의 도전에 직면하여, 세계를 더 나은 방향으로 만들기 위해 주체적이고 책임감 있게 참여하는 데 필요한 존재 능력을 부각시킨다. 이렇게 볼 때, 역량은 단순한 수행이나 기능 혹은 '-하기'(doing)에 머물지 않고, 지속적인 존재론적인 변화 혹은 '-되기'(becoming)'를 추구할 수 있도록 하는 데에 초점을 두는 개념으로 이해될 필요가 있다. 즉 역량이란 무언가를 수행할 수 있는 능력만을 의미하는 것이 아니라, 좀 더 나은 삶의 질을 위해 어떤 존재가 되어야 하는가의 측면도 고려하는 개념으로 이해되어야 한다.

2) 역량은 지식, 기능, 태도와 가치를 포함하는 총체적 개념으로, 역량과 지식은 상호의존적인 것이다

역량은 지식, 기능, 태도와 가치를 포함하는 총체적 개념이다(OECD, 2019). 역량이 지식을 대체하는 개념인 것으로 오해되는 경우가 있으나, 지식은 역량의 주요 구성 요소이다. 역량과 학문적 지식은 경쟁적이거나 상호 배타적인 개념이 아니다. 학생들은 이해의 기본 구성 요소로서 핵심 지식을 필요로 한다. 학생들은 또한 지식에 기반하여 역량을 발휘할 수 있으며, 그들의 증가된 역량을 자신들의 지식을 업데이트하고 적용하거나 이해를 심화시키기 위해서 사용할 수 있다.

이렇게 볼 때, 역량은 지식을 전제하고 있으며, 이에 더하여 기능 및 태도와 가치가 함께 작동하는 것이라고 할 수 있다. 여기서 역량을 구성하는 지식, 기능, 태도와 가치는 경쟁하는 요소들이라기보다는, 상호의존적으로 발달되는 것이라고 할 수 있다. 지식을 습득하려면 특정한 인지적 기능이 필요하다. 이러한 인지적 기능 및 이와 관련된 내용 지식은 서로 얽혀 있을 뿐만 아니라 서로를 강화한다. 또한 태도와 가치는, 지식과 기능을 획득하고 사용하기 위한 동기를 부여하는 요소로, 지식과 기능을 발달시키는 데 필수적이다. 예컨대 특정한 상황에서 무엇이 옳고 그른지, 좋고 나쁜지 등에 대한 인식과 평가와 같은 윤리적 태도와 가치는 특정 지식과 기능을 획득하고 사용하는 동기가 될 수 있다. 역량을 구성하는 지식, 기능, 태도와 가치는 실제 맥락에서 분리하기 어려우며, 이들은 함께 서로를 강화하면서 발달한다. 따라서 역량은 지식, 기능, 태도와 가치를 모두 포함하는 개념으로, 이 세 가지 요소가 상호의존적으로 결합됨('지식 × 기능 × 태도와 가치')으로써 발달되고 발휘될 수 있는 것이라고 할 수 있다.

3) 역량은 기능과 다르다

역량은 흔히 오해되고 있듯이, '사고 기능'이나 '비판적 기능'과 같은 개별적인 낱낱의 '기능'(skill)과 동일한 것이 아니다. 역량은 '기능' 이상으로, 기능은 역량을 발휘하기 위한 전제조건이다. 역량을 효과적인 수행으로만 이해할 경우, 역량의 의미는 기능과 동일한 것으로 전락하기 쉽다. 기능은 구체적인 실천 맥락에서 행사되는 습관화된 인지적 신체적 능력을 나타내는 것으로, 특정 과제를 수행하는 능력에 초점을 둔 개념이다(van de Oudeweetering & Voogt, 2018). 역량을 기능으로 이해할 경우, 역량 교육의 목표는 대개 학습 결과 측면에서 행동적 용어로 기술된다. 즉 역량이 수행, 학습 결과, 기능으로 바뀌게 되는 것이다.

역량은, 기능과 달리 특정 과제의 효과적인 수행 능력에 초점을 두기보다는 맥락-의존적인 쟁점을 다루기 위한 능력이나 성향을 나타낸다(Klieme, Hartig, & Rauch, 2008). 따라서 역량은 앞에서도 언급한 바 있듯이, 기능 이상의 것으로 특정 맥락의 복잡한 요구나 문제를 해결하기 위해 지식, 기능, 태도와 가치를 동원할 수 있는 능력으로 정의될 수 있다(OECD, 2019). 점점 더 복잡하고 불확실한 미래 사회를 살아갈 학생들에게 요구되는 능력은 기능이 아닌 역량으로 더 잘 개념화될 수 있는 것으로, 이러한 역량의 의미가 기능으로 환원되어서는 안된다. 학교교육에서 이러한 성격의 역량을 강조한다는 것은 학교교육이 그동안 초점을 두었던 개별 기능들의 숙달 및 내용 지식의 획득으로부터 더 나아가야 함을 의미한다.

다. 여러 나라 교육과정에서의 역량의 의미

OECD의 DeSeCo 프로젝트에서 핵심 역량을 규명한 뒤, 많은 나라들은 자국의 교육과정을 역량 중심으로 개편해 왔다. 따라서 여러 나라의 최근 교육과정 문서에서는 각국의 맥락에 따라 규정된 핵심 역량을 발견할 수 있다. 〈표 6-1〉은 각국의 국가 수준 교육과정 문서에 제시되어 있는 핵심 역량을 보여준다.

〈표 6-1〉 각국의 교육과정 문서에 제시된 핵심 역량

스코틀랜드	뉴질랜드	호주	싱가포르	한국
• 성공적인 학습자 • 자신감 있는 개인 • 책임감 있는 시민 • 효과적인 공헌자	• 사고하기 • 언어 · 상징 · 텍스트 사용하기 • 자기 관리하기 • 다른 사람들과 관계 맺기 • 참여하고 공헌하기	• 문해력 • 수리력 • ICT 역량 • 비판적 · 창의적 사고 • 윤리적 행동 • 개인적 · 사회적 역량 • 문화상호간 이해	• 자신감 있는 사람 • 자기 주도적 학습자 • 적극적인 공헌자 • 의식 있는 시민	• 자기관리 역량 • 지식정보처리 역량 • 창의적 사고 역량 • 심미적 감성 역량 • 협력적 소통 역량 • 공동체 역량

〈표 6-1〉에서 볼 수 있듯이, 나라마다 규정된 핵심 역량은 다소간의 차이가 있다. 스코틀랜드는 4개의 역량을 '교육과정의 목적'(purpose of the curriculum)으로 열거한다. 여기서 역량은 스코틀랜드 교육의 전반적인 '열망'(aspiration)을 구조화하는 것인 동시에 다른 한편으로는 교육의 의도된 '결과'(outcomes)로서 제시된다. 뉴질랜드에서는 5개의 핵심 역량을 누구에

게나 보편적인 것으로서 공동체의 일원으로 살아가고 학습하고 일하고 공헌하는 데 필요한 능력인 것으로 소개하고 있다. 호주에서는 7가지 핵심 역량을 여러 교과를 가로질러 개발될 필요가 있는 기능, 행동, 성향을 범주화한 것으로서, 학생들이 복잡하고 수많은 정보로 가득한 세계화된 세계에서 평생학습자로서 자신감 있게 살아가기 위해 일반적으로 중요한 것으로 고려되는 능력을 규명해 놓은 것이라고 소개한다. 싱가포르는 4개의 핵심 역량을 교육받은 '바람직한 결과'(desired outcomes)로 제시한다.

우리나라 또한 2015 개정 교육과정을 통해 처음으로 6개의 핵심 역량을 제시한 바 있으며, 최근 개정된 2022 개정 교육과정에서도 약간의 수정을 거쳤을 뿐 이를 유지하고 있다. 〈표 6-1〉에 제시된 핵심 역량은 2022 개정 교육과정 문서(교육부, 2022)에 제시되어 있는 것으로, 교과 교육과 창의적 체험활동을 포함한 학교교육 전 과정을 통해 중점적으로 길러져야 할 것으로 명시하고 있다. 이렇게 볼 때, 교육과정에서의 핵심 역량이란, 학교 교육과정 전반에 걸쳐서 길러져야 할 범교과적이고 일반적인 성격의 역량이라고 할 수 있다.

위에서 소개한 각국의 교육과정 문서에 제시된 핵심 역량은 두 가지 공통적인 특징을 가지고 있다. 먼저, 핵심 역량은 학습자에게 기대되는 자질과 능력을 결합한 성격을 지닌다. 대부분의 국가들의 교육과정 문서에는 핵심 역량 각각에 대한 설명이 좀 더 구체적으로 제시되어 있다. 예컨대 '성공적인 학습자'라는 핵심 역량의 경우에는, 성공적인 학습자를 특징짓는 '자질'이나 '속성'과, 성공적인 학습자가 '할 수 있어야 하는 것'이 구체화되어 있다. 따라서 핵심 역량은 학습자들에게 기대되는 자질과 능력을 결합한 것으로서, 21세기 사회에서 학생들이 되어야 하고, 할 수 있어야 하는 것을 정의한 것이라고 할 수 있다.

다른 한편으로, 핵심 역량은 교육의 목적 혹은 교육의 결과로서 제시된다. 대부분의 국가들에서 핵심 역량은 교육의 목적에 해당하는 것으로 기술되며, 교육받은 학생들이 결과적으로 갖추어야 할 자질과 능력으로 언급되고 있다. 교육목적을 역량 측면에서 생각한다는 것은 교육목적이 더 이상 학생들이 '학습'해야만 하는 것의 측면에서가 아니라, 그들이 '되어야'만 하는 것의 측면에서 명료화되어야 함을 보여주는 것이다. 이것은 핵심역량의 역할이 학교 교육과정 전반의 목적을 안내하는 것이어야 함을 드러내는 동시에, 학교 교육과정의 목적이 특정 지식이나 기능의 습득이 아닌 바람직한 인간의 형성에 있어야 함을 시사하고 있는 것이라고 할 수 있다.

4. 교육과정에 대한 역량 중심적 접근

역량이란 앞으로의 사회에서 개인과 사회 전반의 삶의 질을 향상시키는 데 필요한 자질과 능력이라고 할 수 있다. 교육과정에 대한 역량 중심적 접근은 학교 교육과정을 바로 이러한 역량, 즉 향후의 사회적 및 개인적 삶을 질적으로 더 나은 방향으로 만들기 위해 학생들에게 필요한 자질과 능력에 초점을 두어 설계하는 것을 말한다. 실제로 최근 많은 나라들에서는 교육과정을 학생들에게 개인적으로나 사회적으로 좀 더 의미 있게 구성하려는 여러 시도 속에서 역량의 관점에서 교육과정을 재구조화하고 있다. 이하에서는 이러한 역량 중심 교육과정의 의미를 살펴보고, 역량 중심 교육과정 설계가 전통적인 교육과정 설계와 어떻게 다른지를 검토해 본다.

가. 역량 중심 교육과정의 의미

역량 중심 교육과정은 종래 학교에서 이루어진 지식 교육을 비판하고, 학교에서 제공되는 교육과정에 모종의 변화가 있어야 함을 촉구하는 것이라고 할 수 있다. 그러나 교육과정이 역량 중심적 접근을 취할 필요가 있다는 말의 의미는 그 해석에 신중을 기할 필요가 있다. 오랫동안 교과에 의존해 온 학교교육을 염두에 둘 때, 역량 중심적 접근이라는 것이 교과 대신에 역량을 가르치자는 논의라고 보는 것은 현실적이지 못하며 바람직하지 도 않다. 역량 중심적 접근이란 교육과정에 대해 역량 중심적 사고를 하자는 것으로 해석될 필요가 있다. 즉 종래의 교육과정이 교과를 중심으로 접근되어 왔다면, 역량 중심적 접근이란 학생들의 사회적 삶에서 필요한 역량이 무엇인가에 교육과정의 우선적인 관심을 두자는 것이다. 좀 더 구체적으로 말하면, 역량을 교육과정의 중심에 둔다는 것은 사회적 삶에서 필요한 역량을 강화하는 방향으로 교육 내용을 제공해야 한다는 것을 의미한다. 역량을 강화하는 교육 내용에는 사회적 삶에서 필요로 하는 기능이나 태도만이 아니라 종래에 다루어 온 교과 지식도 의미 있게 포함될 것이다. 이 점에서 학교교육에 대한 역량 중심적 접근은 종래 다루어 온 교과 지식을 특정 역량으로 대체하려는 것이 아니라고 할 수 있다.

사실 사회적 삶에서 필요로 하는 역량을 학교교육을 통해 강화해야 한다고 할 때, 해당 역량을 그 자체로 가르치는 것은 쉽지 않다. 역량은 그 자체로 의미를 가지기보다는 종래 교과교육에서 다루어 온 가치로운 지식과의 관련 속에서 그 의미가 좀 더 명료하게 드러나는 경우가 많기 때문이다. 예컨대 의사소통능력이 단순한 기능 이상의 것이 되기 위해서는 말할 만한 가치가 있는 내용을 수반해야 한다. 문제해결능력도 마찬가지의 경우로, 이것이 특정 종류의 문제로부터 추상화된다면 무엇을 의미하는지가 분명하지 않게 된다(Pring, 1995). 따라서 교육과정에 대한 역량 중심적 접근이란 역량을 교육과정에 대한 사고의 중심에 두자는 것이지 교과를 특정 역량으로 대체하자는 주장은 아니라고 할 수 있다.

나. 역량 중심 교육과정 설계

종래의 학교교육은 지식 혹은 내용의 습득에 초점을 두었기 때문에, 교육과정의 주된 관심사는 지식이나 내용을 어떻게 조직하는가에 있었다. 그리고 교과가 학교에서 다루어야 할 지식이나 내용을 전달하는 데 효과적인 틀로 간주되어오면서 학교 교육과정은 주로 교과에 기반하여 설계되어 왔다. 지식이나 내용을 교과에 기반하여 설계하는 이러한 방식은 지금껏 교육과정의 지배적인 모델이 되었다.

교육과정 설계의 출발점을 지식 혹은 내용으로 보는 모델에서는 교육과정을 구성하는 틀, 즉 교과가 그 교육과정의 목적을 결정하게 된다. 말하자면 교과를 가르치는 것이 그 자체로 목적이 되며, 이는 교육과정 설계의 초점을 지식의 조직에 두도록 만든다([그림 6-2] 참조). 물론 지배적인 교육과정 전통에서도 역량과 유사한 것을 담아내긴 했다. 그러나 지배적인 교육과정 모델에서 역량은 교육과정 문서에 선언적인 수준에서 제시되었을 뿐 대개는 주변화되었으며, 교과가 강조하는 세분화된 내용에 흡수되는 방식으로 취급되었다.

역량 중심 교육과정에서는 교육의 목적에 대해 지배적인 교육과정 전통과 입장을 달리한다. 역량 중심 교육과정에서 교육의 목적은 개인들이 그들이 살아가는 사회에 의미 있고 적극적인 방식으로 참여하는 데에 필요한 역량을 발달시키는 데 있다. 따라서 교육과정 조직의 초점은 미리 결정된 지식이나 내용을 전달하거나 성취해야 할 목표를 처방하기보다는 학생의 역량을 발달시키는 데 있다. 그러므로 이 입장에서 가장 우선적으로 물어야 할 교육과정 질문은 무엇이 필요한 핵심 역량이며, 그러한 역량의 발달을 촉진시키는 데에 사용될 원리와 과정은 무엇인가 하는 것이 된다.

역량 중심 교육과정 설계의 특징은 역량을 지식이나 내용으로부터 뚜렷이 분리시킨다는 데에 있다. 이에 따라 역량 중심 교육과정에서는 역량과 지식/내용이 서로 구분되어 있으나 양자는 상호 간에 보완적인 역할을 하는 것으로 설계된다. 역량 중심 교육과정의 틀은 역량과 지식/내용 두 부분으로 구성되며, 기본 아이디어는 지식을 통해 역량을 개발한다는 것이다([그림 6-2] 참조).

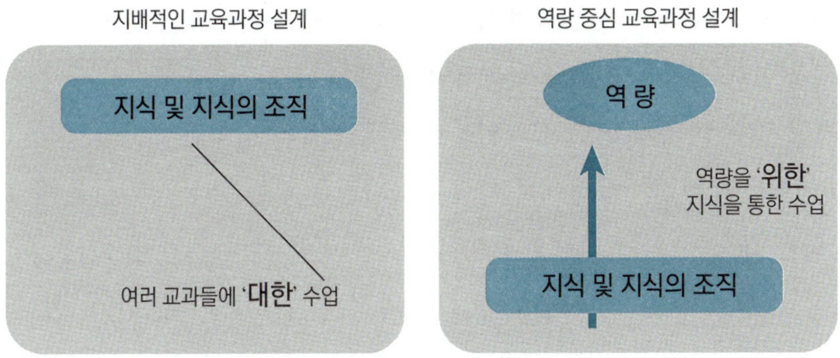

[그림 6-2] 지배적인 교육과정 설계와 역량 중심 교육과정 설계 비교

출처: Reid(2015), pp. 56-57 그림을 재구성

역량 중심 교육과정에서는 지식이나 내용이 더 이상 교육과정 설계를 위한 출발점이 아니다. 오히려 역량이 교육과정 설계의 출발점이 되며, 지식이나 내용은 역량을 발달시키기 위한 수단이 된다. 이는 지배적인 교육과정 설계 방식과 매우 다른 것으로, 여기서 지식이나 내용은 역량을 발달시키는 데 적절한가의 측면에서 고려하되, 그 구체적인 조직은 교수자들에 의해 결정되어야 할 것으로 본다. 이것은 공식적인 교육과정에서 지식이나 내용이 중요하지 않다는 것을 의미하는 것은 아니다. 지식이나 내용이 여전히 중요하나 지배적인 교육과정에서와는 다른 역할, 즉 그 자체로 중요하기보다는 역량을 발달시키기 위한 수단으로서 의미를 지닌다는 것이다.

역량 중심 교육과정 설계를 따르게 되면, 지식이나 내용을 둘러싼 논쟁의 성격은 이전과는 근본적으로 달라지게 된다. 예컨대 지배적인 교육과정 설계에서는 지식을 분과적으로 조직해야 하는가 혹은 통합적으로 조직해야 하는가에 대한 문제가 국가 교육과정을 설계하는 과정에서 결정되는 경우가 많았다. 즉 지식이나 내용의 조직이 학교 수준의 교육과정 계획이나 수업 이전에 미리 결정되었다. 그러나 역량 중심 교육과정 설계에서는 이러한 결정이 교사들에게 상당부분 맡겨진다. 교사들은 자신들의 교수 맥락에서 특정 역량을 가장 잘 발달시키는 방법이 무엇인가에 대한 탐색을 통해 적절한 지식/내용 조직 방식을 결정하게 된다. 이 경우, 역량은 때론 분과적으로 조직된 지식을 통해서, 때론 간학문적 혹은 통합적으로 조직된 지식을 통해서 다루어질 수 있을 것이다.

최근 많은 나라가 선언하고 있듯이, 학교교육의 방향은 '모두를 위한'(for all) 것이어야 한다. 이 점에서 학교 교육과정은 모든 학생들의 삶을 풍요롭게 하는 데 요구되는 역량을 구분해내고 이러한 역량을 발달시키는 데 초점을 둘 필요가 있다. 역량 중심 교육과정은 학생들이 갖추어야 할 역량을 명료히 드러내는 것을 교육과정 설계의 출발점으로 삼아 이러한 역량의 발달을 추구하는 방향으로 지식이나 내용을 조직하는 접근이라고 할 수 있다.

참고 문헌

교육부(2022). 초·중등학교 교육과정 총론. 세종: 교육부.

박지애·소경희·장연우·허예지(2019). 포스트모던 관점에서 다시 생각하는 역량 교육: Deleuzu의 존재론에 기초하여. 교육과정연구, 37(2), 1-25.

소경희(2006). 학교지식의 변화요구에 따른 대안적 교육과정 설계방향 탐색. 교육과정연구, 24(3), 39-59.

소경희(2007). 학교교육의 맥락에서 본 '역량'(competency)의 의미와 교육과정적 함의. 교육과정연구, 25(3), 1-21.

소경희(2009). 역량기반 교육의 교육과정사적 기반 및 자유교육적 성격 탐색. 교육과정연구, 27(1), 1-20.

소경희(2012). 역량 중심 교육을 위한 교육과정 설계 방안으로서 '과정-탐구' 모형 활용의 가능성과 의미 탐색. 교육과정연구, 30(1), 59-79.

소경희·강지영·한지희(2013). 교과교육과정 개발을 위한 역량 모델의 가능성 탐색 -영국, 독일, 캐나다 교육과정 고찰을 중심으로- 비교교육연구, 23(3), 153-175.

소경희(2015). 2015 개정 교육과정 총론 개정안이 남긴 과제: 각론 개발의 쟁점 탐색. 교육과정연구, 33(1), 195-214.

소경희(2020). 미래 사회를 위한 학교교육의 방향: 미래지향적 역량 함양을 위한 교육과정 개선 방향. 고교학점제 소규모 정책 세미나 2차 자료집(pp. 3-18). 진천: 한국교육과정평가원.

유재봉(2001). 허스트의 '사회적 실제에 기반을 둔 교육': 교육내용관을 중심으로. 교육철학, 25, 73-89.

이상은 · 김은영 · 김소아 · 유예림 · 최수진 · 소경희(2018). OECD 교육 2030 참여 연구: 역량의 교육 정책적 적용 과제 탐색. 진천: 한국교육개발원.

Aristotle(1937). *On the parts of animals*(A. Peck, trans.). Cambridge, MA: Harvard University Press(Originally published 350 BC.).

Bobbitt, J. F.(1918). *The curriculum*. Boston: Houghton Mifflin.

Bridges, D.(1996). Competence-based education and training: Progress or villainy? In D. Scott(Ed.), *Curriculum studies: Major themes in education. Vol. I*(pp. 355-372). London: Routledge Falmer.

Dewey, J.(1966). *Democracy and education*. New York: Free Press(Originally published 1915).

Grant, G.(1979). Implications of competence-based education. In G. Grant et al.(Eds.), *On competence: A critical analysis of competence-based reforms in higher education*(pp. 1-17). San Francisco, CA: Jossey-Bass.

Kliebard, H. M.(2004). *The struggle for the American curriculum 1893-1958*. New York: Routledge Falmer.

Klieme, E., Avenarius, H., Blum, W., DoBrich, P., Gruber, H., Prenzel, M., Reiss, K., Riquarts, K., Rost, J., Tenorth, H., & Vollmer, H.(Eds.)(2004). *The development of national educational standards*. Berlin: BMBF.

Klieme, E., Hartig, J., & Rauch, D.(2008). The concept of competence in educational contexts. In J. Hartig, E. Klieme & D. Leutner(Eds.), *Assessment of competencies in educational contexts*(pp. 3-22). Göttingen: Hogrefe & Huber Publishers.

Neumann, W.(1979). Educational responses to the concern for proficiency. In G. Grant et al.(Eds.), *On competence: A critical analysis of competence-based reforms in higher education*(pp.66-94). San Francisco, CA: Jossey-Bass.

Nussbaum, M.(2011). *Creating capabilities*. Harvard University Press.

OECD(2018). *The future of education and skills: Education 2030*. Position Paper.

OECD(2019). *OECD future of education and skills 2030: OECD learning compass 2030 – A series of concept notes*.

Priestley, M., & Biesta, G.(2013). *Reinventing the curriculum: New trends in curriculum policy and practice*. London, UK: Bloomsbury Academic.

Pring, R.(1995). *Closing the gap: Liberal education and vocational preparation*. London: Hodder & Stoughton.

Reid, A.(2005). *Rethinking national curriculum collaboration: Towards an Australian curriculum*. Commonwealth of Australia.

Rychen, D.(2003). Investing in competencies-But which competencies and for what? A contribution to the ANCLI/AEA conference on assessment challenges for democratic society(conference paper), Conference in Lyon, November 2003.

Taylor, F.(1911). *The principles of scientific management*. New York: Harper & Brothers.

van de Oudeweetering, K., & Voogt, J.(2018). Teachers' conceptualization and enactment of twenty-first century competences: Exploring dimensions for new curricula. *The Curriculum Journal, 29*(1), 116-133,

Willbergh, I.(2015). The problems of 'competence' and alternatives from the Scandinavian perspective of Bildung. *Journal of Curriculum Studies, 47*(3), 334-354.

Young, M.(1998). *The curriculum of the future*. London: Falmer Press.

Young, M.(2011). The return to subjects: A sociological perspective on the UK Coalition government's approach to the 14-19 curriculum. *The Curriculum Journal, 22*(2), 265-278.

한국의 교육과정 역사와 발달 과정

제7장

* 이 장은 김재춘 · 부재율 · 소경희 · 양길석(2010)의 저서에서 필자가 집필한 내용을 일부 수정 · 보완한 것임을 밝힌다.

7장과 8장은 우리나라 교육과정의 역사와 그 발달 과정을 살펴보는 데 초점이 있다. 미국과 달리 우리나라는 국가가 직접 초·중등학교의 교육과정을 통제하는 정책을 펼쳐왔기 때문에 교육과정의 역사를 추적하는 방식도 미국과는 달라야 한다. 미국은 역사적으로 교육과정에 대한 논의가 국가의 직접적인 통제 밖에서 자유롭게 이루어져 왔기 때문에, 교육과정의 역사적 흐름은 주로 각 시대의 교육과정 개혁에 큰 영향을 미친 학자들의 주장을 훑어보는 것으로 파악될 수 있었다.

그러나 우리나라의 교육과정은 국가의 직접적인 통제를 받아 왔으며, 현재의 교육부에 해당하는 정부 부처가 교육과정을 개발하고 개정하는 데 주도적인 역할을 해왔다. 이러한 연유로 각 시대 교육과정 개발에 참여한 사람들을 확인하기가 쉽지 않으며, 익명의 정부 관료들이 주도해서 만든 교육과정 문서, 즉 국가 교육과정 문서가 학교에서 무엇을 가르쳐 왔는지를 추적하는 데 핵심적인 자료가 된다. 따라서 우리나라의 교육과정이 어떻게 구성되어 왔는가는 미국과 달리 특정 교육과정 개혁자들의 주장에 초점을 두기보다는 몇 차례에 걸쳐 개정되어 온 국가 교육과정 문서를 살펴봄으로써 파악할 수 있다.

국가 교육과정은 흔히 '수사학적 교육과정(rhetorical curriculum)이라고 할 수 있는 것으로, '무엇이 가르쳐져야 하는가'에 대한 안내와 권고를 제공하는 것이다. 따라서 국가 교육과정에 대한 검토가 학교와 교실에서 '무엇이 실제로 가르쳐졌는가'를 말해주는 것은 아니라고 할 수 있다. 그럼에도 불구하고 우리나라에서 국가 교육과정은 학교에 직접적인 영향력을 행사해 왔기 때문에 이 장에서는 국가 교육과정 문서에 토대를 두고 우리나라 교육과정의 역사적 흐름을 살펴본다.

현재 우리나라의 초·중등 교육은 교육법에 의거하여 운영하도록 되어 있다. 초·중등교육법 제23조 제2항은 초·중등학교의 교육과정에 관한 규정을 제시하고 있다. 이 규정에 따라 2022년에 고시된 '2022 개정 교육과정'까지는 교육부 장관이 교육과정의 기준과 내용에 관한 사항을 규정해 왔다. 말하자면 초·중등학교의 교육과정은 교육부가 결정해서 문서로 고시한『교육과정』에 따라 편성·운영되어 왔다. 그러나 2021년 7월 '국가교육위원회'라는 새로운 국가 조직의 설치가 법제화되고, 2022년 9월 이 위원회가 공식 출범하면서, 이제까지 교육부가 담당해 오던 국가 교육과정에 관한 기본적인 사항을 앞으로는 이 위원회가 결정하게 되었다. 고등학교 이하 각급 학교의 교육과정은 바로 이러한 국가 수준에서 결정하여 고시한 교육과정 문서의 통제를 받고 있다.

우리나라에는 해방 후 고시된 제1차 교육과정을 시작으로 하여 가장 최근에 고시된 '2022 개정 교육과정'에 이르기까지 여러 차례에 걸쳐 개정 고시된 국가 수준의 교육과정 문서가 있다. 그러나 현재와 같은 문서화된 『교육과정』의 토대가 되었던 제1차 교육과정이 고시되기 전에도 국가 수준의 교육과정은 있었다. 말하자면 해방 전의 전통 사회와 근대 사회에서도 형식적인 학교교육이 행해졌으며, 그에 따라 국가 수준의 교육과정이 존재했었다. 따라서 이 장에서는 해방 전의 교육과정을 간략하게 개괄한 뒤, 해방 이후부터의 교육과정을 국가 수준에서 고시한 『교육과정』 문서를 중심으로 검토해 본다. 다만 이 장에서는 해방 후 고시된 교육과정을 제6차 교육과정까지에 한해 살펴본다. 이후 21세기에 들어서 도입된 교육과정은 8장에서 소개된다.

【탐구 쟁점 예시】

1. 우리나라 국가 교육과정 개정의 역사에서 드러난 독특한 점은 무엇이라고 보는가? (예: 미국 및 일본 교육과의 관계, 국가 교육과정과 정권의 변화와의 관계, 교육과정 획일화 및 자율화 등)
2. 우리나라 국가 교육과정의 역사에서 드러난 특정 교과(예: 도덕, 슬기로운 생활, 교련 등)의 생성, 변이, 소멸을 고려할 때, 학교교육에서 '교과'의 역할과 지위는 어떤 것이라고 할 수 있는가?
3. 국가 교육과정은 모든 학생들이 학습해야 할 과목(즉, 공통 필수 과목)을 언제까지 어느 정도나 정해 주어야 하는가?
4. 국가의 획일화된 통제가 아닌, 지역이나 학교 수준에서 교육과정을 결정할 수 있는 권한을 어느 범위까지 허용해야 하는가?

1. 해방 전후의 교육과정

오늘날 우리의 학교교육에서 다루어지고 있는 교과는 서구식 교과라고 할 수 있다. 예컨대 우리의 학교 시간표에서 볼 수 있는 국어, 수학, 영어, 사회, 과학 등의 명칭은 서구권 교육으로부터 유래된 것이다. 우리나라에서 언제부터 이러한 교과 명칭이 사용되었는가? 동양권에 속한 우리나라가 과거부터 이러한 서구식 교과를 가르쳐 왔을 리는 분명 없을 것이다. 영화나 TV 드라마 속에서 그려지는 우리 선조들의 공부 내용이나 방식은 오늘날의 것과는 확연히 다른 것이다.

서양의 교육이 고대 그리스 시대에 그 뿌리를 둔 7자유학과로부터 출발했듯이, 동양의 교육도 나름의 역사적 뿌리를 가졌으리라 기대할 수 있다. 물론 오늘날에는 동서양을 막론하고 서구식 명칭의 교과가 학교교육에 일반화되어 있다. 그러나 우리나라 교육은 애초부터 서구식 교과로 출발하지 않았으며, 동양권 문화의 역사적 흔적을 가지고 있다. 특히 해방 전 교육에서는 이러한 모습이 두드러진다. 흥미롭게도 미국과 마찬가지로 우리나라에서도 이러한 전통적 교육은 19세기 말엽부터 점차 새로운 근대적 교과를 기반으로 한 교육으로 대체되기 시작한다.

그러나 19세기 말엽부터 움트기 시작한 근대 교육, 그리고 이에 따른 교육과정 개혁 노력은 일제 강점기라는 아픈 역사 속에서 더 이상 발전될 수 없었다. 미국이 20세기 전반기에 전통적인 교육으로부터 탈피하기 위한 여러 풍성한 교육과정 개혁 운동을 펼친 덕택에 오늘날에도 영향을 미치는 교육적인 진보를 이루었다면, 우리는 이 시기에 이러한 노력을 할 터전이 없었던 것이다. 따라서 해방 직후에도 우리나라의 교육과정은 교육적 무방비 상태에서 당시 한국에 주둔해 있던 미군 지도부의 영향 하에 있을 수밖에 없었다. 이를 계기로 우리나라 교육과정은 철저히 미국의 교육과정 흐름을 뒤따르게 된다. 이 시기에 국내 교육학자들이 미국의 후원 하에 미국

대학으로 유학을 가기 시작했으며, 이후 이들이 국내 학계는 물론 교육과정 정책을 펼치는 데 있어서 지속적으로 영향력을 행사해 왔기 때문이다. 이하에서는 우리나라의 교육과정을 해방 전과 해방 직후로 나누어 살펴본다.

가. 해방 전 교육과정

교육 활동은 어느 사회에서나 사회의 기본 기능으로 이루어져 왔으며, 광의건 협의건 간에 교육 활동이 있는 곳이면 반드시 그 활동의 내용이라고 할 수 있는 교육과정이 있었다. 기록에 의하면, 우리나라에 형식적 혹은 의도적 교육 기관이 생긴 것은 삼국시대부터이다. 당시 고구려, 신라, 백제 등 삼국의 교육 기관에서 가르쳤던 것은 중국의 교육 내용을 모방한 것이었다. 예컨대 고구려의 교육 기관이었던 태학(太學)에서는 중국의 주요 경전이었던 오경(五經:시경, 서경, 역경, 예기, 춘추)과 삼사(三史:사기, 한서, 후한서)를 중요한 교육과정으로 삼았다. 즉 당시 교육 기관에서는 중국에서 교육 내용으로 다루었던 유교의 경전을 가르쳤다. 이러한 유교 경전 중심의 교육과정은 고려 시대와 조선 시대를 거쳐 19세기 후반 근대 학교 체제가 성립될 때까지 우리나라 학교교육의 일관된 흐름이었다.

우리나라 교육과정에 변화가 생긴 것은 갑오개혁(1894년)을 전후로 하여 설립되기 시작한 근대 학교에서부터이다. 19세기 후반 우리나라는 서양 문화의 유입에 따라 세계 여러 나라와의 교섭에 필요한 통역 요원의 양성이 필요했으며, 이에 따라 국가에서는 이를 목적으로 한 관립 학교들을 설립했다. 이 학교들은 서구식 교과목을 도입했다. 예컨대 1886년에 정부에 의해 설립된 육영공원(育英公院, Royal English School)은 관립 학교로서는 최초로 서양의 교육과정을 따른 것으로 기록되고 있다. 이 학교의 규칙에 명시된 교과목에는 전통적인 교과목 외에도 '읽기', '쓰기', '셈하기', '문법'에서부터 '수학', '외국어', '농업기술' 등의 실용 학문과, '자연과학', '지리학', '세계 정치사'와 같은 것들이 포함되어 있었다(유봉호, 1992).

19세기 후반에는 관립학교 이외에도 기독교의 전파를 위해 내한한 선교사들에 의해 기독교계 사립학교들이 설립되었는데, 광혜원, 배재 학당, 이화 학당, 언더우드 학당 등이 이에 해당한다. 이들 기독교계 사립학교들도 역시 우리의 전통적인 교과와 더불어 서구식 교과들을 가르쳤다. 예컨대 1890년에 제정된 배재 학당의 규칙에는 '한문', '영어', '천문', '지리', '생리', '수학', '수공', '성경' 등이 명시되어 있었다(유봉호, 1992). 이상에서 언급한 소수의 관립학교와 기독교계 사립학교의 교육과정은 우리나라에 오늘날과 같은 교과목을 도입시켰다는 점에서 그 의의가 있으며, 이러한 교육과정은 그 후에 단행된 갑오개혁을 통해서 근대 학교 교육과정으로서 제도화되었다.

우리나라의 전통 교육 및 그에 따른 전통적 교육과정은 갑오개혁을 통해 전면적으로 수정된다. 갑오개혁은 국가적인 차원에서 전통적인 교육 형태를 벗어나 근대 교육 체제로 나아가기 위한 교육 개혁을 포함하고 있었다. 즉 갑오개혁을 통해 전통적인 관리 양성 제도였던 과거제가 폐지되고, 성균관을 제외한 과거의 교육 기관이 전폐되었으며, 국가적 차원에서 근대 학교 법령이 정비되고 그에 따라 근대적 학제에 따른 관립학교가 세워졌다. 그리고 각급 학교에서 가르쳐야 할 교과목도 법으로 규정되었다.

당시 각급 학교 교육과정상에 나타난 교과목들을 보면, 전통적인 교과목들이 서구식 교과목들로 대체되면서 근대적 교과 영역의 전부를 포괄하고 있음을 볼 수 있다. 예컨대 지금의 초등학교에 해당하는 소학교의 교과목은 '수신', '독서', '작문', '습자', '산술', '체조', '역사', '지리', '도화'(圖畵), '외국어', '수과'(數科), '이과'(理科), '재봉' 등이었다. 그리고 중학교의 교과목은 '윤리', '독서', '작문', '역사', '지리', '산술', '경제', '박물', '물리', '화학', '외국어', '체조', '법률', '정치', '공업', '농업', '상업', '의학', '측량' 등이었다.

근대적 형태의 교육과정은 부분적인 변화가 있긴 하였지만 우리나라가 일본의 식민지가 된 이후에도 지속된다. 다만 일본의 식민지 통치가 강화되면서 점차 일본어를 '국어'로 호칭하면서 수업 시수를 늘려나가고, 우리의 '지리'와 '역사' 대신에 일본의 '지리', '역사'를 가르치게 되었다.

나. 해방 직후 과도기 및 교수요목기

해방 후, 우리나라는 미군정의 통치를 받았으며, 교육과정에 관한 정책도 미군정청 학무국의 통제를 받았다. 이러한 미군정기(1945~1948)의 교육과정은 그 성격상 과도기와 교수요목기로 구분해 볼 수 있다. 과도기란 임시 교과목 편제와 시간 배당표가 발표된 전후 시기를 말하며, 교수요목기란 1946년 9월 다시 수정된 교과목 편제와 시간 배당표가 발표된 후 교수요목을 정하고 교과서를 편찬한 시기라고 할 수 있다.

해방 후, 우리에게 무엇보다도 가장 시급한 교육 문제는 휴교 상태에 있었던 학교를 개교하는 일이었다. 당시 미군정청 산하 학무국에서는 각급 학교 개학을 위한 응급조치로서 1945년 9월 '신조선의 조선인을 위한 교육'이라는 교육 방침을 발표하였다. 이 교육 방침에서는 주로 일제 잔재의 불식, 평화와 질서의 유지, 생활의 실제에 적합한 지식·기능의 연마 등을 강조하였다(유봉호, 1992). 당시 초등학교의 교과 및 주당 수업 시간 배당을 보면 〈표 7-1〉과 같다.

〈표 7-1〉 초등학교 교과 편제 및 시간 배당(1945. 9)

교과 / 학년	공민	국어	지리·역사	산술	이과	음악·체육	계
1~3	2	8	1	5	1	3	20
4	2	7	1	4	3	3	20
5~6	2	6	2	3	2	3	18
고등과	2	6	2	2	2	3	17

※ 이 표는 공휴일을 제외한 1주 6일간의 학년별 수업시간이다.
'고등과'는 일제시대 학제에 따른 것이며, 초등학교가 다시 개교된 후에는 폐지되었다.

〈표 7-1〉에 제시된 교과 편제 및 시간 배당은 일제 말기의 심상 소학교 교과목 및 수업 시간표를 근간으로 만들어진 임시방편의 것이라고 할 수 있다. 그러나 이 시수표는 종래의 '수신'과를 폐지하고 새로운 민주 시민 양성 교과로서의 '공민'과를 신설한 점, 일본어 중심의 '국어'를 우리말과 글 중심의 '국어'로 바꾼 점, 일본 역사를 폐지하고 우리 역사 교육을 시행한 점 등에서 일제의 황민화 교육을 말살하고 신생 민주 국가로서 가져야 할 교육 내용을 취하려는 의지를 담고 있는 것이라고 할 수 있다.

위의 교과 편제 및 시간 배당은 해방 직후 초등학교를 개교하기에 앞서 갑작스럽게 정한 것이어서 어떤 일관된 철학적 입장도 세우지 못한 채, 다만 일제의 잔재를 없애고 우리 민족의 손으로 자주적 교육을 하려는 염원 하에 마련된 임시방편적인 것이었다. 그리하여 그 뒤 얼마 가지 않아서 초등학교의 교과 편제 및 시간 배당은 다시 수정되었고, '습자', '도화 · 공작', '요리 · 재봉', '실과' 등이 추가되었다.

초등학교의 교육 방침에 이어 미군정청 학무국은 1945년 10월 1일을 기해 중등학교 이상의 학교에 대해서도 개교할 것을 지시하고, 이에 앞서 9월 30일 중등학교의 교과 편제 및 시간 배당표를 발표하였다. 중등학교에서 1주일의 수업 시간은 32시간에서 36시간까지로, 하루 평균 5, 6시간을 수업하게 되는데 중등학교의 교과 편제 및 과목별 주당 시간 수는 〈표 7-2〉와 같다.

〈표 7-2〉 중등학교 교과 편제 및 시간 배당(1945. 9. 30)

학년 \ 교과	공민	국어	지리 역사	수학	물리 · 화학 · 생물	가사	재봉	영어	체육	음악	습자	도화	수예	실업	계
1 중학	2	7	3	4	4			5	3	1	1	1		1	32
고녀	2	7	3	3	3	2	2	4	2	2	1	1	1		33
2 중학	2	7	3	4	4			5	3	1	1	1		1	32
고녀	2	7	3	3	3	2	3	4	2	2			1		32
3 중학	2	6	4	4	5			5	3	2		1		2	34
고녀	2	6	3	2	4	4	3	4	2	2		1	1	1	35
4 중학	2	5	4	4	5			5	3	2				3	33
고녀	2	5	3	3	4	4	4	4	2	2		1	1	1	36

※ 중학 = 남자 중학교, 고녀(고등 여학교) = 여자 중학교

임시로 정해진 초·중등학교 교과 편제와 시간 배당표는 발표된 지 1년 후인, 1946년 9월 1일부터 다시 바뀌었다. 미군정청이 1946년 9월 발표한 교과 편제에는 미국의 진보주의 교육의 영향이 나타나 있었다. 즉 이 교과 편제에서는 초·중등학교에서 모두 '공민', '역사', '지리'를 통합하여 '사회생활'과라는 교과를 새롭게 등장시키고 있는데 이는 바로 진보주의 교육에서 주장하는 통합 교육과정의 초보적 형태라고 할 수 있는 것이다. 이 시기에는 또한 각급 학교 교육과정의 교과 편제 및 시간 배당과 함께 각 교과를 가르치기 위한 교수요목이 제정되었다. 당시 교수요목은 대부분의 교과에서 단원명, 제재명, 내용 요소 등 가르칠 주제만을 열거하고 있다는 점에서 이후에 공포된 교육과정에 비하면 전개 체제, 내용 등의 면에서 미흡한 점이 많았다고 할 수 있다. 즉 당시 교육과정은 각급 학교의 교과 편제 및 시간 배당과 함께 작성된 교수요목을 말하며, 현재와 같은 교육과정의 체계를 갖추고 있지 않았다. 이 점에서 이러한 교육과정이 적용되는 시기를 '교수요목기'라고 한다.

2. 제1차 교육과정~제5차 교육과정

해방 후 대한민국 헌법이 제정되고 그에 따른 교육법 또한 제정되면서 교육과정도 국가 수준에서 체계화하려는 노력이 시작되었다. 그러나 이러한 노력은 1950년의 6·25 전쟁으로 인해 휴전 후에야 그 결실을 보게 된다. 그리하여 국가 수준에서 만들어진 최초의 체계적인 교육과정은 1954년과 1955년에 걸쳐 공포되었으며, 이는 이전의 교수요목을 첫 번째로 개정했다는 의미에서 제1차 교육과정으로 불린다. 이후 국가 교육과정은 정권이 바뀔 때마다 바뀌는 모양새를 취해 왔다. 이것은 국가 교육과정이라는 것이 지금껏 중앙의 정부 부처에서 개정을 발의하고 주요 개정 방향과 골격을 정해왔기 때문에 당연한 것이라고 볼 수 있다. 따라서 정권이 바뀔 때마다 새로운 정부에서 요구하는 교육의 방향에 맞추어 국가 교육과정은 개정을 거듭해 왔다. 이하에서는 제1차 교육과정에서부터 문민정권 이전의 제5차 교육과정까지를 간략히 살펴본다.

가. 제1차 교육과정

제1차 교육과정은 1954년 4월 20일 공포된 『교육과정 시간 배당 기준령』과 그 이듬해인 1955년 8월 1일 공포된 초·중·고·사범학교 『교과과정』(문교부, 1955)을 말하는 것으로서, 1963년에 공포된 제2차 교육과정이 적용될 때까지 시행된 교육과정이다. 이 시기에는 이후에 공포된 교육과정과 달리 각급 학교 교육과정 시간 배당이 교과과정에 앞서 별도로 공포되었으며, 국가 수준에서 공포된 교육과정에 관한 문서가 교육과정이 아닌 『교과과정』이라는 이름으로 되어 있었다.

제1차 교육과정은 6·25 전쟁으로 인해 혼란스런 상황 속에서 공포된 것으로, 당시의 시대적 상황을 많이 반영하고 있다. 교수요목기부터 유입되기 시작한 미국의 진보주의 교육 사조는 6·25 전쟁 동안 교육과정에 대한 연구에 영향을 주었으며, 특히 1952년 내한한 미국 교육사절단은 경험 중심 교육과정을 직접 소개하기 시작했다. 이러한 미국 교육과정의 영향으로 제1차 교육과정에는 교육과정을 종래의 교수 내용의 나열을 의미하는 교수요목이 아닌 경험 영역으로 보려는 시각이 일부 반영되어 있다.

제1차 교육과정기의 각급 학교 교육과정의 두드러진 특징을 몇 가지 지적해 보면 다음과 같다. 첫째, '특별활동'이 교육과정의 한 영역으로 설정되었다. 초·중·고등학교에서 모두 교과와 별도로 하나의 영역으로서 특별활동 시간이 배당되었다. 이것은 바로 미국의 경험 중심 교육과정의 영향에 의한 것으로, 교과 외의 교육 활동인 특별활동을 통해 전인 교육을 강조하기 위한 조치라고 볼 수 있다. 교육과정을 교과와 특별활동의 두 영역으로 제시한 교육과정 편제는 이후 오랫동안 우리나라 교육과정을 제시하는 기본 틀이 되었다.

둘째, 현재의 '도덕' 교과 교육에 해당하는 '도의' 교육이 당시의 시대적 요구로서 강화되었다. 초등학교의 경우에는 각 학년의 총 이수 시간 수의 범위 내에서 연간 35시간 이상의 시수를 확보하여 전 교과와 학교 전체의 교육 활동을 통하여 도덕 교육을 행하도록 했다. 중학교의 경우도 '사회생활'에 배당된 시간 수 중 연간 35시간 이상을 도의 교육에 충당하도록 했으며, 고등학교에서도 사회 교과 내에 '도덕'이라는 과목을 두어 연간 35시간을 하도록 했다.

이상에서 검토해 본 제1차 교육과정은 우리가 만든 최초의 교육과정이며, 경험 중심 교육과정의 시각이 반영되어 있다는 점에서 의의가 있다. 그러나 이 교육과정은 교육과정령으로서의 체제, 진술, 형식 등 여러 면에서 미흡한 점이 많았다. 즉 제1차 교육과정은 법적으로는 처음으로 '교육과정'이라는 용어를 사용하였으나(1955년의 문서는 『교과과정』으로 나왔으나, 1954년의 시간 배당 기준령을 공포할 때는 '교육과정'이라는 용어를 사용했음), 여전히 교육과정의 의미를 '가르칠 내용의 열거'라는 교수요목의 의미로 간주하고 있었다. 이것은 시간 배당 기준령과 교과과정이 별도로 결정, 공포된 점으로 미루어 보아 알 수 있다. 말하자면 당시에는 미국의 경험 중심 교육과정의 영향으로 교육과정에 대한 인식이 새롭게 전개되긴 했지만 그에 대한 충분한 개념 정립이 부족했었다고 볼 수 있다. 따라서 제1차 교육과정은 교수요목기에 완성하지 못했던 각과 교수요목 작업을 마무리하는 정도에 그쳤다고 볼 수 있다.

나. 제2차 교육과정

제2차 교육과정(문교부, 1963)은 1963년 2월 15일 초등학교 교육과정이 공포된 이후 1973년에 공포된 제3차 교육과정이 적용될 때까지 시행된 교육과정이다. 제2차 교육과정은 제1차 교육과정에서 별도로 공포했던 『교육과정 시간 배당 기준령』과 『교과과정』을 합쳐 일련의 체계를 갖춘 교육과정으로 공포함으로써 교육과정 기준령으로서의 체계를 갖추고 있다. 그리고 국가 수준에서 제시한 문서도 그 명칭이 제1차 교육과정 때의 『교과과정』에서 『교육과정』으로 바뀌어, 교육과정이 교과뿐만 아니라, 학교교육의 전 활동과 관련되는 것임을 분명히 하고 있다.

제2차 교육과정의 전체적인 특징은 교과목으로 조직된 내용보다 학생들의 경험을 중요하게 생각하는 교육과정의 개념을 받아들였다는 점이다. 이는 당시 『교육과정』 문서에도 나타나 있다. 즉 당시 『교육과정』 문서에서는 교육과정의 개념을 '학생들이 학교의 지도하에 경험하는 모든 학습 활동의 총화'로 정의내리고 있다.

이 시기 교육과정의 두드러진 특징은 다음과 같다. 첫째, 교수요목기부터 형식적이고 초보적인 형태로 반영된 경험 중심 교육과정의 영향이 교과 내용을 조직하는 데에 좀 더 적극적으로 반영되었다. 예컨대 중학교의 경우, 제1차 교육과정에서 '사회생활'과는 지리, 역사, 공민, 도의가 1학년에서 3학년까지 매 학년마다 병렬되어 전체로서의 '사회생활'과를 구성하고 있었다. 그러나 '사회생활'의 이러한 구성은 영역들 각각의 지식 체계를 여전히 존중하는 방식이어서 영역들 간을 횡적으로 관련짓지 못했다. 그리하여 학생들은 매주 네 사람의 다른 교사에게서 '사회생활'을 배우게 되어 있었다(유봉호, 1992). 제2차 교육과정에서는 이 교과의 명칭이 '사회'로 바뀌면서 '사회'과 내의 지리, 역사, 공민 영역이 횡적으로 유기적인 관련을 가지고 통합 조직되었다. 그리고 이러한 교육 내용 조직 방식은 '과학'과에도 적용되었다.

둘째, 초등학교와 중학교 교육과정에서 '반공 · 도덕'이 하나의 교육과정 영역으로 새로이 설정되었다. 이것은 구 교육과정에서 강조되었던 '도의' 교육이 하나의 교육과정 영역으로 들어온 것이라고 볼 수 있다. 그리하여 교육과정은 교과, 반공 · 도덕, 특별활동의 세 영역으로 구성되었다.

셋째, 고등학교 교육과정에 처음으로 '단위제'가 도입되었다. 단위제는 학년별로 시간 배당 기준을 제시하는 시수제와 달리, 고등학교 3년 동안에 이수해야 할 교과별 단위 수를 정해주고 학교가 이 기준의 범위 내에서 자율적으로 교육과정 계획을 수립할 수 있게 하는 것이다. 1단위는 매주 50분 수업을 기준으로 하여 1학기 동안 이수하는 수업량을 말한다. 단위제를 실시함으로써 각 학교는 학교의 교사 현황과 시설 등을 고려하여 학기별로 개설할 교과목 및 교과목별 단위를 융통성 있게 결정할 수 있게 되었다.

넷째, 고등학교 교육과정에 '과정'을 도입하여 학생의 진로와 직업 선택에 따라 2학년부터 인문과정, 자연과정, 직업과정, 예능과정 등으로 구분하여 지도할 수 있도록 하였다. 즉 제2차 교육과정에서는 진학하는 학생과 진학하지 않고 곧장 사회에 진출하는 학생을 위해서, 그리고 진학할 경우에도 적성에 맞는 과정을 선택하여 진학할 수 있도록 하기 위한 장치를 마련하였다.

이상에서 검토한 제2차 교육과정은 전체적으로 볼 때, 해방 후에 도입된 진보주의 교육에서 강조했던 경험 중심 교육과정을 교육 실천면에서 받아들이려고 노력했던 교육과정이라고 할 수 있다.

다. 제3차 교육과정

제3차 교육과정(문교부, 1973)은 1973년 2월에 초등학교 교육과정이 공포된 이후 1981년 공포된 제4차 교육과정이 적용될 때까지 시행된 교육과정이다. 이 교육과정은 교육의 방향 면에서는 1968년에 선포된 '국민교육헌장'의 이념 및 1972년에 선언된 유신 이념의 구현을, 그리고 교육의 방법 및 원리 면에서는 1960년대부터 미국에서 새롭게 대두된 학문 중심 교육과정의 도입을 배경으로 하여 개정된 것이다.

제3차 교육과정의 기본 이념이자 방향이 되었던 국민교육헌장은 1960년대 이후 우리의 전통을 존중하고 주체성을 창조하자는 취지에 따라 선언된 것으로 소위 '국적 있는 교육'을 하기 위한 것이었다. 그러나 이 헌장은 후에 이 헌장이 갖는 전체적인 분위기가 국가주의, 나아가 국수주의적 색채가 있다고 하여 비판받기도 하였으며, 1990년대 남북한이 화해 분위기로 접어들면서 이 헌장에 들어 있는 '반공 정신'은 무의미해 지기도 했다.

국민교육헌장의 이념과 함께 제3차 교육과정을 이끈 것은 학문 중심 교육과정이었다. 제3차 교육과정의 기본 방침 중의 하나인 '지식 · 기술 교육의 쇄신'이라는 항목에서는 "기본 개념 파악:지식의 구조를 이루는 기본 개념과 그 관계를 이해하고 지적인 탐구 방법을 익힐 수 있도록 지도 내용을 정선하여야 한다"고 하여 학문 중심 교육과정의 성격을 분명히 드러내고 있다. 이에 따라 제3차 교육과정에서 각 교과의 내용은 교과가 기초하는 학문의 기본 개념과 원리를 토대로 하여 그것을 학년이 올라갈수록 점차 심화 확대해 나가는 나선형 교육과정의 조직 형태를 취하고 있으며, 교육 방법에 있어서는 발견 학습이나 탐구 학습을 강조하고 있다.

이 시기 교육과정의 두드러진 특징은 다음과 같다. 첫째, 초등학교와 중학교에 있어서 교육과정의 하나의 독립된 영역이었던 '반공 · 도덕' 영역이 교과 영역에 포함되면서 '도덕'이라는 교과가 새롭게 등장했다. 그리하여 교육과정은 다시 크게 교과와 특별활동의 두 영역으로 구성되었으며, '반공 · 도덕'은 '도덕'이라는 하나의 독립된 교과로서의 지위를 획득했다. 말하자면 현재 학생들이 배우는 '도덕'이라는 교과는 제3차 교육과정에서 비롯된 것이라고 할 수 있다.

둘째, 몇 개의 교과가 신설되었다. 중학교의 경우, 앞에서 언급한 '도덕'과 이외에도 '국사'가 교과로서 독립, 신설되었다. '국사'과의 신설은 당시 교육과정 개정의 방향을 반영한 것으로, 우리 민족의 주체적인 가치관의 확립을 명분으로 한 것이었다. 고등학교의 경우는 '자유 선택 교과목'이 신설되었다. 이것은 국가 수준에서 획일적으로 모든 교과를 처방하던 종래의 방식에서 벗어나 단위 학교에 교과 선택의 자유를 주었다는 점에서 획기적인 방안이라고 할 수 있다. 그러나 이 교과에 설정된 최저 단위가 '0'으로 되어 있어서 학교 현장에서는 이 교과에 대한 수업 시간을 실질적으로 확보하지 못한 경우가 많았다.

전체적으로 볼 때, 제3차 교육과정은 정치적으로는 유신 과업의 추진을, 방향 면에서는 국민교육헌장의 이념을, 그리고 이론적으로는 학문 중심 교육과정을 반영하는 특징을 가지고 있었다. 그러나 이 교육과정은 지식의 학문적 성격을 지나치게 강조함으로써 여러 가지 문제점을 야기하게 되었다. 즉 학습 내용의 과다, '수학', '과학' 등 일부 교과에서의 지나치게 어려운 학습 내용, 학생의 흥미와 무관한 교과목 위주의 분과 교육, 일반 교육의 소홀, 전인 교육의 도외시 등이 문제점으로 지적되었다. 그리고 이러한 문제점은 제4차 교육과정 개정 작업을 서두르게 했다.

라. 제4차 교육과정

제4차 교육과정(문교부, 1981)은 1981년 12월 31일에 공포된 후 1987년 공포된 제5차 교육과정이 적용될 때까지 시행된 교육과정이다. 이 교육과정은 앞에서 언급한 바 있는 제3차 교육과정의 문제점을 보완하고, 제5 공화국 출범에 따른 교육 개혁 조치들을 반영하며, 급변하는 정치 · 사회적 현실과 여기서 파생되는 여러 요구를 반영하기 위해 개정되었다.

이 교육과정은 전체적으로 볼 때, 어느 한 사조나 이념만을 반영하는 교육과정이 아닌 종합적이고 복합적인 성격을 지니고 있다. 즉 이 교육과정은 제3차 교육과정이 학문적 성격을 지나치게 강조한 데 대해, 개인적인 측면을 강조하는 인간 중심 교육과정의 성격을 강조한 면이 없지 않으나, 그 성격상 어느 한 측면에 치우치지 않고 개인, 사회, 학문을 고루 강조한 교육과정으로 해석되고 있다.

이 시기 교육과정의 두드러진 특징은 다음과 같다. 첫째, 초등학교 1, 2학년에 처음으로 통합 교육과정이 도입되었다. 즉 초등학교 1, 2학년의 경우, 교육과정 편제표 상에 각 교과별로 시간 배당을 하지 않고 몇 개의 교과를 묶어서 시간 배당을 했다. 예컨대 '도덕', '국어', '사회'가 하나로 묶여서 시간 배당이 되었으며, '산수'는 '자연'과 묶여서 시간 배당이 되었고, '체육'은 '음악', '미술'과 묶여서 시간 배당이 되었다. 초등학교 1, 2학년에서의 교과 간의 통합 시간 배당은 실제 운영할 때 '교과서의 통합'으로 나타났다. 즉 '도덕', '국어', '사회'는 '바른 생활', '산수'와 '자연'은 '슬기로운 생활', 그리고 '체육', '음악', '미술'은 '즐거운 생활'이라는 교과서를 통해 운영되었다. 이로써 우리나라는 통합 교과를 통한 통합 교육과정을 실시하기 위한 첫걸음을 내딛게 되었다.

둘째, 중학교에 '자유 선택 과목'이 신설되었다. '자유 선택 과목'이 신설된 취지는 학교와 지역 사회의 실정 및 학생들의 희망에 따라 학교장의 재량으로 학생에게 도움이 되는 교육 내용을 선정하여 지도할 수 있도록 하기 위한 것이었다. 이것은 국가 수준의 획일적인 교육과정 결정 방식을 극복하기 위한 것이었으나, 제3차 교육과정 때의 고등학교의 경우에서와 마찬가지로 이 과목에 배당된 최저 시간 수가 '0'으로 되어 있어서 학교 현장에서 실질적인 의미를 갖지 못했다.

전체적으로 볼 때, 제4차 교육과정은 미래 사회의 인간상을 그리면서 전인 교육을 강조한 것으로 보이나 교육 실제에 있어서는 큰 변화를 가져오지 못했다. 학생의 부담을 줄이려고 학습해야 할 교과목의 수를 축소하고, 주당 수업 시간 수도 다소 줄였으나, 실제 각 학교에서는 입시 과목을 위주로 하는 교육과정을 운영하였으며, 중 · 고등학교의 경우는 '자율 학습'이라는 명목으로 여전히 학생들에게 밤늦게까지 남아있을 것을 강요하였다. 또한 전인 교육을 한다는 명목 하에 중학교에 '자유 선택 과목'을 신설하고, 고등학교에도 이 과목에 제3차 교육과정 때보다 단위 배당을 증가시켜 놓았지만 여전히 최소 시간이나 단위가 '0'으로 규정되어 있어서 이 과목은 유명무실한 것이 되었다.

마. 제5차 교육과정

제5차 교육과정(문교부, 1987)은 1987년 초 · 중학교 교육과정이 공포된 후 1992년 공포된 제6차 교육과정이 적용될 때까지 시행된 교육과정이다. 이 교육과정은 제4차 교육과정의 기본적인 성격을 유지하면서 개선이 필요한 부분만 개정하는 것을 원칙으로 하여 개정된 것이다. 따라서 전체적으로 볼 때, 이 교육과정은 교과 중심, 아동 중심, 학문 중심 등과 같은 어떤 특정의 교육과정 색깔을 드러내기보다는 제4차 교육과정과 마찬가지로 종합적인 성격을 띤다.

제5차 교육과정의 특징은 당시 개정 방침으로 정했던 것에 잘 나타나 있다. 당시 문교부는 교육과정 개정의 방침으로 교육과정의 적정화, 교육과정의 내실화, 교육과정의 지역화를 들었다. 이 중 특히 '교육과정의 지역화'는 이제까지의 교육과정과는 상당히 다른 의미를 부여해 주는 방침이라고 할 수 있다. 이에 따르면, 각 시 · 도 교육위원회 또는 단위 학교는 자신의 특수 사정에 적합한 새로운 단원을 설정하여 원래의 교육과정 내용을 대체하거나 그에 첨가하여 가르칠 수 있는 것이 가능하였다. 이것은 당시까지 우리나라 교육과정 개발의 특징이었던, 국가 수준에서 교육과정에 관한 모든 것을 규정해 주는 방식에서 탈피하여 지역에 교육과정 개발의 권한을 일부 부여하려는 것이라고 볼 수 있다. 따라서 제5차 교육과정은 최근 강조되고 있는 지역, 학교, 학급 수준의 교육과정 개발을 활성화시키기 위한 하나의 출발점을 제공해 주었다고 할 수 있다.

이 시기 교육과정의 두드러진 특징은 다음과 같다. 첫째, 초등학교 1, 2학년의 통합 교과 운영 체제가 바뀌었다. 이미 언급되었던 바와 같이, 제4차 교육과정에서는 초등학교의 9개 교과가 교육과정 편제표 상에서는 분리, 독립되어 있으면서 인접한 교과들이 3개의 교과군으로 묶여서 시간 배당이 되고, 실제 운영에 있어서는 교과군별 통합 교과서를 사용하는 방식이 취해졌다. 말하자면 통합 대상의 교과들이 교육과정 상에는 분리된 채,

교과서로만 통합되어 있었던 것이다. 이러한 교과의 통합 운영 체제는 제5차 교육과정에 이르러 교과서뿐만 아니라 교육과정도 통합되는 통합 교육과정의 체제로 바뀌었다. 또한 통합의 방식도 바뀌어 '국어'는 '바른생활'로부터, 그리고 '산수'는 '슬기로운 생활'로부터 독립하였다. 그리하여 교과 영역은 '국어', '산수', '바른 생활', '슬기로운 생활', '즐거운 생활'의 5개 교과로 편성되었으며, 1학년의 경우는 여기에 '우리들은 1학년'이라는 교과가 추가되었다.

'국어'와 '산수'가 제4차 교육과정 때와 달리 통합 교육과정에서 분리되어 독립된 교과로 나오게 된 것은, '국어'와 '산수'에서 다루어지는 읽고, 쓰고, 셈하는 능력이 모든 교육의 가장 기초가 되는 것이므로 이에 대한 체계적인 지도가 별도로 필요하다는 요구 때문이었다. 그리고 '우리들은 1학년'이라는 교과를 신설한 것은 학교라는 기관에 처음 입학한 아동들로 하여금 학교생활을 쉽게 익히게 하고, 재미있는 활동거리를 제공해주며, 기본적인 학습 기능과 태도를 길러주기 위한 것이었다. '우리들은 1학년'은 1학년 초 1개월 동안에만 운영되었다.

둘째, 초등학교 교육과정에서 교육과정 사상 처음으로 '1교과 다교과서 체제'를 도입했다(유봉호, 1992). 이로써 초등학교의 교과서는 과거의 1교과 1교과서 체제보다 교과서의 종류와 책 수가 대폭 늘어나게 되었다. 즉 '국어' 교과는 말하기, 듣기, 읽기, '산수' 교과는 산수, 산수 익힘책, '바른 생활' 교과는 바른 생활, 바른 생활 이야기, '슬기로운 생활' 교과는 슬기로운 생활, 관찰, '즐거운 생활'은 즐거운 생활, '도덕'은 도덕, 생활의 길잡이, '사회'는 사회, 사회 탐구, '자연'은 자연, 실험 관찰, '실과'는 실과, 실습의 길잡이 등의 교과서로 운영되었다.

셋째, 초등학교 '사회'과 4학년 교과서에서 처음으로 지역별(시 · 도 단위) 교과서가 개발되었다. 이는 제5차 교육과정의 개정 방침 중의 하나인 교육과정의 지역화를 뚜렷하게 실현한 것으로, 처음으로 국가 수준이 아닌 지역 수준의 교육과정이 개발되어 운영되었다는 점에서 획기적인 의미를 지닌다.

넷째, 고등학교 교육과정에서 제3차 교육과정 때부터 설정되었으나 이제까지 유명무실하게 존재해 왔던 '자유 선택'이 실질적으로 운영될 수 있게 되었다. 즉 제5차 교육과정에서는 '자유 선택'이 '교양 선택'이라는 이름으로 최소 2단위가 배당되어 있어서 '교양 선택'의 시간이 실질적으로 확보되었던 것이다. 이것은 입시 위주의 교육에서 벗어나 참다운 의미의 전인적 교육을 도모하겠다는 뜻의 표현으로 볼 수 있다. 교양 선택은 교육학, 논리학, 심리학, 철학, 생활 경제, 종교 중에서 학생의 필요, 학교와 지역 사회의 실정 등을 고려하여 학교장 재량으로 선택할 수 있는 과목이며, 약간의 변화가 있긴 하지만 현재도 유지되고 있다.

전체적으로 볼 때, 제5차 교육과정은 초등학교 일부 교과 단원에 지역의 특성을 반영한다든지, 고등학교에서 학교 실정에 따른 교양 선택 교과의 운영을 실질적으로 할 수 있는 길을 열어 준 점에서 이후 교육과정에서 강조되고 있는 지역이나 학교 수준의 특성을 살리는 교육과정 운영의 계기를 마련해 주었다고 할 수 있다.

3. 제6차 교육과정

제6차 교육과정(교육부, 1992)은 문민 정권에서 만든 최초의 교육과정으로, 1992년 학교급별로 고시되어 시행되었던 교육과정이다.* 제6차 교육과정의 가장 큰 특징은 중앙 집중적인 교육과정을 지방 분권형 교육과정으로 전환하여, 시 · 도 교육청과 학교의 자율 재량권을 확대하였다는 점이다. 이전의 교육과정은 국가에서 교육과정에 관한 모든 사항을 규정해주

* 제6차 교육과정의 연도별 적용은 다음과 같았다.
1995년: 초 1, 2학년, 중 1학년
1996년: 초 3, 4학년, 중 2학년, 고 1학년
1997년: 초 5, 6학년, 중 3학년, 고 2학년
1998년: 고 3학년

고 각 지역의 학교들은 이에 전적으로 의존함으로써 실제로 학교 현장에서 운영되는 교육과정은 지역이나 학교의 특색을 반영하지 못한 채 전국적으로 획일화된 모습을 띠었다. 제6차 교육과정에서는 당시 교육부가 전담해 왔던 교육과정 편성 · 운영권을 교육부, 시 · 도 교육청, 그리고 학교가 각각 역할 분담하여 가질 수 있도록 하였다. 즉 교육부는 국가 수준의 기준을 『교육과정』 문서로 고시하고, 시 · 도 교육청은 국가 기준을 근거로 시 · 도 『교육과정 편성 · 운영 지침』을 작성하여 각 학교에 제시하며, 각 학교는 국가 기준과 시 · 도의 지침을 근거로 학교 실정에 맞게 『학교 교육과정』을 편성 · 운영하도록 제도화하였다.

제5차 교육과정 때까지는 교육부의 교육과정 기준이 곧 시 · 도 교육청 교육과정 기준이 되고, 또 학교의 교육과정이 되며, 나아가 교사의 교육과정이 되었다. 그러나 국가에서 고시한 문서인 『교육과정』은 국가 수준에서 정한 전국 공통적 · 일반적 기준이기 때문에, 각 시 · 도의 특성과 실정, 필요, 요구는 물론이고, 각 학교의 특성, 학생, 학부모, 교원의 요구나 각 지역의 교육 기반 등의 제 요인을 충분히 고려하기가 어려웠다. 이 점을 고려하여 제6차 교육과정에서는 시 · 도 교육청과 학교에 교육과정 편성 · 운영 지침 작성권을 부여하였으며, 이에 따라 지역과 학교의 특성에 따른 다양한 교육과정이 편성 · 운영될 수 있게 되었다(교육부, 1997).

다음에서는 이러한 제6차 교육과정의 특징이 각급 학교 교육과정에 구체적으로 어떻게 반영되어 있는지를 살펴본다.

가. 초등학교 교육과정

초등학교의 교육과정 시간 배당 기준은 〈표 7-3〉과 같다.

〈표 7-3〉 초등학교 교육과정 시간 배당 기준(1992. 9. 30)

<table>
<tr><th colspan="2">학 년
구 분</th><th>1학년</th><th>2학년</th><th>3학년</th><th>4학년</th><th>5학년</th><th>6학년</th></tr>
<tr><td rowspan="9">교과</td><td>도 덕</td><td colspan="2">바른 생활
60 / 68</td><td>34</td><td>34</td><td>34</td><td>34</td></tr>
<tr><td>국 어</td><td>210</td><td>238</td><td>238</td><td>204</td><td>204</td><td>204</td></tr>
<tr><td>수 학</td><td>120</td><td>136</td><td>136</td><td>136</td><td>170</td><td>170</td></tr>
<tr><td>사 회</td><td colspan="2" rowspan="2">슬기로운 생활
120 / 136</td><td>102</td><td>102</td><td>136</td><td>136</td></tr>
<tr><td>자 연</td><td>102</td><td>136</td><td>136</td><td>136</td></tr>
<tr><td>체 육</td><td colspan="2" rowspan="3">즐거운 생활
180 / 238</td><td>102</td><td>102</td><td>102</td><td>102</td></tr>
<tr><td>음 악</td><td>68</td><td>68</td><td>68</td><td>68</td></tr>
<tr><td>미 술</td><td>68</td><td>68</td><td>68</td><td>68</td></tr>
<tr><td>실 과</td><td>·</td><td>·</td><td>34</td><td>34</td><td>34</td><td>34</td></tr>
<tr><td colspan="2">특 별 활 동</td><td>30</td><td>34</td><td>34</td><td>68</td><td>68</td><td>68</td></tr>
<tr><td colspan="2">학교 재량 시간</td><td>·</td><td>·</td><td>34</td><td>34</td><td>34</td><td>34</td></tr>
<tr><td colspan="2">연간 수업 시간 수</td><td>790(70)</td><td>850</td><td>952</td><td>986</td><td>1,054</td><td>1,054</td></tr>
</table>

① 이 표의 시간 수는 34주를 기준으로 한 연간 최소 시간 수임(1학년은 30주로 함)
② 1단위 시간은 40분을 원칙으로 함
③ 1학년 연간 수업 시간 수 790시간 중 70시간은 '입학 초기 학교 적응 활동'(3월)에 배당하여야 함

초등학교 교육과정 편제는 제2차 교육과정을 제외하고는 '교과'와 '특별활동'의 2대 영역으로 나누어져 왔다. 그러나 〈표 7-3〉에서 볼 수 있는 바와 같이, 제6차 교육과정에서는 교육과정을 '교과', '특별활동', '학교 재량 시간'의 3대 영역으로 편성하고 있다. 이것은 학교 재량 시간이 확보됨에 따른 것이다.

제6차 초등학교 교육과정의 구체적인 특징은 다음과 같다. 첫째, 제6차 교육과정이 추구하고 있는 교육과정 결정의 분권화 및 교육과정 운영의 다양화가 구체적으로 실현되어 있다. 제5차 교육과정에서 신설되었던 '우리들은 1학년'은 국가 수준 교육과정에서 그 목표와 내용을 획일적으로 제시했었다. 그러나 제6차 교육과정에서는 이것에 대한 교육과정 편성 · 운영

권 자체를 전체적으로 시 · 도 교육청에 이관하였다. 그리하여 초등학교 1학년 학생들은 지역별로 신입생들의 생활 경험, 성장 배경, 능력 수준, 지역 특성, 학교 실정 등을 고려하여 개발된 교육과정을 가지고 '입학 초기 학교 적응 활동'을 하게 되었다. 또한, 우리나라 교육과정 편제상 처음으로 '학교 재량 시간'이 설정되었다. 즉 3학년 이상을 대상으로 연간 34시간의 학교 재량 시간이 신설되어 교육과정 편제에 제시된 교과나 특별활동을 보충 · 심화하거나 학교의 독특한 교육적 필요 및 학생의 요구 등에 따른 창의적인 교육 활동을 할 수 있는 길이 열리게 되었다. 그러나 1995년의 교육과정 부분 개정으로 1997년도 초등학교 3학년부터 '영어'가 새로이 도입되면서, 학교 재량 시간은 0~34시간으로 축소되었다.

둘째, 1, 2학년의 통합 교과가 조정, 체계화되었다. 제5차 교육과정에서 '바른 생활'의 내용은 주로 '도덕'과 '사회' 요소를 통합한 것으로, 공동생활에 필요한 바람직한 태도의 형성과 주변의 사회 현상에 대한 이해에 중점을 두고 구성된 것이었다. 그러나 제6차 교육과정에서는 사회 현상에 관한 요소를 '슬기로운 생활'로 편입시키고, '바른 생활'은 저학년 학생들의 일상생활에서 요구되는 실천 위주의 기본 예절, 기본 생활 습관, 공중 도덕, 안전 교육, 환경 교육 등을 통합적으로 반영하는 새로운 교과로 독립시켰다. 또 '슬기로운 생활'은 제5차 교육과정에서의 자연 현상 중심의 내용에서 사회 현상과 자연 현상을 하나의 주변 환경으로 인식하여 통합적으로 접근하는 새로운 통합 교과로 구성되었다.

셋째, '산수' 교과의 명칭이 '수학'으로 변경되었다. 지금까지 사용되어 온 '산수'라는 명칭은 산술로서의 셈하기에 근거를 둔 것이며, 이로 인해 학교에서도 계산 위주의 수업과 수동적인 학습 활동이 전개되는 경향을 띠었다. 그러나 우리가 '수학'이라고 할 때, 수학 교육의 주 목적은 수학적인 사고와 활동의 기회를 많이 줌으로써 그 사고 활동을 통하여 논리적인 사고 능력을 기르려는 것이다. 이 점에서 제6차 교육과정은 계산 중심의 '산수'가 아니라 사고 중심의 '수학'으로의 전환을 꾀하려고 했다고 할 수 있다.

나. 중학교 교육과정

중학교의 교육과정 시간 배당 기준은 〈표 7-4〉와 같다.

〈표 7-4〉 중학교 교육과정 시간 배당 기준(1992. 6. 30)

구분 \ 학년		1 학년	2 학년	3 학년
필수교과	도 덕	68	68	68
	국 어	136	170	170
	수 학	136	136	136
	사 회	102	136	136
	과 학	136	136	136
	체 육	102	102	102
	음 악	68	34~68	34~68
	미 술	68	34~68	34~68
	가 정	68	34	34
	기술 · 산업	34	68	68
	영 어	136	136	136
선택교과	한 문	34~68	34~68	34~68
	컴 퓨 터			
	환 경			
	기 타			
특 별 활 동		34~68	34~68	34~68
연간 수업 시간 수		1,156	1,156	1,156

① 이 표의 시간 수는 34주를 기준으로 한 연간 최소 시간 수임
② 1단위 시간은 45분을 원칙으로 함

제6차 중학교 교육과정의 구체적인 특징은 다음과 같다. 첫째, 선택 교과제가 도입되었다. 이는 시대적 · 사회적 · 개인적 요구에 따른 교육과정의 다양성과 적합성을 높이기 위한 것이라고 볼 수 있다. 새로 마련된 선택 교과에서는 '한문', '컴퓨터', '환경'의 세 개 교과 혹은 그 외 필요한 교과를 지역과 학교의 독특한 특성과 필요에 맞게 설정하여 운영할 수 있게 하였다.

둘째, 제5차 교육과정에서 각각 독립 교과로 설정되어 있던 '국사'와 '사회'를 '사회' 교과로 통합하였다. 또한 종래 7개 과목(생활기술, 가정, 농업, 공업, 상업, 수산업, 가사)으로 구성되어 선택하도록 했던 '실업 · 가정'을 '기술 · 산업'과 '가정' 두 개의 교과로 통합 개편하고 남녀 공통 필수로 지정하여, 이수 내용에 따른 남녀 성차별을 철폐하였다.

다. 고등학교 교육과정

고등학교 교과는 보통 교육을 주로 하는 일반계 고등학교를 위한 '보통 교과'와 전문 교육을 주로 하는 고등학교를 위한 '전문 교과'로 구분된다. 고등학교 교육과정의 단위 배당 기준을 일반계 고등학교의 보통 교과를 중심으로 제시해 보면 〈표 7-5〉와 같다.

〈표 7-5〉 고등학교 교육과정 단위 배당 기준-보통교과(1992. 10. 30)

교 과	공통 필수 과목	과정별 필수 과목	과정별 선택 과목
1. 윤 리	윤리(6)		
2. 국 어	국어(10)	화법(4), 독서(4), 작문(6), 문법(4), 문학(8)	
3. 한 문		한문 I (6), 한문 II (4)	
4. 수 학	공통 수학(8)	수학 I (10), 수학 II (10), 실용 수학(8)	
5. 사 회	공통 사회(8) 국사(6)	정치(4), 경제(4), 사회 · 문화(4), 세계사(6), 세계 지리(6)	

6. 과 학	공통 과학(8)	물리 I (4), 물리 II (8), 화학 I (4), 화학 II (8), 생물 I (4), 생물 II (8), 지구 과학 I (4), 지구 과학 II (8)	
7. 체 육	체 육 I (8)	체육 II (6)	
8. 교 련		교련(6)	
9. 음 악	음 악 I (4)	음악 II (4)	
10. 미 술	미 술 I (4)	미술 II (4)	
11. 실업 · 가정		기술(8), 가정(8), 농업(6), 공업(6), 상업(6), 수산업(6), 가사(6), 정보 산업(6), 진로 · 직업(6)	
12. 외국어	공통 영어(8)	영어 I (8), 영어 II (8), 영어 독해(6), 영어 회화(6), 실무 영어(6), 독일어 I (6), 독일어 II (6), 프랑스어 I (6), 프랑스어 II (6), 에스파냐어 I (6), 에스파냐어 II (6), 중국어 I (6), 중국어 II (6), 일본어 I (6), 일본어 II (6), 러시아어 I (6), 러시아어 II (6),	
13. 교양선택			철학, 논리학, 심리학, 교육학, 생활 경제, 종교, 환경 과학, 기타 중에서 선택(4)
이수 단위	70	106	12
특별활동	학급 활동 클럽 활동 (12) 단체 활동(4)		

① 보통 교육을 주로 하는 일반계 고등학교는 2학년부터 인문 · 사회 과정, 자연 과정, 직업 과정 및 기타 필요한 과정을 둘 수 있다. 단, 직업 과정으로의 변경은 3학년에서도 가능하다.

② ( )안의 숫자는 단위 수이며, 1단위는 매주 50분 수업을 기준으로 하여 1학기(17주)동안 이수하는 수업 량을 말한다.

③ 체육II, 음악II, 미술II는 체육, 예술에 관한 전문 과목 중에서 선택한다.

〈표 7-5〉에 따르면, 고등학교 교육과정 편제는 제5차 교육과정과 마찬가지로 '교과'와 '특별활동'으로 구성되어 있다. 교과에는 고등학교의 모든 학생이 이수하는 공통 필수 과목과 각 과정에 알맞게 이수하는 과정별 필수 과목 및 선택 과목을 두고 있다.

제6차 고등학교 교육과정의 구체적인 특징은 다음과 같다. 첫째, 교육과정 결정의 분권화 모습을 잘 반영하고 있다. 즉 보통 교과(70과목) 중 계열과 과정에 관계없이 모든 학생이 이수해야 할 '공통 필수 과목'(10과목)만 교육부가 지정해 주고, '과정별 필수 과목'은 시 · 도 교육청에서, 그리고 '과정별 선택 과목'은 각 고등학교에서 필요에 따라 선택할 수 있게 하였다. 또한 지금까지 일반계 고등학교에서는 3개 과정(인문 · 사회 과정, 자연 과정, 직업 과정)만 설치 · 운영하였으나, 제6차 교육과정에서는 시 · 도 교육청에서 지역 특성, 학교 실정, 학생의 요구 등을 고려하여 기타 필요한 과정을 설치하여 각 학교에 제시할 수 있도록 하였다.

둘째, 공통 필수 과목을 정선하여 종전의 12과목에서 10과목으로 줄이고, 선택 과목을 34과목에서 60과목으로 대폭 확대하였으며, 나아가 일반계 고등학교에서도 필요에 따라 전문 교과를 선택하여 편성 · 운영할 수 있게 하였다. 또한 고등학교 교육과정 편제를 일반계, 실업계, 기타계 등으로 폐쇄 고정시키는 체제에서 개방형 통합 체제로 개선하여 보통 교과(70과목)와 전문 교과(378과목)로만 구분 제시함으로써, 고등학교의 설립 목적과 성격, 교육적 요구에 따라 필요한 과목을 융통성 있게 선택하여 편성 · 운영할 수 있게 하였다. 따라서 전문 교육을 주로 하는 고등학교를 보다 다양하게 설치할 수 있게 되었고, 수시로 변화하는 산업계와 사회 요구에 맞는 학과를 유연하게 조정 · 설치할 수 있게 되었다.

이상에서 검토해 본 제6차 교육과정의 가장 큰 의미는 해방 후 지속되어 왔던 중앙 집중적인 교육과정 운영 방식을 탈피하여 지역 및 학교에 교육과정 운영의 재량권을 대폭 이양한 점이라고 할 수 있다. 즉 제6차 교육과정에서는 지역의 실정에 알맞도록 학교 교육과정을 편성 · 운영하거나, 교재(교과서)를 재구성하여 활용하는 것을 권장함은 물론, 학교 재량 시간을 설정하여 학교 나름대로 교과목을 선택하고 내용을 구성하여 자율적으로 교육과정을 결정하고 운영할 수 있는 기회를 갖게 하였다.

참고 문헌

문교부(1955). 교과과정.

문교부(1963). 교육과정.

문교부(1973). 교육과정.

문교부(1981). 교육과정.

문교부(1987). 교육과정.

교육부(1992). 교육과정.

김재춘 · 부재율 · 소경희 · 양길석(2010). 예비 · 현직 교사를 위한 교육과정과 교육평가. 서울: 교육과학사.

유봉호(1992). 한국교육과정사연구. 서울: 교학연구사.

21세기 한국의 교육과정

제8장

1. 제7차 교육과정
2. 2007 개정 교육과정
3. 2009 개정 교육과정
4. 2015 개정 교육과정
5. 2022 개정 교육과정

* 이 장은 김재춘 · 부재율 · 소경희 · 양길석(2010)의 저서에서 필자가 집필한 내용의 일부가 반영된 것임을 밝힌다.

우리나라 교육과정은 21세기를 염두에 두고 개정된 제7차 교육과정을 통해 새로운 전환기를 맞게 된다. 제7차 교육과정에서는 교육의 패러다임을 공급자 중심에서 수요자 중심으로 전환하면서 학생들의 다양성을 존중하기 위한 여러 가지 개혁을 시도했다. 이러한 학생 중심 교육과정의 기조는 최근까지도 유지되고 있으며, 이를 위한 적극적인 조처로서 단위 학교가 자율적으로 교육과정을 편성·운영할 수 있도록 하는 권한을 점차 확대해 주고 있다. 따라서 최근 우리나라 교육과정 개혁의 주된 초점은 학생들의 다양한 관심에 대응하고, 학교에 교육과정 편성·운영의 자율권을 확대해 주는 것에 있다고 할 수 있다.

한편 제7차 교육과정 이후부터는 국가 교육과정이 수시로 개정될 수 있는 체제를 따르고 있다. 이에 따라 과거의 주기적이고 전면적인 개정 체제에서 사용되었던 개정 차수를 언급하는 명칭은 제7차 교육과정을 끝으로 사라지고, 이후 개정부터는 개정 시점에 따른 명칭이 사용되고 있다. 따라서 제7차 교육과정 이후의 교육과정은 개정 고시 시점을 반영하여 '2007 개정 교육과정', '2009 개정 교육과정', '2015 개정 교육과정', '2022 개정 교육과정' 등의 이름으로 불린다. 이 장에서는 21세기 우리나라 학교교육의 기본 토대를 제공했던 제7차 교육과정부터 가장 최근에 개정되어 2024년부터 단계적으로 시행되고 있는 2022 개정 교육과정까지를 살펴본다.

【탐구 쟁점 예시】

1. 국가 교육과정에서는 학생들의 학업 수준의 격차를 어떻게 고려해야 하는가? 이를 위해 도입된 바 있었던 수준별 교육과정에 대해서는 어떻게 생각하는가?
2. 국가 교육과정에서는 학생들의 서로 다른 흥미, 적성, 요구를 어떻게 반영해야 하는가? 이를 위해 도입된 선택 중심 교육과정이나 고교학점제에 대해서 어떻게 생각하는가?
3. 학교가 자율적으로 특정 과목이나 활동을 신설하여 운영할 수 있도록 하는 권한을 점차 확대해 주는 정책(예: '학교자율시간')에 대해 어떻게 생각하는가?
4. 중학교의 '자유학기제' 실행 경험에서 느낀 장·단점은 무엇이었는가?
5. 고등학교 '고교학점제'의 발전 방안은 무엇이라고 보는가?

1. 제7차 교육과정

제7차 교육과정(교육부, 1997)은 1997년 12월 30일 고시되어 2000년도부터 단계적으로 적용된 교육과정이다.* 이 교육과정은 21세기 사회를 염두에 두고 개발된 것으로, 21세기 정보화 · 세계화 시대에 세계를 주도하는 경쟁력 있는 인간을 효과적으로 양성해 내는 것을 목적으로 한 것이다.

제7차 교육과정은 그동안 교육과정 이론이나 학교 현장에서 지속적으로 추구해 왔으나 구체적으로 실현되지 못했던 많은 이상들을 국가 수준에서 표방하거나 보장해 주는 특징을 지닌다. 대표적인 예로 제7차 교육과정에서는 획일성으로 특징지워졌던 우리나라 학교교육을 다양성을 존중하는 학교교육으로 전환하기 위하여 '학생 중심 교육과정'을 표방하였다. 그리고 이를 구체적으로 실현하기 위해 국민 공통 기본 교육과정의 도입과 더불어, 수준별 교육과정, 재량활동 그리고 선택 중심 교육과정이라는 새로운 체제를 도입했다. 다음에서는 제7차 교육과정의 모습을 구체적으로 검토해 본다.

가. 국민 공통 기본 교육과정

제7차 교육과정에서는 우리나라 모든 국민에게 일정 기간 동안 동일한 교육 내용을 가르치고자 국민 공통 기본 교육과정을 도입하였다. 이에 따라 제7차 교육과정은 이제까지의 교육과정 편제와 달리 학교급을 초월하여 초등학교에서부터 고등학교까지의 교육을 12학년제의 개념으로 보고 〈표 8-1〉과 같은 교육과정 시간 배당표를 제시하고 있다.

* 제7차 교육과정의 연도별 적용은 다음과 같았다.
  2000년: 초 1, 2학년
  2001년: 초 3, 4학년, 중 1학년
  2002년: 초 5, 6학년, 중 2학년, 고 1학년
  2003년: 중 3학년, 고 2학년
  2004년: 고 3학년

〈표 8-1〉 국민 공통 기본 교육과정(1997. 12. 30)

<table>
<tr><th colspan="2" rowspan="2">학교
학년
구분</th><th colspan="6">초등학교</th><th colspan="3">중학교</th><th colspan="3">고등학교</th></tr>
<tr><th>1</th><th>2</th><th>3</th><th>4</th><th>5</th><th>6</th><th>7</th><th>8</th><th>9</th><th>10</th><th>11</th><th>12</th></tr>
<tr><td rowspan="10">교과</td><td>국어</td><td colspan="2" rowspan="10">국어
210 238

수학
120 136

바른 생활
60 68

슬기로운 생활
90 102

즐거운 생활
180 204

우리들은 1학년
80 ·</td><td>238</td><td>204</td><td>204</td><td>204</td><td>170</td><td>136</td><td>136</td><td>136</td><td colspan="2" rowspan="11">선택
과목</td></tr>
<tr><td>도덕</td><td>34</td><td>34</td><td>34</td><td>34</td><td>68</td><td>68</td><td>34</td><td>34</td></tr>
<tr><td>사회</td><td>102</td><td>102</td><td>102</td><td>102</td><td>102</td><td>102</td><td>136</td><td>170
(국사
68)</td></tr>
<tr><td>수학</td><td>136</td><td>136</td><td>136</td><td>136</td><td>136</td><td>136</td><td>102</td><td>136</td></tr>
<tr><td>과학</td><td>102</td><td>102</td><td>102</td><td>102</td><td>102</td><td>136</td><td>136</td><td>102</td></tr>
<tr><td>실과</td><td>·</td><td>·</td><td>68</td><td>68</td><td>기술 · 가정
68</td><td>102</td><td>102</td><td>102</td></tr>
<tr><td>체육</td><td>102</td><td>102</td><td>102</td><td>102</td><td>102</td><td>102</td><td>68</td><td>68</td></tr>
<tr><td>음악</td><td>68</td><td>68</td><td>68</td><td>68</td><td>68</td><td>34</td><td>34</td><td>34</td></tr>
<tr><td>미술</td><td>68</td><td>68</td><td>68</td><td>68</td><td>34</td><td>34</td><td>68</td><td>34</td></tr>
<tr><td>외국어
(영어)</td><td>34</td><td>34</td><td>68</td><td>68</td><td>102</td><td>102</td><td>136</td><td>136</td></tr>
<tr><td colspan="2">재량 활동</td><td>60</td><td>68</td><td>68</td><td>68</td><td>68</td><td>68</td><td>136</td><td>136</td><td>136</td><td>204</td></tr>
<tr><td colspan="2">특별 활동</td><td>30</td><td>34</td><td>34</td><td>68</td><td>68</td><td>68</td><td>68</td><td>68</td><td>68</td><td>68</td><td colspan="2">8단위</td></tr>
<tr><td colspan="2">연간 수업
시간 수</td><td>830</td><td>850</td><td>986</td><td>986</td><td>1,088</td><td>1,088</td><td>1,156</td><td>1,156</td><td>1,156</td><td>1,224</td><td colspan="2">144단위</td></tr>
</table>

① 이 표의 국민 공통 기본 교육 기간에 제시된 시간 수는 34주를 기준으로 한 연간 최소 수업 시간 수이다.

② 1학년의 교과, 재량활동, 특별활동에 배당된 시간 수는 30주를 기준으로 한 것이며, '우리들은 1학년'에 배당된 시간 수는 3월 한 달 동안의 수업 시간 수를 제시한 것이다.

③ 1시간의 수업은 초등학교 40분, 중학교 45분, 고등학교 50분을 원칙으로 한다. 다만 기후, 계절, 학생의 발달 정도, 학습 내용의 성격 등을 고려하여 실정에 알맞도록 조절할 수 있다.

④ 11, 12학년의 특별활동과 연간 수업 시간 수에 제시된 숫자는 2년 동안 이수하여야 할 단위 수이다.

〈표 8-1〉에 따르면, 초등학교 1학년에서 고등학교 1학년까지의 10년은 국민 공통 기본 교육 기간이다. 이러한 기간의 설정은 학교급별 차이에 따른 연속성이나 연계성의 부족 문제를 극복하고 10년 동안 체계적인 교육을 실시하기 위한 것이었다. 그리고 국민 공통 기본 교육 기간 동안 이수해야 할 교과 수는 10개로 제한되어 있다. 그 교과는 국어, 도덕, 사회, 수학, 과학, 실과(기술 · 가정), 체육, 음악, 미술, 외국어(영어)이다. 교과목 수를 이와 같이 10개로 제한한 것은 적어도 국민 공통 기본 교육 기간에는 최소한의 공통 필수 교과만을 제시함으로써 학생들이 이수해야 할 교과목 수를 축소하기 위한 것이었다.

나. 수준별 교육과정

수준별 교육과정이란 "학생들의 능력 수준에 따라 교육의 내용이나 방법을 달리하는 교육과정"(허경철, 1996)을 가리킨다. 즉 우수한 학생에게는 그들의 수준에 맞는 교육 내용과 방법을 제공함으로써 학습에 있어서의 그들의 잠재적 가능성을 최대로 실현시키도록 하고, 부진 학생에게도 역시 그들의 수준에 가장 적합한 교육 내용과 방법을 제공함으로써 그들 수준에서 이룰 수 있는 최고의 학습을 할 수 있게 하자는 것이다. 이러한 수준별 교육과정은 첫째, 학생의 흥미, 관심, 적성, 능력, 요구 등에 상응하는 교육의 내용, 방법, 기회를 제공할 수 있고, 둘째, 자기 주도적 개별화 학습 기회를 제공할 수 있으며, 셋째, 교육의 수월성을 추구할 수 있고, 넷째, 학습 부진과 결손을 줄일 수 있다는 점에서 도입되었다.

제7차 교육과정에서 수준별 교육과정은 국민 공통 기본 교육 기간(10년)과 고등학교 2-3학년의 선택 중심 교육 기간(2년)에 걸쳐 편성 · 운영하도록 되어 있었다. 수준별 교육과정은 교과의 성격이나 학교급(학년)의 특징에 따라 단계형, 심화 · 보충형, 그리고 과목 선택형 수준별 교육과정으로 구분하여 편성 · 운영되었다.

단계형 수준별 교육과정은 교과의 내용 요소 간의 위계가 비교적 분명하여 학습자의 이전 학습에서의 결손이 이후 학습에 큰 영향을 미칠 것으로 예상되는 수학이나 중등영어 교과에 적용되었다. 수학은 1~10학년까지 학기를 단위로 총 20단계, 영어는 7~10학년까지 학기를 단위로 총 8단계가 편성되어 운영되었다. 단계형 수준별 교육과정은 학생들이 한 단계의 내용을 일정 수준 이상 이해한 이후에야 다음 단계로 진급할 수 있도록 의도된 것이었다. 따라서 단계형 수준별 교육과정이 적용되는 수학과 중등영어에서 학생들은 학기말에 각 단계의 성공적인 이수 여부를 확인하기 위한 평가를 받고, 그 결과에 따라 다음 학기에 새로운 단계로 진급하거나 이전 단계를 재이수해야 했다.

심화 · 보충형 수준별 교육과정은 내용 요소 간의 위계가 그다지 분명하지 않은 국어, 사회, 과학, 초등영어 교과에 적용되었다. 국어는 1~10학년, 사회와 과학은 3~10학년, 영어는 3~6학년에서 운영되었으며, 교육과정은 학생의 능력 또는 흥미에 따라 학습의 깊이와 폭을 달리할 수 있도록 기본 과정과 심화 과정으로 편성되었다. 심화 · 보충형 수준별 교육과정은 학생들에게 기본 내용을 공통으로 가르친 다음, 학생들의 이해 정도에 따라 심화 내용이나 보충 내용을 가르치도록 의도된 것이었다.

과목 선택형 수준별 교육과정은 고등학교 2~3학년의 전 교과에 적용되는 것으로, 다양한 종류의 교과목들을 개설하여 학생들로 하여금 자신의 능력, 관심과 흥미, 진로에 맞는 교과목을 선택할 수 있게 한 것이었다. 이에 따라 학교는 학생들에게 동일 교과에서 위계가 다른 여러 과목을 제시하여, 학생들이 자신의 수준에 맞는 교과목을 선택하여 이수하게 해야 했다.

그러나 수준별 교육과정은 학교 여건상 실제 운영에 어려움이 많았으며, 이에 따라 학교 현장에서는 애초 의도한 바대로 수준별 교육과정을 적용한 경우가 거의 없었다. 따라서 제7차 교육과정이 적용되고 있던 2006년 8월 29일, 당시의 교육부에 해당하는 교육인적자원부(2006)는 제7차 교육과정의 부분 개정 고시를 통해 수준별 교육과정과 관련된 조항을 삭제하고, "국어, 사회, 수학, 과학, 영어 교과에서는 수준별 수업을 권장한다"라는 조항으로 대체하였다. 이로써 제7차 교육과정에서 의욕적으로 도입되었던 수준별 교육과정은 수준별 수업 정도로 그 의미가 축소되었다.

다. 재량활동

제7차 교육과정에서는 학생의 자기 주도적 학습 능력을 신장하고, 학교 교육과정 편성·운영의 자율성 및 학생의 선택권을 부여하기 위해 '재량활동'을 하나의 교육과정 영역으로 학교급에 따라 신설 혹은 확대하였다. 초등학교의 경우는 제6차 교육과정에서 이미 3-6학년에 주당 1시간 정도로 신설되었던 '학교 재량 시간'을 전 학년으로 확대하면서 주당 2시간으로 증가시켰다. 중학교와 고등학교의 경우는 재량활동 영역을 처음으로 신설하여 중학교는 학년별로 주당 4시간을 배당하고, 고등학교는 1학년에만 12단위(주당 평균 6시간)를 배당하였다.

제7차 교육과정에서 재량활동은 교과 재량활동과 창의적 재량활동으로 구분되었다. 교과 재량활동은 중등학교의 선택 과목 학습과 국민 공통 기본 교과의 심화·보충 학습을 위한 것이며, 창의적 재량활동은 학교의 독특한 교육적 필요, 학생의 요구 등에 따른 범교과 학습과 자기 주도적 학습을 위한 것이다. 재량활동 영역이 설정됨으로써 학교는 교과를 심화·보충하거나 학교 나름의 창의적 활동을 할 수 있는 시간을 확보하게 되었다.

라. 고교 2-3학년의 선택 중심 교육과정

제7차 교육과정의 주요 특징 중의 하나는 11-12(고 2-3)학년에 선택 중심 교육과정을 도입한 점이었다. 이는 제7차 교육과정이 표방한 학생 중심 교육과정을 적극적으로 구현하기 위한 것으로서, 학생들이 다양하게 개설된 선택 과목 가운데 자신들의 능력, 흥미, 관심, 적성, 진로 등에 따라 필요한 과목을 선택할 수 있도록 한 것이었다.

그러나 선택 중심 교육과정을 도입한다고 해서 학생들이 모든 교과목을 자유로이 선택할 수 있는 것은 아니었다. 선택 중심 교육과정은 선택 과목을 교육청, 학교, 학생이 골고루 참여하여 선택하도록 함으로써 교육청, 학교, 학생이 함께 만들어가는 교육과정의 형태를 띠고 있었다. 선택 중심 교육과정의 도입으로 고등학교 교육과정에서 교과목 선택의 주체가 얼마나 다양화되고, 선택의 주체인 교육부, 교육청, 학교, 학생 각각에게 어느 정도 선택의 권한이 제공되고 있는가를 알아보기 위해서 지난 제5차 교육과정부터 제7차 교육과정에 걸친 교과목 선택의 주체와 선택 폭을 살펴보면 〈표 8-2〉와 같다(김재춘 외, 2001).

〈표 8-2〉 고등학교 교육과정에서 교과목 선택 주체와 폭의 변화(제5차~제7차 교육과정)

구분	제5차 교육과정		제6차 교육과정			제7차 교육과정			
교과	공통 필수 (84)	과정별 선택 (104)	공통 필수 과목 (70)	과정별 필수 과목 (106)	과정별 선택 과목 (12)	국민 공통 기본 교과 (56)	일반 선택 과목 (24이상) 심화 선택 과목 (112이하)		
선택의 주체	교육부	교육부 (72~78) 학교 (26~32)	교육부	교육청	학교	교육부	교육청 28단위 이상	학교 28단위 이상	학생 68단위 이하*
	이원화		삼원화			사원화			

* 장학 지도를 통하여 학생 선택을 최소 28단위 이상 제공하도록 권장했음.

위의 표에서 알 수 있듯이, 제5차 교육과정에서는 교육과정 선택의 주체가 교육부와 학교로 이원화되어 있었고, 교육부가 가장 많은 권한을 가지고 있었다. 제6차 교육과정에서는 교육과정 선택의 주체가 교육부, 교육청, 학교로 삼원화되어 있었고, 교육청이 가장 많은 권한을 가지고 있었다. 그러나 제7차 교육과정에서는 교육과정 선택의 주체가 교육부, 교육청, 학교, 학생으로 사원화됨에 따라 학생도 교과목을 일정 부분 선택할 수 있도록 되어 있었다. 이를 통해 볼 때, 교육과정 선택의 주체는 점점 확대되어 왔음을 알 수 있으며, 특히 제7차 교육과정에서는 학생들에게도 교과목 선택권을 부여하여 교육 수요자 중심의 교육과정을 적극 구현하고자 하는 시도를 하고 있음을 볼 수 있다.

제7차 교육과정에 제시된 고교 2-3학년의 선택 중심 교육과정을 보통교과 중심으로 제시해 보면 〈표 8-3〉과 같다.

〈표 8-3〉 고등학교 선택 중심 교육과정-보통교과(1997. 12. 30)

구 분		국민 공통 기본 교과	선택 과목	
			일반 선택 과목	심화 선택 과목
교과	국 어	국어(8)	국어 생활(4)	화법(4), 독서(8), 작문(8), 문법(4), 문학(8)
	도 덕	도덕(2)	시민 윤리(4)	윤리와 사상(4), 전통 윤리(4)
	사 회	사회(10) (국사 4)	인간 사회와 환경(4)	한국 지리(8), 세계 지리(8), 경제 지리(6), 한국 근 · 현대사(8), 세계사(8), 법과 사회(6), 정치(8), 경제(6), 사회 · 문화(8)
	수 학	수학(8)	실용 수학(4)	수학 I (8), 수학 II (8), 미분과 적분(4), 확률과 통계(4), 이산 수학(4)
	과 학	과학(6))	생활과 과학(4)	물리I(4), 화학 I (4), 생물 I (4), 지구 과학 I (4), 물리 II (6), 화학 II (6), 생물 II (6), 지구 과학 II (6)
	기술 · 가정	기술 · 가정	정보사회와 컴퓨터(4)	농업 과학(6), 공업 기술(6), 기업 경영(6), 해양 과학(6), 가정 과학(6)
	체 육	체육(4)	체육과 건강(4)	체육 이론(4), 체육 실기(4 이상)*
	음 악	음악(2)	음악과 생활(4)	음악 이론(4), 음악 실기(4 이상)*
	미 술	미술(2)	미술과 생활(4)	미술 이론(4), 미술 실기(4 이상)
	외국어	영어(8)		
			독일어 I (6), 프랑스어 I (6), 스페인어 I (6), 중국어 I (6), 일본어 I (6), 러시아어 I (6), 아랍어 I (6)	독일어 II (6), 프랑스어 II (6), 스페인어 II (6), 중국어 II (6), 일본어 II (6), 러시아어 II (6), 아랍어 II (6)

	한 문		한문(6)	한문고전(6)
	교 련		교련(6)	
	교 양		철학(4), 논리학(4), 심리학(4), 교육학(4), 생활 경제(4), 종교(4), 생태와 환경(4), 진로와 직업(4), 기타(4)	
	이수 단위	(56)	24 이상	112 이하
재량 활동		(12)		
특별 활동		(4)	8	
총 이수 단위			216	

① ( )안의 숫자는 단위 수이며, 1단위는 매주 50분 수업을 기준으로 하여 1학기(17주) 동안 이수하는 수업량이다.
② 국민 공통 기본 교과와 재량활동에 배당된 단위 수 및 특별활동 4단위는 10학년에서 이수하도록 한 것이다.
③ *표시한 체육, 음악, 미술 교과의 심화 선택 과목은 체육, 예술에 관한 전문 교과의 과목 중에서 선택한다.
④ 교양 교과에서 심화 선택 과목이 필요한 경우 전문 교과의 과목 중에서 선택하거나 시 · 도 운영 지침에 의거, 새로운 과목을 신설할 수도 있다.

제7차 교육과정에서 선택 중심 교육과정은 '일반 선택 과목'과 '심화 선택 과목'으로 구분되어 있었으며, 이전보다 더 많은 선택 과목이 개설되어 운영되었다. 여기서 '일반 선택 과목'은 교양 증진 및 실생활과 연관된 과목이며, '심화 선택 과목'은 학생의 진로, 적성과 소질을 계발하는데 도움이 되는 과목이었다.

선택 중심 교육과정이 도입됨에 따라 일반계 고등학교에서 종래 운영되던 '과정'은 폐지되었다. 이전에 일반계 고등학교는 2학년부터 '인문 · 사회 과정', '자연 과정', '직업 과정' 등을 두고 각 과정에 따른 교과목을 편성하여 운영하고 있었다. 그러나 제7차 교육과정에서는 특정 과정에 얽매임이 없이 학생이 자신의 능력, 적성, 진로 등에 따라 자유롭게 교과목을 선택하여 이수할 수 있도록 했다. 그리고 '과정' 폐지에 따른 학생들의 진로를 안내하기 위해서 교과들을 인문 · 사회 과목군(국어, 도덕, 사회), 과학 · 기술 과목군(수학, 과학, 기술 · 가정), 예 · 체능 과목군(체육, 음악, 미술), 외국어 과목군(외국어), 교양 과목군(한문, 교련, 교양)의 5개 과목군으로 범주화하여 제시하였다. 이에 따라 학생들은 자신의 능력, 적성, 진로 등에 따라 특정 과목군의 교과목을 집중적으로 이수할 수도 있고, 중도에 진로를 수정할 수도 있게 되었다.

전체적으로 볼 때, 제7차 교육과정은 이전의 교육과정과는 상당히 다른 의미를 가지고 있었다. 아마도 제7차 교육과정의 가장 큰 의의는 '수요자 중심의 교육과정'이 제도적으로 실현될 수 있는 길을 마련하였다는 점이라고 할 수 있을 것이다. 이러한 제7차 교육과정의 기본 방향은 이후의 교육과정 개정에서 더욱 확대됨을 볼 수 있다.

2. 2007 개정 교육과정

2007 개정 교육과정(교육인적자원부, 2007)은 2007년 2월 28일 고시된 것으로, 2009년부터 단계적으로 적용된 것이다.* 이 교육과정은 종전과 달리 '제○차 교육과정'이라는 명칭 대신에, 교육과정이 고시된 연도를 중심으로 명칭이 부여되었다. 제7차 교육과정까지, 우리나라 교육과정 개정은 주기적이고 전면적인 형태로 이루어졌다. 그러나 이러한 교육과정 개정 방식의 문제점이 드러나면서 당시 교육인적자원부는 2003년 10월 교육과정

* 2007 개정 교육과정의 연도별 적용 계획은 다음과 같았다. (※ 이 일정은 2년 후에 고시된 2009 개정 교육과정이 2011년부터 적용되면서, 2009 개정 교육과정의 적용 시점으로 흡수되었다.)
  2009년: 초 1, 2학년
  2010년: 초 3, 4학년, 중 1학년
  2011년: 초 5, 6학년, 중 2학년, 고 1학년
  2012년: 중 3학년, 고 2학년
  2013년: 고 3학년

  단, 수학과 및 외국어과(영어)의 교육과정은, 수준별 교육과정 관련 지침이 서둘러 수정될 필요가 있어서 2006년 8월 29일 개정 고시되었으며, 그 적용도 조금 빨랐다.
  2009년: 초 1, 2학년, 중 1학년, 고 1학년
  2010년: 초 3, 4학년, 중 2학년, 고 2학년
  2011년: 초 5, 6학년, 중 3학년, 고 3학년

수시 개정 체제 도입 계획을 발표하고, 그 구체적인 방안을 2005년 2월 25일 '교육과정 수시 개정 체제 운영 활성화 방안'이라는 이름으로 발표하게 된다. 이후 교육과정은 수시로 그리고 부분적으로 개정할 수 있게 되었으며, 개정된 교육과정은 과거의 주기적이고 전면적인 개정에 의거하여 부여되었던 명칭인 '제○차 교육과정' 대신에 새로운 교육과정이 고시된 연도를 드러내는 방식으로 표기하게 되었다. 2007 개정 교육과정은 공식적으로 이러한 수시 개정 체제를 따른 첫 번째 교육과정이라고 할 수 있으며(소경희, 2007), 명칭도 이에 따른 것이라고 할 수 있다.

2007 개정 교육과정은 제7차 교육과정 개정 이후 상당 기간이 지남에 따른 개정에 대한 기대와 압박, 제7차 교육과정의 적용상에 드러난 문제점 개선의 필요, 당시의 국가 · 사회적 요구 사항 반영 필요, 주 5일 수업제 실시에 대비할 필요 등의 이유로 개정되었다. 개정의 기본 방향은 제7차 교육과정의 기본 철학과 체제를 유지하는 것으로, 총론에 있어서의 기본 틀에는 큰 변화가 없었다. 즉 제7차 교육과정에서 제시되었던 10년 간의 국민 공통 기본 교육과정과 고등학교 2, 3학년의 선택 중심 교육과정, 수준별 수업, 재량활동 운영 등의 기본 기조는 유지되었다. 주요 개정 사항을 국민 공통 기본 교육과정과 선택 중심 교육과정별로 제시하면 다음과 같다.

가. 국민 공통 기본 교육과정의 개선

국민 공통 기본 교육과정에서는 기본적인 편제가 유지되는 가운데 수업 시수의 일부 조정, 과학 · 역사 교육의 강화, 재량활동 운영의 학교 자율권 확대 등의 변화가 있었다. 변화된 내용을 반영한 2007 개정 교육과정에 따른 국민 공통 기본 교육과정은 〈표 8-4〉와 같다.

제7차 교육과정과 비교하여, 2007 개정 교육과정에서 변화된 내용을 간략히 제시하면 다음과 같다. 첫째, 수업 시수에 일부 조정이 있었다. 2007 개정 교육과정에서는 주 5일 수업제의 월 2회 시행을 반영하여, 초 1, 2학

〈표 8-4〉 국민 공통 기본 교육과정(2007. 02. 28)*

구분 \ 학교 / 학년		초등학교 1	초등학교 2	초등학교 3	초등학교 4	초등학교 5	초등학교 6	중학교 7	중학교 8	중학교 9	고등학교 10
교과	국어	국어 210	국어 238	238	204	204	204	170	136	136	136(8)
교과	도덕			34	34	34	34	68	68	34	34(2)
교과	사회	수학 120	수학 136	102	102	102	102	사회 102	사회 ·	사회 68	사회 102(6)
교과		바른 생활 60	바른 생활 68					역사 ·	역사 102	역사 68	역사 102(6)
교과	수학			136	136	136	136	136	136	102	136(8)
교과	과학			102	102	102	102	102	136	136	136(8)
교과	실과	슬기로운 생활 90	슬기로운 생활 102	·	·	68	68	기술·가정 68	기술·가정 102	기술·가정 102	기술·가정 102(6)
교과	체육	즐거운 생활 180	즐거운 생활 204	102	102	102	102	102	102	68	68(4)
교과	음악			68	68	68	68	68	34	34	34(2)
교과	미술	우리들은 1학년 80	우리들은 1학년 ·	68	68	68	68	34	34	68	34(2)
교과	외국어 (영어)			34	34	68	68	102	102	136	136(8)
재량 활동		60	68	68	68	68	68	102	102	102	102(6)
특별 활동		30	34	34	68	68	68	68	68	68	68(4)
연간 총 수업 시간 수		830	850	952	952	1,054	1,054	1,122	1,122	1,122	1,190(70)

① 이 표의 국민 공통 기본 교육 기간에 제시된 시간 수는 34주를 기준으로 한 연간 최소 수업 시간 수이다. 단, 3~6학년의 연간 총 수업 시간 수는 주5일 수업에 따라 감축된 시간 수이므로 학교에서는 교과 수업 시간 수 중 연간 34시간의 범위 내에서 감축하여 운영한다.

② 1학년의 교과, 재량활동, 특별활동에 배당된 시간 수는 30주를 기준으로 한 것이며, '우리들은 1학년'에 배당된 시간 수는 3월 한 달 동안의 수업 시간 수를 제시한 것이다.

③ 1시간의 수업은 초등학교 40분, 중학교 45분, 고등학교 50분을 원칙으로 한다. 다만, 기후, 계절, 학생의 발달 정도, 학습 내용의 성격 등을 고려하여 실정에 알맞도록 조절할 수 있다.

④ 10학년의 ( )안에 제시된 숫자는 단위 수이다.

---

* 표에 밑줄 친 부분은 제7차 교육과정과 비교했을 때, 2007 개정 교육과정에서 변화된 부분을 나타냄

년을 제외한 모든 학년에서 학교 자율로 주당 1시간(연간 34시간) 범위 내에서 수업 시수를 감축할 수 있도록 하였다. 이 경우, 국가 수준에서 어떤 교과의 시간을 감축할 것인가는 제시하지 않되, 초 3~6학년은 교과에서, 그리고 중1~고1은 재량활동 중 교과 재량활동에서 학교 자율적으로 시간을 감축할 수 있도록 했다.

둘째, 과학 · 역사 교육을 강화했다. 2007 개정 교육과정이 개발되던 당시에 국가적으로 미래 사회에서의 국가 경쟁력 확보를 위해 과학 교육이 강화될 필요가 있다는 요구가 있었다. 또한 당시 주변국들의 역사 왜곡에 대해 능동적으로 대처함과 동시에 세계화 시대에 적합한 역사 교육을 위해 역사 교육이 강화될 필요가 있다는 요구가 있었다. 이에 따라 2007 개정 교육과정에서는 이러한 국가 · 사회적 요구를 반영하여 고등학교 1학년 과학과 수업 시수를 주당 3시간에서 4시간으로 확대하였다. 또한 '사회'과 내에서 중등 '역사' 과목(국사+세계사)을 독립시키고, 고등학교 1학년 역사 과목 수업 시수를 주당 2시간에서 3시간으로 확대하였다.

셋째, 재량활동의 수업 시수를 감축하면서, 그 운영에 대한 학교 자율권을 확대했다. 2007 개정 교육과정에서 재량활동은 이전보다 수업 시수가 감축 운영되었다. 이것은 주 5일 수업제 실시에 따른 수업 시수 조정과 함께 과학과 역사의 수업 시수 증가에 따른 것으로, 중학교 재량활동은 주당 4시간에서 3시간으로, 그리고 고등학교 재량활동은 12단위에서 6단위(주당 평균 3시간)로 감축되었다. 그러나 중 · 고교의 경우, 2007 개정 교육과정에서는 이전과 달리 학교가 자율적으로 재량활동의 영역별 시간 배당을 하도록 했다.

나. 선택 중심 교육과정의 개선

2007 개정 교육과정에서는 제7차 교육과정에서 처음으로 도입되었던 선택 중심 교육과정의 운영상의 문제점을 개선하고자 단위 학교의 선택 과목 개설권 허용, 선택 과목의 일원화, 선택 과목군의 조정 등의 몇 가지 변화를

시도하였다. 변화된 내용을 반영한 2007 개정 교육과정에 따른 선택 중심 교육과정을 보통 교과를 중심으로 제시하면 〈표 8-5〉와 같다.

〈표 8-5〉 고등학교 선택중심 교육과정-보통교과(2007. 02. 28)*

구분		선택 과목
교과	국 어	화법(6), 독서(6), 작문(6), 문법(6), 문학(6), 매체 언어(6)
	도 덕	현대 생활과 윤리(6), 윤리와 사상(6), 전통 윤리(6)
	사 회	한국 지리(6), 세계 지리(6), 경제 지리(6), 한국 문화사(6), 세계 역사의 이해(6), 동아시아사(6), 법과 사회(6), 정치(6), 경제(6), 사회 · 문화(6)
	수 학	수학의 활용(6), 수학 I(6), 미적분과 통계 기본(6), 수학 II(6), 적분과 통계(6), 기하와 벡터(6)
	과 학	물리 I(6), 화학 I(6), 생명 과학 I(6), 지구 과학 I(6), 물리 II(6), 화학 II(6), 생명 과학 II(6), 지구 과학 II(6)
	기술 · 가정	농업 생명 과학(6), 공학 기술(6), 가정 과학(6), 창업과 경영(6), 해양 과학(6), 정보(6)
	체 육	운동과 건강 생활(4), 스포츠 문화(4), 스포츠 과학(6)
	음 악	음악 실기(4), 음악과 사회(4), 음악의 이해(6)
	미 술	미술과 삶(4), 미술 감상(4), 미술 창작(6)
	외국어	영어 I(6), 영어 II(6), 실용 영어 회화(6), 심화 영어 회화(6), 영어 독해와 작문(6), 심화 영어 독해와 작문(6) 독일어 I(6), 독일어 II(6), 프랑스어 I(6), 프랑스어 II(6), 스페인어 I(6), 스페인어 II(6), 중국어 I(6), 중국어 II(6), 일본어 I(6), 일본어 II(6), 러시아어 I(6), 러시아어 II(6), 아랍어 I(6), 아랍어 II(6)
	한 문	한문 I(6), 한문 II(6)
	교 양	생활과 철학(4), 생활과 논리(4), 생활과 심리(4), 생활과 교육(4), 생활과 종교(4), 생활 경제(4), 안전과 건강(4), 진로와 직업(4), 환경(4)
	이수 단위	132
특별 활동		8
총 이수 단위		140

① ( ) 안의 숫자는 단위 수이며, 1단위는 매주 50분 수업을 기준으로 하여 1학기(17주) 동안 이수하는 수업량이다.
② 〈삭제〉
③ 〈삭제〉
④ 학교는 필요한 경우 시 · 도 교육감의 승인 하에 전문 교과 과목을 개설하거나 새로운 과목을 신설할 수 있다.

* 표에 밑줄 친 부분은 제7차 교육과정과 비교했을 때, 2007 개정 교육과정에서 변화된 부분을 나타냄

선택 중심 교육과정에서 변화된 내용을 간략히 제시하면 다음과 같다. 첫째, 단위 학교에 선택 과목을 신설·개설할 수 있는 권한을 허용했다. 이는 단위 학교 교육과정의 특성화를 촉진하고 교육과정 운영의 자율성을 확대하며 학습자 중심의 교육과정을 구현하기 위한 것이었다. 이에 따라 고등학교는 필요한 경우 시·도 교육감의 승인 하에 전문 교과 과목을 개설하거나 새로운 과목을 신설할 수 있게 되었다.

둘째, 선택 과목이 일원화되었다. 제7차 교육과정에서 선택 과목은 일반 선택 과목과 심화 선택 과목으로 구분되어 있었다. 그러나 "교양 증진 및 실생활 연관"이라는 일반 선택 과목의 개설 취지는 대부분의 학생이 대학에 진학하는 우리나라 현실에서 그 실효성을 확보하기가 어려웠다. 따라서 2007 개정 교육과정에서는 일반 선택 과목과 심화 선택 과목을 일원화하여 선택 과목이라고 명명하였으며, 이에 따라 과목들도 일부 조정하였다.

셋째, 선택 과목군을 조정하였다. 제7차 교육과정에서는 선택 과목 간의 균형적인 이수와 진로 안내를 위해 교과들을 5개 과목군으로 범주화하여 제시했었다. 그러나 실제 운영에 있어서 입시 위주 과목 중심의 편중 선택 현상이 나타났으며, 특히 음악과 미술의 선택이 저조했다. 2007 개정 교육과정에서는 종래의 예·체능과목군(체육, 음악, 미술)에서 음악과 미술을 독립시켜 체육 과목군(체육)과 예술 과목군(음악, 미술)으로 구분하였다. 이에 따라 선택 과목군은 종전의 5개에서 6개로 늘어났으며, 학생들은 이들 선택 과목군에서 최소한 1개 이상(교양과목군의 경우 2개 이상)의 과목을 이수할 수 있도록 함으로써 이전보다 선택 과목 간 균형적인 이수를 도모했다.

이상에서 검토해 본 2007 개정 교육과정은 교육과정 수시 개정 체제라는 정책적 기조 속에서 탄생한 것으로, 언뜻 보기에는 제7차 교육과정의 기본적인 골격을 유지하고 있다. 그러나 실제 각론, 즉 교과 교육과정은 전면적인 개정이 이루어져 2007 개정 교육과정 고시와 더불어 교과별 교육과정 개정 및 이에 따른 교과서 개발이 이루어졌다. 말하자면 2007 개정 교육과정의 경우, 총론은 부분 개정이고 각론은 전면 개정의 형태를 띠고 있는 셈이었다. 따라서 총론의 입장에서 보면 총론의 전면적인 개정이 시급히 요구되었으며, 이는 서둘러 2009 개정 교육과정을 탄생시킨 계기가 되었다.

3. 2009 개정 교육과정

2009 개정 교육과정(교육과학기술부, 2009)은 2009년 12월 23일 고시된 것으로, 2011년부터 단계적으로 적용된 것이다. 이 교육과정은 2007 개정 교육과정이 모든 학교급에 본격적으로 적용되기도 전에 고시된 것으로, 이전과 달리 총론 중심으로 개편된 특징을 지닌다. 2009 개정 교육과정에 따른 각론은 2011년에 별도로 고시되었다. 다만 고등학교의 교과 편제는 2009 개정 교육과정 총론에 마련되어 있지 않아서 2011년 각론과 함께 고시되었다(교육과학기술부, 2011). 따라서 2009 개정 교육과정의 경우, 총론은 2011년부터 적용되기 시작했으나,* 교과별 교육과정은 2013년부터 단계적으로 적용되었다.**

2009 개정 교육과정은 기존의 교과 운영에 획기적인 변화를 요구하는 것이었다. 개정의 기본 방향은 단위 학교 차원의 유연하고 자율적인 교육과정 운영을 통해 학생들의 학습 부담을 경감하고, 지나친 암기 중심의 교육에서 탈피하여 배려와 나눔을 실천하는 창의 인재를 양성하는 교육으로의 변화를 추구하는 데에 있었다. 2009 개정 교육과정의 주요 개정 내용을 공통 사항과 학교급별 특징을 중심으로 제시하면 다음과 같다.

---

* 2009 개정 교육과정 총론의 연도별 적용은 다음과 같다.
2011년: 초 1, 2학년, 중 1학년, 고 1학년
2012년: 초 3, 4학년, 중 2학년, 고 2학년
2013년: 초 5, 6학년, 중 3학년, 고 3학년

** 2011년에 고시된 각론 교육과정의 연도별 적용은 다음과 같다.
2013년: 초 1, 2학년, 중 1학년, 고 1학년(영어)
2014년: 초 3, 4학년, 중 2학년, 고 1학년, 고 2학년(영어)
2015년: 초 5, 6학년, 중 3학년, 고 2학년, 고 3학년(영어)
2016년: 고등학교 3학년
단, 고등학교 '한국사' 과목의 필수 이수는 2012학년도 1학년부터 적용

가. 주요 특징

2009 개정 교육과정의 주요 특징을 제시하면 다음과 같다. 첫째, 공통 교육과정과 선택 교육과정이 재설정되었다. 제7차 교육과정에서 설정된 초등학교 1학년부터 고등학교 1학년까지 10년 간의 '국민 공통 기본 교육과정'이 9년, 즉 중학교 3학년까지로 단축되면서 그 명칭도 '공통 교육과정'으로 바뀌었다. 이에 따라 종전의 고등학교 2~3학년의 '선택 중심 교육과정'은 고등학교 전 학년으로 확대 적용되면서 그 명칭도 '선택 교육과정'으로 바뀌었다. 이는 학제와 의무교육기간을 일치시키는 한편으로, 초·중학교에서는 공통 교육에 대한 책무성을 공고히 하고, 고등학교에서는 학생들이 자신의 진로에 적합한 교과목을 선택해서 배울 기회를 좀 더 확대하기 위한 것이라고 할 수 있다.

둘째, 학년군 및 교과군의 도입을 통해 집중 이수를 활성화시킴으로써 학기당 이수 교과목 수를 축소하도록 하였다. 2009 개정 교육과정에서는 학생들의 학습 부담을 경감하기 위한 조처로 처음으로 '학년군' 및 '교과군'이라는 개념을 도입하였다. '학년군'이란 2~3개의 학년을 묶은 것을 말하며, '교과군'이란 기존의 교과들을 교육 목적 상의 근접성, 학문 탐구 대상 또는 방법 상의 인접성, 실제 생활 양식에서의 상호 연관성 등을 고려하여 광역군으로 유목화한 것이다. 이러한 학년군과 교과군의 도입은 교과목의 집중 이수를 통해 학기당 이수 과목 수를 축소하기 위한 것으로, 2009 개정 교육과정에서는 2~3개 학년을 하나의 학년군으로 묶고, 성격이 유사한 교과목을 교과군으로 묶어 학년군별 교과(군)별 시간(단위) 배당을 하였다. 그리고 중·고등학교에서 학기 당 이수해야 할 과목 수를 8개 이내로 제한함으로써 학기당 이수 과목 수의 과다로 인한 학생들의 학습 부담을 경감시키고 토론과 실험 중심의 질 높은 수업을 유도하고자 했다.

〈표 8-6〉 2009 개정 교육과정에서의 학년군

학교급	초등학교			중학교	고등학교
학년군	1~2학년	3~4학년	5~6학년	7~9학년	10~12학년

〈표 8-7〉 2009 개정 교육과정에서의 교과군 (초등학교의 경우)

교과	국어	도덕	사회	수학	과학	실과	체육	음악	미술	영어
⇩										
교과(군)	국어	사회/도덕		수학	과학/실과		체육	예술 (음악/미술)		영어

셋째, 교과(군)별 수업 시수 20% 증감을 허용했다. 2009 개정 교육과정에서는 단위 학교에 교육과정 편성 · 운영의 자율성을 부여하기 위해, 학교가 교과(군)별로 20% 범위 내에서 수업 시수를 자율적으로 증감할 수 있도록 허용했다. 따라서 학교는 각 교과(군)에 배당된 수업 시수를 최대한 존중하되, 학교의 여건과 학생의 진로 등을 고려하여 배당된 수업 시수의 20% 범위 내에서 증감하여 타 교과(군)에 전환하여 사용할 수 있게 되었다. 예컨대 국어에 비해 수학의 학업성취도가 떨어지는 학교의 경우는 국어 수업 시간을 주당 1시간씩 줄이고 수학 시간을 주당 1시간씩 늘려서 운영할 수 있으며, 예술을 특성화하고자 하는 학교는 다른 교과(군)의 수업 시간을 감축하여 그 시간을 예술 교과에 증배하여 운영할 수 있게 되었다.

넷째, 창의적 체험활동을 도입하였다. 창의적 체험활동은 기존의 특별활동과 창의적 재량활동을 통합한 것으로, 교과 외 활동을 그 본래의 취지를 살려 체험 중심으로 운영하기 위해 새롭게 강화된 것이다. 창의적 체험활동은 초 · 중학교에는 주당 평균 3시간 이상, 고등학교에는 주당 평균 4시간 이상이 배당되어 있으며, 자율 활동, 동아리 활동, 봉사 활동, 진로 활동 등의 영역 중심으로 운영하도록 했다.

〈표 8-8〉 창의적 체험활동의 영역 및 영역별 활동

영역	활동
자율 활동	적응 활동, 자치 활동, 행사 활동, 창의적 특색 활동 등
동아리 활동	학술 활동, 문화 예술 활동, 스포츠 활동, 실습 노작 활동, 청소년 단체 활동 등
봉사 활동	교내 봉사 활동, 지역 사회 봉사 활동, 자연 환경 보호 활동, 캠페인 활동 등
진로 활동	자기 이해 활동, 진로 정보 탐색 활동, 진로 계획 활동, 진로 체험 활동 등

나. 학교급별 개정 내용

1) 초등학교 교육과정

초등학교의 교육과정 시간 배당 기준은 〈표 8-9〉와 같으며, 주된 개정 내용을 종래의 교육과정과 비교하여 제시하면 다음과 같다.

〈표 8-9〉 초등학교 시간 배당 기준(2009. 12. 23)

<table>
<tr><th colspan="2">구분</th><th>1~2학년</th><th>3~4학년</th><th>5~6학년</th></tr>
<tr><td rowspan="7">교과(군)</td><td>국어</td><td rowspan="7">국 어 448
수 학 256
바른 생활 128
슬기로운 생활 192
즐거운 생활 384</td><td>408</td><td>408</td></tr>
<tr><td>사회/도덕</td><td>272</td><td>272</td></tr>
<tr><td>수학</td><td>272</td><td>272</td></tr>
<tr><td>과학/실과</td><td>204</td><td>340</td></tr>
<tr><td>체육</td><td>204</td><td>204</td></tr>
<tr><td>예술(음악/미술)</td><td>272</td><td>272</td></tr>
<tr><td>영어</td><td>136</td><td>204</td></tr>
<tr><td colspan="2">창의적 체험활동</td><td>272</td><td>204</td><td>204</td></tr>
<tr><td colspan="2">학년군별 총 수업시간 수</td><td>1,680</td><td>1,972</td><td>2,176</td></tr>
</table>

① 1시간 수업은 40분을 원칙으로 하되, 기후 및 계절, 학생의 발달 정도, 학습 내용의 성격 등과 학교 실정을 고려하여 탄력적으로 편성 · 운영할 수 있다.
② 학년군 및 교과(군)별 시간 배당은 연간 34주를 기준으로 한 2년간의 기준 수업 시수를 나타낸 것이다.
③ 학년군별 총 수업 시간 수는 최소 수업 시수를 나타낸 것이다.
④ 3~4학년의 국어과 기준 수업 시수는 주5일 수업에 따라 감축된 시간 수이므로 학교에서는 442시간을 기준 수업 시수로 운영할 수 있다.
⑤ 실과의 수업 시간은 5~6학년 과학/실과의 수업 시수에만 포함된 것이다.

첫째, 기존 10개의 교과가 7개의 교과(군)로 재분류되어 제시되었다. 즉 교과(군)는 국어, 사회/도덕, 수학, 과학/실과, 체육, 예술(음악/미술), 영어로 구성되어 있다. 단, 통합교육과정이 적용되는 1, 2학년은 기존의 틀을 유지하되, '우리들은 1학년'을 폐지하고 대신에 창의적 체험활동을 통해 입학 초기 적응 활동을 실시하도록 했다.

둘째, 시간 배당이 학년군 및 교과(군)별로 제시되었다. 즉 6개 학년 총 수업 시간 수는 2007 개정 교육과정과 동일하나, 시간 배당을 학년군 및 교과(군)별로 제시하여 단위 학교에서 배당된 시수를 기준으로 자율적으로 학년별 교과별 수업 시수를 배당하도록 했다.

셋째, 창의적 체험활동을 도입하였다. 창의적 체험활동은 종래의 특별활동과 재량활동을 통합하여 신설한 것으로, 이 시간은 정보 통신 활용 교육, 보건 교육, 한자 교육 등을 위해서도 활용될 수 있었다.

2) 중학교 교육과정

중학교의 교육과정 시간 배당 기준은 〈표 8-10〉과 같으며, 주된 개정 내용을 종래의 교육과정과 비교하여 제시하면 다음과 같다.

〈표 8-10〉 중학교 시간 배당 기준(2009. 12. 23)

구분		1~3학년
교과(군)	국어	442
	사회(역사 포함)/도덕	510
	수학	374
	과학/기술 · 가정	646
	체육	272
	예술(음악/미술)	272
	영어	340
	선택	204
창의적 체험활동		306
총 수업시간 수		3,366

① 이 표에서 1시간 수업은 45분을 원칙으로, 기후 및 계절, 학생의 발달 정도, 학습 내용의 성격 등과 학교 실정을 고려하여 탄력적으로 편성 · 운영할 수 있다.
② 학년군 및 교과(군)별 시간 배당은 연간 34주를 기준으로 한 3년간의 기준 수업 시수를 나타낸 것이다.
③ 총 수업 시간 수는 3년간의 최소 수업 시수를 나타낸 것이다.

첫째, 기존의 교과들이 8개 교과(군)로 재분류되어 제시되었다. 즉 교과(군)는 국어, 사회(역사 포함)/도덕, 수학, 과학/기술・가정, 체육, 예술(음악/미술), 선택으로 구성되어 있다. 선택은 한문, 정보, 환경, 생활 외국어(독일어, 프랑스어, 스페인어, 중국어, 일본어, 러시아어, 아랍어), 보건, 진로와 직업 등의 선택 과목으로 이루어진다. 이 가운데 '진로와 직업'은 신설된 것으로, 선택 교육과정이 고등학교 1학년부터 적용됨에 따라 중학교 단계에서 진로교육을 강화하자는 차원에서 마련된 것이다.

둘째, 시간 배당이 학년군 및 교과(군)별로 제시되었다. 3개 학년의 총 수업 시간 수는 2007 개정 교육과정과 동일하나, 3개 학년을 묶어 하나의 학년군으로 설정하고 학년군 및 교과(군)별로 기준 수업 시수를 제시하여 단위 학교가 자율적으로 학년별 교과별 수업 시수를 배당하도록 했다.

셋째, 학생의 학기당 이수 과목 수를 8개 이내로 편성하도록 했다. 이는 모든 교과를 '매학년 매학기 이수'하는 것에서 탈피하여, 학생들이 한 학기에 8개 이내 과목을 집중 이수하도록 함으로써 학생들의 학습 부담을 경감시켜 주기 위한 것이었다. 따라서 단위 학교에서는 교과(군)에 배당된 수업시수를 특정 학기 또는 학년 단위로 집중 편성하여 학생들이 한 학기에 8개 이내로 이수하는 방안을 자율적으로 모색해야만 했다. 다만, 선택 과목 가운데 교양 과목의 성격을 갖는 환경, 보건, 진로와 직업 등은 '학기당 이수 교과목 수 8개 이내 편성' 대상 과목에서 제외시켰다.

3) 고등학교 교육과정

고등학교의 교육과정 단위 배당 기준은 〈표 8-11〉과 같으며, 주된 개정 내용을 종래의 교육과정과 비교하여 제시하면 다음과 같다.

〈표 8-11〉 고등학교 단위 배당 기준(2009. 12. 23)

<table>
<tr><th rowspan="2">구분</th><th rowspan="2">교과 영역</th><th rowspan="2">교과(군)</th><th colspan="2">필수 이수 단위</th><th rowspan="2">학교 자율과정</th></tr>
<tr><th>교과(군)</th><th>교과 영역</th></tr>
<tr><td rowspan="10">교과(군)</td><td rowspan="3">기초</td><td>국어</td><td>15(10)</td><td rowspan="3">45(30)</td><td rowspan="9">학생의 적성과 진로를 고려하여 편성</td></tr>
<tr><td>수학</td><td>15(10)</td></tr>
<tr><td>영어</td><td>15(10)</td></tr>
<tr><td rowspan="2">탐구</td><td>사회(역사/도덕 포함)</td><td>15(10)</td><td rowspan="2">35(20)</td></tr>
<tr><td>과학</td><td>15(10)</td></tr>
<tr><td rowspan="2">체육 · 예술</td><td>체육</td><td>10(5)</td><td rowspan="2">20(10)</td></tr>
<tr><td>예술(음악/미술)</td><td>10(5)</td></tr>
<tr><td>생활 · 교양</td><td>기술 · 가정/제2외국어/한문/교양</td><td>16(12)</td><td>16(12)</td></tr>
<tr><td colspan="2">소 계</td><td colspan="2">116(72)</td><td>64</td></tr>
<tr><td colspan="3">창의적 체험활동</td><td colspan="3">24</td></tr>
<tr><td colspan="3">총 이수 단위</td><td colspan="3">204</td></tr>
</table>

① 1단위는 50분을 기준으로 하여 17회를 이수하는 수업량이다.
② 1시간의 수업은 50분을 원칙으로 하되, 기후 및 계절, 학생의 발달 정도, 학습 내용의 성격 등과 학교 실정을 고려하여 탄력적으로 편성 · 운영할 수 있다.
③ 필수 이수 단위의 교과(군) 및 교과 영역 단위 수는 해당 교과(군) 및 교과 영역의 '최소 이수 단위'를 가리킨다.
④ 필수 이수 단위의 ( ) 안의 숫자는 전문 교육을 주로 하는 학교, 예체능 등 교육과정 편성 · 운영의 자율권을 인정받은 학교가 이수할 것을 권장한다.
⑤ 총 이수 단위 수는 교과(군)와 창의적 체험활동의 이수 단위를 합한 것으로, 고등학교 졸업에 필요한 '최소 이수 단위'를 가리킨다.

첫째, 교육과정 편제가 4개의 교과 영역 및 8개의 교과(군)로 재분류되어 제시되었다. 교과 영역은 기초, 탐구, 체육 · 예술, 생활 · 교양으로 구성되며, 교과(군)는 국어, 수학, 영어, 사회(역사/도덕 포함), 과학, 체육, 예술(음악/미술), 기술 · 가정/제2외국어/한문/교양으로 구성되어 있다.

둘째, 총 이수 단위가 축소되었으며, 단위 배당 방식이 바뀌었다. 3년간에 걸친 총 이수 단위가 종래의 210단위에서 204단위로 축소되었으며, 이는 교과(군)에 180단위, 창의적 체험활동에 24단위로 나뉘어 편성되어 있다. 3학년 전 과정이 선택 교육과정으로 운영되면서, 국가 수준의 공통 필수 과목은 지정하지 않고, 교과(군) 및 교과 영역별 최소 필수 이수 단위의 수만을 지정함으로써 학교가 학생 수준 및 진로 등을 고려하여 구체적인 교과목 및 그 이수 시기와 단위를 자율적으로 정할 수 있도록 했다. 또한 교과(군)에 배당된 180단위 가운데 64단위를 학교자율과정에 배당하여, 학교가 학생의 적성과 진로를 고려한 교과목을 자율적으로 편성 · 운영할 수 있도록 했다.

셋째, 학교가 교과목을 개설할 수 있는 권한이 확대되었다. 학교는 필요에 따라 2009 개정 교육과정에 제시되어 있는 과목 외에 새로운 과목을 개설할 수 있으며, 대학과목 선이수제의 과목을 개설하거나 국제적으로 공인받은 교육과정과 과목을 개설할 수도 있게 되었다.

넷째, 학생의 학기당 이수 과목 수를 8개 이내로 편성하도록 했다. 이는 중학교의 경우와 마찬가지로 한 학기에 8개 이내의 과목을 집중 이수하도록 함으로써 학생들의 학습 부담을 경감시켜 주기 위한 것이었다. 다만, 선택 과목 가운데 교양 과목의 성격을 갖는 생활과 철학, 생활과 논리, 생활과 심리, 생활과 교육, 생활과 종교, 생활 경제, 안전과 건강, 진로와 직업, 보건, 환경과 녹색성장 등은 '학기당 이수 교과목 수 8개 이내 편성' 대상 과목에서 제외시켰다.

한편, 2011년에 고시된 고등학교의 보통 교과 편제는 〈표 8-12〉와 같다.

〈표 8-12〉 고등학교 보통교과(2011. 8. 9)

교과 영역	교과(군)	과목		
		기본	일반	심화
기초	국어		국어Ⅰ, 국어Ⅱ, 화법과 작문, 독서와 문법, 문학, 고전	
	수학	기초 수학	수학Ⅰ, 수학Ⅱ, 확률과 통계, 미적분Ⅰ, 미적분Ⅱ, 기하와 벡터	고급 수학Ⅰ, 고급 수학Ⅱ
	영어	기초 영어	실용 영어Ⅰ, 실용 영어Ⅱ, 실용 영어 회화, 실용 영어 독해와 작문, 영어Ⅰ, 영어Ⅱ, 영어 회화, 영어 독해와 작문	심화 영어, 심화 영어 회화Ⅰ, 심화 영어 회화Ⅱ, 심화 영어 독해Ⅰ, 심화 영어 독해Ⅱ, 심화 영어 작문
탐구	사회(역사/도덕 포함)		한국 지리, 세계 지리, 한국사, 동아시아사, 세계사, 경제, 법과 정치, 사회 · 문화	국제 정치, 국제 경제, 국제 관계와 국제 기구, 세계 문제, 비교 문화, 사회 과학 방법론, 한국의 사회와 문화, 국제법, 지역 이해, 인류의 미래 사회, 과제 연구
			생활과 윤리, 윤리와 사상	
	과학		과학, 물리Ⅰ, 물리Ⅱ, 화학Ⅰ, 화학Ⅱ, 생명 과학Ⅰ, 생명 과학Ⅱ, 지구 과학Ⅰ, 지구 과학Ⅱ	고급 물리, 물리 실험, 고급 화학, 화학 실험, 고급 생명 과학, 생명 과학 실험, 고급 지구 과학, 지구 과학 실험, 환경 과학, 과학사 및 과학 철학, 정보 과학, 과제 연구
체육 · 예술	체육		운동과 건강 생활, 스포츠 문화, 스포츠 과학	스포츠 개론, 체육과 진로 탐구, 육상 운동, 체조 운동, 수상 운동, 개인 및 대인 운동, 단체 운동, 체력 운동, 투기 운동, 빙상 및 설상 운동, 표현 및 창작 운동, 스포츠경기 체력, 스포츠경기 기술, 스포츠경기 실습, 코칭론, 스포츠 경영 · 행정, 체육 전공 실기, 전공 지도 실습
	예술 예술(음악/미술)		음악과 생활, 음악과 진로	음악 이론, 음악사, 시창 · 청음, 음악 전공 실기, 합창 · 합주, 공연 실습, 음악과 매체, 교양 실기
			미술창작, 미술문화	드로잉, 미술 이론, 미술사, 평면 조형, 입체 조형, 디자인 · 공예, 영상 미술, 미술 전공 실기

		예술			무용의 이해, 기초 한국 무용, 기초 발레, 기초 현대 무용, 무용 전공 실기, 무용 음악, 무용 감상과 비평, 안무 문학 개론, 문장론, 고전 문학 감상, 현대 문학 감상, 시 창작 입문, 소설 창작 입문, 문예 창작 전공 실기 연극의 이해, 연기, 무대 기술, 연극 제작 실습, 연극 감상과 비평, 영화의 이해, 영화기술, 영화 창작과 표현, 영화 제작 실습, 영화 감상과 비평 사진의 이해, 기초 촬영, 중급 촬영, 암실 실기, 사진 편집, 디지털 사진 촬영, 디지털 사진 표현 기법, 사진 감상과 비평
생활·교양	기술·가정/제2외국어/한문/교양			기술·가정	농업 생명 과학, 공학 기술, 가정 과학, 경영 일반, 해양 과학, 정보
				독일어 Ⅰ, 독일어 Ⅱ	독일어 회화 Ⅰ, 독일어 회화 Ⅱ, 독일어 독해 Ⅰ, 독일어 독해 Ⅱ, 독일어 작문, 독일어권 문화
				프랑스어 Ⅰ, 프랑스어 Ⅱ,	프랑스어 회화 Ⅰ, 프랑스어 회화 Ⅱ, 프랑스어 독해 Ⅰ, 프랑스어 독해 Ⅱ, 프랑스어 작문, 프랑스어권 문화
				스페인어 Ⅰ, 스페인어 Ⅱ,	스페인어 회화 Ⅰ, 스페인어 회화 Ⅱ, 스페인어 독해 Ⅰ, 스페인어 독해 Ⅱ, 스페인어 작문, 스페인어권 문화
				중국어 Ⅰ, 중국어 Ⅱ,	중국어 회화 Ⅰ, 중국어 회화 Ⅱ, 중국어 독해 Ⅰ, 중국어 독해 Ⅱ, 중국어 작문, 중국 문화
				일본어 Ⅰ, 일본어 Ⅱ,	일본어 회화 Ⅰ, 일본어 회화 Ⅱ, 일본어 독해 Ⅰ, 일본어 독해 Ⅱ, 일본어 작문, 일본 문화
				러시아어 Ⅰ, 러시아어 Ⅱ,	러시아어 회화 Ⅰ, 러시아어 회화 Ⅱ, 러시아어 독해 Ⅰ, 러시아어 독해 Ⅱ, 러시아어 작문, 러시아 문화
				아랍어 Ⅰ, 아랍어 Ⅱ	아랍어 회화 Ⅰ, 아랍어 회화 Ⅱ, 아랍어 독해 Ⅰ, 아랍어 독해 Ⅱ, 아랍어 작문, 아랍 문화
				베트남어 Ⅰ, 베트남어 Ⅱ	베트남어 회화 Ⅰ, 베트남어 회화 Ⅱ, 베트남어 독해 Ⅰ, 베트남어 독해 Ⅱ, 베트남어 작문, 베트남 문화
				한문 Ⅰ, 한문 Ⅱ	
				철학, 논리학, 심리학, 교육학, 종교학, 진로와 직업, 보건, 환경과 녹색성장	

① 일반 과목의 기본 단위 수는 5단위이고, 각 과목별로 1단위 범위 내에서 증감 운영이 가능하며, 가능한 한 한 학기에 이수하도록 한다.

② 기본 과목과 심화 과목의 이수 단위는 시·도 교육감이 정한다.

③ 위 표에 제시된 과목 중 사회(역사/도덕 포함) 교과(군)의 '한국사'는 반드시 이수한다.

④ 예술계열 고등학교 이외의 고등학교에서 예술(음악/미술)은 음악과 미술 교과를 중심으로 편성·운영한다

〈표 8-12〉의 고등학교 교과 편제는 〈표 8-11〉에 제시된 교과를 학교에서 실제로 편성할 때 개설할 수 있는 과목을 나열해 놓은 것이다. 예컨대 〈표 8-11〉에서 국어는 15단위를 필수로 이수하도록 지정되어 있는데, 이는 〈표 8-12〉의 국어에 편제되어 있는 과목들, 예컨대 '국어 I' '화법과 작문' '고전' 등을 각각 5단위로 개설함으로써 이수할 수 있다. 이러한 교과 편제는 2007 개정 교육과정과 비교해서 크게 두 가지가 변화된 것이다. 첫째, 선택 과목이 세 수준, 즉 기본, 일반, 심화로 나누어 제시되었다. 2007 개정 교육과정에서는 그 이전에 나뉘어 있었던 일반과 심화 과목 간의 구분을 없애고 선택 과목을 일원화하여 제시하였다. 그러나 2009 개정 교육과정에서는 일반과 심화 간의 구분을 되살렸을 뿐만 아니라 기본 과목이라는 범주를 새로이 설정하여 수학과 영어에 있어서 일반 과목을 이수하기 어려운 학생들을 고려하였다.

둘째, 종전에 과학, 체육, 예술, 외국어, 국제 계열의 전문 교과에 속해 있었던 과목들을 보통 교과의 심화 과목으로 편성하였다. 이는 일반계 고등학교에서 이들 교과에 해당하는 과목들을 좀 더 풍성하게 개설할 수 있는 여지를 제공할 뿐만 아니라, 이들 과목들을 대상으로 중점학교를 운영할 수 있는 기반을 제공해 주기 위한 것이라고 할 수 있다.

이상에서 검토해 본 2009 개정 교육과정의 가장 중요한 특징은, 단위 학교 차원에서 유연하고 창의적인 교육과정을 편성·운영할 수 있는 체제를 구축했다는 데에 있다고 할 수 있다. 그러나 2009 개정 교육과정은 2007 개정 교과별 교육과정을 유지한 채 총론 중심으로 서둘러 고시됨으로써 이후 여러 차례에 걸친 수정이 이루어져야 했다.

다. 2009 개정 교육과정의 부분 개정 사항

2009 개정 교육과정은 총론 고시 이후 수차례에 걸쳐 부분적으로 개정되었다. 이 가운데 가장 마지막에 이루어진 2013년 12월 18일자 개정(교육부,

2013)은 고등학교 교육과 관련하여 많은 중요한 내용을 담고 있는 바, 그 주요 내용을 몇 가지로 정리하면 다음과 같다.

〈표 8-13〉 개정된 고등학교 단위 배당 기준(2013. 12. 18)

구분	교과 영역	교과(군)	필수 이수 단위	학교 자율 과정
교과(군)	기초	국어	10	학생의 적성과 진로를 고려하여 편성
		수학	10	
		영어	10	
	탐구	사회(역사/도덕 포함)	10	
		과학	10	
	체육 · 예술	체육	10	
		예술(음악/미술)	10(5)	
	생활 · 교양	기술 · 가정/제2외국어/한문/교양	16(12)	
	소 계		86(77)	94(103)
창의적 체험활동			24(408시간)	
총 이수 단위			204	

① 1단위는 50분을 기준으로 하여 17회를 이수하는 수업량이다.
② 1시간의 수업은 50분을 원칙으로 하되, 기후 및 계절, 학생의 발달 정도, 학습 내용의 성격 등과 학교 실정을 고려하여 탄력적으로 편성 · 운영할 수 있다.
③ 필수 이수 단위의 단위 수는 해당 교과(군)의 '최소 이수 단위'를 가리킨다.
④ ( )안의 숫자는 특수 목적 고등학교와 자율형 사립고등학교가 이수할 것을 권장한다.
⑤ 창의적 체험활동의 단위는 최소 이수 단위 이며 ( )안의 숫자는 이수 단위를 이수 시간 수로 환산한 것이다.
⑥ 총 이수 단위 수는 고등학교 3년간 이수해야 할 '최소 이수 단위'를 가리킨다.
⑦ 기초 교과 이수 단위가 교과 총 이수 단위의 50%를 초과하지 않도록 한다. 단, 자율형 사립고등학교의 경우에는 이 규정을 권장한다.

첫째, 일반고 교육과정의 자율권을 확대하기 위해 필수 이수 단위를 축소하고, 과목별 이수 단위 증감 범위를 확대하였다(〈표 8-13 참조〉). 즉 교육과정 필수 이수 단위를 116단위에서 86단위로 축소하여 학교자율과정 이수 범위를 64단위에서 94단위로 확대했다. 또한 과목별 이수 단위의 증감 범위도 5±1단위에서 5±3단위로 하여 과목 개설 및 교육과정 편성의 유연성을 확보할 수 있도록 하였다. 자율형 공립고의 필수 이수 단위도 일반고와 동일하게 적용하도록 하였으며, 특목고와 자율형 사립고의 경우는 설립 취지를 고려하여 필수 이수 단위를 72단위에서 77단위(체육5단위→10단위)로 조정하였다. 다만, 교육과정 자율성 확대에 따라 기초 교과(국 · 영 · 수)가 과중하게 편성될 우려가 있어서 기초 교과 이수 단위는 교과 총 이수 단위의 50%를 초과하지 않도록 하였다.

둘째, 역사 교육을 강화하였다. 고등학교에서의 한국사 교육을 강화하기 위해 '한국사' 필수이수 기준을 5단위 1개 학기에서, 6단위 이상 2개 학기 이상 편성으로 확대하였다. 따라서 2014년 입학생부터는 모든 고등학교가 한국사를 2개 학기 이상 편성해야 했다.

셋째, 학생들의 체력 향상을 위해 학교 체육을 강화했다. 즉 모든 고등학교(일반고, 자율고, 특목고, 특성화고 등)가 체육의 필수 이수 단위를 10단위 이상으로 조정하고, 매학기 편성하도록 하였다. 또한 중학교 체육 활동의 내실화를 위해 학교의 여건에 따라 주당 2시간 '학교스포츠클럽활동'을 운영하는 학년의 경우 1시간을 체육 시간으로 대체할 수 있도록 하였다.

넷째, 논술 기초 교육을 강화하기 위해 고등학교에 논술 과목을 신설하였다. 즉 공교육을 통해 논술의 기초 능력을 갖출 수 있도록 하기 위해 고등학교의 교양 선택 과목으로 논술 과목을 신설하고, 그 내용은 학생들의 요구를 반영하여 학교에서 정하도록 하였다.

4. 2015 개정 교육과정

2015 개정 교육과정(교육부, 2015a)은 2015년 9월 23일 고시된 것으로,

2017년부터 단계적으로 적용된 것이다.* 2015 개정 교육과정에서는 우리 교육이 추구해야 할 인간상으로 '창의융합형 인재상'을 제시하였다. 교육부는 창의융합형 인재의 의미를 "인문학적 상상력, 과학기술 창조력을 갖추고 바른 인성을 겸비하여 새로운 지식을 창조하고 다양한 지식을 융합하여 새로운 가치를 창출할 수 있는 사람"(교육부, 2015b: 3)이라고 밝히고 있다. 2015 개정 교육과정의 총론에서는 처음으로 '역량'이라는 개념을 도입하여, 창의융합형 인재가 갖추어야 할 핵심 역량으로 자기관리 역량, 지식정보처리 역량, 창의적 사고 역량, 심미적 감성 역량, 의사소통 역량, 공동체 역량 등을 열거하고, 이들 역량이 교과 교육을 포함한 학교교육 전 과정을 통해 중점적으로 길러져야 한다고 제시했다.

2015 개정 교육과정의 주요 개정 방향과 특징은 다음과 같다(교육부, 2015b). 첫째, 인문 · 사회 · 과학기술에 관한 기초 소양 교육을 강화하고자 했다. 이를 위해 특히 고등학교에 문 · 이과 구분 없이 모든 학생이 배우는 공통 과목을 도입하고, 통합적 사고력을 키우는 '통합사회' 및 '통합과학' 과목을 신설하였다. 둘째, 학생들의 "꿈과 끼"를 키울 수 있는 교육과정을 마련하고자 했다. 이를 위해 단위 학교의 교육과정 편성 · 운영의 자율성을 확대하여 학생의 진로와 적성을 고려한 다양한 선택 과목 개설이 가능하도록 하고, 중학교의 한 학기를 '자유학기'로 운영할 수 있는 근거를 마련하였다. 셋째, 미래 사회가 요구하는 핵심 역량의 함양이 가능한 교육과정을 마련하고자 했다. 이를 위해 교과별로 꼭 배워야 할 핵심 개념과 원리 중심으로 학습 내용을 정선하여 감축하고, 교수 · 학습 및 평가 방법을 개선하여 학생들이 학습 부담에서 벗어나 진정한 배움의 즐거움을 느낄 수 있도록 하였다. 학교급별 주요 개정 사항은 아래와 같다.

---

* 2015 개정 교육과정의 연도별 적용은 다음과 같다.
  2017년 3월: 초 1, 2학년
  2018년 3월: 초 3, 4학년, 중 1학년, 고 1학년
  2019년 3월: 초 5, 6학년, 중 2학년, 고 2학년
  2020년 3월: 중 3학년, 고 3학년
  단, 중학교 사회 교과(군)의 '역사' 및 고등학교 기초 교과 영역의 '한국사' 과목은 2017년 3월 1일부터 적용.

가. 초등학교 교육과정

초등학교의 시간 배당 기준은 〈표 8-14〉와 같으며, 주된 개정 내용을 종래의 교육과정과 비교하여 제시하면 다음과 같다.

〈표 8-14〉 초등학교 시간 배당 기준(2015. 9. 23)

<table>
<tr><th colspan="2">구 분</th><th>1~2학년</th><th>3~4학년</th><th>5~6학년</th></tr>
<tr><td rowspan="8">교과(군)</td><td>국어</td><td rowspan="7">국 어 448
수 학 256
바른 생활 128
슬기로운 생활 192
즐거운 생활 384</td><td>408</td><td>408</td></tr>
<tr><td>사회/도덕</td><td>272</td><td>272</td></tr>
<tr><td>수학</td><td>272</td><td>272</td></tr>
<tr><td>과학/실과</td><td>204</td><td>340</td></tr>
<tr><td>체육</td><td>204</td><td>204</td></tr>
<tr><td>예술(음악/미술)</td><td>272</td><td>272</td></tr>
<tr><td>영어</td><td>136</td><td>204</td></tr>
<tr><td>소계</td><td>1,408</td><td>1,768</td><td>1,972</td></tr>
<tr><td colspan="2">창의적 체험활동</td><td>336
안전한 생활 (64)</td><td>204</td><td>204</td></tr>
<tr><td colspan="2">학년군별 총 수업시간 수</td><td>1,744</td><td>1,972</td><td>2,176</td></tr>
</table>

① 이 표에서 1시간 수업은 40분을 원칙으로 하되, 기후 및 계절, 학생의 발달 정도, 학습 내용의 성격, 학교 실정 등을 고려하여 탄력적으로 편성 · 운영할 수 있다.
② 학년군 및 교과(군)별 시간 배당은 연간 34주를 기준으로 한 2년간의 기준 수업 시수를 나타낸 것이다.
③ 학년군별 총 수업 시간 수는 최소 수업 시수를 나타낸 것이다.
④ 실과의 수업 시간은 5~6학년 과학/실과의 수업 시수에만 포함된 것이다.

첫째, 1~2학년군의 수업 시수가 이전에 비해 주당 평균 1시간 늘어났다. 이는 우리나라 초등학교 저학년 학생들의 수업 시수가 다른 나라에 비해 현저하게 적고, 유치원 누리과정의 교육 운영 시간보다도 적다는 지적을 반영한 것이었다.

둘째, '안전한 생활'이 신설되었다. 이는 2015 개정 교육과정이 개발되는 과정 중에 일어난 세월호 사건으로 인해 부각된 안전 교육에 대한 요구를 반영한 것이었다. '안전한 생활'은 교과로 도입되기보다는 초등학교 1~2학년군의 창의적 체험활동 속에서 하나의 영역으로서 주당 평균 1시간씩 2년간 총 64시간을 체험 중심으로 운영하도록 했다. 말하자면 초등학교 1~2학년에서 늘어난 주당 평균 1시간은 창의적 체험활동에 새로이 신설된 '안전한 생활'을 위해 활용될 수 있도록 했다.

나. 중학교 교육과정

중학교의 시간 배당 기준은 〈표 8-15〉와 같으며, 주된 개정 내용을 종래의 교육과정과 비교하여 제시하면 다음과 같다.

〈표 8-15〉 중학교 시간 배당 기준(2015. 9. 23)

구분		1~3학년
교과(군)	국어	442
	사회(역사 포함)/도덕	510
	수학	374
	과학/기술 · 가정/정보	680
	체육	272
	예술(음악/미술)	272
	영어	340
	선택	170
	소계	3,060
창의적 체험활동		306
총 수업 시간 수		3,366

① 이 표에서 1시간 수업은 45분을 원칙으로 하되, 기후 및 계절, 학생의 발달 정도, 학습 내용의 성격, 학교 실정 등을 고려하여 탄력적으로 편성 · 운영할 수 있다.
② 학년군 및 교과(군)별 시간 배당은 연간 34주를 기준으로 한 3년간의 기준 수업 시수를 나타낸 것이다.
③ 총 수업 시간 수는 3년간의 최소 수업 시수를 나타낸 것이다.
④ 정보 과목은 34시간을 기준으로 편성 · 운영한다.

첫째, 중학교의 한 학기를 '자유학기'로 운영할 수 있도록 이와 관련된 편성 · 운영 지침을 새로이 마련했다. 자유학기제는 우리나라 학교교육의 체질을 근본적으로 개선하기 위한 획기적인 시도로서, 2016년부터 전국의 모든 중학교에서 시행되고 있다. 2015 개정 교육과정은 중학교의 경우, 2018년도 신입생부터 적용되었으나, 자유학기에 대한 편성 · 운영 지침은 2016년부터 적용되었다. 2015 개정 교육과정에서 제시한 자유학기 편성 · 운영 관련 지침은 다음과 같다.

- 중학교 과정 중 한 학기는 자유학기로 운영한다.
- 자유학기에는 해당 학기의 교과 및 창의적 체험활동을 자유학기의 취지에 부합하도록 편성 · 운영한다.
- 자유학기에는 지역 사회와 연계하여 진로 탐색 활동, 주제 선택 활동, 동아리 활동, 예술 · 체육 활동 등 다양한 체험 중심의 자유학기 활동을 운영한다.
- 자유학기에는 협동 학습, 토의 · 토론 학습, 프로젝트 학습 등 학생 참여형 수업을 강화한다.
- 자유학기에는 중간 · 기말 고사 등 일제식 지필평가는 실시하지 않으며, 학생의 학습과 성장을 지원하는 과정 중심의 평가를 실시한다.
- 자유학기에는 학교 내외의 다양한 자원을 활용하여 진로 탐색 및 설계를 지원한다.
- 학교는 자유학기의 운영 취지가 타 학기 · 학년에도 연계될 수 있도록 노력한다.

둘째, '정보' 과목을 필수로 지정했다. 이는 중학교 학생들이 소프트웨어에 대한 기초 소양을 갖출 수 있도록 하기 위한 것이었다. 이를 위해 기존에 선택 교과군에 속했던 '정보'를 '과학/기술 · 가정' 교과군으로 통합시키고 이 과목에 34시간을 배당하도록 했다. 이에 따라 '과학/기술 · 가정' 교과군은 '과학/기술 · 가정/정보' 교과군으로 조정되었으며, 시간도 34시간이 증배되었다. 반면 선택 교과군은 정보가 빠져나가면서 34시간이 감축되었다.

다. 고등학교 교육과정

고등학교의 단위 배당 기준은 〈표 8-16〉 및 〈표 8-17〉과 같으며, 주된 개정 내용을 종래의 교육과정과 비교하여 제시하면 다음과 같다.

〈표 8-16〉 일반 고등학교(자율 고등학교 포함)와 특수목적 고등학교(산업수요 맞춤형 고등학교 제외) 단위 배당 기준(2015. 9. 23)*

<table>
<tr><th></th><th>교과 영역</th><th>교과(군)</th><th>공통 과목
(단위)</th><th>필수 이수
단위</th><th>자율 편성
단위</th></tr>
<tr><td rowspan="11">교
과
(군)</td><td rowspan="4">기초</td><td>국어</td><td>국어(8)</td><td>10</td><td rowspan="10">학생의 적성과 진로를 고려하여 편성</td></tr>
<tr><td>수학</td><td>수학(8)</td><td>10</td></tr>
<tr><td>영어</td><td>영어(8)</td><td>10</td></tr>
<tr><td>한국사</td><td>한국사(6)</td><td>6</td></tr>
<tr><td rowspan="2">탐구</td><td>사회
(역사/도덕 포함)</td><td>통합사회(8)</td><td>10</td></tr>
<tr><td>과학</td><td>통합과학(8)
과학탐구실험(2)</td><td>12</td></tr>
<tr><td rowspan="2">체육 · 예술</td><td>체육</td><td></td><td>10</td></tr>
<tr><td>예술</td><td></td><td>10</td></tr>
<tr><td>생활·교양</td><td>기술 · 가정/
제2외국어/
한문/교양</td><td></td><td>16</td></tr>
<tr><td colspan="3">소계</td><td>94</td><td>86</td></tr>
<tr><td colspan="4">창의적 체험활동</td><td colspan="2">24(408시간)</td></tr>
<tr><td colspan="4">총 이수 단위</td><td colspan="2">204</td></tr>
</table>

* 여기에 제시된 편제는 고교학점제 추진 정책이 발표된 이후, 이의 단계적 이행을 위해 2022년 1월에 일부 개정됨. 개정된 편제에서는 '단위'라는 명칭이 모두 '학점'으로 변경되었음. 또한 '자율 편성 단위(학점)'가 86단위에서 80학점으로, 창의적 체험활동이 24단위(408시간)에서 18학점(306시간)으로 줄어서 3년간 총 이수 단위(학점)가 204단위에서 192학점으로 축소됨.

① 1단위는 50분을 기준으로 하여 17회를 이수하는 수업량이다.
② 1시간의 수업은 50분을 원칙으로 하되, 기후 및 계절, 학생의 발달 정도, 학습 내용의 성격, 학교 실정 등을 고려하여 탄력적으로 편성 · 운영할 수 있다.
③ 공통 과목은 2단위 범위 내에서 감하여 편성 · 운영할 수 있다. 단, 한국사는 6단위 이상 이수하되 2개 학기 이상 편성하도록 한다.
④ 과학탐구실험은 이수 단위 증감 없이 편성 · 운영하는 것을 원칙으로 하되, 과학 계열, 체육 계열, 예술 계열 고등학교의 경우 학교 실정에 따라 탄력적으로 운영할 수 있다.
⑤ 필수 이수 단위의 단위 수는 해당 교과(군)의 '최소 이수 단위'로 공통 과목 단위 수를 포함한다. 특수 목적 고등학교와 자율형 사립고등학교의 경우 예술 교과(군)는 5단위 이상, 생활 · 교양 영역은 12단위 이상 이수할 것을 권장한다.
⑥ 기초 교과 영역 이수 단위 총합은 교과 총 이수 단위의 50%를 초과하지 않도록 한다.
⑦ 창의적 체험활동의 단위는 최소 이수 단위이며 ( )안의 숫자는 이수 단위를 이수 시간 수로 환산한 것이다.
⑧ 총 이수 단위 수는 고등학교 3년간 이수해야 할 '최소 이수 단위'를 의미한다.

〈표 8-17〉 고등학교 보통 교과(2015. 9. 23)*

교과 영역	교과(군)	공통 과목	선택 과목	
			일반 선택	진로 선택
기초	국어	국어	화법과 작문, 독서, 언어와 매체, 문학	실용 국어, 심화 국어, 고전 읽기
	수학	수학	수학 Ⅰ, 수학 Ⅱ, 미적분, 확률과 통계	실용 수학, 기하, 경제 수학, 수학 과제 탐구
	영어	영어	영어 회화, 영어 Ⅰ, 영어 독해와 작문, 영어 Ⅱ	실용 영어, 영어권 문화, 진로 영어, 영미 문학 읽기
	한국사	한국사		
탐구	사회(역사/도덕 포함)	통합사회	한국지리, 세계지리, 세계사, 동아시아사, 경제, 정치와 법, 사회 · 문화, 생활과 윤리, 윤리와 사상	여행지리, 사회문제 탐구, 고전과 윤리
	과학	통합과학 과학탐구실험	물리학 Ⅰ, 화학 Ⅰ, 생명과학 Ⅰ, 지구과학 Ⅰ	물리학 Ⅱ, 화학 Ⅱ, 생명과학 Ⅱ, 지구과학 Ⅱ, 과학사, 생활과 과학, 융합과학

* 2020년 4월의 부분 개정을 통해 진로 선택 과목의 경우, 수학 교과에는 '기본 수학', 영어 교과에는 '기본 영어'가 추가됨. 또한 2020년 9월의 부분 개정을 통해 수학의 진로 선택 과목으로 '인공지능수학'을, 기술 · 가정, 정보의 선택 과목으로 '인공지능기초'가 추가됨.

체육 · 예술	체육		체육, 운동과 건강	스포츠 생활, 체육 탐구
	예술		음악, 미술, 연극	음악 연주, 음악 감상과 비평 미술 창작, 미술 감상과 비평
생활 · 교양	기술 · 가정		기술 · 가정, 정보	농업 생명 과학, 공학 일반, 창의 경영, 해양 문화와 기술, 가정과학, 지식 재산 일반
	제2 외국어		독일어 Ⅰ 일본어 Ⅰ 프랑스어 Ⅰ 러시아어 Ⅰ 스페인어 Ⅰ 아랍어 Ⅰ 중국어 Ⅰ 베트남어 Ⅰ	독일어 Ⅱ 일본어 Ⅱ 프랑스어 Ⅱ 러시아어 Ⅱ 스페인어 Ⅱ 아랍어 Ⅱ 중국어 Ⅱ 베트남어 Ⅱ
	한문		한문 Ⅰ	한문 Ⅱ
	교양		철학, 논리학, 심리학, 교육학, 종교학, 진로와 직업, 보건, 환경, 실용 경제, 논술	

① 선택 과목의 기본 단위 수는 5단위이다.
② 교양 교과목을 제외한 일반 선택 과목은 2단위 범위 내에서 증감하여 편성 · 운영할 수 있다.
③ 교양 교과목과 진로 선택 과목은 3단위 범위 내에서 증감하여 편성 · 운영할 수 있다.
④ 체육 교과는 매 학기 편성하도록 한다. 단, 특성화 고등학교와 산업수요 맞춤형 고등학교의 경우, 현장 실습이 있는 학년에는 탄력적으로 운영할 수 있다.

첫째, 공통 기초 소양 함양을 위해 '공통 과목'을 신설했다. 2009 개정 교육과정에서는 처음으로 고등학교 전 학년에 걸쳐 선택 교육과정이 운영되었으나, 2015 개정 교육과정에서는 모든 학생들이 공통적으로 이수해야 할 '공통 과목'을 다시 고등학교에 도입했다. 이는 제7차 교육과정부터 종래의 '과정' 운영에 대한 규정을 폐지하였음에도 불구하고, 실제 학교 현장에서는 여전히 문과와 이과로 교육과정을 구분하여 운영하고 있는 폐단을 제도적으로 막기 위한 것이었다. 즉 2015 개정 교육과정에서는 문과와 이과라는 과정 구분에 따른 고등학생들의 지식 편식을 막고 균형 있는 지식 습득을 보장하기 위해서 국어, 수학, 영어, 사회, 과학 교과에서 고등학교 단계에서 반드시 배워야 할 내용으로 구성된 '공통 과목'을 개발하고 그것을 모든 학생이 이수하도록 하였다. 또한 종래에 사회 교과에 속했던 '한국사'를 분리하여 이를 새로 신설된 '과학탐구실험'과 함께 공통 과목으로 지정하였다.

둘째, 사회 교과와 과학 교과의 공통 과목으로 각각 '통합사회'와 '통합과학'을 개발하여 모든 학생들이 이수하도록 하였다. 통합사회는 학생들이 삶 속에서 중요하게 다루어야 하는 9개의 대주제(행복, 자연환경, 생활공간, 인권, 시장, 정의, 문화, 세계화, 지속가능한 삶)를 선정하고 각각의 주제에 대해 시간적, 공간적, 사회적, 윤리적 측면에서 다각도로 사고할 수 있도록 구성되었다. 통합과학은 자연 현상에 대한 핵심 개념(물질의 규칙성, 시스템과 상호작용, 변화와 다양성, 환경과 에너지)을 중심으로 융복합적 사고력 신장이 가능하도록 구성되었다.

셋째, 필수 이수 단위가 늘어나고 이에 따라 학교자율과정에 배당된 단위는 감소하였다. 2009 개정 교육과정에서는 부분 개정을 통해 교과 총 이수 단위인 180단위 가운데 필수 이수 단위에 86단위를 배당하고, 나머지 94단위를 학교자율과정에 배당하였다. 그러나 2015 개정 교육과정에서는 이와 반대로 필수 이수 단위가 94단위로 늘어나면서 학교자율과정은 86단위로 축소되었다. 이것은 공통 과목으로 '한국사' 6단위와 '과학탐구실험' 2단위가 신설되면서 필수 이수 단위가 이전보다 8단위 증배되었기 때문이다. 이로써 학교가 자율적으로 교육과정을 편성할 수 있는 여지는 이전보다 줄어들었다. 그러나 이러한 규정은 교육부가 고교학점제 종합 추진 계획(2021년 2월 17일)을 발표하고, 이에 따른 고교학점제가 부분적으로 학교 현장에 적용되면서 다시 일부 수정되었다. 즉 2022년 1월의 부분 개정을 통해 '단위'라는 명칭이 모두 '학점'으로 바뀌었으며, '자율 편성 학점'이 86단위에서 80학점으로, 창의적 체험활동이 24단위에서 18학점으로 감축되면서 3년간 총 이수 학점은 204단위에서 192학점으로 축소되었다.

넷째, 기초 교과 영역, 즉 국어, 수학, 영어, 한국사의 이수 단위 총합이 교과 총 이수 단위의 50%를 초과하지 않도록 했다. 이는 고등학교 교육이 이들 교과에 지나치게 편중되는 것을 방지하기 위한 것이다. 이러한 규정은 2009 개정 교육과정을 부분 개정해서 2013년 12월 18일자로 고시했던 교육과정에서도 볼 수 있었던 것이다. 그러나 이때는 이 규정이 국어, 수학, 영어에 한해서만 적용되었으나, 2015 개정 교육과정에서는 이들 교과에 한국사를 추가함으로써 국어, 수학, 영어 교과의 실제적인 최대 편성 범위가 이전보다 축소되었다고 할 수 있다. 즉 이전 교육과정에서는 고등학교 교과 총 이수 단위인 180단위 가운데 국어, 수학, 영어에 최대 90단위를 편성할 수 있었으나, 2015 개정 교육과정에서는 이 규정에 한국사 6단위가 포함되어서 국어, 수학, 영어에는 최대 84단위까지만 편성 가능하게 되었다. 또한 이전과 달리 이 규정은 자율형 사립고등학교도 반드시 지키도록 의무화되었다.

다섯째, 선택 과목을 일반 선택과 진로 선택으로 구분하였다. 2009 개정 교육과정에서 선택 과목은 기본, 일반, 심화로 구분되었다. 그러나 2015 개정 교육과정에서 선택 과목은 '일반 선택'과 '진로 선택'으로 구분되었다. '일반 선택 과목'은 교과별 주요 학습 영역을 일반적인 수준에서 다루는 과목으로서, 고등학교 단계에서 필요한 각 교과별 학문의 기본적 이해를 바탕으로 한 과목으로 구성된 것이다. '진로 선택 과목'은 교과 융합학습, 진로 안내학습, 교과별 심화학습, 실생활 체험학습 등이 가능한 과목으로 구성된 것이다. '진로 선택 과목'의 경우는 반드시 3개 이상 이수하도록 규정되어 있다. 한편, 종래에 보통 교과의 심화 과목으로 편성되었던 과학, 체육, 예술, 외국어, 국제 계열의 과목들은 다시 전문 교과로 복귀했다.

5. 2022 개정 교육과정

2022 개정 교육과정(교육부, 2022a)은 2022년 12월 22일에 고시된 것으로, 2024년부터 단계적으로 적용된다.* 2022 개정 교육과정의 개정 방향에 대해, 교육부는 변화된 교육 환경 속에서 모든 학생들이 미래 사회가 요구하는 포용성과 창의성을 갖춘 주도적인 사람으로 성장할 수 있도록 교육과정을 개선하는 데에 있다고 제시했다(교육부, 2022b). 이를 위해 2022 개정 교육과정에서는 우리 교육이 추구해야 할 인간상으로서 '자기주도적인 사람'을 새롭게 강조했다. 교육부는 '자기주도적인 사람'을 "전인적 성장을 바탕으로 자아정체성을 확립하고 자신의 진로와 삶을 스스로 개척하는 사람"(교육부, 2022b: 3)이라고 밝히고 있다. 또한 2022 개정 교육과정에서는 2015 개정 교육과정에서 제시한 6가지 핵심 역량을 유지하는 가운데, 종래의 '의사소통 역량'을 '협력적 소통 역량'으로 바꾸어 제시했다.

교육부가 제시한 2022 개정 교육과정의 주요 개정 방향은 다음과 같다(교육부, 2022b, 2022c). 첫째, 미래 사회에 대응할 수 있는 능력과 기초 소양 및 자신의 학습과 삶에 대한 주도성을 강화하고자 했다. 이를 위해 여러 교과를 학습하는 데 기반이 되는 언어, 수리, 디지털 소양을 기초 소양으로 설정하고 이를 교육 전반에서 강조했다. 특히 디지털 역량을 함양하기 위해 여러 교과에서 교과 특성에 맞게 디지털 소양과 관련된 내용을 반영하고, 관련 선택 과목(예: 문학과 영상, 음악과 미디어 등)을 신설했다.

둘째, 학생들의 개개인의 인격적 성장을 지원하고 구성원 모두의 행복을 위해 공동체 의식을 강화하고자 했다. 이를 위해 기후 · 생태 환경 변화에

---

* 2022 개정 교육과정의 연도별 적용은 다음과 같다.
  2024년 3월: 초 1, 2학년
  2025년 3월: 초 3, 4학년, 중 1학년, 고 1학년
  2026년 3월: 초 5, 6학년, 중 2학년, 고 2학년
  2027년 3월: 중 3학년, 고 3학년

대한 대응 능력 및 지속 가능성 등 공동체적 가치를 함양하는 교육을 강조했다. 또한 다양한 특성을 가진 학생이 차별받지 않도록 지원하고, 지역·학교 간 교육 격차를 완화할 수 있는 지원 체제를 마련하였다.

셋째, 학생들이 자신의 진로와 학습을 주도적으로 설계하고, 적절한 시기에 학습할 수 있도록 학습자 맞춤형 교육과정을 마련하고자 했다. 이를 위해 지역 연계 및 학교의 다양한 여건과 학생 필요를 고려한 특색있는 교육과정 운영을 할 수 있도록 '학교자율시간'을 도입하였다. '학교자율시간'은 교과 및 창의적 체험활동 시간에서 학기별 1주 분량의 수업 시간을 확보하여 운영할 수 있으며, 이 시간에 학교는 국가 교육과정에 제시되어 있는 교과목 외에 새로운 과목이나 활동을 개발하여 제공할 수 있다. 또한 학교급 간 교과 교육과정 연계와 진로 설계, 학교 생활 적응 등을 지원하기 위한 '진로연계교육'을 도입했다.

넷째, 학생이 주도성을 기초로 역량을 기를 수 있도록 교과 교육과정을 마련하고자 했다. 이를 위해 교과별로 꼭 배워야 할 핵심 아이디어를 중심으로 학습량을 적정화하고, 학생들이 경험해야 할 사고, 탐구, 문제해결 등의 과정을 학습 내용으로 명료화하였다.

이상의 개정 방향 이외에, 총론 차원에서는 창의적 체험활동의 재구조화가 이루어졌다. 즉 창의적 체험활동의 4개 영역(자율 활동, 동아리 활동, 봉사 활동, 진로 활동)이 '자율·자치 활동', '동아리 활동', '진로 활동'의 3개 영역으로 정련되고, 기존의 '봉사 활동'은 '동아리 활동' 내에서 편성될 수 있도록 했다. 이러한 변화는 학생의 전인적인 성장과 자율성에 좀 더 초점을 두고, 학생의 자기주도성과 선택 활동을 확대하기 위한 것이었다. 학교급별 주요 개정 사항은 아래와 같다.

가. 초등학교 교육과정

초등학교의 시간 배당 기준은 〈표 8-18〉과 같으며, 주된 개정 내용을 종래의 교육과정과 비교하여 제시하면 다음과 같다.

〈표 8-18〉 초등학교 시간 배당 기준(2022. 12. 22)

<table>
<tr><th colspan="2">구분</th><th>1~2학년</th><th>3~4학년</th><th>5~6학년</th></tr>
<tr><td rowspan="8">교과(군)</td><td>국어</td><td rowspan="7">국 어 482
수 학 256
바른 생활 144
슬기로운 생활 224
즐거운 생활 400</td><td>408</td><td>408</td></tr>
<tr><td>사회/도덕</td><td>272</td><td>272</td></tr>
<tr><td>수학</td><td>272</td><td>272</td></tr>
<tr><td>과학/실과</td><td>204</td><td>340</td></tr>
<tr><td>체육</td><td>204</td><td>204</td></tr>
<tr><td>예술(음악/미술)</td><td>272</td><td>272</td></tr>
<tr><td>영어</td><td>136</td><td>204</td></tr>
<tr><td>소계</td><td>1,506</td><td>1,768</td><td>1,972</td></tr>
<tr><td colspan="2">창의적 체험활동</td><td>238</td><td>204</td><td>204</td></tr>
<tr><td colspan="2">학년군별 총 수업시간 수</td><td>1,744</td><td>1,972</td><td>2,176</td></tr>
</table>

① 1시간의 수업은 40분을 원칙으로 하되, 기후 및 계절, 학생의 발달 정도, 학습 내용의 성격, 학교 실정 등을 고려하여 탄력적으로 편성 · 운영할 수 있다.
② 학년군의 교과(군)별 및 창의적 체험활동 시간 배당은 연간 34주를 기준으로 2년간의 기준 수업 시수를 나타낸 것이다.
③ 학년군별 총 수업 시간 수는 최소 수업 시수를 나타낸 것이다.
④ 실과의 수업 시간은 5~6학년 과학/실과의 수업 시수에만 포함된다.
⑤ 정보교육은 실과의 정보영역 시수와 학교자율시간 등을 활용하여 34시간 이상 편성 · 운영한다.

첫째, 1~2학년(군)에서 국어 교과의 수업 시수가 주당 평균 1시간 늘어났다. 이는 기초 문해력과 한글 해득 교육을 이전보다 더 강화하기 위한 것이다.

둘째, 1~2학년(군)에서 통합 교과와 창의적 체험활동의 수업 시수 조정이 있었다. 이는 기존의 창의적 체험활동에서 이루어진 입학 초기 적응 활동과 '안전한 생활' 교육의 내용 일부가 통합 교과와 중복된다는 문제점을 개선하기 위한 것이었다. 따라서 이들 교육이 통합 교과 속에서 적절히 이루어질 수 있도록 창의적 체험활동의 수업 시수를 줄이고 통합 교과의 수업 시수를 증배하였다.

셋째, '정보교육'에 대한 지침이 강화되었다. 이는 디지털 역량의 강화 요구에 따른 것으로, 정보교육은 실과의 정보 영역 시수와 학교자율시간 등을 활용하여 34시간 이상 편성 · 운영하도록 했다.

나. 중학교 교육과정

중학교의 시간 배당 기준은 〈표 8-19〉와 같으며, 주된 개정 내용을 종래의 교육과정과 비교하여 제시하면 다음과 같다.

〈표 8-19〉 중학교 시간 배당 기준(2022. 12. 22)

구 분		1~3학년
교과(군)	국어	442
	사회(역사 포함)/도덕	510
	수학	374
	과학/기술 · 가정/정보	680
	체육	272
	예술(음악/미술)	272
	영어	340
	선택	170
	소계	3,060
창의적 체험활동		306
총 수업 시간 수		3,366

① 1시간 수업은 45분을 원칙으로 하되, 기후 및 계절, 학생의 발달 정도, 학습 내용의 성격, 학교 실정 등을 고려하여 탄력적으로 편성 · 운영할 수 있다.
② 교과(군)별 및 창의적 체험활동 시간 배당은 연간 34주를 기준으로 3년간의 기준 수업 시수를 나타낸 것이다.
③ 총 수업 시간 수는 3년간의 최소 수업 시수를 나타낸 것이다.
④ 정보는 정보 수업 시수와 학교자율시간 등을 활용하여 68시간 이상 편성 · 운영한다.

첫째, 2015 개정 교육과정에서 처음 도입되었던 '자유학기'의 편성 영역 및 운영 시간을 적정화했다. 2015 개정 교육과정에서는 자유학기를 적용하는 학기에 170시간의 '자유학기 활동'을 편성 · 운영해야만 했다. 그러나 2022 개정 교육과정에서는 이것이 103시간으로 축소되었다. 또한 기존에 주어진 4개의 자유학기 활동 영역(주제 선택 활동, 진로 탐색 활동, 예술 · 체육 활동, 동아리 활동)도 창의적 체험활동과의 중복을 최소화하기 위해 2개 영역(주제 선택 활동, 진로 탐색 활동)으로 축소되었다.

둘째, '정보'의 수업 시수가 증배되었다. 즉 정보는 기존의 34시간에서 68시간으로 그 수업 시수가 2배 확대되었다. 이는 디지털 역량을 더 강화해야 한다는 사회적 요구에 따른 것이라고 할 수 있다.

다. 고등학교 교육과정

고등학교의 학점 배당 기준은 〈표 8-20〉 및 〈8-21〉과 같으며, 주된 개정 내용을 종래의 교육과정과 비교하여 제시하면 다음과 같다.

〈표 8-20〉 일반 고등학교와 특수 목적 고등학교(산업수요 맞춤형 고등학교 제외) 학점 배당 기준(2022. 12. 22)

교과(군)	공통 과목	필수 이수 단위	자율 이수 학점
국어	공통국어1, 공통국어2	8	학생의 적성과 진로를 고려하여 편성
수학	공통수학1, 공통수학2	8	
영어	공통영어1, 공통영어2	8	
사회 (역사/도덕 포함)	한국사1, 한국사2	6	
	통합사회1, 통합사회2	8	
과학	통합과학1, 통합과학2 과학탐구실험1, 과학탐구실험2	10	
체육		10	
예술		10	

기술 · 가정/정보/ 제2외국어/한문/교양		16	
소계		84	90
창의적 체험활동		18(288시간)	
총 이수 학점		192	

① 1학점은 50분을 기준으로 하여 16회를 이수하는 수업량이다.
② 1시간의 수업은 50분을 원칙으로 하되, 기후 및 계절, 학생의 발달 정도, 학습 내용의 성격, 학교 실정 등을 고려하여 탄력적으로 편성 · 운영할 수 있다.
③ 공통 과목의 기본 학점은 4학점이며, 1학점 범위 내에서 감하여 편성 · 운영할 수 있다. 단, 한국사 1, 2의 기본 학점은 3학점이며 감하여 편성 · 운영할 수 없다.
④ 과학탐구실험1, 2의 기본 학점은 1학점이며 증감 없이 편성 · 운영하는 것을 원칙으로 한다. 단, 과학, 체육, 예술 계열 고등학교의 경우 학교 실정에 따라 탄력적으로 운영할 수 있다.
⑤ 필수 이수 학점 수는 해당 교과(군)의 최소 이수 학점이다. 특수 목적 고등학교의 경우 예술 교과(군)는 5학점 이상, 기술 · 가정/정보/제2외국어/한문/교양 교과(군)는 12학점 이상 이수하도록 한다.
⑥ 국어, 수학, 영어 교과의 이수 학점 총합은 81학점을 초과하지 않도록 하며, 교과 이수 학점이 174학점을 초과하는 경우에는 초과 이수 학점의 50%를 넘지 않도록 한다.
⑦ 창의적 체험활동의 학점 수는 최소 이수 학점이며 ( )안의 숫자는 이수 학점을 시간 수로 환산한 것이다.
⑧ 총 이수 학점 수는 고등학교 졸업을 위해 3년간 이수해야 할 최소 이수 학점을 의미한다.

〈8-21〉 고등학교 보통 교과(2022. 12. 22)

교과(군)	공통 과목	선택 과목		
		일반 선택	진로 선택	융합 선택
국어	공통국어1 공통국어2	화법과 언어, 독서와 작문, 문학	주제 탐구 독서, 문학과 영상, 직무 의사소통	독서 토론과 글쓰기, 매체 의사소통, 언어생활 탐구
수학	공통수학1 공통수학2 기본수학1 기본수학2	대수, 미적분I, 확률과 통계	기하, 미적분II, 경제 수학, 인공지능 수학, 직무 수학	수학과 문화, 실용 통계, 수학과제 탐구
영어	공통영어1 공통영어2 기본영어1 기본영어2	영어I, 영어II 영어 독해와 작문	영미 문학 읽기, 영어 발표와 토론, 심화 영어, 심화 영어 독해와 작문, 직무 영어	실생활 영어 회화, 미디어 영어, 세계 문화와 영어

사회 (역사/ 도덕 포함)	한국사1 한국사2 통합사회1 통합사회2	세계시민과 지리, 세계사, 사회와 문화, 현대사회와 윤리	한국지리 탐구, 도시의 미래 탐구, 동아시아 역사 기행, 정치, 법과 사회, 경제, 윤리와 사상, 인문학과 윤리, 국제 관계의 이해	여행지리, 역사로 탐구하는 현대 세계, 사회문제 탐구, 금융과 경제생활, 윤리문제 탐구, 기후변화와 지속가능한 세계
과학	통합과학1 통합과학2 과학탐구실험1 과학탐구실험2	물리학, 화학, 생명과학, 지구과학	역학과 에너지, 전자기와 양자, 물질과 에너지, 화학 반응의 세계, 세포와 물질대사, 생물의 유전, 지구시스템과학, 행성우주과학	과학의 역사와 문화, 기후변화와 환경생태, 융합과학 탐구
체육		체육1, 체육2	운동과 건강, 스포츠 문화*, 스포츠 과학*	스포츠 생활1, 스포츠 생활2
예술		음악, 미술, 연극	음악 연주와 창작, 음악 감상과 비평, 미술 창작, 미술 감상과 비평	음악과 미디어, 미술과 매체
기술 · 가정/ 정보		기술 · 가정	로봇과 공학세계, 생활과학 탐구	창의 공학 설계, 지식 재산 일반, 생애 설계와 자립*, 아동발달과 부모
		정보	인공지능 기초, 데이터 과학	소프트웨어와 생활
제2외국어/ 한문		독일어, 프랑스어, 스페인어, 중국어, 일본어, 러시아어, 아랍어, 베트남어	독일어 회화, 프랑스어 회화, 스페인어 회화, 중국어 회화, 일본어 회화, 러시아어 회화, 아랍어 회화, 베트남어 회화 심화 독일어, 심화 프랑스어, 심화 스페인어, 심화 중국어, 심화 일본어, 심화 러시아어, 심화 아랍어, 심화 베트남어	독일어권 문화, 프랑스어권 문화, 스페인어권 문화, 중국 문화, 일본 문화, 러시아 문화, 아랍 문화, 베트남 문화
		한문	한문 고전 읽기	언어생활과 한자
교양		진로와 직업, 생태와 환경	인간과 철학, 논리와 사고, 인간과 심리, 교육의 이해, 삶과 종교, 보건	인간과 경제활동, 논술

① 선택 과목의 기본 학점은 4학점이다. 단, 체육, 예술, 교양 교과(군)의 기본 학점은 3학점이다.
② 선택 과목은 1학점 범위 내에서 증감하여 편성 · 운영할 수 있다.
③ * 표시한 과목의 기본 학점은 2학점이며, 1학점 범위 내에서 감하여 편성 · 운영할 수 있다.
④ 체육 교과는 매 학기 이수하도록 한다. 단, 특성화 고등학교와 산업수요 맞춤형 고등학교의 경우, 현장 실습이 있는 학년에는 탄력적으로 운영할 수 있다.

첫째, 2025년 고 1학년 학생부터 '고교학점제'가 전면 적용됨에 따라 이의 적절한 운영을 위해 학점을 기반으로 한 교육과정을 마련하였다. 고교학점제는 "학생이 기초 소양과 기본 학력을 바탕으로 진로 · 적성에 따라 과목을 선택하고, 이수 기준에 도달한 과목에 대해 학점을 취득 · 누적하여 졸업하는 제도"(교육부, 한국교육과정평가원, 2022: 20)이다. 고교학점제에서 각 과목은 한 학기를 단위로 하여 이수되고 학점이 부여된다. 말하자면 각 과목에 대한 이수와 학점 취득이 한 학기에 완결되어야 한다. 이를 위해 과목별 기본 학점은 종래의 5학점에서 4학점(체육, 예술, 교양은 3학점)으로 조정되었으며, 증감 범위도 ±1로 개선하여 학생이 학기 단위로 과목을 이수할 수 있도록 했다. 공통 과목의 경우도 학기를 단위로 이수할 수 있도록 분화되었다. 예컨대 종래의 8학점이 배당되었던 '국어'는, '공통국어(1)'와 '공통국어(2)'로 분화되어 개별 과목이 한 학기 안에 이수될 수 있도록 했다. 이는 학교 편에서의 다양한 선택 과목 개설 및 교육과정 편성의 유연성을 확보해 줌으로써 학생들이 자신들의 진로와 적성에 적합한 과목을 좀 더 용이하게 이수할 수 있게 하기 위한 것이었다.

둘째, 필수 이수 학점과 자율 이수 학점을 조정했다. 고교학점제 적용을 고려하여 필수 이수 학점은 축소(94학점 → 84학점)하고 자율 이수 학점은 확대(80학점 → 90학점)함으로써 학생들이 진로에 적합한 과목을 이수할 수 있는 범위를 늘렸다. 또한 종래 1단위는 50분을 기준으로 하여 17회를 이수하는 수업량이었으나, 고교학점제에서의 1학점은 50분을 기준으로 하여 16회를 이수하는 수업량으로 축소되었다.

셋째, 선택 과목을 재구조화했다. 2015 개정 교육과정에서 선택 과목은 일반 선택 과목과 진로 선택 과목으로 구분되었다. 그러나 2022 개정 교육과정에서는 '융합 선택 과목'을 추가로 신설하여, 선택 과목은 '일반 선택', '진로 선택', '융합 선택'으로 구분되었다. '일반 선택 과목'은 교과별 학문 영역 내의 주요 학습 내용 이해 및 탐구를 위한 과목이고, '진로 선택 과목'은 교과별 심화 학습 및 진로 관련 과목이며, '융합 선택 과목'은 교과 내 및 교과 간 주제 융합 과목, 실생활 체험 및 응용을 위한 과목의 성격을 지닌 것으로 규정되었다. 한편 수학과 영어의 경우에는 학생별 상황과 학습 수준 및 진로를 고려하여 '기본수학1', '기본수학2', '기본영어1', '기본영어2'를 개발하여 해당 교과의 공통 과목을 대체할 수 있도록 했다. 전체적으로 볼 때, 고등학교 교육과정은 이전보다 일반 선택 과목 수를 줄이고, 학생들의 진로와 적성을 고려한 좀 더 다양한 실생활적이고 융합적인 과목들을 진로 선택 과목과 융합 선택 과목을 통해 제공하려는 특징을 보이고 있다.

참고 문헌

교육과학기술부(2009). 초 · 중등학교 교육과정 총론.

교육과학기술부(2011). 초 · 중등학교 교육과정 총론.

교육부(1997). 초 · 중등학교 교육과정.

교육부(2013). 초 · 중등학교 교육과정 총론.

교육부(2015a). 초 · 중등학교 교육과정 총론.

교육부(2015b). 2015 개정 교육과정 총론 및 각론 확정 · 발표. 교육부 보도자료('15. 09. 23).

교육부(2021). 고교학점제 종합 추진 계획. 교육부 보도자료('21. 02. 17).

교육부(2022a). 초 · 중등학교 교육과정 총론.

교육부(2022b). 2022 개정 교육과정 질의 · 응답 자료.

교육부(2022c). 2022 개정 초 · 중등학교 및 특수교육 교육과정 확정 · 발표. 교육부 보도자료('22. 12. 22).

교육부 · 한국교육과정평가원(2022). 고교학점제 도입·운영 안내서.

교육인적자원부(2006). 초 · 중등학교 교육과정.

교육인적자원부(2007). 초 · 중등학교 교육과정.

김재춘 · 박소영 · 이상신 · 이상승 · 길만철(2001). 일반계 고등학교 선택중심 교육과정의 효율적인 적용방안 연구. 교육부 정책연구보고서.

김재춘 · 부재율 · 소경희 · 양길석(2010). 예비 · 현직 교사를 위한 교육과정과 교육평가. 서울: 교육과학사.

소경희(2007). 국가 교육과정 개혁 과제 탐색: '2007 교육과정'의 검토와 반성. 아시아교육연구, 8(2), 135-159.

허경철(1996). 수준별 교육과정의 필요와 개발 방향. 교육과정연구, 14(2), 1-19.

교육과정 개발 및 설계 모형

제9장

하나의 학문 분야로서 교육과정은 종합적이고 실천적인 성격을 갖고 있기 때문에 교육과정 '개발'(development)과 '설계'(design)가 이 분야에서 차지하는 위상은 매우 크고 중요하다고 할 수 있다. 이것은 3장에서 검토한 바 있듯이, 교육과정이라는 학문 분야가 교육과정 개발이나 설계의 필요성과 결부되어 탄생했다는 점과 밀접히 관련된다. 교육과정 분야의 이러한 태생적 성격은 이 분야가 오랫동안 교육과정 '이론'보다는 교육과정 '개발'과 관련하여 발전되어 온 배경이 되었다. 따라서 오늘날에도 많은 사람들은 교육과정 분야의 정체성을 교육과정 개발과 결부시키는 경우가 많다.

교육과정 개발은 매우 포괄적인 용어로서, 교육과정 계획과 설계가 이루어지는 과정을 광범위하게 지칭하는 것으로 사용되고 있다. 따라서 교육과정 개발은 흔히 교육과정 설계와 혼용되고 있으나 엄밀히 보면 양자는 구분되는 것이다. 교육과정 개발은 교육과정을 구성함에 있어서 그 과정 및 절차가 어떻게 진행되어야 하는가를 결정하는 것과 관련된다. 교육과정 개발의 주된 관심은 '어떻게'(how) 혹은 '과정'(process)에 있는 것으로, 교육과정 구성 과정의 기술적이고 방법적인 전략을 드러내는 데 초점이 있다. 따라서 교육과정 개발에서 관심을 갖는 질문은, 누가 교육과정 구성에 참여할 것인지, 교육과정 구성에 어떤 절차가 사용될 것인지, 어떻게 하면 각 절차를 잘 수행할 수 있을 것인가 등에 대한 것이다.

한편, 교육과정 설계는 교육과정 개발로 만들어질 교육과정이 어떤 모습이 되어야 할지를 계획하기 위한 틀을 제공하는 것이다. 이 점에서 교육과정 설계는 교육과정 개발의 방향과 지침을 제공하는 틀이라고 할 수 있다. 일반적으로 교육과정 개발을 위한 핵심 요소는 교육 목표, 교육 내용 혹은 학습 경험, 그리고 평가이다. 교육과정 설계란, 이러한 교육과정 개발을 위한 핵심 요소 각각의 성격과 내용을 밝히고, 이들 요소들이 하나의 체계적인 교육과정으로 결합될 수 있도록 배열하는 방식을 말한다. 교육과정 설계의 주된 관심은 '어떻게' 혹은 '과정'에 있는 것이 아니라 '무엇'(what)에 있는 것으로, 만들어질 교육과정 그 자체의 '내용'이나 '실체'(substance)를 탐색하는 데에 초점이 있다. 따라서 교육과정 설계는 실천적인 쟁점만이 아니라 철학적이고 이론적인 쟁점에 대한 논의를 포함한다. 교육과정 설계에서 관심을 갖는 질문은, 교육과정에 무엇이 혹은 어떤 교과가 포함되어야 하는지, 어떤 수업 전략이나 자료, 활동이 사용되어야 하는지, 어떤 방법과 도구가 교육과정의 결과를 평가하기 위해 사용되어야 하는가 등에 대한 것이다.

교육과정 개발과 설계를 어떻게 할 것인가와 관련하여 다양한 주장들이 제시되어 왔다. 이는 교과, 지식, 사회, 학습자 등에 대해 서로 다른 관점이나 입장이 있을 수 있기 때문이다. 이들 주장들은 흔히 모형(model)의 형태로 도식화되어 소개되곤 한다. 이것은 모형이라는 것이 교육과정 개발이나 설계의 여러 하위 구성 요소들이 맺는 관계를 일목요연하게 보여줌으로써 의미하는 바를 명료히 드러낼 수 있기 때문인 것으로 보인다.

이 장에서는 교육과정 개발 모형과 교육과정 설계 모형을 살펴보고자 한다. 양 모형을 함께 검토하는 이유는 양자가 개념적으로는 구분될 수 있는 것이긴 하나, 서로 밀접히 관련하여 작동하고 있기 때문이다. 즉 교육과정을 실제로 구성하는 데 있어서 그 개발 과정을 특징짓는 '어떻게'(how)와 그 설계도를 특징짓는 '무엇'(what)이라는 것을 분리하여 생각하기는 어렵다고 할 수 있다. 이로 인해 교육과정 개발 모형과 설계 모형 간의 구분은 흐릿한 편이다. 이 장에서는 교육과정 개발 모형과 교육과정 설계 모형을 차례로 소개함으로써 양자의 차이점과 함께 양자의 관련성을 함께 살펴보고자 한다.

【탐구 쟁점 예시】

1. 교육과정 개발 모형 가운데 어떤 것이 가장 흥미 있으며, 왜 그러한가?
2. 교육과정 설계 모형으로서 내용 모형과 목표 모형 각각이 갖는 장·단점은 무엇인가?

1. 교육과정 개발 모형*

교육과정 개발은 교육과정을 구성함에 있어서 그 과정 및 절차가 어떻게 진행되어야 하는가와 관련된 것으로, 이러한 과정이나 절차는 대개 모형화되어 제시된다. 교육과정 개발 모형은 교육과정을 보는 시각, 즉 교육과정 철학에 따라 달리 제시될 수 있다. 따라서 어느 수준 혹은 어느 장면에서든 특정 모형을 선택하게 되면, 이는 곧 그 모형에서 제시하는 절차를 따를 뿐만 아니라 그 모형에 가정된 관점이나 시각을 반영하는 것이 된다.

최근 들어 우리 사회가 모더니즘으로부터 포스트모더니즘으로 이동하면서 이러한 변화가 교육과정 개발에도 점차 영향을 미치고 있다. 기술적이고 엄밀하며 확실한 것을 강조하는 모더니즘 사회에서는 교육과정 개발 또한 확실하고 엄밀한 것에 토대를 둔 기술적이고 과학적인 접근이 일반적이었다. 그러나 이러한 기술적이고 과학적인 접근은 점차 그 한계가 드러나면서 이러한 접근이 주목하지 않은 점들에 초점을 둔 대안적 접근이 대두되어 왔다. 특히 비기술적이고 생성적이며 불확실한 것을 강조하는 포스트모더니즘 사회로의 이동은 종전의 기술적이고 과학적인 접근과는 다른 새로운 형태의 접근을 더욱 더 요청하고 있다.

이하에서는 교육과정 개발에 대한 기술적·과학적 접근과, 이에 대한 대안으로 제시된 자연주의적·예술적 접근의 대표적 모형을 살펴본다. 그러나 여기 소개된 것들 가운데 어느 하나의 접근이나 모형이 교육과정을 개발하는 유일한 방식이 되기는 어려우며 그렇게 되는 것은 바람직하지도 않다. 물론 특정 접근이 선호될 수는 있을 것이나, 실제 교육과정을 개발할 때 우리는 대개 둘 이상의 접근이나 모형을 염두에 두고 사용하게 된다.

---

* 이 절은 김재춘 · 부재율 · 소경희 · 양길석(2010)의 저서에서 필자가 집필한 내용 일부를 반영한 것임을 밝힌다.

가. 기술적 · 과학적 접근

기술적 · 과학적 접근에서는 교육과정을 개발하는 절차를 과학적이고 체계적으로 그려내려는 데 관심을 둔다. 이 접근의 특징은 바람직한 결과의 달성을 위해 그 수단을 엄격히 통제하는 목표-수단 패러다임을 활용한다는 점이다. 이 접근은 교육과정 구성을 위해 성인의 활동에 대한 조사와 분석을 하기 시작했던 1900년대 보빗(J. F. Bobitt)의 활동 분석에 그 기원을 두고 있다. 이러한 접근의 대표적인 것으로는 오랫동안 교육과정 개발 모형의 전형으로 전 세계적인 영향력을 행사해 왔던 타일러(R. Tyler)의 모형과, 최근에 새롭게 호응을 얻고 있는 위깅스(G. Wiggins)와 맥타이(J. McTighe)의 백워드(Backward) 모형을 들 수 있다.

1) 타일러(R. Tyler)의 모형

타일러 모형은 어느 장면이나 수준에서 교육과정 개발이 이루어지든지 간에 전통적으로 교육과정 개발의 전형이 되어 왔던 모형이다. 즉 이 모형은 국가든 지역이든 학교 수준이든 간에 교육과정을 개발할 때, 개발자들이 가장 많이 의존해 온 대표적 모형이다.

타일러의 교육과정 개발 모형은 그가 1949년에 출판한『교육과정과 수업의 기본 원리』(Basic principles of curriculum and instruction)라는 책에 잘 제시되어 있다. 이 책에서 타일러는 네 가지 질문을 던지면서 이에 대한 답을 제시하고 있는데, 이 네 가지 질문은 오늘날까지 학교 교육과정 개발의 핵심적인 구성 요소가 되어왔다. 타일러가 교육과정 개발과 관련하여 던진 네 가지 질문은 다음과 같다.

① 학교에서 달성하고자 하는 교육 목표는 무엇인가?
② 수립된 교육 목표를 달성하는 데 유용한 학습 경험이 어떻게 선정될 수 있는가?

③ 학습 경험은 효과적인 수업을 위해 어떻게 조직될 수 있는가?

④ 학습 경험의 효과는 어떻게 평가될 수 있는가?

위에 제시된 네 가지 질문은 각각 교육 목표의 설정, 학습 경험의 선정, 학습 경험의 조직, 그리고 평가에 해당하는 것으로, 타일러 모형에서 이 네 가지 일은 순차적으로 이루어져야 한다. 즉 교육 목표가 가장 먼저 설정되어야 하고, 이 목표에 따라 적절한 학습 경험이 선정·조직되어야 하며, 마지막으로 평가가 이루어져야 한다([그림 9-1] 참조).

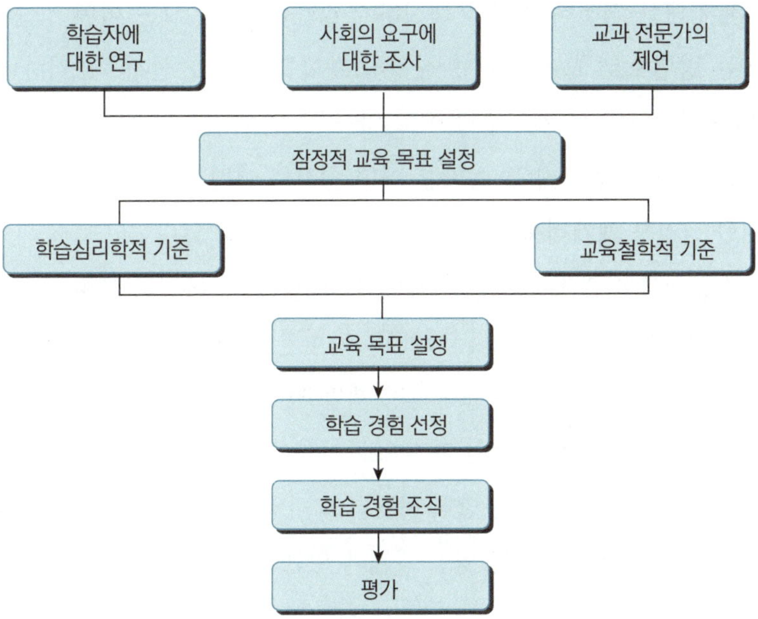

[그림 9-1] 타일러의 교육과정 개발 모형

타일러 모형에서 가장 중요시되는 것은 교육 목표의 설정이다. 왜냐하면 교육 목표는 교육과정 개발 과정에서 가장 먼저 결정되어야 할뿐만 아니라, 그 이후의 절차를 밟는 데 기준이 되기 때문이다. 교육 목표는 학습자에 대한 연구, 사회의 요구, 교과 전문가의 제언으로부터 도출된다. 그러나 이렇게 도출된 목표가 곧바로 교육 목표로 설정되는 것은 아니다. 이것은 다시 학습 심리학과 교육 철학이라는 체를 통해 거르는 과정을 거치게 된다. 즉 잠정적으로 설정된 교육 목표가 학습자에게 적절한 것인지, 추구할 가치가 있는 것인지를 따져 본 후에 최종적인 교육 목표가 설정되는 것이다.

타일러의 교육과정 개발 모형은 그가 제시한 질문의 유형이 주로 '어떻게'라는 형태로 제기되는 것에서 알 수 있듯이, 교육과정 개발을 위한 원리나 방법에 관심이 있다. 따라서 그의 책은 학교에서 설정해야 할 교육 목표가 무엇이며, 학교에서 가르쳐야 할 학습 경험, 즉 교육 내용이 무엇이어야 하는지에 대한 직접적인 답을 제시하지 않는다. 다만 그는 어떤 기준과 절차 또는 방법으로 교육 목표를 설정하고 학습 경험을 선정 · 조직하며, 평가할 수 있는가 하는 것만을 밝히고 있다. 요컨대 타일러 모형은 교육과정을 개발할 때, 직면하게 될 문제를 어떤 순서로 어떻게 해결해야 할 것인가에 대한 원리를 체계적이고 합리적으로 처방해 주고 있다.

최근 들어 교육과정을 보는 시각이 다양해지면서 타일러 모형에 대한 비판은 다양하게 전개되고 있다. 대체로 그 비판은 다음 세 가지로 요약될 수 있다. 첫째, 타일러 모형은 교육과정 개발 과정이 그가 말하는 네 가지 요소의 순차적인 혹은 단계적인 과정으로 이루어진다고 가정하고 있으나, 실제 교육과정 개발 과정은 상당히 복잡하고 다양하며, 이 과정에서 이 네 가지 구성 요소는 일방향적인 영향 관계에 있는 것이 아니라 서로 영향을 주고받는 관계에 있다. 둘째, 타일러 모형은 교육과정 개발의 기준, 절차 혹은 방법에만 관심을 둠으로써 교육 목표나 교육 내용이 무엇이어야 하는가에 대해서는 직접적인 답을 제공하지 못하고 있다. 셋째, 타일러 모형은 교육 목표의 효율적인 달성에만 초점을 둠으로써 개발 과정에 개입될 수 있는 눈에 보이지 않는 정치적 측면이나 그 결과로 나타나게 될 잠재적 측면에 관심이 없다.

2) 위깅스(G. Wiggins)와 맥타이(J. McTighe)의 백워드(backward) 모형

백워드 모형은 미국에서 1990년대 말에 제시된 것으로 최근까지 교사들 사이에서 선풍적인 인기를 얻고 있는 것이다. 이 모형은 미국에서 20세기 말부터 진행된 기준 중심의 교육과정 개혁 운동의 맥락에서 등장한 것이다. 미국의 학교교육은 우리나라와 달리 국가 교육과정의 통제를 받기보다는 학교 수준에서 자율적으로 교육과정을 운영해 온 전통을 가지고 있었다. 이 경우 학교의 교육과정은 채택된 교과서에 의존하는 것으로, 교과별 교육 내용은 교과서 출판업자들이나 시험 출제 기관에 의해 결정되었다. 그러나 국제적인 학업 성취도 평가에서 미국 학생들의 학업 성취도가 다른 나라에 비해 뒤처지고 있다는 점이 보고되면서, 연방 정부는 학교교육이 위기에 처해 있다고 느끼기 시작했다. 그리고 이러한 위기의식은, 학교 교육과정을 개별 학교에 맡기기보다는 국가나 주 수준에서 표준화하려는 노력, 즉 교과별로 표준화된 기준을 마련하려는 운동으로 이어졌다. 이것이 바로 기준 중심 교육과정 개혁 운동이라 불리는 것으로, 부시 정부에서 2002년에 공포한 낙오아동방지법(No Child Left Behind, NCLB)은 이러한 노력을 더 한층 가속화 시켰다. 이에 따라 교과별 기준을 만들고자 하는 움직임이 주 차원에서 전개되어 왔으며, 최근에는 영어와 수학을 중심으로 국가 수준의 기준에 해당하는 것을 개발하는 상태에까지 이르렀다.

기준 중심 교육과정 개혁 운동의 핵심은, 교과별로 학생들이 도달해야 할 기준을 설정하고, 평가를 통해 학생들이 이 기준을 얼마나 도달했는지를 확인하며, 그 결과에 따라 학교에 대한 재정적인 지원 여부를 결정한다는 점에 있다. 따라서 미국 교사들은 그들의 수업에서 기준에 민감할 수밖에 없으며, 학생들의 학업 성취 수준을 올려야 하는 압박감에 시달리고 있다. 백워드 모형은 이러한 상황 속에서 교사들에게 기준에 기반한 수업 설계를 안내하기 위해 등장한 것으로, 등장과 동시에 미국 교육 현장에서 폭발적인 호응을 얻으며 널리 활용되고 있다. 특히 이 모형은 주로 교사가 외부에서 주어진 기준을 가지고 교육과정 단원을 개발할 때 매우 유용한 틀로 간주되고 있다.

백워드 모형을 주창한 사람은 미국의 평가 전문가들인 위깅스(G. Wiggins)와 맥타이(J. McTighe)이다. 백워드 모형은 이들이 1998년에 출판한 『설계에 의한 이해』(Understanding by Design)라는 저서에서 처음 소개되었다. 이 모형은 앞서도 언급한 바 있듯이, 교사 수준에서의 활용을 염두에 둔 것으로, 교사가 국가나 주가 제시한 기준을 중심으로 교육과정 단원을 설계할 때 활용할 수 있는 것이다.

백워드(backward)라는 명칭은 이 모형이 갖고 있는 특징을 드러내는 것이다. 위깅스와 맥타이가 보기에 대부분의 교사들은 목표나 기준으로부터 가르쳐야 할 단원이나 활동 등의 수단을 도출하기보다는 주어진 교과서의 단원이나 활동을 가지고 바로 수업에 뛰어드는 경향이 있다. 백워드 모형은 이와 반대되는 것으로서, 교사들이 바라는 결과, 즉 목표나 기준으로부터 출발해야 한다고 보는 입장이다. 백워드라는 표현은 교사들이 기존에 해왔던 것과는 반대되는 순서로 교육과정에 접근해야 한다는 의미에서 사용된 것이다. 즉 수업을 통해 결과/목표를 향해가기보다는, 결과/목표를 먼저 확인하고 그에 비추어 수업을 계획해야 한다는 것이다. 더군다나 이 모형에서는 평가에 대한 계획을 단원의 마무리 단계에서 하기보다는 학습 경험이나 수업 활동을 계획하기 전에 세우기를 주장한다. 말하자면 백워드 모형은 바람직한 결과/목표를 밝히는 것으로부터 출발하여, 그 결과/목표가 달성되었는지를 확인할 수 있는 평가 계획을 수립한 뒤, 이로부터 학습 경험이나 수업 활동을 도출해야 한다고 본다. 이러한 교육과정 개발 과정은 교육과정을 목표/결과에 도달하기 위한 수단으로 보는 것으로서, 일찍이 이러한 관점을 제공했던 타일러의 모형에 의존하고 있는 것이다. 백워드 모형은 [그림 9-2]에서 볼 수 있는 바와 같이 세 단계의 과정으로 구성되어 있다.

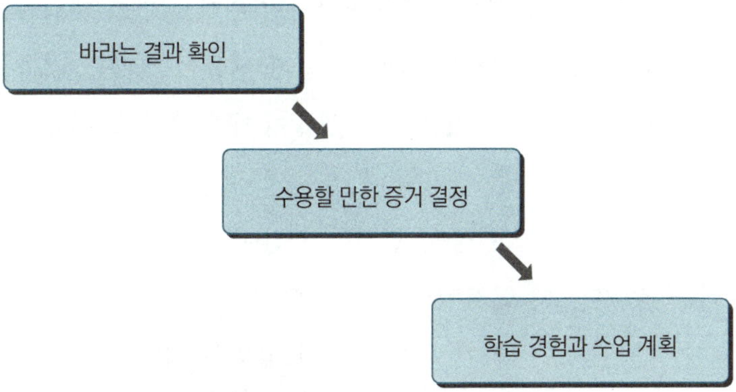

[그림 9-2] 위깅스와 맥타이의 백워드 모형

백워드 모형의 첫 단계는 바라는 결과, 즉 목표나 기준을 확인하는 것으로, 이는 학생들이 반드시 알아야 하고, 이해해야 하며, 할 수 있어야 하는 것이 무엇인가를 밝히는 것이다. 이 단계에서 교사들은 교과별로 정해진 국가 혹은 주 수준의 기준을 확인하고, 이 기준에 비추어 자신들의 교육과정 단원에서 어떤 내용을 다룰지에 대한 목표를 세우게 된다. 따라서 여기서 의미하는 목표는 가르칠 내용에 대한 목표, 즉 내용에 대한 성취 기준이라고 할 수 있다. 위깅스와 맥타이는 교사들이 바라는 결과/목표를 결정할 때, 단순한 암기가 아닌, '영속적 이해'(enduring understanding)를 이끌 수 있는 교육 내용을 선정하는 것에 유의해야 한다고 보았다. 여기서 '영속적'이라는 것은 아주 상세한 것들을 잊어버린 후에도 머릿속에 계속 남아 있는 큰 개념(big idea)을 의미하는 것으로, 배울만한 가치가 보편적으로 인정된 아이디어, 주제, 혹은 과정을 뜻하는 것이다. 어떠한 내용이 영속적 이해를 제공하는가 하는 것은, 교실 밖에서도 지속적인 가치를 지니는 것인지, 학문의 핵심에 해당하는 것인지, 학생을 참여시킬 가능성이 많은 것인지를 따져 봄으로써 결정될 수 있다. 백워드 모형이 가정하는 교육 내용에 대한 이러한 관점은 학문의 구조를 교육 내용으로 강조했던 브루너(J. Bruner)의 영향을 받은 것이다.

백워드 모형의 두 번째 단계는 수용할 만한 증거를 결정하는 것으로, 학생들이 바라는 결과를 달성했는지를 판단하기 위한 평가를 계획하는 단계이다. 좀 더 구체적으로 말하면, 이 단계는 학생들이 바라는 결과를 성취했는지를 어떻게 확인할 수 있으며, 학생들이 내용 기준을 이해하고 숙달했다는 증거로서 어떤 것을 수용할 수 있는지를 결정하는 단계이다. 이것은 교사가 구체적인 수업 활동을 설계하기 전에 먼저 평가자가 되어야 함을 강조하는 것이다. 이 단계에서 교사는 학생들이 내용 기준을 이해했음을 보여주는 증거를 수집하기 위해 다양한 범위의 평가 방법을 고려해야 하며, 이를 반영한 여러 가지 형태의 수행 과제(performance task)를 개발하는 일에 집중해야 한다.

백워드 모형의 세 번째 단계는 학습 경험과 수업을 계획하는 것이다. 이것은 앞의 두 단계에 근거하여 수업 활동을 구체적으로 계획하는 단계이다. 즉 학생들이 효과적으로 수행해야 할, 또는 바라는 결과를 성취하기 위해 요구되는 지식(사실, 개념, 원리)과 기능(절차)은 무엇인지, 학생들이 이러한 지식과 기능을 갖추기 위해 해야 할 활동이 무엇인지, 어떤 방법으로 가르칠 것인지, 어떤 소재와 자료를 사용할지 등을 계획하는 단계이다. 이 단계에서 교사들은 바라는 결과와 평가 방식을 확인한 뒤, 구체적인 수업을 계획하게 된다.

위에서 소개한 백워드 모형은 교육과정을 구성하는 절차만이 아니라 교육과정을 구성하는 요소, 즉 교육 목표나 학습 경험이 어떤 성격의 것이어야 하는지를 제시하고 있다는 점에서 교육과정 개발 모형만이 아닌 설계 모형으로도 볼 수 있다. 실제 위깅스와 맥타이는 자신들의 모형을 '설계'라는 이름으로 제시하고 있다. 그러나 이 책에서는 이 모형의 초점이 교육과정을 구성하는 절차를 제시하는 데에 우선적인 관심이 있다는 점에서 교육과정 개발 모형으로 분류했다.

백워드 모형의 가장 두드러진 특징은 교육과정 개발 과정이 도달해야 할 지점, 즉 바라는 결과를 확인하는 것으로부터 시작해야 한다고 보는 점에 있다. 교육과정 개발을 도달해야 할 목표로부터 시작한다는 것은 도착점에 대한 분명한 이해로부터 시작함을 의미하는 것이며, 이는 어디로 가고 있는지, 지금 어디에 있는지를 좀 더 잘 이해할 수 있게 해주는 장점이 있다. 특히 이 모형은 현장 교사들에게 직접적인 도움을 제공하기 위한 것으로, 국가나 주 수준에서 제공하는 기준에 따른 교육과정 운영을 해야 하는 교사들에게 매우 실용적인 틀을 제공할 수 있다.

그러나 백워드 모형은 타일러 모형과 마찬가지로 목표–수단의 패러다임을 따르고 있는 것으로서, 교육과정을 설정된 기준이나 목표를 효율적으로 달성하기 위한 수단 정도로 이해하고 있다. 따라서 당초 기준이나 목표로서 설정되지 않은 학습 경험들이 무시될 수 있으며, 설정된 기준이나 목표가 당연시될 가능성이 있다. 또한 평가에 대한 계획을 학습 경험이나 수업에 대한 계획을 세우기 이전에 수립하도록 함으로써 평가 의존적인 수업 활동이 전개될 가능성도 있다. 특히 이 모형에서 설정하는 목표는 주로 학문적인 지식에 기반한 내용의 이해에 있는 것으로서, 이는 학생들의 관심사나 흥미를 고려하지 못할 수도 있다는 한계를 갖는다.

나. 자연주의적 · 예술적 접근

앞에 제시된 교육과정 개발에 대한 기술적 · 과학적 접근은 교육과정 개발자들이 따라야 할 절차나 과정을 처방하는 특징을 갖고 있다. 이하에서는 이와 다른 입장에서 교육과정 개발이 실제로 이루어지는 과정을 묘사하거나 기존 교육과정 개발에서 놓치고 있는 부분들에 초점을 맞춘 접근을 살펴본다. 이러한 접근은 교육과정을 개발하는 방법을 직접적으로 처방하기보다는 교육과정 개발 과정을 이해시키는 데에 관심이 있으며, 교육과정 개발 과정을 고정되고 폐쇄적인 것으로 보다는, 유연하고 개방적인 것으로 보려는 특징을 가지고 있다. 다음에서는 이러한 접근의 대표적인 것으로 워커(D. F. Walker)와 아이즈너(E. Eisner)의 모형을 살펴본다.

1) 워커(D. F. Walker)의 자연주의적 모형

워커는 교육과정을 개발할 때 따라야 할 합리적인 절차를 제시하는 것보다는 교육과정을 개발할 때 그 과정에 참여하는 사람들이 실제로 하는 것을 탐색하는 데 관심을 가졌다. 앞서 제시했었던 타일러 모형이 그 모형에서 제시한 절차를 따르게 되면 좀 더 나은 교육과정을 개발할 수 있다고 본 반면에, 워커는 교육과정 개발에 가담하는 사람들이 그 과정의 복잡성을 이해할 때 교육과정을 더 잘 개발할 수 있다고 보았다. 따라서 워커의 주된 관심사는 교육과정 개발자가 실제로 어떻게 자신의 일을 하는가를 밝히는 데 있었다.

워커는 1960년대 후반과 1970년대 초 미국에서 행해졌던 국가 교육과정 프로젝트 개발 과정에 직접 참여하여 이것이 어떻게 개발되는지를 관찰했다. 그 결과 그는 교육과정 개발이 타일러의 처방대로 진행되지 않는다는 사실을 발견했다. 그는 실제 상황에서 교육과정 개발이 어떻게 이루어지는지를 관찰하면서 발견한 것을 토대로 교육과정 개발 과정을 설명하는 틀을 만들고, 이를 '자연주의적 모형'(naturalistic model)이라고 명명했다. 이러한 워커의 모형은 교육과정 개발자들이 실제로 교육과정 개발 과정에서 무엇을 하는지를 구체적으로 드러내주는 특징을 지닌다.

워커에 따르면, 교육과정 개발 과정에서 참여자들은 다양한 견해를 표방하는 '토대'(platform) 단계와, 다양한 대안들에 대한 논쟁을 거쳐 합의의 과정에 이르는 '숙의'(deliberation) 단계를 거쳐, 숙의 단계에서 선택한 대안을 실천 가능한 것으로 구체화하는 '설계'(design)의 단계를 따른다(Walker, 1971). 따라서 워커의 자연주의적 교육과정 개발 모형은 토대, 숙의, 설계라는 세 단계로 이루어진다. 이를 그림으로 나타내 보면 [그림 9-3]과 같다.

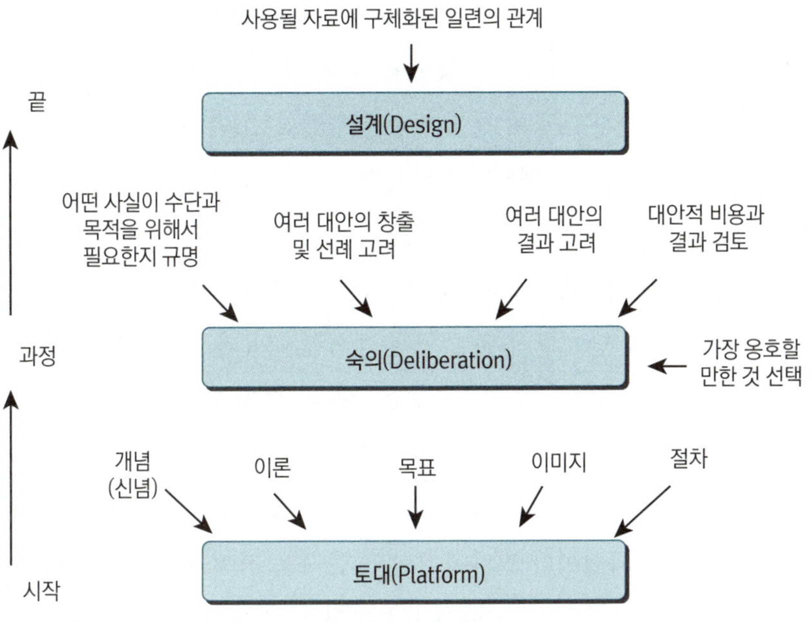

[그림 9-3] 워커의 자연주의적 교육과정 개발 모형

출처: Marsh & Willis(2007), p. 80에서 재인용

워커 모형의 첫 단계인 '토대' 단계는 교육과정 개발에 가담하는 모든 사람들이 그들이 개발해야 할 교육과정이 어떤 것이 되어야 하는지에 대해 각자 갖고 있는 개인적인 신념과 가치를 개진하는 단계이다. 워커는 이 단계에서의 의견 개진이 이후의 논의나 결과적으로 야기될 교육과정이 근거하게 될 토대가 된다는 점에서 '플랫폼'(platform)이라는 용어를 사용하였다. 이러한 플랫폼은 개발할 교육과정에 대해 참여자들이 갖고 있는 개념이나 신념, 이론, 목표, 이미지, 절차 등으로 구성된다. 이 단계에서 개발자들 간에 어느 정도의 합의가 이루어지면 다음 단계, 즉 '숙의'의 단계로 이동하게 된다.

숙의 단계에서의 관심은, 신념이나 가치들을 서로 논의하는 것에서 벗어나 이들 신념과 가치가 어떻게 실제적인 상황과 가능한 행동을 평가하는 데 사용될 수 있는지를 탐색하는 데 있다. 즉 개발자들은 교육과정이 적용될 상황의 문제가 무엇인지, 그리고 그들이 개발하는 교육과정이 그 문제를 어떻게 해결할 수 있는지를 숙의한다. 이러한 숙의 과정은 적절한 사실의 규명, 선례에 비춘 대안적인 행동의 창출, 모든 대안의 비용과 결과 고려, 가장 옹호할 만한 대안의 선택 등을 포함한다. 교육과정 개발에 참여하는 사람들이 신념, 문제 상황, 잠재적인 해결책 등에 대해 충분한 합의에 도달했을 때, 그리하여 다른 대안에 대한 더 이상의 고려 없이 특정의 행동을 취할 수 있게 되었을 때, 교육과정 개발은 마지막 단계인 '설계' 단계로 들어가게 된다. 설계 단계의 주된 활동은 계획된 교육과정을 창안해 내는 것이다. 이것은 구체적인 교과, 수업, 수업 자료나 활동 등을 포함한다.

이상에서 소개한 워커의 모형은 교육과정 개발 참여자들 간의 의견이 타협되고 조정되는 과정, 즉 '숙의'를 강조한다. 이러한 워커의 모형은 결과보다는 의사결정 과정이나 절차에 초점을 둔다는 점에서 과정 지향적인 것이라고 할 수 있다. 특히 이 모형은 교육과정 개발 과정을 상세히 제시하여 교육과정 참여 인사들이 처음부터 서로 다른 토대와 입장에서 출발하고 있음을 보여 준다. 즉 이 모형은 참여자들이 서로 다른 입장에 반응하고 숙의하기 위해 의견 조정에 상당한 시간을 보내고 있음을 보여준다. 워커의 모형은 또한 교육과정 개발자들이 실제로 따르고 있는 절차를 서술하고 있다는 점에서, 서술적(descriptive) 모형이라고 할 수 있으며, 이는 타일러의 처방적(prescriptive) 모형과 비교될 수 있다.

그러나 워커의 모형은 몇 가지 한계를 가지고 있다. 첫째 워커 모형은 대규모 교육과정 프로젝트만을 연구한 결과로 나온 것으로, 소규모의 학교 교육과정 개발에는 적용하기 어려우며, 적절하지 않을 수 있다. 워커가 연구한 교육과정 개발팀은 교육과정 개발 전문가들로 구성되어 있었고 재정적인 지원도 충분했었다. 그러나 시간이나 전문성, 재정 등이 부족한 개별 학교에서 교사가 충분한 숙의를 요청하는 이러한 모형을 활용하기는 쉽지 않을 수 있다. 둘째, 워커 모형은 거의 전적으로 교육과정 계획에만 초점이 맞추어져 있다. 그의 모형은 교육과정 설계가 완성된 뒤에 무슨 일이 어떻게 일어나야 하는지에 대해 언급하지 않는다. 즉 계획된 교육과정을 실행하거나 평가하는 것에 대해 아무것도 말하지 않는다(Marsh & Willis, 2007). 따라서 개별 교사가 이 모형을 활용하는 데에는 실천적인 어려움이 있을 수 있다,

2) 아이즈너(E. Eisner)의 예술적 접근

아이즈너는 1960년대 이후에 널리 알려진 인물로, 그의 관심은 미술 교육 및 교육과정에 대한 것이었다. 그는 1960년대 당시 교육과정 개발에 있어서 유행이었던 행동 목표에 대한 지나친 강조를 신랄히 비판하고, 교육과정 개발이란 예술가의 작업과 유사하게 진행되는 과정이라고 보았다. 즉 예술가들이 실재에 대한 자신의 관점을 표상할 때 여러 가지 가능한 방식 가운데 선택하듯이 교육과정 개발자들도 그러한 과정을 거친다는 것이다. 교육과정 개발에 대한 아이즈너의 이러한 접근은 '예술적 접근'(artistic approach)으로 명명되며, 그의 유명한 책인『교육적 상상력』(The Educational Imagination)(1979)에 구체화되어 있다. 이 책에서 아이즈너는 예술적 접근이 교육과정 개발에서 어떻게 활용될 수 있는지를 제시했으며, 아래의 항목은 이를 정리하여 보여준다(Eisner, 1979).

1. 목표와 우선 순위
   - 명백하게 정의될 수 있는 목표뿐만 아니라 잘 정의될 수 없는 목표(표현적 목표)도 고려할 필요
   - 우선 순위 고려시 심사숙고할 필요
2. 교육과정의 내용
   - 교육과정을 선정하는 데 있어서 여러 선택지 고려
   - 영 교육과정(null curriculum) 고려
3. 학습 기회의 유형
   - 목표와 내용을 학생들에게 의미 있는 학습 사태로 변형하는 것이 중요
4. 학습 기회의 조직
   - 학생들의 다양한 성취 결과를 장려하기 위한 비선형적(nonlinear) 접근 강조

5. 내용 영역의 조직
   - 내용의 범교과적(cross-curricula) 조직 강조
6. 제시 양식과 반응 양식
   - 학생들의 교육 기회를 넓히기 위한 다양한 의사소통 양식 활용
7. 평가 절차의 유형
   - 교육과정 개발 과정의 여러 단계에 걸쳐 종합적인 절차 활용

위에서 아이즈너가 사용한 제목만을 보면, 이는 타일러가 주장한 단계와 매우 유사해 보인다. 그러나 이 접근에 가정되어 있는 원리 및 실천적인 강조점은 타일러와 매우 다르다 (Marsh & Willis, 2007). 타일러는 그의 모형에서 제시한 4개의 항목이 교육과정 개발의 모든 요소이며, 이것이 순차적으로 다루어져야 한다고 본 반면, 아이즈너는 그가 제시한 항목이 교육과정의 많은 차원 가운데 일부에 불과하며, 이 또한 실제로는 다른 순서로 제시될 수도 있다고 보았다. 즉 그가 제시한 교육과정 개발에 대한 접근은 구체적인 단계라기보다는 일반적인 지침(guideline) 정도에 해당한다.

아이즈너의 예술적 접근은 특히 교육과정 제시 양식과 평가 절차에 있어서 타일러 모형과 구분된다. 그는 시적인 진술이나 은유(metaphor)를 통한 의사소통이 일상적인 언어 양식을 통한 것보다 더 강력할 수 있다고 보고, 교육과정을 제시할 때 다양한 의사소통 양식을 활용하여 학생들에게 다양한 반응 양식을 발달시킬 기회를 제공해야 한다고 주장했다. 또한, 평가 절차와 관련하여서도 그는 평가가 교육과정 개발의 최종 단계에서만이 아니라 전 과정을 통해 이루어져야 한다고 보았다. 그에 의하면, 평가란 지각하고 가치를 매기고 묘사하는 기술을 언급하는 것으로 이것은 본질적으로 예술적인 것이며, 이러한 평가는 교육과정을 개발하는 전 과정에서 이루어져야 한다. 따라서 이 접근에서는 계획된 교육과정, 실행된 교육과정, 경험된 교육과정이 동일할 수 없으며, 교육과정에 대한 많은 결정은 그 교육과정을 실제 실행하고 이를 경험하는 학생들을 관찰하는 교사들에 의해 교실에서 이루어져야 한다고 본다.

교육과정 개발에 대한 아이즈너의 예술적 접근은 타일러 및 워커의 접근과 몇 가지 방식에서 다르다(Marsh & Willis, 2007). 먼저 타일러와 아이즈너를 비교해 보면, 교육과정 개발자가 해야 할 일로 열거한 항목에 있어서는 이들 간에 유사성이 있다. 그러나 타일러가 수단(즉, 교육과정[curriculum])이 목표에 공헌하는 한에서만 가치 있다는 논리 하에 일련의 단계를 고정된 순서로 제시한 반면에, 아이즈너는 수단(즉, 과정[process])이 곧 목표라는 논리 하에 어떤 고정된 순서가 없는 단계, 즉 개방적인 과정을 제시한다. 한편, 워커와 아이즈너를 비교해 보면, 이들 모두가 교육과정 개발이 숙의를 통한 과정이라고 보았다는 점에서는 유사성이 있다고 할 수 있다. 그러나 워커가 계획된 교육과정을 창안하기 위한 숙의에만 관심을 두었다면, 아이즈너는 계획된 것만이 아니라 실행되고 경험된 교육과정의 내재적 가치를 고양시킬 수 있는 숙의에도 관심을 두었다. 이와 같이 아이즈너는 타일러 및 워커와 달리, 교육과정이란 계획되고 실행되며 경험되는 과정에서 그 과정에 있는 사람들의 숙의를 통해 지속적으로 구성되고 재구성될 수 있으며, 다양한 표상 양식을 활용하여 제시될 수 있다고 보았다.

이상에서 제시한 아이즈너의 접근은 교육과정에 대한 지나친 기술적 · 과학적 접근을 적절히 비판하고는 있으나 대안 제시가 미흡하다는 평가를 받는다. 특히 그가 사용한 '예술'이라는 은유가 교육과정 개발에 구체적으로 어떻게 활용될 수 있는지가 분명하지 않다. 즉 교육과정을 창안하는 과정이 실제로 어느 정도나 예술과 같은 것인지, 이러한 과정과 예술적인 노력이 갖는 공통적인 특징은 무엇인지 등에 대한 명쾌한 답을 얻기가 쉽지 않다. 그러나 교육과정 개발에 대한 아이즈너의 접근은 교육과정 개발 과정이 미리 정해진 틀에 의해서만 이루어질 수는 없다는 것을 보여주며, 교사가 교육과정에 관한 숙의와 실행의 전면에 나서야 함을 시사한다는 점에서 의미가 있다.

2. 교육과정 설계 모형

교육과정을 구성하고자 할 때는 이를 어떤 순서와 절차로 할지를 고민해야 할 뿐만 아니라, 구성될 교육과정을 어떤 모양새로 만들 것인지도 미리 그려보아야 한다. 교육과정 설계는 교육과정 개발로 만들어질 교육과정이 어떤 모습이 되어야 할지를 계획하기 위한 틀이라고 할 수 있다. 이러한 교육과정 설계는 모형의 선택으로부터 시작하는 것으로, 어떤 설계 모형을 선택하는가에 따라 구체적인 교육과정의 모습은 달라질 수 있다. 앞서 소개한 바 있는 타일러의 교육과정 개발 모형은 몇 가지 교육과정 설계 모형이 가능할 수 있음을 보여준다. 타일러는 교육과정 개발의 핵심 요소로서 교육 목표의 설정, 교육 내용 혹은 학습 경험의 선정, 수업을 위한 학습 경험의 조직, 평가 등을 제시했다. 이 가운데 어디에 초점을 맞추느냐에 따라 매우 다른 설계를 이끌 수 있다. 즉 교육 목표나 결과에 초점을 둔 설계를 할 수도 있고, 교육 내용에 초점을 둔 설계를 할 수도 있으며, 수업 방법에 초점을 둔 설계를 할 수도 있는 것이다. 이는 각각 교육과정 설계를 위한 목표 모형, 내용 모형, 과정 모형이라고 불린다(Kelly, 2011). 이하에서는 이들 모형을 살펴본다.

가. 내용 모형(content model)

내용 모형은 교육과정 설계를 가르쳐야 할 내용에 대한 결정으로 보는 입장이다. 이것은 교육과정 설계의 가장 오래된 모형이라고 할 수 있는 것이며, 오늘날에도 실제 교육과정 설계 장면에서 흔히 볼 수 있는 것이다. 대표적인 예로 우리나라 국가 교육과정 문서도 주로 전달되어야 할 내용 측면에서 교과별 교육과정을 처방해 오고 있다. 이 입장에서 교육과정은 전달되어야 할 내용 그 자체이며, 따라서 이 모형에서는 가르쳐야 할 내용을 선정하는 데에 가장 심혈을 기울인다. 물론 내용 모형을 주장하는 사람들도 학생들의 이해 발달이나 비판적 의식의 성장에 관심을 갖는다. 그러나 이들은 특정 종류의 지식만이 이러한 형태의 발달을 야기할 수 있다고 가정한다.

내용 모형은 교육과정 설계에서 내용의 선정에 초점을 두기 때문에 가장 먼저 하는 질문은, "어떤 종류의 지식이 가장 가르칠만한 내용인가" 하는 것이다. 이에 대한 내용 모형의 가장 고전적인 답은 '내재적으로 가치 있는 활동'이다. 이러한 답에 가정되어 있는 것은 다음 두 가지이다. 첫째, 교육은 어떤 외재적인 목적에 대한 수단이 되기보다는 그 자체를 위해 가담하게 되는 활동이어야 한다. 즉 교육은 교육 그 자체가 목적인 활동인 것이다. 둘째, 내재적 가치란 학습자가 지식에 접근하거나 이를 보는 방식에 존재하는 것이 아니라, 지식 그 자체에 존재하고 있는 것으로 보아야 하며, 따라서 교육과정은 학습자에게 미칠 잠재적 영향과 상관없이 지식 자체가 가진 가치와 관련하여 결정되어야 한다.

내용 모형은 기본적으로 교육과정이 사회의 문화를 전달하는 데 관심을 두어야 한다는 관점으로부터 나온 것이다. 이 관점에서는 학교가 사회의 문화를 전달하기 위한 기관으로서 존재하기 때문에 최소한 학습자들을 이전 사회에서 성취해 온 사회의 삶의 양식으로 입문시키는 사회화나 문화화의 역할을 해야 한다고 본다. 이에 따라 이 관점에서는 학교에서 가르쳐야 할 것의 많은 것이 '공통의 문화 유산' 측면에서 결정되어야 한다고 주장해 왔다.

교육과정을 내용을 통해 설계하자는 내용 모형은 교육과정 내용의 선정에 대한 중요한 질문을 제기하고 있다는 점에서 의의가 있다. 특히 이 모형은 교육 내용에 인간의 경험과 이해의 유산 가운데서 가치로운 것으로 보이는 문화의 측면을 포함해야 한다는 점을 올바르게 지적하고 있다. 그러나 이 모형은 다음과 같은 몇 가지 한계를 지닌다.

첫째, 이 모형에서는 교육 내용을 사회의 문화에 기반하여 결정한다고 하나, 이때 언급된 문화의 실체는 분명하지 않다. 사회의 문화가 무엇인지에 대해서는 서로 다른 생각이 있을 수 있다. 즉 한편으로 문화는 '사유되고 말해져 온 최상의 것', 즉 어떤 사회에서나 그 사회의 예술과 문학의 최상으로 간주된 것을 의미하는 것으로 볼 수 있다. 그러나 다른 한편으로 문화는 인류학자들이 원주민의 문화 패턴에 대해 말하는 것처럼, 순전히 서술적 의미에서 한 사회의 삶의 양식의 모든 측면을 의미하기도 한다. 따라서 교육 내용을 사회의 문화 측면에서 결정한다고 할 때, 이것은 사회의 지적이고 예술적인 성취 가운데 '내재적으로 가치로운' 것들, 즉 가장 가치로운 것들로 간주된 것의 측면에서 교육과정을 설계해야 한다는 의미로 해석할 수도 있지만, 학습자를 사회 전체적인 삶의 양식 측면에서 사회화한다는 의미로 받아들이고 설계할 수도 있다.

둘째, 오늘날과 같은 다원화된 사회에서는 그 사회의 문화로 불릴 수 있는 어떤 하나의 단일한 고급 문화나 어떤 하나의 삶의 패턴이라는 것이 규명될 수 없다. 말하자면 무엇이 그 문화의 핵심이고 가장 가치로운 것인지를 결정하는 일이 쉽지 않으며, 만약 특정 문화를 선택하여 교육 내용으로 설정할 겨우, 이러한 교육과정은 그 문화에 친숙하지 않은 학생들을 소외시키는 결과를 초래할 수 있다.

셋째, 사회의 문화라는 개념은 그 자체로 교육 내용을 선정하기 위한 적절한 준거를 제공하기 어렵다. 학교의 과업이 학생들을 사회의 문화에 입문시키는 데 있다고 할지라도, 그 문화 전체를 학생들에게 제공하는 것은 불가능하다. 따라서 교육 내용은 문화로부터 특정한 것을 선정할 수밖에 없다. 이는 교육 내용의 선정 기준이 사회의 문화 혹은 지식 그 자체로부터 나오기는 어렵다는 점을 보여준다. 교육 내용으로 선정된 지식이 사회의 문화 혹은 지식 그 자체에 비추어 정당화되지 않는 경우에, 이제 그 선정은 도구주의적이고 공리주의적인 것이 되기 쉽다. 따라서 이 모형을 따르게 되면 교육 내용에 영향력 있는 압력 집단들이 선호하는 문화에 대한 입장이 반영될 수 있다. 실제로 국가 수준에서 개발된 교육과정은 이러한 압력 집단들의 도구주의적이고 공리주의적인 고려가 반영되어 있는 경우가 많으며, 이에 따라 화려한 레토릭은 많으나 교육 내용에 대한 어떤 일관된 정당화의 기반을 찾기가 쉽지 않다. 당초 내용 모형은 내재적으로 가치로운 지식을 내용 선정의 준거로 내세웠으나, 내용 모형에 기반하여 설계된 교육과정은 내용을 선정하는 사람들의 정치적인 관심사에 의해 좌우됨으로써 도구주의적이고 공리주의적인 것이 되고 있는 것이다. 최근 많은 나라의 교육과정이 내재적으로 가치로운 지식보다는 주로 미래의 고용과 경제 성장 측면에서 유용한 것을 중심으로 설계되고 있는 것은 이를 단적으로 보여준다.

넷째, 문화적 내용을 교육과정으로 보는 내용 모형은 매우 편협한 문화 개념에 기반을 둔 것이라고 할 수 있다. 사회는 끊임없이 변화하며 문화도 변화하고 진화하며 발전해 간다. 이러한 변화는 학교가 학생들을 그 사회의 문화에 입문시키는 것을 넘어서서 사회 변화에 적응하고 이를 주도해 나갈 수 있도록 준비시킬 것을 요구한다. 문화에 대한 최근 관점은 문화를 학생들이 입문해야 할 어떤 것으로 보는 대신에, 학생들이 성장하고 학습하는 데 도움이 되는 종합적 환경으로 보는 경향이 강하다. 이러한 관점에서 문화는 전달되는 것이 아니라 상호작용의 대상이다. 학생들은 그들의 환경, 즉 그들의 문화와의 상호작용을 통해 의미를 만들고 구성함으로써 학습해가는 것이다. 문화에 대한 이러한 관점은 학생들이 그 사회의 문화로부터 선정된 지식체 이상의 것을 제공받아야 한다는 점을 시사한다.

마지막으로 내용 모형은 교육의 목표, 그리고 학생들에 대해 거의 관심이 없다. 이 모형은 오직 한 질문, 즉 교육 내용에 대한 질문만 할 뿐, 교육과정의 다른 주요한 사항들에 대해서는 질문을 허용하지 않는다. 이 모형에서는 교육 목표에 대한 어떠한 실제적 고려도 없이 교육 내용이 선정된다. 또한 이 모형은 이 모형에서 전달하고자 하는 내용의 수용자인 학생들에 대해서, 그리고 그 내용이 학생들에게 미치는 영향에 대해서 거의 관심을 두지 않는다. 따라서 이 모형은 교육과정 개발의 주요 요소들을 온당하게 취급하고 있지 않다고 할 수 있으며, 이 때문에 교육과정 설계에 있어 매우 제한적인 것이라고 할 수 있다.

나. 목표 모형(product model)

목표 모형은 목표를 교육과정 설계의 출발점이자 가장 중요한 요소로 보는 입장이다. 교육과정 설계에서 목표에 대한 관심은 20세기 초에 등장한 것으로 보빗(F. Bobbitt)의 주장으로부터 비롯되었다. 당시 보빗은 대부분의 교사들이 하는 일이 애매하고 엄밀하지 않다는 점에 큰 우려를 표명하고 과학의 시대에는 정확함과 상세함이 있어야 한다고 주장했다. 이에 그는 교사들이 학생들과 그 부모들이 이해할 수 있는 명확한 언어로 그들의 목표를 기록할 수 있어야 한다고 제시했다.

1930년대에 교육계에 널리 퍼진 측정에 대한 관심은 이러한 목표를 명확히 하려는 것과 동일한 맥락에서 등장한 것이었다. 미리 구체화한 목표와 학생 수행에 대한 측정을 밀접하게 연계해 보려는 시도는 지금까지도 지속되고 있다. 이 연계는 특히 앞에서 소개한 바 있었던 타일러(R. Tyler)의 모형에서 더욱 더 두드러졌다. 타일러가 본래 관심을 가졌던 것은 교육적인 성취에 대한 과학적인 평가를 설계하는 것이었으며, 그가 보기에 이 문제는 목표로 하는 성취에 대해 명확한 진술이 이루어진다면 쉽게 해결될 수 있는 것이었다. 즉 목표가 설정되고 그러한 목표가 의도된 학생 행동 측면에서 규정되면, 나중에 학생 행동은 당초의 의도에 비추어 평가될 수 있다는 것이다(Tyler, 1932). 이러한 주장은 교육과정 설계에 대한 목표 접근의 고전적인 진술에 해당하는 것으로, 후에 타일러는 이를 기반으로 그 유명한 목표 중심의 교육과정 개발 모형을 제시하게 된다.

그러나 목표 모형은 등장 이후 기대와 달리 초·중등학교 현장에서는 그다지 활용되지 않은 것으로 보인다. 중등학교의 경우는 시험의 압박감으로 인해 교사들이 시험에 나올 교과 내용이외의 다른 목표에 대해서 생각할 필요가 없었기 때문이며, 초등학교의 경우는 진보주의 운동의 영향이 명확한 목표 설정에 대한 관심을 밀쳐냈기 때문이었다(Hirst, 1969). 목표 모형은 1960년대 중반 이후부터 대규모 국가 수준의 교육과정 개발 프로젝트가 진행되면서 미국을 포함한 여러 나라에서 실제적인 영향을 미치기 시작했다. 영국의 국가 교육과정에서 '목표'(target)를 제시하고 이의 도달을 요구하고 있는 것이라든지, 미국에서 20세기 후반부터 진행되었던 '기준'(standard) 중심의 교육과정 개혁 운동은 이러한 영향을 받은 것이라고 할 수 있다. 우리나라 국가 교육과정에서 교과별 교육과정이 성취 기준을 중심으로 제시되고 있는 것도 이의 영향이라고 할 수 있다.

교육과정 설계를 위한 목표 모형은 교육과정의 목표를 명확히 하는 것의 중요성을 일깨워 주었다는 점에서 의미가 있다. 목표에 대한 명확한 관점을 가지고 교육과정 설계를 해야 한다는 주장은 그 자체로 틀린 말이 아니기 때문이다. 그러나 목표 모형은 다음과 같은 몇 가지 한계를 갖고 있다.

첫째, 목표 모형은 인간에 대해 수동적인 관점을 취하고 있다. 이 모형은 교육을 과학적 활동으로 환원시키거나 공장 모형에 비유하면서, 개개인의 희망이나 욕망, 관심 등과 상관없이 특정의 명확한 의도에 따라 인간을 주형한다거나 인간 행동을 수정하는 것이 정당하다고 가정한다. 즉 공장의 근로자가 조작하는 재료처럼, 아동의 마음도 미리 설정된 청사진에 따라 교사에 의해 만들어질 수 있다는 것이다. 이것은 인간을 수동적으로 보는 것으로, 개인의 자유를 심각하게 위협하는 관점이라고 할 수 있다.

둘째, 목표 모형은 논의의 여지가 있는 쟁점을 다루는 교과나 교육 내용에는 적합하지 않다. 매우 논쟁적인 내용을 다루는 분야에 행동적 측면에서 미리 명확하게 구체화된 학습 결과를 가지고 접근하는 것은 그 분야의 교육에 오히려 해를 끼친다. 예컨대 학생들로부터 개인적인 반응을 끌어내는 것에 주된 관심을 두는 음악과 미술의 수업에서, 이러한 반응이 무엇이어야 하는지를 사전에 결정해 놓는 것은 적절하지 않다. 문학이나 예술에 대한 이해는 명확하게 미리 구체화된 목표에 의해서는 접근될 수 없는 것이기 때문이다.

셋째, 목표 모형은 교육에 대한 도구주의적 관점을 취하고 있다. 우리가 설계한 교육과정 활동은 그 자체로 가치로운 것이어야 하며, 다른 것을 위한 수단이 되어서는 안 된다. 즉 교육받는다는 것은 저 앞에 놓여 있는 어떤 것을 위한 열렬한 준비라기보다는 눈앞에 있는 가치로운 것들에 엄밀함이나 열정을 가지고 임하는 것이다. 따라서 교사는 자신이 가르칠 내용에 담겨진 내재적 가치를 확신해야 하며, 학생들이 그러한 가치를 볼 수 있도록 해야 한다. 그러나 목표 모형은 교육과정 활동을 미리 구체화된 목표를 '위한' 수단으로 간주함으로써 교육의 본질적인 요소를 배제한다.

마지막으로, 목표 모형은 교사와 학생들의 자유를 제한한다. 이 모형은 목표를 고정되거나 주어진 것으로 보게 만듦으로써, 교사나 학생들에게 교육적 과정에서 적극적인 역할을 할 기회를 주지 않는다. 모든 교육 활동은 개별적인 맥락에서 일어나며, 따라서 교육 목표를 미리 결정해 놓는 것은 교사들이 실제 맥락에서 적절하게 판단하고 결정할 수 있는 자유를 제한할 수 있다. 교육 활동의 실제는 목표 모형이 가정하는 것보다 훨씬 더 복잡한 과정으로 이루어진다. 이 때문에 교사들은 미리 구체화된 목표보다는 이러한 복잡한 과정이 요구하는 순간순간의 결정을 안내할 원리들을 더 필요로 할 수 있다.

다. 과정 모형(process model)

과정 모형은 교육이 촉진하고자 하는 학생의 역량을 구분해 내고 이의 발달을 위해 교수-학습 과정이 따라야 할 절차나 원리를 상세화 하는 데 교육과정 설계의 초점을 두는 모형이다. 이 모형에서 교육과정 설계의 출발점이 되는 것은, 전달되어야 할 지식의 성격이나 문화에 대한 고려, 혹은 성취되어야 할 목표의 진술이 아니라, 학생의 역량이나 발달에 대한 관심이다. 따라서 이 모형에서 교육과정 설계의 주된 관심은 학생 역량의 발달을 이끄는 절차적 원리를 명료하게 드러내어 구체화하는 것이다. 다시 말하면 이 모형은 학생 개인의 질적인 발달에 초점이 있으며, 이러한 발달을 이끄는 교수-학습 과정의 절차적 원리를 추론하고 이에 비추어 교육과정을 설계하는 것이다.

과정 모형에서 초기에 제기하는 질문은 "촉진시켜야 할 역량이 무엇이며, 이를 발달시키기 위해서 사용되어야 할 절차나 원리는 무엇인가"하는 것이다. 교육과정 설계를 통해 규명된 절차적 원리는 교수-학습 활동의 전 과정에서 철저히 준수되어야 하는 지침의 성격을 갖는다. 이 모형에서는 교육과정 설계를 통해 이러한 절차적 원리가 상세하게 밝혀지면, 내용 지식이나 목표는 이 원리에 따라 교수-학습 활동 중에 선정될 수 있다고 본다. 말하자면 내용 지식이나 목표가 미리 설정되기보다는 교수-학습 활동 속에서 절차적 원리에 따라 선정되거나 생성될 수 있다는 것이다.

과정 모형은 18세기의 루소나 19세기의 프뢰벨의 주장에서 그 뿌리를 찾을 수 있다. 이들은 모두 지식이나 사회에 대한 고려를 통해 교육 활동을 설계하는 것에 반대하고 그 활동의 대상인 아동에 관심을 갖고 아동의 본성을 확인하여 이에 따른 교육 활동을 설계해야 한다고 주장했다. 이후 교육과정 설계에서 아동을 중심에 두기 위한 이론적 기반은 듀이의 철학과 아동 발달에 관한 여러 연구들에 의해 마련되어 왔다. 이러한 연구들은 교육과정 설계에 몇 가지 의미 있는 시사점을 주었다(Kelly, 2011). 그것은 첫째, 많은 연구자들이 지식에 기반하여 교육과정을 설계하는 방식을 거부하게 되었다. 둘째, 달성하고자 하는 목표보다는, 촉진하고자 하는 과정이나 그에 기저하는 원리에 대한 명확한 진술에 기반을 두고 교육과정을 설계해야 한다는 관점이 출현했다. 셋째, 교육과정 설계 원리가 아동 발달의 본성 속에서 찾아져야 한다는 것, 즉 교육이 단순한 일련의 과정이 아니라 발달의 과정으로 간주되어야 하며, 교육의 근본 가치는 인간 발달의 본성과 그것의 잠재력 속에서 찾아져야 한다는 아이디어가 등장했다. 과정 모형은 바로 이러한 맥락에서 탄생한 것이다.

과정 모형에서도 교육과정 설계의 전체적인 목표나 의도가 필요하다고 본다. 그러나 이 모형에서는 이것이 교수-학습 과정에 외재해 있다거나 이를 성취하는 데 오직 하나의 미리 결정된 단계적 과정만이 있다고 보지 않는다. 이 모형에서는 목표가 교육과정 설계에 어떻게 번역되어야 하느냐에 주목한다. 목표는 절차적 원리로 번역될 수도 있고, 계열성을 가진 단기적 하위 목표들로 번역될 수 있다. 전자의 경우에, 절차적 원리란 목표를 달성하고자 하는 교수-학습 활동에 필수 불가결한 것으로 교수-학습 활동의 매 단계에서 교사들이 준수해야 할 기준이다. 반면 후자가 관심을 두는 여러 하위 목표는 이를 달성하고자 하는 교수-학습 활동에 외재적인 것으로, 교육 활동의 결과로서 획득될 어떤 것으로 간주된다. 과정 모형에서는 전자의 방식이 더 교육적이라고 보고 이를 따른다. 이 모형에서는 또한 교육 내용의 중요성도 인식하나 교수-학습 과정에 내재해 있는 원리가 아닌 다른 어떤 것에 기대어 내용을 선정하는 것을 허용하지 않는다.

과정 모형의 핵심은 전체적인 목표로 진술된 것에서 단기적인 목표를 뽑아내는 것이 아니라, 그러한 전체 목표에 내재해 있으면서 이후의 실천을 안내하는 상세화된 원리를 추론해 내는 것이다. 예컨대 '문학적 감수성의 발달'이라는 것이 추구해야 할 전체 목표라고 할 때, 이를 '기초 기능'에 해당하는 것으로부터 시작하여 일련의 여러 하위 목표, 즉 한 입 크기의 조각으로 쪼개는 대신에, 문학적 감수성이 무엇을 의미하는 것인지, 그것의 본질적 요소가 무엇인지, 그것의 구성 과정이 무엇인지 등 교수-학습 과정에서 추구해야 할 원리를 추론해 내는 것이 이에 해당한다. 이 경우 학생들이 해야 할 활동들은 이러한 상세화된 절차적 원리에 비추어 계획된다. 즉 과정 모형은 특정 교과에서 전체적으로 추구하고자 하거나 목표로 하는 학생 역량에 대해, 이의 발달을 위해 교수-학습 과정에서 준수해야 할 절차나 원리를 상세화하는 데 관심을 둔다. 이러한 절차적 원리는 교사의 수업을 안내하는 기준이며, 교실의 교수-학습 방법을 지배하는 핵심 가치라고 할 수 있다.

과정 모형은 교사들이 처해 있는 실제 상황을 적절히 반영할 수 있다는 점에서 장점을 갖는다. 이 모형에 따른 교육과정 설계는 교사들에게 전달되어야 할 엄격한 내용 실러버스를 제공한다거나 성취되어야 할 고정된 위계적 목표를 제공하기보다는, 매일, 매분의 전문적 판단을 내리기 위한 기반이 되는 명확한 원리를 제공함으로써 교사와 학생 간의 상호작용을 적극 허용한다.

사실 가르치는 일은 매 순간 의사 결정을 요하는 매우 복잡한 상황에서 일어난다. 이러한 상황에서의 올바른 판단은 사전에 이루어질 수 없으며, 상황 속에서 이루어져야 한다. 과정 모형은 교사들의 이러한 상황적 이해(situational understanding)를 도와주기 위한 절차적 원리를 제공하는 데 초점이 있다. 따라서 이 모형은 교육의 목표를 단순화된 한 입 크기의 목표로 쪼개어 제시하는 목표 모형이 다룰 수 없는 교수-학습 활동의 복잡성을 다룰 수 있는 접근이라고 할 수 있다. 더군다나 이 모형은 교사를 외부 전문가가 개발한 교육과정을 단순히 실행하는 사람이 아니라, 절차적 원리에 따라 자신의 수업 맥락에 적절한 구체적인 목표와 내용 지식에 대한 전문적인 탐색을 하는 연구자로 간주한다는 점에서 교사의 전문성 제고에 기여할 수 있다.

그러나 과정 모델은 다음과 같은 몇 가지 비판을 받을 수 있다. 첫째, 이 모형에서 교육과정의 효과는 교사의 전문적 판단에 크게 의존한다. 이 모형에 따른 교육과정은 중앙에서 세밀하게 설계되기 어렵다. 따라서 국가 수준의 교육과정이 있다고 하더라도 이것은 세밀한 처방보다는 광범위한 지침 정도로 구성될 가능성이 있으며, 구체적인 결정이나 판단은 교사 수준에서 이루어지도록 가정된다. 이러한 상황은 교사의 전문적 능력에 따라 학생들의 학습 경험의 질이 달라질 수 있는 문제를 야기할 수 있다.

둘째, 과정 모형에서 중시하는 절차적 원리는 교수 방법으로 오해될 여지가 있다. 과정 모형에서는 전달해야 할 내용이나 성취시켜야 할 세부 목표를 진술하는 대신에 교실의 교수-학습 과정 내내 지켜야 할 절차적 원리를 명확하게 드러내는 데에 초점을 둔다. 따라서 과정 모형은 가르쳐야 할 내용에 대해서는 고민하지 않고 주로 가르칠 방법 혹은 교수 전략만을 설계하는 것으로 이해되기 쉽다. 물론 과정 모형에서는 절차적 원리가 단순한 교수 방법이나 전략이 아니라 가르쳐야 할 교육 내용과 그 방법을 안내하기 위한 것이라고 하고 있으나 이를 교수 방법과 구분되는 것으로 이해하기에는 그 개념이 명료하지 않은 편이다.

라. 세 모형의 비교

앞에서, 교육과정 설계는 그 출발점을 무엇으로 볼 것이냐에 따라 내용 모형, 목표 모형, 과정 모형으로 구분해 볼 수 있었다. 내용 모형은 전달되고 획득되어야 할 내용을, 목표 모형은 학생들에게 기대하는 목표를, 그리고 과정 모형은 교수-학습 과정에서 따라야 할 원리를 각각 구체화함으로써 교육과정을 설계하는 모형이라고 할 수 있다. 이러한 교육과정 설계의 세 가지 모형을 교육의 목적과 내용 측면에서 비교해 보면 다음과 같다.

먼저, 세 모형은 교육의 목적에 대해 서로 다른 접근을 취한다. 내용 모형은 교육의 목적을 지식의 획득 측면에서 본다. 즉 내재적으로 가치가 있는 지식이든, 아니면 경제적으로 유용한 지식이든 간에 교육의 목적이 지식의 획득에 있다고 본다. 목표 모형은 교육의 목적이 무엇이어야 하는가에 대해 어떠한 종류의 관점도 갖고 있지 않다. 다만, 일단 목적/목표가 결정되고 나면, 이를 성취하기 위한 기제를 제공하며, 따라서 그 기제는 목표를 달성하기 위한 도구적인 과정이 된다. 과정 모형은 교육의 목적을 개인의 역량 발달을 촉진하는 것으로 보고자 한다. 목표 모형과 과정 모형은 또한 교육 목적이나 목표를 성취하기 위한 방법론을 제공한다. 목표 모형은 추구하고자 결정한 목표를 일련의 하위 목표로 쪼갤 것을 권고하며, 과정 모형은 이를 계획하거나 실천할 때 모두 참조해야 할 절차적 원리로 번역하도록 한다.

한편, 세 모형은 교육 내용의 역할이나 선정 준거에 대해서도 서로 다른 관점을 취한다. 내용 모형은 교육과정에서 내용의 역할을 가장 핵심적인 것으로 보며, 내용 자체에서 그 선정의 준거를 발견한다. 즉 내용에 가정되어 있는 내재적 가치나 그것의 유용성 때문에 내용이 선정되어야 한다고 본다. 목표 모형은 교육과정에서 목표를 가장 중시하며, 목표를 내용 선정을 위한 준거로 본다. 따라서 이 모형에서는 목표를 성취하는 데 가장 도움이 될 내용을 선정해야 한다고 주장한다. 과정 모형은 개인이 가진 역량의 발달에 관심이 있으며, 따라서 개인 역량의 지속적인 발달을 촉진할 수 있는 내용을 선정하기를 요구한다. 그리고 그러한 내용 선정은 그 발달 과정에 내재해 있는 것으로부터 추론된 절차적 원리에 비추어 이루어져야 할 것으로 간주된다.

이와 같이 교육과정 설계는 학교교육의 목적이나 내용에 대해 어떤 관점을 취하고 있는가에 따라 달리 접근될 수 있다. 따라서 교육과정을 설계할 때는 이러한 관점들에 대한 명확한 이해와 지식을 가지고 모형을 선택해야 할 것이다.

참고 문헌

김재춘 · 부재율 · 소경희 · 양길석(2010). 예비 · 현직 교사를 위한 교육과정과 교육평가. 서울: 교육과학사.

Eisner, E.(1979). *The educational imagination: On the design and evaluation of school programs*. New York: Macmillan.

Hirst, P.(1969). The logic of the curriculum. *Journal of Curriculum Studies, 1*, 142-158.

Kelly, A.(2011). *The curriculum: Theory and practice*(6th ed.). London: SAGE.

Marsh, C., & Willis, G.(2007). *Curriculum: Alternative approaches, ongoing issues*(4th ed.). Upper Saddle River, NJ: Pearson.

Tyler, R.(1949). *Basic principles of curriculum and instruction*. Chicago: The

University of Chicago Press.

Walker, D.(1971). A naturalistic model for curriculum development. *School Review, 80*(1), 51-65.

Wiggins, G., & McTighe, J.(1998). *Understanding by design*. Alexandria, VA: ASCD.

교육과정 설계 원리와 교육과정 통합

제10장

1. 교육과정 설계의 일반 원리
2. 교육과정 통합에 대한 이해

교육과정 설계란 교육과정을 구성하는 요소들, 즉 교육 목표, 교육 내용 혹은 학습 경험, 평가 등의 성격과 내용을 밝히고, 이들 요소들이 하나의 체계적인 교육과정으로 결합될 수 있도록 배열하는 방식을 말한다. 앞의 9장에서는 교육과정의 구성 요소들이 어떻게 배열될 수 있는지에 대해 관심을 갖고 이를 서로 다른 교육과정 설계 모형을 통해 소개했다.

교육과정 설계는 교육의 목적이나 내용, 학습자 등에 대해 어떠한 관점이나 입장을 갖고 있는가에 따라 서로 다른 모양새를 취할 수 있다. 9장에서 소개한 세 가지 설계 모형은 바로 이러한 관점이나 입장의 차이를 반영한 것이다. 그러나 어떠한 형태의 교육과정 설계 모형을 지지하든 간에 교육과정 설계를 담당하는 사람들은 교육과정을 구성하는 각각의 요소들을 설계하는 원리에 대해서도 기본적인 이해를 갖출 필요가 있다. 이들 각 요소를 설계하는 방식에 대한 이해는 교육과정 구성을 위한 필수적인 지식에 해당한다.

따라서 이 장에서는 교육과정을 구성하는 각 요소들이 어떻게 설계될 수 있는지를 검토해 본다. 특히 이 장에서는 교육 목표를 설정하고 학습 경험을 조직하는 일반적인 원리를 소개하는 데에 초점을 둔다. 또한 최근에 교육과정 설계 원리로서 많이 활용되고 있는 통합적인 접근에 대해서도 그 역사와 유형을 중심으로 살펴본다.

【탐구 쟁점 예시】

1. 자신의 전공(/학과) 혹은 관심 있는 전공(/학과) 하나를 선택하여, 이 전공에서 해당 전공의 교육 목표를 구현하기 위해 학년 및 학기별로 나열하고 있는 전공 과목들을 범위, 통합, 계속성, 계열성, 연계성, 균형 등의 측면에서 평가해 본다면 어떤 특징이 발견되는가?
2. '융합형 인재'를 양성하기 위해 무전공 학부대학 혹은 자유전공학부 등에 대한 관심이 높아지고 있다. 이러한 관심에는 학문이나 지식에 대한 분과적 접근보다는 통합적 접근이 미래 사회의 인재를 양성하는 데 더 의미가 있을 것이라는 전제가 깔려 있다. 이러한 통합적 접근이 갖는 의의와 한계는 무엇이라고 보는가?

1. 교육과정 설계의 일반 원리

앞 장에서 소개한 바 있었던 타일러 모형은 일찍이 교육과정을 구성하기 위한 주요 요소를 밝혀 주었다. 타일러 모형이 갖는 한계는 이미 지적된 바 있지만, 그럼에도 불구하고 교육과정 설계의 주요 구성 요소가 타일러 모형에서 밝힌 교육 목표의 설정, 교육 내용(혹은 학습 경험)의 선정 및 조직, 평가라는 데에는 일반적인 합의가 이루어지고 있다. 이하에서는 이들 요소를 설계하기 위한 일반적인 원리를 제시하되, 주로 교육 목표의 설정과 교육 내용(혹은 학습 경험)의 조직에 대해서만 살펴보기로 한다. 교육 내용(혹은 학습 경험)의 선정을 둘러싼 다양한 입장이나 원리에 대해서는 4, 5, 6장을 통해서 이미 소개되었으며, 평가에 대한 설계 원리는 '교육 평가'라는 다른 교직 과목이나 전공 과목을 통해서 다루어지고 있기 때문이다.

가. 교육 목표의 설정*

일반적으로 교육 목표란 교육을 통해서 기대하는 성과를 의미한다. 물론 교육 장면에서 처음에 의도한 교육 목표와 그 성과가 반드시 일치하기란 어렵다. 따라서 일부에서는 교육 목표를 미리 설정한다거나 모든 교육 활동을 미리 설정된 교육 목표 달성으로만 이끄는 것에 대해 반대하기도 한다. 그러나 학교교육이 유목적적인 활동이 되기 위해서는 교육 목표가 무엇이 되어야 하며 이는 어떻게 설정하는 것이 바람직한 것인지에 대한 신중한 검토가 요구된다고 할 수 있다.

엄밀히 말하면, 목표는 어느 맥락에서 쓰이는가에 따라 일반적인 수준에서부터 구체적인 수준으로까지 개념화될 수 있다. 국가나 체제 수준에

* 이 부분은 김재춘 · 부재율 · 소경희 · 양길석(2010)의 저서에서 필자가 집필한 내용을 부분 수정한 것임을 밝힌다.

서 거시적, 장기적으로 제시한 것은 교육 목적(aims of education)에 해당하며, 이는 일반적이고 광범위한 진술 형태를 띤다. 개별 학교의 교사 수준에서 만들어지는 것은 수업 목표(instructional objectives)라고 할 수 있으며, 이는 구체적이고 학습자 행동을 드러내는 진술 형식을 취한다. 한편 교육 목표(goals of education)는 교육 목적과 수업 목표 사이에 놓여 있는 것으로서, 교육 목적보다는 구체적이고 분명하나 수업 목표보다는 일반적인 진술 형태를 취하는 것이다. 그러나 일반적으로 이들 용어는 교육의 여러 맥락에서 혼용되고 있다. 이 장에서는 이들 용어를 통칭하여 교육 목표라는 용어를 사용하며, 따라서 사용되는 맥락에 따라 이 용어의 의미는 교육 목적을 의미할 수도 있고 수업 목표를 의미할 수도 있다.

1) 교육 목표 설정 자원

일찍이 타일러가 교육 목표 설정 자원을 사회에 대한 조사, 학습자에 대한 연구, 교과 전문가의 제언으로 제시한 이래, 사회, 학습자, 교과라는 세 요소가 교육 목표 설정의 일반적인 자원으로 인식되고 있다.

• 사회

교육 목표는 사회 전체가 추구하는 이념 및 사회의 직접적인 요구를 반영해야 한다. 일반적으로 한 사회에는 사회 구성원들 간에 전통적으로 합의해 온 가치 체계 및 생활양식이 있으며, 이것은 그 사회의 전통 혹은 문화를 구성하게 된다. 따라서 특정 사회 구성원들이 그 사회 속에서 살아가기 위해서는 좋아하든 싫어하든 간에 그러한 전통이나 문화를 알아야 한다. 다른 한편으로, 현대 사회를 살아가는 사람들은 급변하는 사회에 적절히 대응할 수 있어야 한다. 특히 한 나라의 국가 경쟁력은 변화하는 사회에 발빠르게 대처하지 않고서는 확보될 수 없다. 이런 측면에서 교육 목표는 사회 전체의 이념 및 급변하는 사회의 직접적인 필요에 대한 분석을 통해 설정될 필요가 있다.

• 학습자

아무리 좋은 교육 목표라 하더라도 학습자의 심리적 조건과 맞지 않다면, 그것은 실현성이 없다. 학습자는 나름대로의 성장 · 발달 단계를 거치며, 이를 지배하는 제반 법칙이 있다. 또한 학습자 간에는 동일 단계에 있다하여도 좋아하는 관심사가 서로 다를 수 있다. 따라서 학습자의 일반적인 발달 단계의 제 특성에 대한 이해뿐만 아니라 학습자들 간에 나타날 수 있는 개인차에 대한 올바른 이해도 필요하다.

• 교과

교과의 성격이나 교과 전문가들의 견해 또한 교육 목표 설정의 중요한 원천이 된다. 교과의 특성을 반영함에 있어서는 교과에서 반드시 학습되어야 할 기본적인 내용뿐만 아니라 교과의 최근 동향에 대한 분석이 이루어져야 할 것이다. 교과에 대한 분석 과정에는 특히 교과 전문가들의 견해가 반영될 필요가 있다. 교과 내에서도 중요시하는 영역 및 가치에 대해서 학자들 간에 상당한 갈등이 있기 때문에 교과 전문가들의 견해를 수용하는데 있어서는 다양한 의견 수렴과 합의 과정이 특히 중요하다고 할 수 있다.

2) 교육 목표의 진술

교육 목표는 교육을 통해 기대되는 성과를 의미하는 것으로서, 교육 활동의 기준과 방향을 제시한다. 따라서 교육 목표는 구체적이면 구체적일수록 교육 활동의 내용과 이를 통해 달성해야 할 것들을 분명히 밝혀 준다고 할 수 있다. 그리하여 많은 학자들은 교육 목표를 구체화 혹은 상세화할 수 있는 방안을 제시하여 왔다. 이들에 의하면, 교육 목표는 관찰할 수 있는 학생들의 행동을 규명해서 이를 행위 동사(behavioral verb)로 진술해야 한다. 특히 수업 목표인 경우는 학생들이 학습 경험의 결과로서 보이게 될 구체적인 행동 변화를 나타낼 수 있는 동사로 진술되어야 한다.

명확하고 분명한 목표를 강조하는 사람들이 수업 목표로서 피해야 한다고 보는 진술 용어는 다음과 같은 동사들이다(Kim & Kellough, 1991).

인식하다(appreciate)	배운다(learn)
이해한다(comprehend, understand)	깨닫는다(realize)
안다(know)	좋아한다(like)

이에 반하여 이들이 주장하는 수업 목표의 진술 용어는 다음과 같은 것이다.

설계한다(design)	비교한다(compare)
재구성한다(reconstruct)	번역한다(translate)
선택한다(choose)	쓴다(write)
식별한다(discriminate)	편집한다(edit)
구분한다(distinguish)	인용한다(cite)
열거한다(list)	배열한다(arrange)
계산한다(compute)	그래프를 그린다(graph)

이러한 행동적 수업 목표는 구체적이기 때문에 교사들에게 매우 유용한 도구일 수 있다. 즉 행동적 수업 목표는 무엇을 가르쳐야 하는지, 어떤 수업 방법과 평가가 사용되어야 하는지에 대한 분명한 방향을 제시해 주고, 학부모와 학생들과의 분명한 의사소통을 가능하게 하는 장점이 있다.

그러나 행동적 수업 목표에 대한 우려 또한 만만치 않다. 행동적 수업 목표의 문제점으로는 다음과 같은 것들이 지적되고 있다(Marsh, 1992).

- 수업을 통해 기대되는 결과를 제한된 수의 수업 목표로 구체화하는 것이 가능하지 않다.
- 의도하지 않은 결과는 사전에 구체화된 목표로 진술될 수 없다.
- 단지 몇 개의 목표를 구체화하는 것은 수업에 있어 동등하게 중요한

다른 영역을 배제할 수 있다.

- 행동적 수업 목표가 어떤 교과 영역(예컨대, 수학, 과학)에서는 도움이 되지만, 다른 교과 영역(예컨대, 미술, 문학)에서는 그렇지 않다.

나. 교육 내용(혹은 학습 경험)의 조직

교육 내용이 무엇이 되어야 하며 어떻게 조직되어야 하는가는 교육과정 설계의 핵심적인 작업에 해당한다. 학교교육은 바로 이러한 교육 내용을 통해서 이루어지기 때문이다. 교육 내용은 교육 목표의 영향을 받는다. 따라서 교육 목표와 일관된 내용이 선정되어야 하며, 교육 목표 설정시 고려된 요인들이 내용 선정에서도 마찬가지로 고려되어야 한다.

전통적으로 교육 내용의 선정과 관련하여 가장 논란이 되어 온 것은 교육 내용을 지식 중심으로 구성할 것인가 아니면 경험 중심으로 구성할 것인가 하는 것이었다. 그리하여 지식과 경험 가운데 어느 쪽에 더 무게 중심을 두는가에 따라 중요시하는 교육 내용에는 차이가 있었다. 이러한 흐름 속에서 교육 내용을 가르쳐야 할 지식만으로 보았던 전통적인 관점에서 탈피하고 교육 내용에 대해 좀 더 포괄적인 관점을 취하기 위해 '학습 경험'이라는 용어를 교육 내용 대신에 사용하고 있기도 하다. 최근에는 지식과 경험 이외에도 교육 내용을 역량 중심으로 구성하자는 주장이 제기되고 있다. 교육 내용의 선정과 관련한 이러한 논의는 이 책의 4, 5, 6장을 통해서 이미 소개된 바 있기 때문에 여기서는 교육 내용의 조직에 관해서만 다룬다.

교육 내용을 조직하는 데에 있어서는 크게 두 가지 측면, 즉 수평적인 측면과 수직적인 측면이 고려되어야 한다. 전자는 동일 학년 내 내용의 배열 문제로서 교육 내용의 횡적 조직과 관련되며, 다룰 내용의 범위라든지 내용 간의 통합에 대한 고려가 이에 해당한다. 반면 후자는 내용의 학년 간 배열의 문제로서 교육 내용의 종적 조직과 관련되며, 내용의 계속성이라든지 내용 간의 계열에 대한 고려가 이에 해당한다. 이외에도 교육 내용의 수평적이고 수직적인 측면 모두를 고려한 연계라든지, 다루어질 내용 간의 조화를 강조하는 균형 등도 교육 내용의 조직에서 고려해야 할 중요한 원리라고 할 수 있다. 이하에서는 이러한 원리를 간략히 소개한다.

1) 범위(scope)

범위는 교육과정에서 다룰 내용의 폭과 깊이를 지칭하는 것으로, 교육 내용의 횡적 혹은 수평적 조직에서 고려해야 할 원리에 해당한다. 범위는 특정 학년에서 어떤 교과나 활동을 어느 정도의 시간으로 다룰 것인지, 혹은 개설된 특정 프로그램이나 교과목에서 어떤 내용을 어느 정도로 다룰 것인지 등을 결정하는 것과 관련된다. 말하자면 교육 내용의 범위를 고려한다는 것은, 교육과정에 어떤 내용을 포함시키고 그 내용을 어느 정도까지 상세하게 다룰 것인지를 결정한다는 것을 의미한다.

교육 내용의 범위로는 학생들의 학습을 이끌기 위해 창안된 모든 유형의 학습 경험이 포함된다. 그것은 인지적, 정의적, 심동적 영역 모두를 포함하며, 다양한 수준의 지식뿐만 아니라 활동도 포함한다. 또한 범위는 1년 이상 다루어지는 내용으로 구성될 수도 있고, 몇 달이나 몇 주에 걸쳐 다루어지는 내용으로도 구성될 수도 있다.

일반적으로 교육과정에 주어진 시간을 고려할 때, 교육 내용의 폭을 확대하면, 즉 다루어질 교과목이나 내용 요소의 수를 늘리면, 각 내용에 할애된 시간이 줄어들면서 모든 내용이 피상적으로 다루어질 수 있다. 반대로 다루어질 교과목이나 내용 요소의 수를 줄여 교육 내용의 폭을 축소하면, 각 내용들에 대한 깊이 있는 학습이 가능할 수 있다. 말하자면 교육 내용의 폭과 깊이는 상대적인 것으로, 폭을 강조하면 깊이가 얕아지고, 깊이를 강조하면 폭이 좁아들 수 있는 것이다. 따라서 교육 내용의 범위를 고려할 때는 이러한 점이 감안되어야 하며, 교육 내용이 다루어지는 맥락의 성격을 고려하여 그 폭과 깊이가 결정되어야 할 것이다. 예컨대 기초적이고 개론적인 성격의 프로그램이나 교과목에서는 깊이보다는 폭에 좀 더 신경 쓸 필요가 있으며, 심화 수준이나 전문적 성격의 프로그램이나 교과목에서는 폭보다는 깊이에 좀 더 비중을 둘 필요가 있을 것이다.

2) 통합(integration)

통합은 교육과정의 내용으로 포함될 수 있는 모든 유형의 지식과 경험을 서로 연결 짓는 것을 의미한다. 통합은 모든 지식 영역들 간 혹은 지식 영역 내의 주제들 간의 수평적인 관계를 강조하는 것으로, 교육 내용의 횡적 조직 원리에 해당한다. 통합의 기본 아이디어는 지식을 분절화된 형태로 제시하기보다는 서로 관련된 형태로 제시할 때 학생들에게 좀 더 의미 있는 학습이 일어난다는 것이다. 학생들이 일상에서 부딪히는 문제는 매우 복합적인 것이어서 개별 학문의 지식으로는 해결되기가 어려우며, 따라서 지식 간의 관계가 절연된 학습이 지속되는 한 학생들은 일상에서 직면하는 다양한 문제를 해결할 수 있는 능력을 갖추기 어렵다고 할 수 있다.

교육 내용의 조직 원리로서 통합은 분과와 대비되는 것이다. 교육 내용의 전통적인 조직 방식은 분과적인 것이었다. 이것은 모든 교육 내용을 엄격하게 구분된 학문 조직 방식에 따라 분류하여 분리된 교과의 형태로 조직하는 것이다. 우리나라 교육과정을 구성하고 있는 교과목들, 예컨대 국어, 도덕, 사회, 수학, 과학, 기술 · 가정, 체육, 음악, 미술, 영어 등은 바로 이러한 전통적인 학문 분류 방식에 따라 분과적으로 조직된 것이라고 할 수 있다.

교육 내용의 통합적인 조직 방식은 경험 중심 교육과정의 영향으로 학습자의 흥미에 대한 고려나 일상생활의 문제와 관련된 경험의 중요성이 강조되면서 주목받기 시작한 것이다. 통합의 형태와 정도는 비슷한 논리 구조를 갖는 교과끼리의 통합에서부터 특정 문제 중심으로 전 교과가 유기적으로 관련을 맺는 형태에 이르기까지 매우 다양할 수 있다. 우리나라 국가 교육과정의 내용 조직도 다양한 형태의 통합을 활용하고 있다. 예컨대 고등학교의 통합사회는 일반사회, 지리, 역사, 윤리를 통합하여 조직한 교과목이며, 통합과학은 물리, 화학, 생물, 지구과학을 통합하여 조직한 것이다. 초등학교 1, 2학년의 통합 교과(바른생활, 슬기로운 생활, 즐거운 생활)는 탈교과적인 통합의 형태를 취하는 것으로, 아동의 흥미를 유발할 수 있는 일상생활의 문제나 주제 중심으로 기존 교과의 벽이 보이지 않도록 통합한 것이다. 또한 국가 교육과정 문서에 제시되어 있는 범교과적 학습 주제, 즉 안전 · 건강 교육, 인성 교육, 진로 교육, 민주 시민 교육, 인권 교육, 다문화 교육, 통일 교육 등은 국가 · 사회적으로 요구되는 주요 관심사에 해당하는 것으로 이들 주제들은 교과와 창의적 체험활동 전반에 걸쳐 통합적으로 다루어지도록 의도되어 있다.

3) 계속성(continuity)

계속성은 특정 지식이나 학습 영역에서 시간의 경과에 따라 동일한 개념이나 기능을 계속해서 반복적으로 다루어야 한다는 것을 의미한다. 즉 계속성은 특정 지식/학습 영역을 구성하는 내용 요소의 수직적인 반복을 의미하는 것으로, 교육 내용 조직의 종적 원리에 해당한다. 계속성의 기본 아이디어는 특정 지식/학습 영역의 중요한 개념이나 기능은 학생들이 반복적으로 학습할 기회를 가져야 한다는 것이다. 예컨대 국어 영역에서 읽기 기능이 중요한 목표라면, 이들 기능이 연마되고 개발될 반복적이고 지속적인 기회가 제공되는 것이 필요하다. 마찬가지로, 과학 영역에서 실험하는 법이 중요하다면, 실험 활동에 가담할 수 있는 기회가 여러 시기에 걸쳐 지속적으로 제공될 필요가 있다. 학생들은 특정 지식/학습 영역에서 중요한 개념이나 기능에 대한 학습 경험을 반복적으로 가짐으로써 이에 대해 깊이 있게 이해하고 사고하는 것을 배우게 된다.

계속성의 원리에서 유념해야 할 것은, 반복해서 조직될 필요가 있는 내용은 반드시 학생들이 습득할 필요가 있는 중요한 개념이나 기능이어야 한다는 것이다. 따라서 교육 내용의 조직 원리로서 계속성을 활용하기 위해서는 무엇이 중요한 개념이고 기능인지를 먼저 규명할 필요가 있다. 브루너(J. Bruner)가 주장한 지식의 구조는 바로 이러한 주요 개념이나 아이디어의 중요성을 지적한 것이라고 할 수 있다. 따라서 계속성은 브루너의 나선형 교육과정이라는 개념 속에서 가장 잘 드러난다. 브루너는 교육 내용이 각 학문의 핵심적인 개념이나 아이디어로 조직되어야 하며, 이러한 개념이나 아이디어를 학생들에게 이해시키기 위해서는 학년이 올라감에 따라 이를 반복적으로 제시하되 그 깊이와 폭을 심화하고 확대해가는 나선형 형태로 조직해야 한다고 주장했다. 이러한 지식의 구조의 나선형적 조직은 교육 내용 조직에 있어서 계속성의 원리와 함께 아래에 소개할 계열의 원리까지 보여주고 있다. 우리나라 수학 교육과정에서 집합이나 함수라는 개념이, 그리고 사회 교육과정에서 민주주의라는 개념이 여러 학년에 걸쳐 반복적으로 제시되고 있는 방식은 계속성의 원리를 따르고 있는 것이라고 할 수 있다.

4) 계열성(sequence)

계열성은 학습 내용이나 경험을 조직하는 순서와 관련된다. 다시 말하면 계열성은 학생들이 학습 내용이나 경험을 접하게 되는 순서를 가리킨다. 계열성은 교육 내용을 수직적으로 혹은 종적으로 조직할 때 고려해야 할 원리로, 학년 수준에 따라 교육 내용을 조직할 때는 이러한 계열성의 문제가 심각하게 고려되어야 한다.

교육 내용의 조직에서 계열성에 대한 고려는 학생들의 누적적이고 지속적인 학습을 촉진하기 위한 것이다. 따라서 계열성은 내용이 가르쳐지는 순서와 무엇이 다른 학습 내용 뒤에 와야 하는지에 관심이 있다. 계열성은 교과 내용의 논리적 구조에 따라 정해지기도 하고 학습자의 흥미나 학습 과정에 비추어 정해지기도 한다. 전통적으로 교육 내용을 조직할 때 계열성을 보장하기 위해 사용해 온 원칙은 다음과 같다.

- 단순한 것으로부터 복잡한 것으로 나아감
- 전체로부터 부분으로 발전함
- 사건의 연대기적 순서로 제시함
- 구체적 경험에서 개념의 순서로 나아감
- 특정 개념이나 아이디어를 계속적으로 제시하되, 나선형적으로 그 내용을 심화 · 확대해서 제시함

5) 연계성(articulation)

연계성은 맞물리는 두 개의 학교급이나 학년이 만나는 지점에서의 특정 내용 요소 간이나, 동일 학년에서 제시되는 유사한 내용 요소 간의 자연스런 관계 맺음을 의미한다. 따라서 연계성은 수직적인 것과 수평적인 것을 모두 포함한다고 볼 수 있다.

수직적인 연계성은 나중에 배울 내용의 그 이전에 배운 내용과의 관계에 초점을 둔 것으로, 나중의 학습 출발점이 그 이전 학습의 종결점과 잘 맞물리도록 내용을 조직해야 한다는 것을 의미한다. 이와 같이 수직적인 연계성은 서로 맞물리는 학교급 간이나 학년 간의 접합 지점에서의 특정 내용 요소 간의 자연스런 관계 맺음을 강조한다. 예컨대 초등학교 1학년의 과학 내용은 유치원의 마지막 단계에서 이루어지는 과학 교육의 영역 및 수준에 토대를 두고 조직되어야 하며, 중학교 1학년의 수학 내용은 초등학교 6학년의 수학 내용의 영역 및 수준과 자연스럽게 연계되도록 조직되어야 한다. 이러한 교육 내용의 수직적인 연계성은 후속 학습의 선행 요건이 되는 학습을 보장하기 위해서 매우 중요하다.

수평적인 연계성은 동일 학년 내 교과 간에 유사한 개념이나 주제, 기능 등이 있을 때, 이들 내용 요소들이 동일한 수준으로 다루어질 수 있도록 조직해야 한다는 것을 의미한다. 예컨대 초등학교 5학년에서 인권이라는 개념이 도덕과 사회 교과 모두에서 다루어진다고 할 때, 양 교과에서 인권과 관련된 내용들은 동일한 수준으로 제시되어야 할 것이다. 즉 도덕에서 다

루어지는 인권 개념이 사회에서 다루어지는 것보다 지나치게 어렵거나 쉬운 것이어서는 안 된다. 또한 5학년 영어 교과에서 소재로서 광합성과 관련된 내용을 다룬다면, 동일 학년의 과학 교과에서 다루어지는 광합성의 수준을 고려하여 그 내용을 조직해야 양 교과 간의 수평적인 연계성이 확보될 것이다. 이와 같이 수평적 연계성은 연계의 주된 초점이 내용 간 '수준'에 있다고 할 수 있으며, 이 점에서 내용 간 '연결'에 주된 관심을 두는 통합과는 구분된다고 할 수 있다.

6) 균형(balance)

균형은 교육과정에 여러 측면의 내용을 적절한 비중으로 조화롭게 담아내야 한다는 것을 의미한다. 이것은 특정한 내용이나 경험이 과도하게 편성되는 것을 방지하기 위한 것이다. 교육 내용을 조직할 때 균형을 갖추기 위해 고려해야 할 측면은 다음과 같은 것이다.

- 인간 발달의 인지적 · 정의적 · 심동적 영역
- 개인적 · 사회적 · 지적인 목표
- 교과와 학습자
- 공통 내용과 선택 내용
- 교육과정 내용의 폭과 깊이

2. 교육과정 통합에 대한 이해

앞에서 교육과정 내용 조직의 한 원리로서 '통합'을 살펴보았다. 그러나 통합은 교육 내용 조직 원리로서만이 아니라, 학교교육의 목적이나 학교에서 다루어지는 지식의 성격과 활용에 대해 이전과는 근본적으로 다른 관점을 가지고 대두된 것이다. 따라서 오늘날 그 어느 때보다 주목받고 있는 교육과정 통합을 올바로 이해하기 위해서는 이에 대해 좀 더 면밀히 살펴볼 필요가 있다. 이하에서는 교육과정 통합의 개념, 역사, 유형 등을 검토해 본다.

가. 교육과정 통합의 개념

학생들이 모둠을 이루어 '보존', '오염', '정치', '경제' 등과 같은 '큰 개념'(big idea)을 포함하는 '환경적인 쟁점'들에 대한 단원을 공부하고 있다고 가정해 보자. 학생들이 이 쟁점들을 다루는 데 어떤 종류의 교수-학습 활동이 가장 도움이 될 수 있을 것인가? 학생들은 '보존'이라는 개념을 탐색하기 위해서 학교나 지역사회의 재활용 프로그램을 알아보고, 학교나 지역사회의 쓰레기 폐기 패턴을 연구한 후에 자원 보호를 위한 권고문을 만들며, 학교와 지역사회의 환경 보호와 재활용을 권장하기 위해 여러 매체를 활용한 캠페인을 벌일 수 있을 것이다. 학생들은 '정치'와 '경제'라는 개념을 탐색하기 위해서 재활용이나 토지 이용과 같은 쟁점에 대한 태도와 관련한 설문조사를 학교와 지역사회에서 수행할 수 있고, 환경적 쟁점에 대한 논쟁이 시간이 흘러가면서 어떻게 변해왔는지를 연구할 수도 있다. 이들은 또한 '오염'이라는 개념을 탐색하기 위해 주변의 수질이나 토양을 측정할 수도 있고, 기업과 산업체의 오염을 줄이려는 노력에 대해 조사할 수도 있으며, 다양한 종류의 오염에 대한 전시를 준비할 수도 있을 것이다(Bean, 1997: 1).

찬찬히 들여다보면, 위의 수업 시나리오는 학생들이 '환경적인 쟁점'을 다루기 위해 여러 학문적인 지식의 내용과 기능을 활용할 수 있음을 보여준다. 그러나 위 시나리오에서는 여러 개념을 다루기 위한 활동들을 교과 분야로 범주화해 놓고 있지 않다. 그 대신에 여러 분야의 지식이 '환경'이라는 주제와 그것의 하위 활동의 맥락 속에서 통합되어 있다. 더구나 이 맥락에서 지식은 즉각적인 중요성과 목적을 갖고 있다. 이러한 수업에서는 학생들이 늘 하는 질문, 즉 특정 기능이나 개념을 왜 배워야 하는가에 대한 답은, "미래를 준비하기 위해서"가 아닌, "지금 당장 할 필요가 있는 것을 하기 위해서"가 될 것이다.

위의 수업 시나리오는 교육과정 통합의 대표적 사례로서, 교육과정 설계 원리로서의 통합의 몇 가지 특징을 보여준다. 첫째, 교육과정은 교과가 아닌, 실생활에서 개인적·사회적 의미를 지닌 문제와 쟁점 중심으로 조직된다. 즉 교육과정을 조직하는 구심점은 학교 교육과정과 세상을 연결하는 의미 있는 문제나 쟁점, 예컨대 '환경'과 같은 쟁점이다. 둘째, 학생들의 학습경험은 교육과정 조직의 구심점을 중심으로 이에 적절한 지식이 통합될 수 있도록 계획된다. 여기서 교육과정 조직의 구심점이 되는 특정 문제나 쟁점은 지식을 통합하기 위한 맥락이라고 할 수 있다. 셋째, 지식은 나중의 시험이나 성적을 위한 준비보다는 현재 공부중인 문제나 쟁점을 다루기 위해 개발되고 사용된다. 말하자면, 기존에 분과적으로 다루어졌던 지식은 교육과정의 구심점인 문제나 쟁점을 탐색하는 수단으로서의 역할을 한다. 넷째, 지식의 실제적인 적용을 포함하는 프로젝트나 활동이 강조된다. 이것은 학생들에게 교육과정 경험을 그들의 의미 체계에 통합하고, 민주적인 문제해결 과정을 경험할 수 있는 기회를 주기 위한 것이다. 마지막으로 교육과정 계획에 학생들이 참여한다. 즉 학생들은 그들 자신의 경험을 계획하는 데 참여할 수 있다.

위의 수업에서 볼 수 있듯이, 교육과정 통합은 여러 차원에서의 통합을 의도한다. 먼저, 개인 차원에서 학습자 개인 경험의 통합을 들 수 있다. 이것은 학생들의 학습에 그들 자신의 경험이 통합되는 것을 의미한다. 사람들이 자기 자신과 세계에 대해 갖는 인식, 신념, 가치 등은 대개 자신들의 경험으로부터 나온 것이다. 자신의 경험을 끊임없이 되돌아보면서 체득한 것이 개인적이거나 사회적인 문제나 쟁점, 상황을 다루는 데 자원이 되고 있는 것이다. 이러한 경험, 그리고 이 경험으로부터 스스로 구성한 의미 체계는 정적인 것이 아니라 쟁점에 따라 그 조직되는 방식이 변화하는 유동적이고 역동적인 성격을 지닌다. 통합적 학습은 말 그대로 우리의 일부가 되는 경험, 다시 말하면 잊을 수 없는 경험을 학습에 포함하는 것이다. 이러한 학습은 두 가지 방식의 통합을 포함한다. 하나는 새로운 경험을 우리가 갖고 있는 기존의 의미 체계로 통합하는 것이요, 다른 하나는 과거의 경험을 새로운 문제 상황을 해결하는 데에 통합하는 것이다.

교육과정 통합은 또한 사회적 차원의 통합을 포함한다. 이것은 사회 통합을 지향하는 것으로서 서로 다른 배경과 특성을 가진 학생들에게 공통의 교육적 경험을 제공하려는 것이다. 이 아이디어는 민주주의 사회의 학교 교육과정은 공통의 가치나 공익을 촉진하는 것이 되어야 한다는 주장을 통합이라는 개념과 결부시킨 것이다. 사회 통합의 목적을 위해서 학교는 교육과정의 일부로 모든 학생들이 그들의 배경이나 열망과 상관없이 알아야 하는 교육을 제공해야 한다. 이러한 교육에 무엇이 포함되어야 하는가에 대해서는 논쟁이 있을 수 있으나, 개인적 혹은 사회적 쟁점 중심으로 조직되고, 교사와 학생들이 함께 협동하여 계획하고 수행하며, 여러 지식이 통합될 수 있는 교육과정이 이에 해당하는 것이 될 수 있다. 이러한 종류의 교육과정이 학생들을 지식에 좀 더 쉽게 접근시키고, 사회 통합의 맥락으로서 민주적인 교실 장면을 창출할 수 있기 때문이다.

마지막으로 교육과정 통합은 지식 차원의 통합을 포함한다. 교육과정의 맥락에서 통합은 흔히 지식의 조직과 활용에 대한 이론을 나타내는 것으로, 지식의 통합이란 지식이 문제 해결을 위해 통합적으로 활용된다는 것을 의미한다. 우리는 삶에서 자주 어떤 문제나 혼란스런 상황에 봉착하게 된다. 이 경우, 우리는 그 상황을 어떤 부분은 언어이고 다른 어떤 부분은 음악이나 수학, 혹은 역사, 예술로 보지 않을 것이다. 우리는 이러한 교과의 영역을 염두에 두지 않고, 적절한 지식으로 고려되는 것이라면 어떤 것이든지 사용하여 그 문제나 상황을 다룰 것이다. 말하자면 교육과정 통합에서 지식은, 학교에서 명명한 구분된 교과 측면에서가 아니라 실제의 문제와 쟁점의 맥락 측면에서 통합될 수 있는 것으로 이해되고 활용된다. 여기서 지식은 우리가 삶의 쟁점을 다룰 때 사용하는 역동적인 도구로서, 우리의 삶을 어느 정도 통제할 수 있게 해준다는 점에서 일종의 '힘'이라고 할 수 있다. 지식이 분과된 교과나 학문으로 조직된 정보와 기능의 모음으로 간주되는 경우에는, 지식의 활용과 힘이 해당 교과나 학문의 영역에 제한되기 쉽다. 그러나 지식을 통합적인 것으로 이해하게 되면, 직면한 문제에 대해 다양한 범위의 지식을 활용할 수 있게 되며 더 힘 있는 지식을 얻게 된다.

이와 같이 교육과정 통합은 개인, 사회, 지식 차원에서의 통합 모두를 포함한 것이라고 할 수 있다. 즉 학습에 개인의 경험을 통합하고, 쟁점이나 문제 중심의 공통 교육과정을 통해 서로 다른 배경과 능력을 가진 사람들 간의 사회적 통합을 추구하며, 여러 지식을 통합적으로 조직하고 활용하고 있는 경우에 비로소 교육과정 통합이 이루어지고 있다고 할 수 있다. 개인 경험의 통합, 사회적 통합, 지식의 통합이라는 것이 합쳐져서 하나의 교육과정 통합 이론을 형성하고 있는 것이다. 따라서 교육과정 통합의 의미는 바로 이러한 여러 차원의 통합을 모두 고려한 것으로 이해되고 사용되어야 한다.

사실, 교육과정 설계는 어떤 것이든지 간에 과거와의 연계나 지역사회와의 연계, 혹은 교과 간의 연계와 같은 모종의 연계를 취하고 있다고 할 수 있다. 그러나 교육과정 통합이라고 할 때, 이것은 사방팔방의 연계를 추구하는 것을 의미하는 것으로, '교육과정 통합'이라는 명칭은 모든 방면으로의 통합을 강조하는 이러한 특성 때문에 부여된 것이라고 할 수 있다(Bean, 1997). 이렇게 볼 때, 교육과정 통합은 교과 간의 구분을 고려하지 않고, 교사와 학생들이 협동적으로 결정한 의미 있는 문제와 쟁점 중심으로 교육과정을 조직함으로써 개인적이고 사회적인 통합의 가능성을 고양시키려고 하는 교육과정 설계 이론이라고 할 수 있다. 이러한 교육과정 통합은 핵심적인 쟁점이나 문제에 대한 좀 더 강력한 이해를 발달시키기 위한 것으로, 하나 이상의 학문으로부터 지식이나 관점, 탐구 방법 등을 유목적적으로 함께 끌어오게 되며, 이 과정에서 개별 학문들이나 지식들은 제거되는 것이 아니라 결합되어 활용된다.

나. 교육과정 설계에서 통합의 역사

교육과정 설계에 있어서 통합에 대한 관심은 최근의 유행이 아니다. 사실 '통합'은 부분과 전체 간의 긴장 관계를 함축하고 있기 때문에 교육자들은 늘 이에 관심을 가져왔으며, 따라서 교육과정 통합은 오랜 역사를 가지고 있다고 할 수 있다.

학교 교육과정의 조직 방식과 관련하여 통합은 분과와 대립되는 개념이다. 교육과정에 대한 전통적인 조직 방식은 분과적인 것이었다. 그러나 19세기 말 이러한 분과적인 접근 방식에 대해 비판이 일기 시작했다. 그 단초를 제공한 것은 당시 미국의 헤르바르트(J. Herbart) 추종자들로 구성된 헤르바르트 학파가 제시했던 '상관'이라는 아이디어였다. 헤르바르트 학파에서는 분리된 교과 간의 상관에 대한 헤르바르트의 아이디어를 발달시켜, 역사나 문학 같은 특정 교과를 중심으로 여러 교과들을 관련지어 통일성 있는 교육과정을 추구해야 한다고 주장했다. 이러한 주장은 당시 학생들을 주입식 훈련으로 이끌었던 분절화되고 탈맥락화된 교과 배열에 회의를 느낀 많은 비판가들의 관심을 끌었다. 이러한 헤르바르트 학파의 상관 개념은 교과 간의 벽을 허물기 위한 첫 시도라고 할 수 있다.

비슷한 시기에 교과 간의 벽을 허물기 위한 다른 노력이 실제 학교 현장에서 파커(C. Parker)에 의해서 이루어졌다. 그는 미국 매사추세츠 주의 퀸시 지역과 일리노이 주의 시카고 지역 학교에서 아동 및 문제 중심의 교육을 실천했다. 파커는 문제나 프로젝트 중심의 교육과정을 추구했으며, 이것은 교육과정과 수업방법을 조직하기 위한 출발점을 특정 지식 분야 내에서보다는 아동 내에서 발견해 내는 것이었다. 이 과정에서 그가 추구한 통합은 헤르바르트 학파가 주장한 상관보다 더 적극적인 것이었다. 헤르바르트 학파의 상관 개념은 특정의 분과적 교과를 인정한 상태에서 교과 간을 관련짓는 것이었다. 그러나 파커는 전통적인 교과 구분을 없애고 문제나 프로젝트를 중심으로 지식을 통합하는 방식을 추구했으며, 이는 19세기가 끝날 즈음에 미국에서 전개된 통합 운동의 주요 방식이 되었다.

그러나 오늘날의 통합 아이디어에 가장 강력한 영향을 미친 사람은 듀이(J. Dewey)라고 할 수 있다. 그는 교육적인 교육과정을 조직하기 위해서는 아동의 경험과 사회적 쟁점 양자 모두를 고려해야 한다고 주장했다. 실제로 그는 직접 운영했던 시카고대학교 부설 실험학교에서, 그가 "일"(occupation)이라고 명명했던 인간이 가담하는 모든 사회적 활동을 중심으로 교육과정을 조직했다. 그는 학생들의 학교 공부가 그들의 삶과 연결되어야 한다고 보았으며, 이러한 그의 주장은 다음 글에 잘 나타나 있다.

> 모든 교과 공부는 하나의 커다란 공통 세계 속에서 관계맺음을 통해 성장한다. 아동이 이 공통 세계와 다양하나 구체적이고 적극적인 관계 속에서 살아갈 때, 그의 교과 공부는 자연스럽게 통합된다. 이것은 더 이상 교과들을 상관시키는 문제가 아니다. 교사는 역사 수업에 약간의 산수를 엮어 넣으려는 갖은 고안물에 의존할 필요가 없다. 학교를 삶과 관련시키면, 모든 교과는 필연적으로 상관된다. (Dewey, 1900/1915: 32)

위에서 제시한 바와 같이, 19세기 말 20세기 초에 이미 교육과정에 대한 분과적인 접근을 벗어나고자 하는 노력이 이루어졌다. 그러나 '통합'이라는 용어는 이들 초기 노력에서 거의 사용되지 않았다. 1912년에 출판된 교육학대백과사전에 '교과의 통합'이라는 것이 등장했으나, 이것은 헤르바르트 학파의 용어인 '상관'의 다른 이름인 것으로 소개되었다. 19세기 말 학교교육에서 통합의 아이디어는 주로 사회적 통합을 의미하는 것으로 사용되었다. 왜냐하면 이 시기에 학교교육이 대중화되면서 학교의 사회 통합적 역할이 부각되었기 때문이다. 따라서 듀이를 비롯한 당시 여러 학자들은 민주적인 삶의 방식을 확대하는 데 있어서 학교가 좀 더 적극적인 역할을 해야 한다는 맥락에서 통합의 아이디어를 활용했다.

'상관'의 의미를 넘어선 통합의 아이디어가 교육과정과 관련하여 본격적으로 주목받게 된 것은 1920년대가 끝나갈 즈음이었으며, 이것은 몇 가지 사건에 의해 가능했다. 이미 언급한 바 있듯이, 19세기 말 20세기 초는 모든 학생들에게 제공되어야 할 교육과정을 어떻게 구성해야 하는가에 대한 관심이 많았던 시기였다. 이와 관련하여 중등교육의 경우, 여러 입장들이 대두되었으나 학문적인 교과들을 주장하는 인문주의 입장이 여전히 우세했다. 그러나 1918년 전미교육연합회(NEA) 산하 중등교육개편위원회에서는 이러한 인문주의 입장을 극복할 제안을 했다. 이 위원회에서는 가르쳐야 할 교과를 규정하는 대신에, 교육과정을 이끌기 위한 7개의 개인적 · 사회적 목표를 권고했다(이 책의 3장 참고). 7가지 목표는 건강, 기초기능 습득, 가치로운 가족 구성원, 직업, 시민의식, 여가 선용, 윤리적 품성으로, 대부분 삶의 활동 영역과 관련된 것이었다. 이 위원회에서는 이와 같이 중등교육의 목표를 제시하면서, 교육과정은 이 목표를 성취하기 위한 수단이라고 주장했다. 이는 7개의 목표를 달성하기 위한 것이라면 교육과정은 분과적으로도 통합적으로도 조직될 수 있음을 암시하는 것이었다. 분과적인 교과의 학습이 그 자체로 교육의 목적으로 가정되었던 당시에 이러한 주장은 매우 신선한 것이었으며, 교육과정과 관련된 통합의 의미를 새롭게 규정할 수 있는 계기를 제공했다(Bean, 1997).

위의 사건과 동일한 해인 1918년에, 컬럼비아대학교 교수인 길패트릭(W. Kilpatrick)이 한 저널에 '프로젝트법'(The project method)이라는 글을 발표했다. 이 글에서 그는 학교교육이 수동적이고 교과 중심적인 학습의 형태로부터 벗어나서, 문제 해결 방법을 활용하는 유목적적인 프로젝트에 아동을 참여시키는 방향으로 나아가야 함을 주장했다. 그는 이러한 프로젝트법이 아동들에게 더 고차원적인 지식과 기능을 갖추게 하며, 배운 것을 더 오래 유지시킬 수 있을 것이라고 보았다. 그가 보기에 이러한 문제 중심의 프로젝트는 민주적인 사회의 가치로운 삶에 전형적인 요소이기 때문에 학교교육의 전형이 되어야 했다. 비록 길패트릭이 '통합'이라는 용어를 사용하진 않았지만, 그의 프로젝트법은 교육과정 통합이 하나의 설계 이론이 되기 위한 기본 원리가 무엇이 되어야 하는지를 암시했다. 그 원리란, 개인적이고 사회적인(혹은 민주주의적인) 학습은, 지식을 조직하고 통합하기 위한 맥락으로서 문제 중심 프로젝트와 결합되어야 한다는 것이었다.

길패트릭 이외에도, 1920년대에는 헤르바르트 학파가 주장한 교과 간의 단순한 '상관'을 거부하고, 삶의 활동과 문제 중심으로 교육과정을 조직하려는 움직임이 지속되었다. 그리하여 통합은 당시 부상하는 진보주의 교육 운동의 핵심 아이디어로 떠오르기 시작했다.

한편, 이 시기에 '통합'의 아이디어는 당시 부상한 유기체적 심리학(organismic psychology)에서 그 지지 기반을 확보함으로써 그 의미가 더욱 명료하게 규명되었다. 이 일을 해냈던 사람은 초등학교 교사인 스미스(M. Smith)로, 그녀는 초등학교에서 길패트릭의 프로젝트법을 직접 실천하면서 이 방법이 갖는 긍정적 효과에 공감했다. 그녀는 컬럼비아대학교에서 박사 논문을 작성하면서 자신이 실제 활용했던 프로젝트법의 심리학적 기반을 찾으려고 시도했으며, 유기체적 심리학에서 이를 발견했다. 유기체적 심리학은, 전통적인 자극-반응의 행동이론을 거부하고, 유기체가 자신의 환경에 의해 영향을 받을 뿐만 아니라 그 환경에 영향을 줌으로써 유기체와 환경 양자가 지속적으로 서로를 변화시킨다고 주장하는 이론이다. 스미스는 유기체와 환경 간의 상호작용에 대한 이러한 심리학적 설명에서, 아동의 경험 속에서 무엇이 일어나고 있는지를 발견했다. 그녀는 이를 근거로 아동들이 인류의 지식과 경험에 대해 단순히 듣는 형태로 이루어지는 전통적인 교육은 잘못이라고 주장했다. 왜냐하면 이러한 교육은 아동들의 역할을 수동적인 것으로 봄으로써 아동들이 그들의 환경에 영향을 줄 수 있는 능력을 부정하기 때문이었다. 대신에 그녀는 배움이라는 것이 아동들이 자신들의 환경에 관여함을 통해서 일어난다고 보고, 아동들이 유목적적인 활동에 참여할 수 있어야 한다고 제안했다. 그녀에게 있어서, 지식과 기능과 같은 내용은 그 자체로 목적이 될 수 없으며, 프로젝트에서 추구하는 목적을 실현하기 위한 수단으로 간주되었다.

스미스의 주장은 교육과정 통합이라는 아이디어에 새로운 서막을 알리는 것이었다. 유기체적 심리학에서는, 환경과의 상호작용으로부터 야기되는 유기체의 성장과 발달, 변화의 과정을 설명하기 위해 '통합'이라는 용어를 사용하였다. 스미스는 이에 착안하여 자신이 현장에서 수행했던 프로젝트에서 실현된 아동의 개인적 성장뿐만 아니라 개인의 민주적 공동체로의 통합을 서술하기 위해 '통합'이라는 용어를 사용했다. 이는 그녀의 논문 제목에서 명료히 드러나는 바, 그녀가 1927년 제출한 박사 학위 논문의 제목은 "교육, 그리고 행동의 통합"(Education and the integration of behavior)이었다.

스미스가 제시한 통합의 아이디어는 많은 진보주의 교육자들 사이에서 인기가 있었으며, 이를 계기로 "어떤 교육과정 조직이나 접근이 다른 것보다도 더 학생들의 개인적이고 사회적인 통합 과정에 도움을 줄 수 있는가?"라는 질문에 대한 탐색이 활발히 이루어졌다. 1931년의 NEA의 한 분과 연감에 포함된 "통합의 원리"(Hopkins & Armentrout, 1931)라는 글은 이 질문에 대한 나름의 답을 제공했다. 이 글에서는 교육적 통합이란 두 가지, 즉 1) 개인의 본성, 2) 학교의 사회적 기능 모두를 포함해야 한다고 주장했다. 이러한 주장은 당시 아동 중심 교육과정의 인기로 인해 통합의 아이디어가 점차 아동 중심 활동으로만 연결되던 상황에서 매우 의미 있는 것으로, 학교가 개인적 통합만이 아니라 사회적 통합에도 책임이 있으며, 개인적 통합은 사회적 환경에서의 상호작용과 관련된다는 점을 상기시켜 주었다.

1930년대에도 통합의 아이디어는 활발히 논의되고 실험되었다. 그 결과 1936년에는 교육학 색인에 통합이라는 용어가 독자적인 범주를 확보하게 되었다. 1940년대 초에 통합은 8년 연구를 통해 진보적인 실험학교에서 다양한 형태로 실험되었다. 8년 연구의 결과는 분과적인 교과 접근으로부터 가장 멀리 벗어나서 교육과정 통합을 시도한 학교의 졸업생들이 전통적인 분과적 프로그램을 운영한 학교의 졸업생들보다 더 나은 성취를 했음을 보여주었다. 이후 30년 동안에는 통합의 아이디어가 8년 연구에서 등장했던 '중핵'(core) 프로그램을 통해 그 명맥을 분명히 이어갔다. 당시 "중핵"이라는 개념은 교과 영역을 구분하지 않고 교사와 학생들이 함께 계획한 문제 중심적 접근을 주장하기 위해 활용했다. 여기서 문제는 주로 사회 문제나 쟁점에 대한 것이었다. 이러한 중핵 교육과정은 당시 중등학교 수준에서 활발히 실행되었다.

1940년대에 통합이라는 용어의 사용은 다소 줄어들긴 했으나, 통합의 주요 개념은 이후 30년 동안 전개된 여러 다양한 설계 방식에서 나타났다. 대체로 교육과정과 관련한 통합의 아이디어는 다음 세 가지 형태로 전개되었다. 첫째, 아동의 흥미, 경험, 발달로부터 그 방향과 조직을 끌어내는 아동 중심 교육과정이 통합 과정을 촉진한다고 보는 주장이 있었다. 아동들이 관찰이나 실험 등 직접 해보는 활동을 통해 스스로의 결론을 도출하도록 격려하는 "활동 교육과정", 혹은 교사와 학생들이 함께 실생활의 상황 중심의 활동을 계획하고 그 활동을 수행함으로써 기능과 개념을 배우게 되는 "경험 교육과정"이 이에 해당하는 것이 될 수 있다. 이들 접근에서는 통합이란 사람들이 스스로 해야만 하는 것이라고 보고, 학생들 스스로가 아이디어와 경험을 조직해 보도록 하는 방식이 통합을 돕는다고 본다. 따라서 이 입장에서는 성인들이 학교 교과를 재조직하려는 노력을 통합으로 보지 않는다.

다음으로 여러 교과 간의 상관을 통합 교육과정으로 주장했던 입장을 들 수 있다. 이 입장에서는 개별 교과의 분절된 경계를 가로지르는 일반화된 개념으로 교과를 조직하면 학생들이 이를 더 잘 배울 수 있다고 본다. 지리와 역사를 인문학과 같은 '광역형' 코스로 함께 묶는다거나, 특정 기능을 과학과 수학과 같은 두 교과에 걸쳐 강화한다거나, 특정 학문의 분절된 부분들을 사회와 같은 폭넓은 교과 속에서 융합하는 것 등이 이에 해당한다.

마지막으로 사회적 쟁점과 사회적 통합에 관심을 둔 진보주의 입장을 들 수 있다. 이 입장에서는 개인적 통합을 지지하긴 하나, 개인적 통합의 과정에만 초점을 두고 사회적 통합의 과정을 다루지 않는다면 진정한 통합이 될 수 없다고 본다. 이 입장이 보기에, 학교는 사회 개선과 공익에 관심을 가져야 하며, 학교의 교육과정이 상응해야 하는 실생활은 개인적인 관심사뿐만 아니라 사회적 관심사도 포함하기 때문이다. 따라서 이 입장에서는 지식과 경험이 사회적 쟁점과 상황 중심으로 조직되어야 한다고 주장한다. 여기서 통합이라는 용어의 사용은 심리학적이거나 지식 조직을 위한 것만이 아니라, 민주주의 교육을 위한 운동의 일환이 된다. 문제 중심의 '중핵' 교육과정은 이러한 통합 유형에 해당한다.

교육과정 통합의 움직임은 1957년 러시아가 미국보다 먼저 쏘아 올린 인공위성 스푸트닉호 발사 사건과, 이에 따른 기술공학 및 엄격한 학문의 구조를 강조하는 흐름으로 인해 종말을 고하게 되었다. 그리하여 1970년대 미국에서 통합에 대한 논의는 잦아들었다. '통합'이라는 용어가 1974년의 교육학 색인에서 빠졌으며, 몇몇의 저서를 제외하고는 10년 이상 동안 미국의 교육 관련 문헌에서 거의 언급되지 않았다.

교육과정 이론가들이 통합의 아이디어 및 그것이 교육과정 조직에 주는 함의에 다시 관심을 갖기 시작한 것은 1980년대 후반 즈음이었다. 이 시기에 등장한 두 개의 출판물, 즉 1989년 제이콥스(H. Jacobs)가 편집한 저서인 『간학문적 교육과정: 설계와 실행』(Interdisciplinary curriculum: Design and implementation)과, 1991년에 슈메이커(B. Shoemaker)가 발표한 글인 "교육 2000: 통합 교육과정"(Education 2000: Integrated curriculum)은 교육과정 분야가 통합이라는 용어에 다시 주목할 수 있는 계기를 제공했다. 특히 이들 저작은 미국 전 지역에 널리 유통됨으로써 통합이라는 용어를 교육과정 분야에서 일반적으로 사용할 수 있게 하는 데 중요한 역할을 했다.

위의 저작을 계기로 1990년대에는 교육과정 통합이 교육계 전반에서 새롭게 주목받게 되었다. 이에는 여러 가지 요인들이 영향을 미친 것으로 보인다(Bean, 1997). 첫째, 교육과정 구성이 단순한 암기와 축적보다는 지식의 적용을 포함해야 한다는 주장이 점차 힘을 얻게 되었다. 낮은 수준의 학습과 수업에서 지루해 하는 학생들에 대해 고민하는 교육자들과, 문제해결과 같은 지식의 적용 능력에 대한 기업체의 수요, 그리고 더 높은 기준과 더 도전적인 내용에 대한 국가·사회적인 요청으로 인해 분과적 지식의 단순한 축적으로부터 벗어나고자 하는 움직임이 지지를 얻었다.

둘째, 뇌 연구와 구성주의 이론의 영향을 들 수 있다. 뇌 연구자들은 학습에서 뇌가 어떻게 기능하는지를 새롭게 설명해 주었다. 이들은 뇌가 패턴과 연결을 통해 정보를 처리한다는 점을 드러냈으며, 이는 지식이 통합될수록 뇌에 더 적합하고, 따라서 학습에도 더 적절하다는 주장을 뒷받침했다. 구성주의 학습 이론가들도, 새로운 아이디어와 기능은 추상적이고 분절적인 부분으로 가르쳐지기보다는 이전의 경험이나 의미 있는 맥락, 총제적인 아이디어와 관련지어 제공될 때 가장 잘 내면화된다고 주장했다. 이에 따라 교육과정이 통합적인 주제와 프로젝트 중심으로 조직되어야 한다는 주장이 설득력을 얻게 되었다.

셋째, 지식은 고정되거나 보편적인 것이 아니라는 인식론이 확산되었다. 포스트모더니즘의 영향으로 인해 언어와 행위에는 다양한 의미가 있으며, 지식이 사회적으로 구성된다는 주장에 많은 사람들이 매료되었다. 20세기 후반, 불확실성보다 더 확실한 것은 없다는 인식과 더불어 어제의 진리가 오늘의 발견에 의해 폐기되는 것을 목도하면서, 어떤 지식이 가장 가치로운가에 대한 답을 생각하기가 점차 어려워지게 되었다. 따라서 정답에 의지해왔던 분과적 접근은 더 이상 견고한 인식론적인 기반을 갖기 어려워졌다. 점차 많은 학자들은, 진정한 의미를 갖는 문제들은 하나의 학문으로는 해결될 수 없으며, 여러 학문을 가로질러 세계를 보는 것이 필요하다는 점을 인지하게 되었다. 예컨대 환경이나 인간관계, 의료윤리 등의 문제들이 단일 분야의 공부만으로는 해결될 수 없다고 인식되었다.

마지막으로, 진보주의 교육의 아이디어에 진지한 관심을 가진 교육자들이 계속 존재했었다. 유아교육 전문가들은 유아를 위한 교육과정이 통합적이어야 한다는 점을 지속적으로 주장했으며, 초등학교의 총체적 언어접근법을 주장하던 사람들은 이러한 접근을 언어 외 다른 분야에로 확장해야 한다고 주장했다. 중학교 수준에서는 다학문적 단원과 프로젝트가 꾸준히 사용되어 왔으며, 이를 좀 더 자주 사용해야 한다는 주장이 점차 힘을 얻었다. 또한 수학과 과학을 포함한 일부 교과 협회 대표자들은 문제와 쟁점 중심으로 여러 분야를 관련 지우려고 했다. 예컨대 과학 교육자들은 과학-공학-사회(Science-Technology-Scociety, STS) 프로그램을 통해 사회문제 중심의 접근을 해야 한다고 주장했다. 영재 프로그램에서는 오늘날의 STEAM(Science, Technology, Engineering, Arts, Mathematics) 교육과 같은 다학문적 접근이 일찍이 주장되었으며, 이러한 접근을 일반교육에도 접목시키기 위한 움직임이 일었다. 우리나라의 과학예술영재고등학교의 등장은 이러한 맥락에 있다고 할 수 있다.

그러나 1990년대 이후 최근까지 교육과정 분야에서 '통합'이라는 용어는 다소 애매하게 사용되고 있으며, 20세기 전반기에 사용되었던 '통합'과도 그 의미가 같지 않다. 역사적으로 볼 때, 교육과정 통합이라는 용어는 교육과정 조직의 기반을 분과적인 학문이나 교과에 두는 것으로부터 벗어나자는 취지로 출발했다. 즉 교과의 구분을 고려함이 없이 실생활의 문제나 쟁점 중심으로 교육과정을 조직하려는 것이었다. 따라서 교육과정 통합의 개념은 정확히 말하면, '초학문적' 혹은 '탈학문적'이라 불릴 수 있는 접근을 의미한 것이었다. 그러나 최근에 사용되고 있는 통합은 구분된 교과의 내용을 재배열하는 방식으로 이해되는 경우가 많다. 우리가 심심찮게 들을 수 있는 다학문적 접근이나 간학문적 접근이 바로 이에 해당하는 것으로, 이것은 학문이나 교과에 기반한 접근이다.

초학문적 혹은 탈학문적 접근으로서의 교육과정 통합은 교육과정에 대한 학문이나 교과 기반 접근을 근본적으로 벗어나고자 하는 방식이다. 이러한 접근에서 교육과정 통합은 분절되어 있는 내용이나 지식을 연결한다는 기술적인 측면보다는 학교교육을 통해 사회를 좀 더 민주주의적으로 개혁하고자 하는 이상을 반영하고 있다. 즉 교육과정 통합은 사회적인 문제나 쟁점 중심으로 지식을 조직하고 활용함으로써 궁극적으로는 민주주의적인 사회 통합을 꿈꾸었던 것이라고 할 수 있다. 교육과정 통합의 역사에 대한 검토는, 최근의 학교교육에서 관심을 끌고 있는 통합적 접근이 교육과정 통합이 본래 품었던 이러한 꿈을 향해 가고 있는가에 대한 질문을 제기한다.

다. 교육과정 통합의 유형

교육과정 통합은 엄밀히 말하면 초학문적(혹은 탈학문적) 접근을 취하는 것을 지칭하는 것으로 다학문적이거나 간학문적 접근과는 다른 것이라고 할 수 있다. 그러나 오늘날에는 초학문적인 것만이 아니라 다학문적이거나 간학문적인 접근도 모두 교육과정 통합으로 이해되고 있으며, 오히려 후자가 더 많이 활용되고 있다. 교육과정 통합이 학문이나 교과에 기반한 접근과는 근본적으로 다른 교육과정 설계를 지향하기 위한 것으로 출발했으나, 실제 사용 맥락에서는 학문이나 교과에 기반한 상황에서 교과 간의 벽을 허무는 정도로 인식되고 있는 것이다. 이것은 특히 교과 간의 구분에 근거한 교과별 교육과정이 국가 교육과정으로 제공되는 우리나라 초·중등학교 현장에서는 불가피한 것이라고도 할 수 있다. 이미 주어진 교과별 교육과정이 제공된 상태에서 교육과정 통합은, 교과별 성취기준을 무시하지 않으면서 교과 간의 벽을 허물려는 노력이거나 기존 교과의 재배열, 즉 교육과정 재구성 정도로 인식되고 있는 것이다. 그러나 단위 학교에 교육과정 구성의 자율권이 주어진 창의적 체험활동이나 최근에 추진된 학교 자체 신설 교과목 허용 정책은 초학문적 교육과정 통합도 가능할 수 있음을 암시한다. 이하에서는 교육과정 통합의 세 가지 접근을 차례로 제시한다.

1) 다학문적(multidisciplinary) 통합

다학문적 통합은 동일 주제를 여러 교과에서 각 교과의 내용과 기능을 통해 다룰 수 있도록 교육과정을 조직하는 것이다. 따라서 이 접근에서 교육과정 계획은 개별 교과들의 정체성을 인정하고, 이들 교과에서 숙달되어야 할 중요한 내용과 기능을 확인하는 것으로 시작한다. 그 다음에 다루어야 할 주제가 어떤 하나의 교과로부터 추출되어 정해지며, 개별 교과들이 이 주제에 대해 어떤 공헌을 할 수 있는지가 탐색된다([그림 10-1] 참조). 선정된 주제는 이 주제와 관련된 교과들의 수업 시간에 각 교과의 내용이나 기능을 통해서 다루어지게 되며, 학생들은 이들 교과들을 번갈아 배움으로써 그 주제를 접하게 된다. 이 접근에서는 동일 주제를 여러 교과에서 가르치긴 하나, 이 접근의 주된 관심은 여전히 각 교과의 내용과 기능을 숙달하는 데에 있는 것으로, 주제에 대한 학습은 사실상 부차적인 것이다.

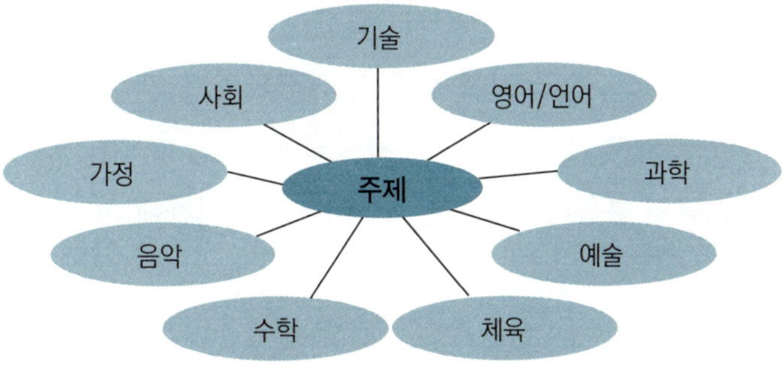

[그림 10-1] 다학문적 통합을 위한 도식 망

출처: Bean(1997), p. 12

다학문적 통합은 분과적인 접근과 크게 다르지 않다. 교육과정 계획이 교육과정 조직의 구심점, 즉 특정 주제를 중심으로 이루어진다 하더라도 개별 교과의 정체성은 유지되기 때문이다. 이 접근은 동일 주제를 여러 교과의 렌즈를 통해서 보는 것에 불과한 것이다. 교사들 또한 교과 영역 측면에서 선정된 주제를 관련지으려고 하기 때문에 학교의 일과는 여전히 분과된 교과로 이루어진다. 이와 같이 다학문적 접근은 분과적인 접근에서와 마찬가지로 교과 기반 내용과 기능으로 시작하고 끝나게 되며, 따라서 지식도 미리 정해진 계열에 따라 고정된 방식으로 다루어지게 된다. 결국 다학문적 접근은 각 교과가 다루고자 하는 내용이나 계열에 어떠한 변화도 야기하지 않는다.

2) 간학문적(interdisciplinary) 통합

간학문적 통합은 여러 교과에 걸친 공통적인 주제나 개념, 기능을 밝히고 이를 중심으로 교육과정을 조직하는 것이다. 따라서 이 접근에서 교육과정 계획은 여러 교과에 걸쳐 학습되어야 할 중요성이 크다고 간주되는 주제나 개념, 혹은 기능을 밝히는 것으로 시작한다. 주제/개념/기능이 밝혀지고 나면, 여러 교과에서 관련 내용이 추출되고 이러한 내용은 선정된 주제/개념/기능 중심의 공통 학습을 위한 것으로 묶인다([그림 10-2] 참조). 이 과정에서 추출된 개별 교과의 내용은 선정된 주제/개념/기능의 학습에 더 적합한 것이 되도록 수정을 거치게 된다. 선정된 주제/개념/기능에 대한 학습은 2시간 연속 수업, 반나절 수업, 일주일에 한 번의 수업, 혹은 한 달에 한 번의 수업 등의 블록타임을 활용한 공통 수업 시간에 여러 교과 교사들

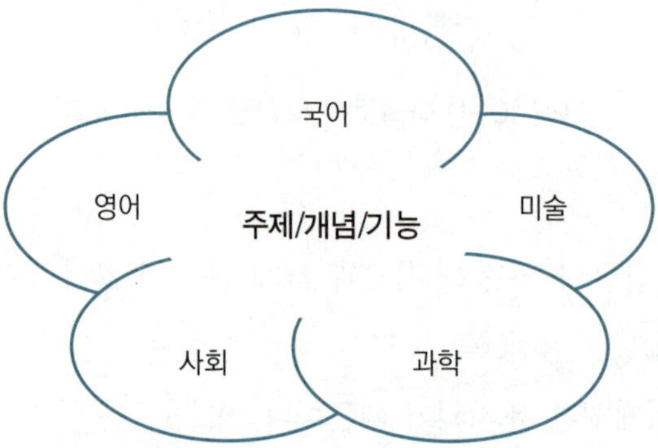

[그림 10-2] 간학문적 통합을 위한 도식 망

출처: Drake & Burns(2004), p. 12 참고

이 팀티칭 형태로 제공하게 된다. 이러한 공통 수업에서 개별 교과가 식별될 수는 있으나 다학문적 접근에서만큼 중요하지는 않다. 더군다나 이 접근에서는 다학문적 접근과 달리 개별 교과의 내용과 기능의 습득보다는 간학문적인 주제/개념/기능의 습득이 더 강조되며, 여러 교과 간의 내용의 혼합은 이러한 간학문적인 주제/개념/기능을 더 고양시키기 위한 것이다.

간학문적 통합에서는 엄격한 교과 경계가 붕괴된다. 이 접근의 초점은 교과 그 자체가 아닌, 학습되어야 할 중요성이 크다고 간주된 주제/개념/기능의 습득에 있으며, 이를 중심으로 관련된 여러 교과의 내용이 섞이고 블록화된 교과 간 공통 수업 시간을 활용하여 팀티칭 형태의 수업이 이루어지기 때문이다. 그러나 간학문적 통합은 학습을 위한 주제/개념/기능이 여전히 교과로부터 나온다는 점에서 다학문적 접근과 마찬가지로 학문이나 교과에 기반을 둔 접근이라고 할 수 있다.

3) 초학문적(transdisciplinary) 통합

초학문적 통합은 교과 간의 구분을 염두에 두지 않고 문제나 쟁점을 중심으로 교육과정을 조직하는 것이다. 교육과정 계획은 주제와, 그 주제를 탐색하는 데 활용될 활동과 관련된 빅 아이디어(big idea)나 개념을 규명하는 것으로 시작한다([그림 10-3] 참조). 이 접근에서는 주제 선정이 매우 중요한 것으로, 학생들이 교사의 도움을 받아 실생활의 문제나 쟁점 중심으로 주제를 선정한다. 주제가 선정되면 교사와 학생들은 함께 그 주제를 탐구하는 데 필요한 개념과 활동을 결정한다. 이러한 계획은 주된 목적이 주제 자체를 탐구하는 데에 있기 때문에 교과 영역 구분에 대한 고려 없이 이루어진다. 여러 분야의 지식은 학생들이 주제를 탐구하는 과정에서 필요할 때 적절히 활용된다. 따라서 이 접근에서는 주제 탐구를 위해 필요한 지식 간의 관련을 찾고 종합하는 데 있어 학생들에게 많은 책임감이 부여되며 교사들은 촉진자의 역할을 한다. 수업 시간은 고정되어 있기 보다는 학생들이 시작한 탐구에 필요한 특정 내용을 공부할 때까지 확보된다.

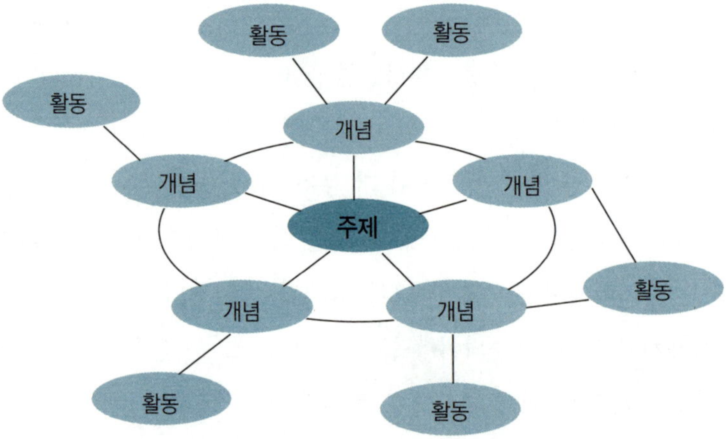

[그림 10-3] 초학문적 통합을 위한 도식 망

출처: Bean(1997), p. 11

초학문적 통합을 하게 되면 개별 교과의 정체성은 사라진다. 이 접근은 주제 자체를 탐구하는 데에 주된 초점이 있는 것으로, 특정의 교과 교육과정 기준이나 내용 목표에는 거의 관심을 두지 않기 때문이다. 이 접근은 문제나 쟁점 중심의 주제를 가지고 시작하고 끝나며, 이러한 주제는 지식을 맥락화할 뿐만 아니라 그 지식의 활용에 의미 있는 목적을 제공하는 역할을 한다. 이 접근에서도 외부 지식은 중요하게 간주되나 그 자체로 보다는, 선정된 주제를 탐구하는 데 활용된다는 점에서 의미를 지니며, 따라서 탐구 중인 주제에 적절하게 계열화된다. 이와 같이 초학문적 통합은 개별 교과의 정체성을 인정하지 않으며, 이 점에서 다학문적 통합이나 간학문적 통합과는 근본적으로 다르다. 교육과정 통합이 분과적 접근을 탈피하기 위한 대안으로 등장한 것이라는 원래의 취지를 생각해 보면, 개별 교과의 정체성을 인정하지 않는 이러한 초학문적 접근이야 말로 진정한 교육과정 통합이라고 할 수 있다.

이상에서 제시한 교육과정 통합의 세 가지 유형을 비교해 보면 〈표 10-1〉과 같다.

〈표 10-1〉 교육과정 통합의 세 가지 유형

유형 / 특징	다학문적 통합	간학문적 통합	초학문적 통합
조직의 구심점	특정 교과로부터 추출된 주제	여러 교과에 걸쳐 강조될 필요가 있는 중요한 주제나 개념, 혹은 기능	개인적 · 사회적 의미가 있는 문제나 쟁점 중심의 주제
내용 조직	• 개별 교과의 정체성 유지 • 개별 교과의 내용을 통해 선정된 주제를 다룸 • 교과 내용이 미리 정해진 계열에 따라 다루어짐	• 교과 간 엄격한 경계가 무너짐 • 선정된 주제/개념/기능 중심으로 여러 교과의 관련 내용을 묶음 • 교과 내용의 학습은 미리 정해진 계열을 따를 필요가 없음	• 교과 간의 경계가 사라짐 • 주제와 그 주제를 탐색하는 데 활용될 활동과 관련된 빅 아이디어나 개념 규명 • 주제 탐구에 적절한 방식으로 지식을 계열화하여 활용
학습의 주된 목적	개별 교과의 내용과 기능 습득	간학문적인 주제/개념/기능 습득	문제나 쟁점 중심의 주제 탐구
수업 시간	정해진 교과 시간	블록 타임 활용하여 교과 간 공통 수업 시간 확보	주제에 따라 다양함
교사의 역할	담당 교과 티칭	공동 계획자 팀티칭	공동 계획자 촉진자
학생의 역할	수용자/행위자	행위자	공동 계획자 탐구자

참고문헌

김재춘 · 부재율 · 소경희 · 양길석(2010). 예비 · 현직 교사를 위한 교육과정과 교육평가. 서울: 교육과학사.

Beane, J. A.(1997). *Curriculum integration: Designing the core of democratic education*. New York: Teachers College Press.

Dewey, J.(1915). *The school and society*. Chicago: University of Chicago Press. (Originally published, 1900)

Drake, S., & Burns, R.(2004). *Meeting standards through integrated curriculum*.

ASCD.

Hopkins, L., & Armentrout, W.(1931). Principles of integration. In *Five unifying factors in American education: Ninth yearbook of the department of superintendence of the national education association*(pp. 367–378). Washington, DC: National Education Association.

Jacobs, H.(1989). *Interdisciplinary curriculum: Design and implementation*. Alexandria, VA: Association for Supervision and Curriculum Development.

Kim, E., & Kellough, R.(1991). *A resource guide for secondary school teaching*. New York: Macmillan.

Marsh, C.(1992). *Key concept for understanding curriculum*. London: The Falmer Press.

Shoemaker, B.(1991). Education 2000: Integrated curriculum. *Phi Delta Kappan, 72*, 793–796.

Smith, M.(1927). *Education and the integration of behavior*. New York: Teachers College, Columbia University.

교육과정 개발의 실제

제11장

1. 교육과정 개발 체제
2. 우리나라 교육과정 개발의 수준
3. 우리나라 국가 교육과정 개발의 실제

---

* 이 장은 김재춘 · 부재율 · 소경희 · 양길석(2010)의 저서에서 필자가 집필한 내용, 소경희(2000), 소경희(2013)의 글을 일부 반영한 것임을 밝힌다.

9장에서 언급된 바와 같이, 교육과정 개발은 교육과정을 구성함에 있어서 그 과정 및 절차가 어떻게 진행되어야 하는가와 관련된 것이다. 이에 따라 9장에서는 주로 교육과정이 어떤 절차로 개발될 수 있는지를 여러 모형을 통해서 살펴보았다. 그러나 교육과정 개발과 관련하여서는 교육과정이 개발되는 절차뿐만 아니라 실제로 그 개발을 누가 주도하는가도 중요한 문제이다. 교육과정에 관한 의사결정은 대개의 경우 여러 사람들에 의해 집단적으로 이루어진다. 이 과정에 누가 실제로 주도권을 갖고 참여하는가는 개발의 산출물인 교육과정의 성격에 결정적인 영향을 미칠 수 있다. 예컨대 '역사' 교과서를 '누가' 만드는가 하는 것은 그 '역사' 교과서에 담길 관점이나 내용의 우선순위를 결정하는데 매우 중요하다. 교육과정이나 교과서의 내용으로 '무엇'이 선정되었는가에 앞서 '누가' 선정했는가를 질문해 보는 것이 중요한 이유는 바로 여기에 있다고 할 수 있다.

교육과정 개발은 여러 수준에서 이루어질 수 있다. 거시적으로는 국가 수준에서, 그리고 미시적으로는 개별 교실 수준에서도 교육과정 개발이 이루어질 수 있는 것이다. 교육과정 개발이 어느 수준에서 이루어지는가에 따라 그 절차나 참여하는 사람, 산출물의 성격은 다를 수 있다. 이 장에서는 교육과정에 관한 의사결정을 누가 하는가에 초점을 맞추어 교육과정이 실제로 개발되는 체제를 검토해 보고, 우리나라 교육과정 개발의 수준과 실제를 살펴본다.

【탐구 쟁점 예시】

1. 지역과 학교의 여건, 그리고 학생들의 다양한 요구를 반영하기 위해서는 국가 교육과정 개발이 어떤 방식으로 이루어져야 한다고 보는가?
2. 가장 최근에 고시된 '2022 개정 교육과정'의 개발 과정에서 제기된 쟁점과 문제점들은 무엇이며, 이들은 언론에서 어떻게 다루어졌는가?
3. '국가교육위원회'의 출범은 우리나라 국가 교육과정 개정의 문제점을 극복할 수 있는 대안이 될 수 있는가?

1. 교육과정 개발 체제

교육과정 개발은 개발의 주도권이 어디에 있는가에 따라 중앙 집중적일 수도 있고, 지방 분권적인 형태를 띨 수도 있다. 우리나라나 일본의 학교에 적용되는 교육과정의 경우는 중앙 정부에서 개발하여 제공해 준 것이라는 점에서 중앙 집중적인 교육과정 개발 체제를 따르고 있다고 할 수 있다. 반면, 미국과 캐나다, 독일 등은 국가 수준이 아닌 주(州)와 학교 수준에서 교육과정에 관한 많은 것을 결정해 왔다는 점에서 지방 분권적인 교육과정 개발 체제를 취한다. 이 절에서는 교육과정 개발을 중앙에서 하는 체제와, 이와 달리 학교 중심으로 하는 체제를 비교해서 살펴본다.

가. 중앙 집중적 교육과정 개발

'중앙 집중적 교육과정 개발'(Centrally-Based Curriculum Development)이란 무엇이 어떻게 가르쳐지고 평가되어야 하는가에 대한 결정이 국가의 상부 조직에 의해서 내려지는 것을 의미한다. 일반적으로 규모가 큰 교육과정 프로젝트는 이러한 중앙 집중적 교육과정 개발 방식을 채택한다(Marsh, 1992). 따라서 국가 교육과정을 채택하고 있는 나라들, 예컨대 우리나라, 프랑스, 영국, 일본 등의 국가 교육과정은 바로 이러한 중앙 집중적인 방식으로 개발되어 왔다고 할 수 있다.

중앙 집중적 교육과정 개발은 주로 국가적으로 중요한 프로젝트에 적용되기 때문에 장기적으로 신중하게 진행된다. 즉 중앙에서 임명한 교육과정 전문 기관이나 교육과정 전문가 팀에 의해 충분한 기초 조사를 거친 후, 여러 개의 전문가 팀에 의해 교육과정 개발이 이루어지고, 개발된 산물은 여러 차례의 검토 과정을 거쳐 조정된다. 그리고 최종 산물은 중앙의 통제를 거쳐 학교에 적용된다. 이 때 중앙의 상급 기관은 개발된 교육과정이 모든 학교에 효율적으로 시행될 수 있도록 이를 체계적으로 전달하고 홍보하며 훈련시키는 일에 모든 노력을 경주하게 된다.

중앙 집중적인 교육과정 개발의 주요 장·단점은 다음과 같은 것을 들 수 있다(Marsh, 1992).

〈장점〉

- 중앙 집중적인 교육과정 개발은 전국의 모든 학교에 공통적인 교육과정을 제공함으로써 전국적인 학교교육의 수준과 질을 조절할 수 있다.
- 중앙에서 교육과정을 개발해 주기 때문에 지역이나 학교 단위에서의 교육과정 개발을 위한 노력이나 재정, 시간 등을 줄일 수 있다.
- 중앙에서 장기적인 노력에 의해 개발된 것이므로 어느 정도의 지속성이 보장되며, 학생이 학교를 옮긴다 할지라도 교육의 계속성이 보장된다.
- 중앙에서 선별된 전문가들에 의해 개발되기 때문에 전문성이 높은 교육과정이 개발된다.

〈단점〉

- 교육과정 개발 과정에 교사가 배제되기 때문에 교사는 주어진 교육과정을 시행에 옮기기만 하는 기술자에 불과하게 된다.
- 중앙에서 의도한 교육과정을 개발하는 데에 주요 관심이 있기 때문에 학교 수준에서의 시행 전략이 부족하다.
- 전국적으로 표준화된 하나의 교육과정을 제시하기 때문에 학교교육의 획일화를 가져오기 쉽다.
- 중앙에서 개발만 하면 그것이 그대로 학교에서 시행되리라는 합리주의적 가정에 근거하고 있으나, 이러한 가정은 실제와 다르다.

나. 학교 중심 교육과정 개발

'학교 중심 교육과정 개발'(School-Based Curriculum Development)이란 "학생들이 구성원인 학교에서 학생 학습 프로그램을 계획, 설계, 시행, 그리고 평가하는 것"(Skilbeck, 1984)을 말한다. 역사적으로 볼 때, 학교 중심 교육과정 개발의 필요성은 중앙 집중적 교육과정 개발이 갖는 문제점에 대한 비판에서 출발한다(Lewy, 1991). 중앙 집중적인 교육과정 개발 방식은 모든 지역에서 사용될 수 있고 모든 학생에게 타당할 수 있는 표준화된 교육과정 개발에 초점을 맞춘다. 그러나 이러한 중앙에서 개발된 교육과정은 학교 현장에서 그 실효성이 없음이 지적되어 왔다.

스킬백(M. Skilbeck)에 따르면, 학교 중심 교육과정 개발은 다음과 같은 이유 때문에 필요하다(Skilbeck, 1984). 첫째, 교육과정 결정에 있어서 학교의 자율성을 증대시켜야 한다는 요구에 부응할 필요가 있다. 즉 사회 전반적으로 의사결정 과정에 당사자의 직접적인 참여를 통한 민주화가 진행되고 있듯이, 교육과정 결정에 있어서도 학교 구성원인 교사, 학생, 학부모, 지역 공동체가 참여할 수 있어야 한다.

둘째, 중앙 집중적인 통제 모델이 쇠퇴하는 추세이다. 교육과정 내용 및 조직에 있어서 중앙 집중화된 교육과정 정책은 교사들의 불만족이나 저항을 야기해 왔다. 특히 이러한 정책은 학교에 제한적인 영향력만을 가짐으로써 대규모 프로젝트 개발은 실패한다는 일반적인 신념을 야기해 왔다.

셋째, 학교는 학교를 둘러싼 환경과 적극적으로 상호작용해야 하는 사회 기관이다. 학교는 환경과의 상호작용에서 적극적인 역할을 할 필요가 있다. 그러나 중앙 집중화된 체제에서는 학교가 자기 결정적, 자기 지시적이 될 수 없다.

넷째, 특정 기관의 주어진 학생들을 위한 교육과정을 계획하고 설계하는 일은 학교가 가장 잘 할 수 있다. 특정 프로그램의 교수-학습을 구성하는 일은 교육과정의 핵심 과업이며, 이 일은 학교가 가장 잘 해낼 수 있다.

다섯째, 학교는 최소한 특정 교육과정 계획이나 프로그램을 예견치 못한 상황에 맞게 채택하여 수정하고 적응시킬 입장에 있어야 한다. 학습은 다양한 유형의 집단 활동, 학습 과제와 자원 및 장비의 이용이 필요하기 때문에 교육과정 운영의 융통성이 요구된다. 이러한 교육과정의 운영은 학교가 학습 조건을 다양화하고 수정할 뿐만 아니라 직접 교육과정을 설계하고 구성할 자유와 책임을 갖게 될 때 좀 더 효율적으로 수행될 수 있다.

여섯째, 계획, 설계, 평가를 포함하는 교육과정 개발 과정에 교사가 직접적으로 참여할 수 있는 여지가 없다면 전문가로서의 교사의 역할은 실현되기 어렵다. 교사의 자기실현, 동기화, 성취감 등은 교사의 전문적 삶의 주요 요소인 교육과정에 관한 의사결정권이 주어질 때 고양될 수 있다.

일곱째, 학교가 이제 지역이나 국가의 연구 개발 기관보다 좀 더 안정적이고 지속적인 교육과정 개발 기관으로 간주될 필요가 있다. 교육과정 개발을 위한 가장 가치 있는 인적 자원은 학교 자체에 있으며, 학교는 항상 그러한 인적 자원을 갖고 있다는 점에서 구조적으로 안정적인 기관이다.

이와 같이 학교 중심 교육과정 개발은 중앙 집중적 교육과정 개발 체제의 한계를 극복하기 위해 등장한 것이다. 그러나 학교 중심 교육과정 개발이 중앙 집중적인 교육과정 개발을 전면적으로 대치할 수 있는 것으로 이해되어서는 곤란하다. 사실 학교 중심 교육과정 개발을 문자 그대로 해석하면, 교육과정에 관한 모든 의사결정이 학교 수준에서 이루어진다는 것을 의미한다. 그러나 국가 혹은 지역의 교육과정 영향 하에 있는 일반적인 학교 체제에서 학교가 교육과정과 관련한 모든 의사결정을 한다는 것은 현실적으로 불가능하다.

월튼(J. Walton)은 담당 교사가 수업에 사용할 교재를 채택하거나 선택하는 것도 학교 중심 교육과정 개발로 볼 수 있다고 본다(Walton, 1978). 물론 교재의 채택이나 선택을 학교 중심 교육과정 개발로 규정하는 것은 학교의 교육과정 개발에의 참여 수준이 낮다는 점에서 학교 중심 교육과정 개발의 의미를 지나치게 제한하는 것으로 볼 수도 있다. 그러나 학교가 학교에서 이루어지는 모든 교육과정 결정에 책임을 지는 데에는 한계가 있기 때문에, 실제로 학교는 제한된 영역에서만 의사결정의 자유를 행사할 가능성이 많다. 더군다나 교육과정에 관한 모든 의사결정이 학교에 주어진다면, 어떤 지역의 어느 학교에 다니는가에 따라 학생들의 학습 경험의 질이 천차만별이 될 가능성도 있다. 학생들이 다니는 학교의 여건이나 교사의 전문성에 따라 각 학교의 교육과정의 폭이나 깊이는 차이가 있을 수 있기 때문이다. 말하자면 학교 중심 교육과정 개발은 중앙 집중적 교육과정 개발 체제의 단점을 극복할 수 있는 대신에, 그 체제가 갖고 있는 장점을 누리지 못할 가능성이 있다.

이렇게 볼 때, 교육과정 개발에 있어서 학교만의 주도라거나 학교 밖의 중앙 정부만의 주도라고 하는 것은 그 자체만으로 체계적인 변화를 성취하는데 충분하지 않다고 할 수 있다. 학교 중심 교육과정 개발과 중앙 집중적인 교육과정 개발은 서로 상호보완적인 것이 될 필요가 있는 것이다.

2. 우리나라 교육과정 개발의 수준

앞에서 소개한 교육과정 개발 체제는 어떤 형태를 취하든 간에 장·단점이 있다. 그리하여 최근에 많은 나라들은 이 두 가지 유형의 교육과정 개발 체제를 적절히 절충하여 사용하는 추세이다. 예컨대 지방 분권적인 교육과정 개발 체제를 취해 온 미국이나 독일은 최근 영어와 수학 등 일부 교과에서 연방 수준의 공통 교육과정 기준을 개발하여 각 주와 학교가 이를 활용할 것을 권장하고 있다. 이와 반대로 중앙 집중적인 교육과정 개발 체제를 취해 온 우리나라의 경우는 제6차 교육과정 개정 이후로 국가 수준의 통제를 약화시키고 지역이나 학교 수준에서 교육과정을 자율적으로 결정할 수 있는 권한을 확대해 오고 있다. 따라서 이제 우리나라는 중앙 집중적으로 개발된 국가 교육과정을 여전히 갖고 있긴 하나, 국가 이외에도 지역과

학교 등 다양한 수준에서 교육과정에 관한 의사결정을 하고 있다고 할 수 있다. 국가, 지역, 학교 수준에서 이루어지는 교육과정 개발의 주체, 참여자, 유형, 성격 등을 제시하면 [그림 11-1]과 같다.

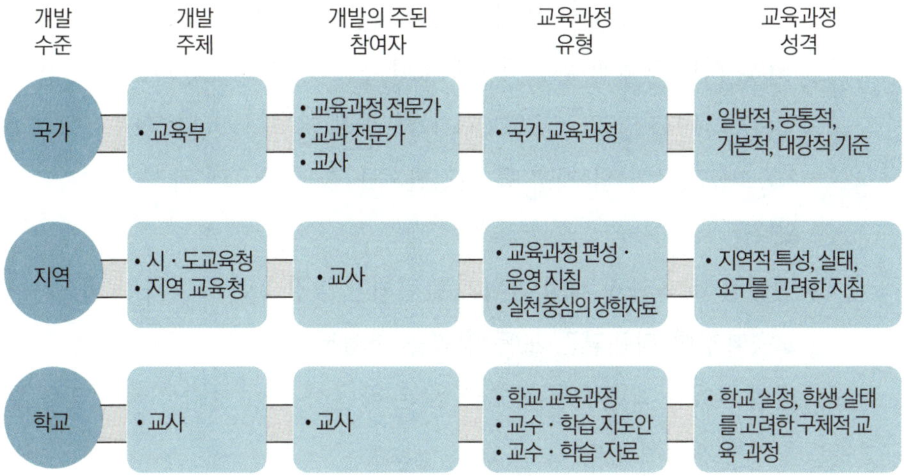

[그림 11-1] 교육과정 개발의 세 수준

가. 국가 수준의 교육과정 개발

국가 수준의 교육과정은 새로운 교육과정의 필요성과 방향이 발의되면서부터 개발에 들어가기 시작한다. 대체로 국가 수준의 교육과정 개발은 선행 차시 교육과정에 대한 분석과 다른 나라의 교육과정에 대한 기초연구를 수행한 후에 본격적으로 이루어지며, 이 점에서 이것을 '연구 · 개발'(Research and Development:R & D)형 교육과정 개발이라고 부른다.

국가 수준의 교육과정은 한 나라의 초 · 중등학교의 교육에 영향을 미치기 때문에 충분한 기간의 연구 · 개발 기간이 필요하며, 이해 당사자들의 합의 과정이 요구된다. 우리나라의 경우, 국가 수준의 교육과정은 오랫동안 주기적이고 전면적인 개발 및 개정 방식을 취해 왔다. 즉 제7차 교육과정에 이르기까지 우리나라 교육과정 개발 및 개정 방식은 주기적, 전면적,

일시적 개정의 특징을 지니고 있었다. 우리나라 교육과정 개발 및 개정 방식을 이렇게 보는 이유를 간략히 소개하면 다음과 같다.

- 주기적: 해방 이후 7차례의 교육과정 개정은 일정 주기로 진행되어 왔다. 초기에는 거의 8~10년 주기로 개정하다가 5차 교육과정 이후는 5~6년 마다 교육과정을 개정해 왔다. 즉 1954년 및 1955년(1차), 1963년(2차), 1973년(3차), 1981년(4차)의 개정 이후, 1987년(5차), 1992년(6차), 1997년(7차)의 개정 등 일정한 주기를 두고 교육과정이 개정되어 왔다.
- 전면적: 교육과정 개정 범위와 관련되는 특징으로, 교육과정 개정시에 교육과정이 적용되는 모든 영역을 전체적으로 개정해 왔다. 즉 특정 개정 시기가 되면 모든 학교급, 모든 학년, 모든 교과의 전체 내용을 송두리째 개정해 왔다.
- 일시적: 교육과정 개정 시기와 관련되는 특징으로, 교육과정 개정이 일정한 시간 안에 한꺼번에 이루어져 왔다. 즉 교육과정의 개정 대상이 되는 모든 것을 거의 동시에, 더군다나 단기간에 개정해 왔다.

그러나 이러한 주기적이고 전면적인 교육과정 개정 방식은 급격한 환경 변화나 사회 각계각층의 요구를 탄력적으로 반영하기 어렵다는 비판을 받게 되면서, 2007 개정 교육과정부터는 수시 개정 체제에 의해 교육과정이 개발되었다. 수시 개정 체제의 도입으로, 국가 교육과정은 필요할 때마다 필요한 부분에 한하여 언제든지 개정할 수 있게 되었다.

국가 수준의 교육과정은 중앙에서 선발한 교육과정 및 교과 전문가로 구성된 팀에 의해 개발이 이루어지며, 교사들 또한 개발 과정에 일부 참여할 수 있다. 개발의 산출물인 국가 교육과정은 전국의 모든 학교가 따라야 할 일반적 지침이나 기준의 성격을 갖는다.

나. 지역 수준의 교육과정 개발

지역 수준의 교육과정은 국가 수준의 교육과정을 시 · 도 단위 혹은 시 · 군 · 구 단위에서 지역의 특성과 실정, 필요, 요구 등을 반영하여 재구성하거나 지침의 형태로 구체화한 것이다. 따라서 지역 수준의 교육과정은 그 개발 주체가 각 시 · 도 혹은 군 · 구가 되며, 해당 지역 교사들이 그 개발에 참여하게 된다.

일반적으로 시 · 도 교육청 수준에서는 각급 학교 교육과정 편성 · 운영 지침을 작성하여 이를 관내의 지역 교육청과 각급 학교에 제시하게 되며, 시 · 군 · 구의 지역 교육청은 학교 교육과정 편성 · 운영에 관한 실천 중심의 장학 자료를 작성하여 학교에 제시하게 된다. 이러한 지침이나 자료는 학교 수준에서 교육과정을 개발할 때 유용한 지침이 된다.

다. 학교 수준의 교육과정 개발

학교 수준에서 이루어지는 교육과정 개발은 학교 교육과정을 계획하는 것과 교과목별 수업을 위한 교수-학습 계획안을 작성하는 것이다. 학교 수준의 교육과정 개발은 교사들에 의해서 이루어진다는 점에서 교사의 전문성을 가장 잘 드러낼 수 있는 영역이라고 할 수 있다.

학교 교육과정이란 국가에서 고시한 교육과정 기준과 시 · 도 교육청에서 제시한 교육과정 편성 · 운영 지침을 근거로 하여 지역의 특수성과 학교의 실정, 학생의 실태에 알맞게 각 학교별로 마련한 당해 학교의 구체적인 실행 교육과정을 의미한다. 학교 교육과정이 필요한 이유는 크게 다음 두 가지로 요약될 수 있다.

첫째, 교과서 중심이 아닌 '교육과정 중심' 학교교육을 추구하기 위해서이다. 지금까지 우리의 학교교육은 한마디로 교과서 중심 교육이라고 할 수 있다. 많은 교육학자들이 교과서는 국가 교육과정을 구체화한 일종의 교수-학습 자료에 불과하며, 교육과정 중심의 교육을 해야 한다고 강조해 왔지만, 대부분의 학교교육 현장은 여전히 교과서를 교수-학습 활동 및 평가의 근간으로 여기는 사고에서 크게 벗어나지 못하고 있다. 이러한 오랜 사고의 틀에서 벗어나기 위해서는 학교교육을 교육과정 중심 교육으로 전환시킬 필요가 있다. 학교 교육과정은 국가 교육과정에서 제시한 기본적이고 일반적인 기준을 바탕으로 하여 학교 나름대로 만들어 놓은 구체적인 실행 교육과정이다. 교사들의 수업은 교과서가 아닌 이러한 학교 교육과정에 의존해야 하며, 교과서는 단지 이러한 수업을 운영하기 위한 보조 자료로 간주될 필요가 있다.

둘째, 학교 교육과정은 학교의 교육과정을 탄력적으로 운영하기 위해서 필요하다. 국가가 교육과정에 관한 모든 사항을 세밀하게 규정해 준다면, 학교교육은 경직되기 쉬울 것이다. 일반적으로 단위 학교는 나름대로의 개별적인 상황을 가지고 있다. 학교교육이 단위 학교의 개별적인 상황을 무시한 채, 국가가 제시한 하나의 기준에 의해서만 이루어진다면, 그 교육은 교사와 학생 모두에게 유의미할 수 없다. 국가는 최소한의 기준만을 제시하고, 이러한 기준의 구체적인 적용은 학교가 알아서 할 수 있도록 해야 하며, 국가 기준 자체도 최소한의 것을 제외하고는 학교 실정에 맞게 재구성될 수 있도록 열려 있어야 한다.

학교 교육과정의 개발은 학교 형편에 따른 다양성과 자율성을 확보해 주기 위한 것이므로 학교는 국가 교육과정에 토대를 두고 나름의 특성에 적절한 교육과정을 편성할 필요가 있다. 학교 교육과정 개발의 핵심은 바로 이러한 개별 학교의 특성에 바탕을 둔 교육과정의 구성 및 재구성에 있다고 할 수 있다. 학교 수준에서 자율적으로 할 수 있는 교육과정 개발 형태로는 크게 교육 내용의 재구성, 교과목의 탄력적인 편성, 새로운 과목의 개설, 그리고 수업 시간의 탄력적인 운영 등이 있다.

- 교육 내용의 재구성: 교과서에 제시된 내용 순서대로 가르치기보다는

교육과정상에 있는 내용 요소를 중심으로 교사가 그 순서와 내용의 양을 재조정할 수 있다. 예컨대 특정 주제가 여러 교과에 걸쳐 범교과적으로 관련될 경우 이를 각 교과에서 분과적으로 가르치지 않고 통합해서 가르친다거나, 교과서에 제시된 내용의 순서를 필요에 따라 바꾸어 가르친다거나, 혹은 교과서에 제시된 것을 처음부터 끝까지 다 가르치는 것이 아니라 교육과정상의 필수 요소 중심으로 최소한의 것만을 엄선하여 가르치는 것 등이 이에 해당한다.

- 교과목의 탄력적인 편성: 국가 교육과정상에 편성된 모든 교과목들을 모든 학기에 펼쳐서 편성하지 않고 특정 학년 혹은 학기에 집중 편성할 수 있다. 예컨대 초등학교의 경우, 3~4학년군에 편제된 '예술(음악/미술)'을 3학년에는 음악만 집중 편성하고, 4학년에는 미술만 집중 편성하는 방식으로 운영할 수 있다. 또한 중학교 1~3학년군에 편제된 '과학/기술·가정'의 경우도, 과학은 1~2학년에 몰아서 편성하고, 기술·가정은 2~3학년에 몰아서 편성하는 방식으로 운영할 수도 있다. 이와 같은 교과목의 집중 편성 방식은 학년당 혹은 학기당 학생들이 배우게 될 교과목 수를 줄이고 수업 시수가 적게 배당된 교과목의 주당 수업 시수를 현재보다 많이 확보하여 충실하게 운영하기 위한 것이다.
- 새로운 교과목의 신설: 중·고등학교는 필요에 따라 국가 교육과정에 없는 과목을 개설할 수 있다. 특히 고등학교는 지역사회의 학습장에서 이루어진 학습을 이수 과목으로 인정할 수 있으며, 대학선이수제 과목이나 국제적으로 공인된 과목(예: AP, IB 등)을 개설할 수 있다. 최근에 개정된 2022 개정 교육과정에서는 '학교자율시간'을 통해 초등학교에서도 교육과정 편제에 제시되어 있는 교과 외에 새로운 과목이나 활동을 개설할 수 있도록 허용하고 있다.
- 수업 시간의 탄력적인 편성 및 운영: 학교의 특성이나 학생·교사·학부모의 요구 및 필요에 따라 교과(군)별 20% 범위 내에서 시수를 증감

하여 편성 · 운영할 수 있다. 또한 수업 시간표를 작성할 때 특정 요일에 특정 과목의 시간을 1시간씩 고정 배당하기보다는 필요에 따라 교과목 수업 시간을 융통성 있게 운영할 수 있다. 예컨대, 특정 교과목에 2시간 혹은 3시간을 연속해서 배당하는 블록 타임제나 금요일 전일을 배당하는 전일제 등을 도입할 수 있다.

이상에서 제시한 학교 수준의 교육과정 개발은 어디까지나 국가 교육과정의 기준 내에서 이루어질 수 있는 것이다. 즉 국가 교육과정의 틀 내에서 학교는 자율적으로 교육과정 편성 · 운영의 자율권을 행사하여 나름의 교육과정을 개발할 수 있다.

3. 우리나라 국가 교육과정 개발의 실제

우리나라 국가 교육과정 문서는 크게 총론과 각론 부분으로 구성되어 있다. 총론은 교육과정의 편성과 운영에 관한 사항을 담고 있는 것으로, 개정 시기마다 약간의 차이는 있지만, 주로 교육과정 구성의 방향, 학교급별 교육목표, 편제와 시간(단위) 배당 기준, 교육과정의 편성 · 운영 지침을 제시하고 있다. 각론은 각 교과 활동에 해당되는 내용을 담고 있는 것으로서, 각 교과에 포함된 여러 과목별 교육과정의 성격, 목표, 내용, 그리고 교수-학습 및 평가 방법을 제시하고 있다. 이하에서는 이러한 우리나라 국가 교육과정 개정 및 개발의 과정과 주요 쟁점을 검토해 본다.

가. 국가 교육과정 개정 및 개발 과정

국가 교육과정을 개정하기 위해서는 새로운 교육과정에 대한 발의로부터 시작하여 고시될 때까지 상당 기간의 준비 및 개발 과정이 필요하다. 우리나라의 교육과정 개정 및 개발 과정을 보면, 초창기에는 연구 없이 개발이 진행되는 '개발형'이었다가 점차 기초적인 연구 후에 개발에 착수하는 '연구 · 개발형'으로 나아가는 특징을 보이고 있다.

'개발형' 교육과정은 교육과정 개정을 위한 준비 기간이 비교적 짧은 형태로, 교육과정 개정을 위한 기초 연구 없이 바로 개발에 착수하는 것을 말한다. 우리나라 제1차 교육과정 개정이 바로 이에 해당한다. 제1차 교육과정 개정에서는 총론과 각론을 개정하는 일이 당시 문교부 편수국 산하에 있는 두 개의 별개의 기구에서 이루어졌다. 즉 총론 개정은 '교수요목제정심의회'에서, 그리고 각론 개정은 '교과과정연구위원회'에서 맡았다. 이후 총론에 해당하는 '각급 학교 교육과정 시간 배당 기준령'이 먼저 공포(1954년 4월 20일)되었으며, 1년 이상이 지난 후에 각론에 해당하는 '각급 학교 교과과정'이 공포(1955년 8월 1일)되었다. 이러한 제1차 교육과정 개정에서 이루어진 총론과 각론을 분리하고, 총론을 각론에 우선하여 결정하는 방식은 이후 하나의 관례가 되었다.

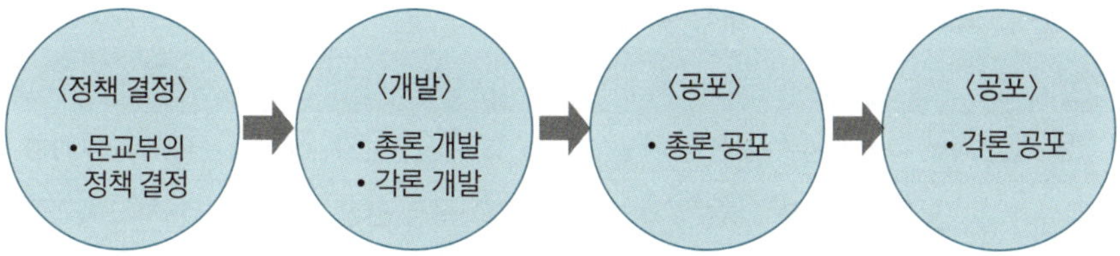

[그림 11-2] '개발형' 교육과정 개발 과정

'연구 · 개발형'은 교육과정 개정을 위한 기초 연구를 얼마간 수행한 후에 교육과정을 개발하는 형태를 말한다. 기초 연구로는 주로 선행 교육과정에 대한 분석과 다른 나라의 교육과정에 대한 검토가 수행된다. 우리나라에서는 제2차 교육과정부터 바로 이러한 형태로 교육과정 개정 작업이 진행되었다. 즉 국가 혹은 교육부 수준의 교육과정 개정을 위한 정책 결정이 이루어지고 난 후, 개정을 위한 기초 연구가 수행되며, 여기에 터해 총론과 각론 개발이 이루어지고, 이를 다시 교육부가 심의·수정하여 확정·고시하는 것이다.

[그림 11-3] '연구·개발형' 교육과정 개발 과정

한 나라의 공식적 교육과정은 주어지는 것이 아니라 '선택'의 과정을 통해서 결정된다. 따라서 '누가' 그 선택을 주도하는가 하는 문제는 국가 교육과정의 전체적인 방향 및 성격과 관련하여 중대한 관심사라고 할 수 있다. 제1차 교육과정부터 최근의 '2022 개정 교육과정'에 이르기까지 국가 교육과정의 개정과 개발을 주도적으로 이끈 주체를 개괄해보면 〈표 11-1〉과 같다.

〈표 11-1〉 국가 교육과정의 개정 및 개발 주체

개발 체제	개발 주체 및 역할	해당 교육과정
일원 개발 체제	• 교육부: 개정 및 개발의 모든 것 주도	제1차-제3차 교육과정
이원 개발 체제	• 교육부: 개정 발의, 기본 방향과 골격 결정, 연구 위탁, 개정안 확정 및 공포 • 연구 기관/교육과정개정위원회/연구팀: 개정 시안 연구	제4차-제6차 교육과정 2007 개정 교육과정 2015 개정 교육과정 2022 개정 교육과정
삼원 개발 체제	• 대통령직속위원회: 개정 발의, 기본 방향과 골격 결정 • 교육부: 연구 위탁, 개정안 확정 및 공포 • 연구 기관: 개정 시안 연구	제7차 교육과정 2009 개정 교육과정

〈표 11-1〉에 제시된 바에 따르면, 국가 교육과정의 개발은 그 개정 및 개발 주체가 어디에 있는가에 따라 일원, 이원, 혹은 삼원의 개발 체제로 유

형화할 수 있다(소경희 외, 2006). 제3차 교육과정 개정까지는 국가 교육과정의 개정 및 개발이 전적으로 지금의 교육부, 즉 중앙 정부에 의해서 이루어져 왔다. 교육부 독점의 국가 교육과정 개발 체제는 한국교육개발원이라는 연구 기관이 탄생함으로써 역할이 분담되는 변화를 겪는다. 즉 제4차와 제5차 교육과정 개정은 교육부가 교육과정 개정을 발의하고 개정의 기본 방향과 골격을 정한 뒤, 한국교육개발원이라는 연구 기관에 그 구체적인 개정 시안 개발을 위탁하였으며, 마련된 개정 시안은 다시 교육부에 의해 검토되고 수정·보완된 뒤 공포되는 과정을 거쳤다. '2007 개정 교육과정'도 이와 유사한 방식을 취했으며, 다만 연구 기관이 한국교육개발원이 아니라 한국교육과정평가원으로 바뀌었을 뿐이다. 제6차 교육과정 개정, '2015 개정 교육과정', '2022 개정 교육과정'의 경우는 이원 개발 체제를 따르고 있으나, 교육부가 연구 기관이 아닌 교육과정 학자와 연구자들로 구성된 교육과정개정위원회나 연구팀에 개정 시안의 연구를 위탁했다는 점에서 이전의 교육과정 개정과는 다른 성격을 띤다.

한편, 제7차 교육과정과 '2009 개정 교육과정'은 삼원 개발 체제를 따르고 있다. 여기서는 교육부보다 법적으로 상위의 기관인 대통령직속위원회가 교육과정 개정의 막강한 주도권을 갖는다는 점에서 다른 체제와 차별성을 갖는다. 즉 대통령직속위원회가 종래 교육부가 가지고 있던 권한, 즉 교육과정 개정을 발의하고 개정의 기본 방향과 골격을 결정하는 권한을 가졌으며, 교육부는 이 위원회가 구안한 바를 구체화하기 위한 연구를 연구 기관에 위탁하고, 그 결과로 마련된 개정 시안을 검토·수정·보완하고 공포하는 역할을 했다.

가장 최근에 고시된 '2022 개정 교육과정'의 개정 및 개발 과정을 간략히 제시하면 〈표 11-2〉와 같다.

〈표 11-2〉 '2022 개정 교육과정' 개정 및 개발 과정

<table>
<tr><th>단계</th><th>시기</th><th>주체</th><th>추진 내용</th></tr>
<tr><td rowspan="3">개정 발의</td><td>2021. 02. 17</td><td rowspan="3">교육부</td><td>고교학점제 종합추진계획 발표</td></tr>
<tr><td>2021. 04. 20</td><td>'국민과 함께 하는 미래형 교육과정' 개정 착수 발표</td></tr>
<tr><td>2021.04</td><td>국가 교육과정 개정추진위원회, 국가 교육과정 정책자문위원회, 국가 교육과정 각론조정위원회 구성</td></tr>
<tr><td rowspan="4">기초 연구
및
의견 수렴</td><td>2021. 03~10</td><td>연구팀
(교수,
연구원,
교사)</td><td>교육과정 개정을 위한 총론 주요 사항 마련 연구 추진
- 2022 개정 교육과정 총론 주요 사항 설정 연구(총괄)
- 2022 개정 고등학교 교육과정 개선 연구
- 2022 개정 초·중학교 교육과정 개선 연구
- 2022 개정 창의적 체험활동 교육과정 개선 연구
- 학교 교육과정 자율성 강화를 위한 교육과정 실행방안 연구
- 미래 사회 대응을 위한 국가·사회적 요구 조사 및 개선 방안 연구
- 2022 개정 교과 교육과정 개발 기준 마련 연구(총괄)
- 국민 참여형 교육과정 개발을 위한 대국민 의견 수렴 및 분석 연구
- 역량 함양 교과 교육과정 재구조화 연구(국어, 수학, 영어, 사회, 과학)</td></tr>
<tr><td>2021.04~2022.10</td><td>위원회</td><td>국가 교육과정 개정추진위원회: 개정 총괄 및 주요 사항 조정
국가 교육과정 정책자문위원회: 사회적 요구 반영 및 개정안 자문
국가 교육과정 각론조정위원회: 각론 조정</td></tr>
<tr><td>2021.04~11</td><td>교육부</td><td>총론 주요 사항 관련 시도교육청 교육과정 전문직 의견 수렴
교육과정 권역별 핵심교원 연수를 통한 의견 수렴
학생·학부모 공감 & 소통 콘서트를 통한 의견 수렴
현장소통 포럼 개최, 학생·지역인사 의견 수렴
국가교육회의의 대국민 설문조사 실시 및 의견 제출
전국시도교육감 협의회의 의견 제출
총론과 교과별 정책 연구진 공청회 및 교육과정 심의
교원단체 관계자 의견 수렴
교육과정심의회의 주요 개정안 심의</td></tr>
<tr><td>2021. 11. 24</td><td>교육부</td><td>'2022 개정 교육과정 총론 주요 사항(시안)' 발표</td></tr>
</table>

시안 개발 연구	2022. 상반기	연구팀 (교수, 연구원, 교사)	총론 및 교과 교육과정 시안 개발 연구 추진
	2022. 하반기		교과별 교수 · 학습 및 평가 방법 개발
의견 수렴	2022. 04 -12	교육부	정책연구별 토론회, 핵심교원 연수 학생 · 학부모 중심 현장 소통 토론회 공청회, 국민참여소통채널 쟁점 교과별 교육과정심의회 행정예고
	2022. 12. 14	국가 교육 위원회	심의 · 의결
확정 고시	**2022. 12. 22**	**교육부**	**총론 및 각론 확정 고시**

'2022 개정 교육과정'의 경우는, 2021년 2월 '고교학점제 종합추진계획'의 발표와 함께 이의 적용을 위한 교육과정 개정의 필요성이 제기되면서 2021년 4월 개정 작업이 본격적으로 시작되었다. 2022 개정 교육과정은 '국민과 함께 하는 교육과정'을 표방하고, 개정 시작 단계부터 대국민 의견 수렴 체계와 협력적 거버넌스의 구축을 통해 국가 교육과정 개정을 추진했다(교육부, 2021). 국가 교육과정 개정을 위한 주요 방향 설정과 다양한 의견 수렴을 위해 다양한 분야의 전문가로 구성된 '국가 교육과정 개정추진위원회'와 '국가 교육과정 정책자문위원회'가 운영되었으며, 교과별 쟁점을 조정하기 위한 '국가 교육과정 각론조정위원회'도 운영되었다. 또한 교육부, 국가교육회의, 전국시도교육감협의회 간의 협력적인 상시 협의체의 구축을 통해 대국민 설문조사와 현장 교원의 의견을 수렴했다. 동시에 교육 현장과 소통하는 교육과정 개발을 위해 일반 국민도 의견을 제시할 수 있는 '국민참여소통채널'이라는 온라인 플랫폼의 운영과 함께, 현장 교원 중심의 교육과정 포럼, 학생 · 학부모 콘서트 및 토론회, 공청회 등을 통해 의견을 폭넓게 수렴함으로써 국민의 참여에 기반한 국가 교육과정을 마련하고자 의도

했다(교육부, 2022). 2022 개정 교육과정은 이러한 소통 과정을 통해 심의본이 마련된 후, 새로이 설립된 국가교육위원회의 심의 · 의결을 거쳐 최종적으로는 교육부에 의해 고시되었다.

2022 개정 교육과정의 고시 과정에서 이전과 다른 점은, 교육부가 새로운 국가 교육과정을 고시하기 전에 '국가교육위원회'의 심의 · 의결을 거쳤다는 점이다. '국가교육위원회'는 2021년 7월 20일 국회에서 '국가교육위원회 설치 및 운영에 관한 법률'안이 통과됨에 따라 2022년 9월 27일 대통령 직속으로 공식 출범한 행정위원회이다. 국가교육위원회는 사회적 합의에 기반한 중장기적인 교육 정책 방향을 설정하고 교육 정책의 일관성과 안전성을 높여 교육의 전문성과 자주성, 정치적 중립성을 확보하고자 설립되었다(www.ne.go.kr). 이 위원회의 설립은 국가 교육과정 개정과 관련하여, 그동안의 문제점, 즉 정권이 바뀔 때마다 국가 교육과정이 개정되는 문제를 해결하기 위해 정권의 변화와 무관하게 일관된 교육과정 정책의 방향을 수립할 필요가 있다는 점 때문에 요구되었다. 따라서 이 위원회는 그 주요 기능 중의 하나로 '국가 교육과정의 기준과 내용의 고시 등에 관한 사항'을 정하는 역할을 갖고 있다. 이에 따라 지금껏 교육부가 담당하던 국가 교육과정 개정과 관련한 사항은 앞으로 국가교육위원회가 맡게 되며, 교육부는 국가교육위원회가 결정한 사항을 추진하는 역할을 하게 된다. 2022 개정 교육과정의 경우는 과도기로서 고시는 교육부가 하되, 고시 전에 국가교육위원회의 심의 · 의결을 거쳤다. 국가교육위원회의 출범으로 인해 향후 국가교육과정 개정 거버넌스는 이전과는 다르게 전개될 것이며, 이 위원회가 어떻게 방향을 잡아가느냐에 따라 그 구체적인 모습이 드러날 것이다.

나. 국가 교육과정 개발 과정의 쟁점

국가 수준에서 개발되는 교육과정은 전문가 집단에 의해서 장기간에 걸쳐서 이루어진다. 그러나 전문가 집단은 다양한 분야에서 다양한 관심과 관점을 가진 사람들로 구성되기 때문에 교육과정에 관한 의사결정 과정은 순탄하지 않은 편이다. 따라서 교육과정 개발 과정을 거쳐 산출되어 나온 국가 교육과정은 전문가들 간의 타협과 선택의 결과일 수밖에 없다. 더군다나 우리나라와 같이 중앙 정부에서 국가 교육과정 개정을 발의하고 최종 고시를 하는 경우, 그 최종 산물은 국가의 통제로부터 완전히 자유로울 수 없다. 우리나라의 국가 교육과정 개발을 둘러싼 쟁점을 몇 가지 제시하면 다음과 같다.

• 총론과 각론 간의 갈등

우리나라 국가 교육과정은 총론과 각론이 구분되어 개발된다. 따라서 '총론과 각론의 괴리' 문제가 자주 언급되곤 한다. 총론과 각론의 괴리 문제는 총론과 각론의 힘겨루기로 비춰지기도 한다. 그리하여 국가 교육과정 개발 과정에 대해 한편으로는 '총론 우위적'이라는 주장이 있는가 하면, 다른 한편으로는 '각론 각축장'이라는 주장이 있기도 하다. 전자는 주로 각론을 개발하는 교과 전문가들의 입장을 대변하고, 후자는 총론을 개발하는 교육과정 전문가들의 입장을 나타낸다. 교과 전문가들은 국가 교육과정 개발이 대체로 총론이 먼저 개발되고 난 후, 각론이 교과의 입장과 상관없이 총론에서 정해 준 기본적인 개정 방향과 지침에 따라 개발되어 왔다고 주장한다. 이에 대해 교육과정 전문가들은 총론 개발 과정에 각론의 입장이 상당 부분 개입되어 왔다고 본다. 특히 총론의 핵심 과업으로 간주되어 온 교과 편제 및 시간(학점) 배당 기준을 결정함에 있어 교과들이 자신들의 영역과 수업 시수를 확보하기 위해 치열하게 경쟁함으로써 총론에서 의도해 왔던 교과의 통·폐합이나 학습량 감축에 부정적인 영향력을 행사해 왔다고 주장한다. 분명히 절차상으로는, 대개 총론이 먼저 개발된 뒤 각론이 개발되어 왔다는 점에서, 총론 우위적인 교육과정 개발을 해왔다고 볼 수 있다. 그러나 내용 측면을 들여다보면, 교과별 교육과정에 커다란 변화가 없다는 점에서 각론은 총론의 영향을 그다지 받지 않아왔다고 할 수 있다.

교육과정이 빈번히 개정되어도 교과 내용에 실질적인 변화가 거의 없다는 교사들의 일반적인 지적은 이를 잘 나타낸다. 총론이 지향하는 개정 방향이 각론에 의미 있게 반영되지 않은 경우가 많은 것이다. 총론과 각론의 괴리 문제는 바로 이러한 사태를 일컫는 것이다.

• 정책에 의한, 정책을 위한 개정

우리나라의 국가 교육과정 개정에 대한 결정은 늘 '위'로부터 내려온다. 어떤 교육과정 개발 체제를 따르든 간에 국가 교육과정 개정은 '위'로부터의 결정에 의해 그 필요성이 요구되어 왔다. 즉 교육부나 교육부보다 상위에 있는 대통령직속위원회가 국가 교육과정의 개정을 발의하고, 그 개정의 기본 방향과 틀을 '선택' 혹은 '결정'해 왔다. 국가 교육과정 개정에 대한 결정이 늘 '위'로부터 온다는 것은, 국가 교육과정이 중앙 집중적인 교육과정 개발 체제의 산물이라는 점에서 어쩌면 불가피한 것일 수도 있다. 그러나 국가 교육과정 개정의 주도권을 '위'에서 가진다고 할 경우에도, 중앙의 주도권이 어떻게 행사되는가에 따라 그 개정 방향은 달라질 수 있다. 우리나라의 경우, 중앙의 교육과정 개정의 주도권은 개정을 발의하는 데서 그치는 것이 아니라 총론 개정의 방향과 골격을 결정하려고 하는 데에까지 이른다. 중앙에서 발의된 국가 교육과정은 이의 개발을 전담하는 기관, 즉 '한국교육과정평가원'이나 교육부가 선택한 연구팀을 통해 연구되고 개발된다. 그러나 '한국교육과정평가원'은 국가의 산하 기관이라는 점에서, 그리고 연구팀은 교육부로부터 초대된 팀이라는 점에서 중앙의 통제로부터 자유로울 수 없으며, 교육부의 정책을 뒷받침하는 역할을 수행한다. 따라서 국가 교육과정 개정은 늘 학교나 학생들을 위한 것이라기보다는 정책을 위한 것이라는 비판을 받곤 한다. 최근 설치된 국가교육위원회는 국민의 다양한 의견을 수렴하여 사회적 합의에 기반한 교육 정책 방향을 수립하도록 의도된 기관이다. 이 위원회를 통해 앞으로는 학교나 학생들을 위한 교육과정 정책이 수립되길 기대해 본다.

• 누구도 책임이 없는 총론

국가 교육과정의 개정 작업을 누가 하든 간에 그것의 최종적인 모양새는 교육부에 의해서 결정되어 왔다. 이는 국가 교육과정이 교육부 장관의 이름으로 고시되는 상황에서 당연한 것이라고 할 수 있다. 그러나 도대체 '누가' 국가 교육과정의 기본 틀인 총론을 개발했는가 라는 질문을 던질 때, 어느 누군가를 이에 대한 책임자로 지명하여 거론하기는 쉽지 않다. 국가 교육과정은 개발 과정에서 다양한 참여자의 목소리를 절충하고 봉합하는 과정을 통해서 탄생하기 때문이다. 특히 총론에 제시된 구체적 아이디어들은 총론 개정 작업에 참여한 연구자 간의 갈등과 대립을 수반한 합의의 산물이기 때문에 연구자 개인의 입장에서는 합의된 모든 아이디어들에 적극적으로 동조하기 어려운 경우도 있다. 더군다나 총론 개정 시안이 누구에 의해서 만들어지든 간에 최종적인 단계에서는 교육부의 주도 하에 시안이 검토되고 수정 · 보완되는 과정을 거친다. 총론의 최종적인 모습은 교육부의 '선택'에 의해 결정되는 것이다. 바로 이 점 때문에 최종적인 산출물인 국가 교육과정 총론은 그 개정에 참여한 연구진을 포함하여 어느 누구도 책임을 지기 어려운 것이 되기 쉽다.

국가 교육과정의 개정 및 개발은 궁극적으로 학교교육을 더 나은 방향으로 변화시키기 위한 것으로 이해되어야 한다. 이를 위해서는 위에서 언급한 쟁점들이 갖는 문제가 구체적으로 무엇이며 이를 어떻게 개선해야 할지에 대한 논의가 활발하게 이루어질 필요가 있다.

참고문헌

교육부(2021). '2022 개정 교육과정' 총론 주요사항 발표. 교육부 보도자료('21. 11. 24).

교육부(2022). 2022 개정 초·중등학교 및 특수교육 교육과정 확정·발표. 교육부 보도자료('22. 12. 22).

김재춘·부재율·소경희·양길석(2010). **예비·현직 교사를 위한 교육과정과 교육평가.** 서울: 교육과학사.

소경희(2000). 우리나라 교육과정 개정에 있어서 총론과 각론의 괴리 문제에 대한 고찰. **교육과정연구**, 18(1), 201–218.

소경희(2013). 총론 연구자의 관점에서 본 국가 교육과정 개정의 주요 문제와 개선 방향. **교육연구와 실천**, 79, 87–100.

소경희·허경철·박찬구·김찬종·양종모·김진완(2006). **국가 교육과정 개발을 위한 장기 연구 설계.** 서울대학교–한국교육과정평가원 협동연구과제. 연구보고 RRC 2006–19.

Lewy, A.(1991). *National and school-based curriculum development*. Paris: UNESCO.

Marsh, C.(1992). *Key concept for understanding curriculum*. London: The Falmer Press.

Skilbeck, M.(1984). *School–based curriculum development*. London: Harper & Row.

Walton, J.(1978). School–based curriculum development in Australia. In J. Walton & R. Morgan(Eds.), *Some perspectives on school–based curriculum development*. Armidale: University of New England Press.

교육과정 실행에 대한 이해

제12장

앞서 검토한 교육과정 개발은 교육과정을 체계적으로 '계획'하는 활동과 관련된다. 그러나 계획된 교육과정이 반드시 그대로 '실행'된다고 볼 수는 없다. 교육과정 개발을 통해 산출된 것은 문서로 나타난다. 우리나라의 국가 교육과정과 같은 문서가 바로 이에 해당하는 것으로, 이와 같이 쓰여진 문서는 학교에서 충실히 실행되길 기대하고 만들어진 것이다. 그러나 학교 밖의 전문가들이 아무리 잘 계획한 교육과정이라고 하더라도 학교에서 이를 그대로 실행에 옮기기는 쉽지 않다. 각 교사들이 놓여 있는 학교와 교실의 맥락은 미리 예측하기 어려우며, 맥락마다 다른 상황적 요소들이 교육과정 실행에 영향을 줄 수 있기 때문이다. 따라서 학교에서 실제로 구현되거나 경험된 교육과정은 당초 외부 전문가들이 계획한 것과 동일한 것이 될 수 없다. 계획되어 제안된 교육과정이 학교와 교실에서 실천되는 과정, 즉 교육과정 실행에 주목해야 하는 이유는 바로 여기에 있다.

학교와 교실에서 실제로 실행되는 교육과정이 당초 계획하고 의도한 것과 다를 수 있다고 한다면, 계획된 교육과정과 실행된 교육과정 간의 관계를 어떻게 보아야 하는지에 대한 검토가 필요하다. 이는 곧 교육과정 실행을 어떻게 볼 것인가의 문제로, 이에 대해서는 서로 다른 관점이 존재해 왔다. 교육과정 실행에 어떤 관점을 취하는가에 따라 외부에서 계획하여 제공된 교육과정이나 교사의 역할을 바라보는 입장은 다를 수 있다. 이 장에서는 교육과정 실행의 의미, 교육과정 실행을 바라보는 서로 다른 관점, 그리고 교육과정 실행의 교육과정 계획과의 관계를 살펴본다.

【탐구 쟁점 예시】

1. 학교나 교실에서의 교육과정 실천을 교육과정 실행(implementation)으로 보기보다는 교육과정 생성(enactment)으로 보아야 하는 이유는 무엇인가?
2. 교육과정 실행에 대한 충실도 관점과 생성 관점은 국가 교육과정 설계에 어떠한 차이점을 만들어 낼 수 있으며, 어떤 관점이 더 필요한가?

1. 교육과정 실행의 의미

'교육과정 실행'(curriculum implementation)이라는 용어는 교육과정 분야에서 비교적 짧은 역사를 가지고 있다. 따라서 교육과정 실행에 대한 분명한 정의나 의미를 파악하기는 쉽지 않다. 이 절에서는 교육과정 분야에서 교육과정 실행에 대한 관심이 등장하게 된 배경과, 교육과정 실행에 대한 개념화를 검토해 본다.

가. 교육과정 실행에 주목하게 된 배경

교육과정 분야에서 교육과정 실행에 대한 관심은 다른 연구 영역에 비해 비교적 최근에 등장한 것이라고 할 수 있다. 초기 교육과정 문헌에서 '실행'이라는 용어를 발견하기는 쉽지 않기 때문이다. 미국의 경우, 1970년대 초반까지도 교육과정 실행이 교육과정 분야의 독립적인 연구 영역으로 주목받지 못했으며, 1970년대 중반 정도에 관련 연구들이 목격되기 시작했다. 우리나라에서 교육과정 실행은 1990년대를 전후해서 연구자들의 주목을 끌었다.

역사적으로 볼 때, 교육과정 연구자의 주된 관심은 '무엇이 실제로 가르쳐지고 있는가'에 있기보다는 '무엇이 가르쳐져야 하는가'를 위한 권고와 제안을 탐색하는 데에 있었다. 그 결과 학교와 교실에서 실천되는 교육과정 실행에 대한 논의나 연구는 오랫동안 이루어지지 않았다. 여기에 깔린 가정은, 학교에서 가르쳐야 할 것을 잘 계획하여 제공하면 교사가 이를 그대로 실행할 것이라는 것이었다. 따라서 학교 교육과정에 새로운 혁신이나 변화가 필요할 경우에도 전문가들이 이를 잘 계획하여 학교에 제공하면 학교에서 이에 상응하는 혁신이나 변화가 일어날 것이라고 믿었다.

그러나 1970년대 즈음에, 미국의 국가나 주 차원에서 시도한 혁신적인 교육과정이 학교의 실질적인 혁신이나 변화를 이끌지 못했으며, 이러한 실패를 당초 계획했던 목표에 비추어 평가하는 것이 적절하지 않다는 점이 드러나기 시작했다. 왜냐하면 그 실패는 학교가 계획된 목표를 달성하지 못했기 때문이 아니라, 혁신적인 교육과정을 아예 실행하지도 않았던 탓일 수도 있기 때문이었다. 따라서 교육과정 연구자들은 기존에 가졌던 가정, 즉 계획을 학교나 교실로 옮기는 데에 별 문제가 없고, 혁신은 계획대로 실행될 것이며, 실행된 것은 결국 계획되거나 의도된 것에 상응할 것이라는 가정에 의문을 품기 시작했다(Fullan & Pomfret, 1977). 이후 학교의 변화를 측정하고 이해하는데 관심을 갖는 연구자들 사이에서 교육과정 실행이 하나의 핵심적인 연구 분야로 출현했다.

나. 교육과정 실행에 대한 개념화

흔히 교육과정은 하나의 계획으로 출발한다. 그러나 그러한 계획은 교사들이 실제 교실에서 실행할 때만 실현된다(Ornstein & Hunkins, 2004). 교육과정을 신중히 계획하고 개발하는 것이 분명히 중요한 것이긴 하나, 교사들이 그 계획이 무엇을 요청하는 것인지, 자신들의 교실에서 그것을 어떻게 실행할 수 있을지를 알지 못한다면 그것은 아무 쓸모가 없다. 예컨대 국가에서 어떤 좋은 의도를 가지고 계획한 교육과정이라고 하더라도 그것이 교사들에 의해 실제 운영되는 교육과정으로 번역되지 않는다면, 그것은 교육 현장에 아무런 의미를 줄 수 없다. 새로운 국가 교육과정이 그 구체적인 생동감을 확보하게 되는 것은 바로 교사들의 실행에 의해서인 것이다.

교육과정 분야에서 실행이란 용어는 교육과정의 실제적인 사용을 의미하는 것(Fullan & Pomfret, 1977)으로 흔히 사용된다. 국가가 수년간의 연구를 통해 개정한 새로운 교육과정에는 모종의 교육적 변화를 도모하려는 의도가 담겨있다. 그러나 이 교육과정에 담겨진 의도가 곧바로 실행을 의미하지는 않는다. 어떤 계획된 교육과정이든지 교사가 그것을 학생들에게 가르치기 위해 이용하기 전에는 결코 실행되지 않는다. 실행이란 반드시 가르치는 행위의 실제를 고려하는 개념이다. 그러므로 교육과정 실행은 계획된 교육과정을 실천하는 과정이라고 개념화할 수 있다. 달리 말하면, 교육과정 실행은 쓰여진 교육과정을 교실 실천으로 번역하는 과정이라고 할 수 있는 것이다(Marsh & Willis, 2007).

교육과정 실행을 계획된 교육과정을 실천하는 과정으로 개념화하는 것에는 실행된 교육과정이 계획된 교육과정과 동일한 것이 되어야 한다는 점이 가정되어 있다. 그러나 교실에서 실제로 전개된 교육과정이 계획된 교육과정과 동일하기는 어려우며, 엄격히 말하면 도저히 불가능하다고 할 수 있다. 왜냐하면 계획된 교육과정은 추상적인 문서이나, 실제 교실에서 실행된 교육과정은 교사와 학생들이 함께 만들어 낸 것이기 때문이다. 그러므로 교육과정 실행을 계획된 교육과정을 실천하는 과정으로만 규정하는 것은 실제 학교와 교실에서 교사와 학생들에 의해 전개되고 경험되는 교육과정 모두를 제대로 포착하지 못할 수 있다.

교실의 교사들에게 있어서 계획된 교육과정은 연극 대본과 같은 것이 될 수 있다. 흔히 연극 무대에서는 잘 짜여진 대본이 존재한다 하더라도, 그 대본에 대한 어떤 해석을 필요로 한다. 왜냐하면 어떠한 연극 대본도 실제 연극이 실행되는 데 필요한 모든 것을 설명할 수 없기 때문이다. 따라서 연극 감독은 그 대본을 해석하게 되며, 더 나아가 배우들도 감독의 해석을 재해석할 수 있다. 감독이나 배우의 해석은 원래의 대본에서 의도한 것일 수도 있고 그렇지 않을 수도 있다. 교실이라는 무대에서 교사들은 연극 감독이나 배우들과 매우 같은 입장에 있다. 그들 앞에 대본(계획된 교육과정)이 주어져 있으나, 그들은 이를 흔히 해석하여 실행한다. 교사들은 자신들이 처해 있는 맥락이나 학생들의 반응을 고려하여 대본을 해석하고 실행하는 것이다. 교사들에게 있어서 실행의 초점은 계획된 교육과정을 철저히 준수하는 데 있다기보다는, 필요시 수정해서라도 학생들을 위해 그것을 의미있게 사용하는 데 있기 마련이다. 더구나 연극 무대에서 청중들이 공연물에 서로 다르게 반응하는 것처럼, 학생들 또한 실행된 교육과정을 서로 다르게 경험하게 된다. 이 경우, 감독과 배우들이 청중의 반응에 비추어 자신들의 행위에 변화를 가하듯이 교사 또한 학생들의 서로 다른 경험을 반영한 실천을 하게 된다. 이렇게 볼 때, 교육과정 실행은 학교와 교실에서 실제로 실천된 교육과정으로도 개념화할 수 있다.

요컨대 교육과정 실행이란 계획된 교육과정의 실제적인 사용으로도, 혹은 실제로 실천되고 경험된 교육과정으로도 개념화될 수 있다. 교육과정 실행의 개념화와 관련하여, 전자는 계획된 교육과정에 담겨진 의도의 충실한 실천에 초점을 두는 것이며, 후자는 실제로 전개되고 경험된 교육과정을 드러내는 것에 초점을 두는 것이다. 여기서 후자의 의미는 '교육과정 실행'보다는 '교육과정 생성'(curriculum enactment)에 더 가까울 수 있는 것으로, 이 때문에 일부 학자들은 교육과정 분야에서의 실행을 '교육과정 실행'보다는 '교육과정 생성'의 의미로 재개념화해야 한다고 주장하기도 한다. 교육과정 실행의 개념에 대한 이러한 차이는 교육과정 실행에 접근하는 데에 있어서 서로 다른 관점이 있을 수 있음을 보여준다. 다음 절에서는 교육과정 실행에 대한 여러 관점을 검토해 본다.

2. 교육과정 실행에 대한 관점

교육과정 실행을 어떻게 바라볼 것인가에 대해서는 세 가지 다른 접근이 논의되어 왔다(Snyder, Bolin, & Zumwalt, 1992). 교육과정 실행에 대한 최초의, 그리고 가장 지배적인 접근은 '충실도' 관점이다. 이 관점은 제안된 교육과정이 어느 정도나 의도되거나 계획된 대로 이루어지고 있는가와, 이러한 실행을 촉진하고 방해하는 요인들이 무엇인지를 밝히려는 데 관심이 있다. 두 번째 접근은 충실도 관점으로부터 발전된 것으로, '상호적응' 관점이다. 이 관점에서는 제안된 교육과정이 어느 정도나 계획된 대로 실행되었는지보다는, 그 교육과정이 실행 과정에서 어떻게 적응되었는지에 관심을 둔다. 세 번째 접근은 '교육과정 생성' 관점으로, 이 관점에서 초점은 제안된 교육과정의 실행과 적응으로부터 교육과정 생성으로 전환된다. 따라서 이 관점에서는 교사와 학생들이 어떻게 교육과정을 공동으로 구성해 가는가에 관심을 둔다.

충실도, 상호적응, 교육과정 생성 관점은 교육과정 실행에 대한 관점의 진화 과정을 보여주는 것으로 연속선상에서 바라볼 필요가 있다. 즉 계획된 교육과정의 충실한 수행으로부터 정반대의 극단, 즉 교사와 학생들에 의한 교육과정 생성으로 움직이는 교육과정 실행의 연속선을 생각해 볼 수 있다. 충실도와 교육과정 생성 관점은 그 연속선상의 양 극단에 해당할 것이며, 상호적응 관점은 양자 사이의 어딘가에 위치할 것이다. [그림 12-1]은 이를 나타내고 있으며, 이하에서는 각 관점을 살펴본다.

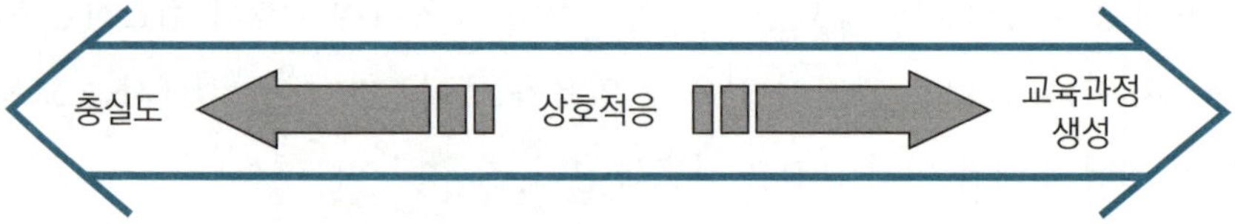

[그림 12-1] 교육과정 실행의 연속선상에 존재하는 관점들

가. 충실도 관점

국가에서 새로이 계획한 교육과정을 학교 현장에 도입하고자 할 때, 이 교육과정이 의도한 바대로 학교 현장에서 충실히 이행되어야 한다고 보는 입장이 있다. 이 입장은 학교에서 실제로 실행되고 있는 교육과정이 원래 계획된 바에 일치해야 한다고 본다는 점에서 '충실도'(fidelity) 관점이라 불리운다. 이 관점의 주장자들은 계획된 교육과정의 중요성을 강조하며, 계획된 교육과정이 잘 만들어지기만 하면, 그것은 교사들에게 쉽게 수용될 것이라고 가정한다. 그리하여 새로이 개발된 교육과정이 교실에서 실행될

때, 그것은 계획된 것에 완전히는 아닐지라도 밀접히 상응한 것이 되어야 한다고 주장한다. 따라서 충실도 관점에서는 교육과정이 어느 정도나 계획된 대로 실행되었는지, 계획된 교육과정의 실행을 촉진하거나 방해하는 요소는 무엇인지를 확인하는 데 관심을 둔다. 이를 통해 교육과정이 어떻게 해서든 계획에 충실하게 실행되기를 기대하는 것이다.

충실도 관점은 교사들이 낮은 수준의 교육과정 소양(curriculum literacy)을 가지고 있다고 가정한다. 즉 이 관점에서는 대부분의 교사들은 교육과정이 무엇인지에 대한 이해가 부족하며, 그것을 어떻게 해야 가장 잘 가르치는지에 대한 기술이 부족하다고 본다. 따라서 이 관점에 따르면, 계획된 교육과정은 매우 구조화되어야 하며, 교사들은 이것을 가르치는 방법에 대한 명확한 지침을 제공받아야 한다고 본다. 충실도 관점에서는 교사에게 제공된 교육과정 및 그에 따른 지침 모두가 구체화되어야 한다고 보기 때문에 이것이 실제로 실행될 학교나 교실의 특수한 환경에 따라 적응될 여지를 거의 남겨두지 않는다.

충실도 관점에서 새로운 교육과정의 성공 여부는 교사들이 그 교육과정이 의도하는 바에 얼마나 일치되게 실행하는가에 따라 결정된다. 따라서 이 관점에서는 새로이 개정된 교육과정이 교사들에 의해 충실히 실행될 수 있도록 교사들에게 관련 정보를 제공하거나 연수시키는 데에 많은 노력을 경주하게 된다. 이러한 접근은 교사들을 교육과정 개발가의 지혜를 수동적으로 수용하는 사람으로 간주하면서 교사들이 새로운 교육과정을 충실히 사용할 수 있도록 철저하게 훈련되어야 한다고 본다. 많은 국가 수준의 교육과정 프로젝트는 바로 이러한 충실도 관점에서 개발된 것이라고 할 수 있다.

그러나 충실도 관점에서 수행된 국가 수준의 교육과정 프로젝트는 대부분 성공을 거두기 어려운 것으로 지적된다. 그 이유는 그러한 프로젝트가 '교사 배제'(teacher proof) 교육과정 패키지로 설계되어 있기 때문이다. 이러한 패키지는 교육과정 개발가의 노력을 희석시키지 않기 위해 지침을 지나치게 세세하게 제공함으로써 교사의 역할을 최소화시키는 경향이 있다. 당연히 대부분의 교사들은 이러한 패키지에 지극히 부정적이며, 결국 이들은 이를 실행하지 않고 폐기해 버린다. 일부 실행한 교사들의 경우도 이를 교육과정 개발가들은 예견할 수 없는 구체적 교실 상황에 맞게 수정하게 된다.

국가 수준에서 개발된 교육과정을 실제로 실행함에 있어서 그것을 충실하게 따를 수 있는 상황도 있지만 그렇지 못한 상황도 있다. 즉 교육과정 실행 과정에서 교사들이 자신들의 개인적 해석이나 창의성을 발휘하는 것이 더 바람직한 상황도 있는 것이다. 또한 교사들은 새로운 교육과정이 의도하는 바를 따르다가도 어느 순간부터 이를 그들의 교실에 좀 더 적절하게 적응시키려는 노력을 하기도 한다. 나딩스(Noddings, 1986)는 '충실도'의 의미를 '배려의 윤리' 측면에서 검토하면서, 윤리적인 측면에서 볼 때 실제 교실 상황에서 학생들의 삶에 좀 더 유의미하게 영향을 미치고자 일어나는 '적응'(adaptation)의 가능성을 없애고자 하는 '충실도' 관점은 바람직한 행위를 왜곡시킬 수 있다고 주장한 바 있다. 물론 모든 교사들이 이러한 노력을 하는지, 그리고 교사들의 적응 노력이 모두 적절한 것인지는 좀 더 논의할 여지가 있다. 그러나 국가 교육과정을 평가함에 있어서 그것의 실행 과정에서 일어나는 교사들의 이러한 적응 노력은 어떤 형태로든 고려될 필요가 있다.

교육과정 실행을 충실도 측면에서 보는 관점은 새로운 교육과정이 실제로 사용되기로 한 시점에서부터 그것이 의도한 대로 사용되고 있는지의 유무를 추적하거나, 쟁점 사항별 실행 수준의 문제와 그에 따른 처방을 구체적으로 제시해 줄 수 있는 장점을 갖는다. 그러나 이미 지적한 바 있듯이, 충실도 관점에서는 교사를 교육 상품의 피동적인 수령자로 간주하고 있으며, 교사들이 실제로 일하고 있는 학교 현장의 교육 실제는 이론과 다르다는 사실을 인식하지 못한다. 따라서 이 관점에서는 학교 수준에서 실행되고 있는 교육과정을 의도한 교육과정에 비추어서만 해석한다. 이러한 해석은 실제 교실 현장에서 행해지는 교사들의 주체적인 역할이나 교실의 복잡한 상황 등을 고려하지 못하기 때문에 의도한 바의 교육 변화를 이끌어 내는 데에 한계를 가질 수밖에 없다.

나. 상호적응 관점

교육과정 실행을 충실도 관점에서 보는 방식의 한계가 드러나면서 이와는 다른 가정에서 출발한 관점이 등장했다. 새로운 관점에서는 교사들을 전문가들에 의해 개발된 교육 상품을 수동적으로 받아들이기만 하는 존재가 아니라, 그들이 처한 상황에 따라 주어진 교육과정을 적절하게 변화시켜 나가는 능동적인 주체로 인식한다. 또한 국가로부터 개발된 새로운 교육과정은 연구자와 개발자로부터 교사에 이르는 직선적인 계열로 진행되는 것이 아니라, 학교 및 교실 상황에 영향을 주는 동시에 그것들로부터 영향을 받게 된다고 본다. 이러한 새로운 관점은 국가로부터 주어진 공식적 교육과정이 그것의 실행 과정에서 실행 상황 및 이를 실행하는 교사와 상호적응의 과정을 거친다는 점에서 '상호적응'(mutual adaptation) 관점으로 불린다.

'상호적응'이라는 용어는 교육과정 혁신과 그러한 혁신이 적용되는 실제 상황이 서로 적응하는 과정을 묘사하기 위해 쓰인 것이다. '상호적응'은 개발자와 사용자 간에 이루어지는 바람직하고 합리적인 수정 과정을 말하며, 새로운 교육과정의 성공적인 실행을 보장하는 가장 효과적인 방식으로 간주된다. 따라서 이 관점에서는 교육과정 실행이라는 것이 교육과정 개발자와 교사 간의 '타협'이나 의미의 교환을 포함한다고 본다.

이와 같이 교육과정 실행에 대한 상호적응 관점은 국가 수준에서 개발된 모든 공식적 교육과정은 학교 현장에서 실행되는 동안 필연적으로 수정되기 마련이라고 본다. 더 나아가 이 관점에서는 국가가 의도한 교육과정 변화가 바람직한 결과를 얻고자 한다면, 실행 과정에서의 수정은 필수적이라고까지 주장한다. 교육과정에 있어 효과적인 실행 전략은 상호적응, 즉 주어진 교육과정을 실행 상황에 맞게 적응시켜 적용하는 것에 있다고 보는 것이다.

상호적응 관점에서는 계획된 교육과정과 실행된 교육과정이 같지 않다고 보기 때문에, 새로운 교육과정의 실행에 대한 평가는 원래 계획과의 일치도 보다는, 새 교육과정을 실행하는 맥락에서 무엇이 혹은 어떤 적응이 일어났는지에 초점을 두어야 한다고 본다. 따라서 이 관점은 새 교육과정의 실행 정도를 측정하기보다는 실행의 과정을 포착하는 데에 더 관심이 있다. 이 관점에서는 새 교육과정이 '어떻게' 실행되는가 하는 것이 원래의 계획이나 의도 못지않게 중요한 것으로 간주되며, 계획보다는 실행 과정이 교육적 변화를 이끈다고 본다.

상호적응 관점은 국가 교육과정과 같은 외부에서 계획된 교육과정이 학교와 교실에서 실제로 어떻게 실행되고 있는지를 드러내 줄 수 있다는 점에서 의의가 있다. 더구나 교육과정이 계획된 대로 실행될 수 없다는 점을 당연시함으로써 계획된 교육과정의 사용자, 즉 교사들의 역할이나 교실의 맥락적 상황이 교육과정 실행에서 매우 중요한 부분임을 말해준다. 그러나 상호적응 관점은 계획된 교육과정을 전제한 상태에서 이것에 대한 교사의 해석이나 조정 정도를 강조한다는 점에서 교사의 역할을 여전히 제한적으로 보고 있는 것이라고 할 수 있다.

한편, 상호적응 관점은 위에서 드러난 일반적인 특징에도 불구하고, 충실도 관점이나 뒤에 제시될 교육과정 생성 관점과 명확히 구분되는 특징을 갖기 어렵다는 지적(Snyder, Bolin, & Zumwalt, 1992)이 있다. 상호적응 관점은 교육과정 실행의 연속선상의 양 극점인 충실도와 교육과정 생성 관점 사이의 어디엔가 존재하는 것으로, 어느 쪽을 더 지향하는가에 따라 충실도 관점이나 교육과정 생성 관점의 특징을 일부 공유할 수 있기 때문이다. 예컨대 상호적응 관점을 취한다고 하더라고, 계획된 교육과정이 실제로 실행되는 과정에서 어떤 일이 일어나고 있는지를 단순히 살펴보는 데에 더 관심을 둘 수도 있고, 계획된 교육과정의 실천에 함의되어 있는 주요 가정이나 이데올로기를 비판적으로 검토하는 데 더 관심을 둘 수도 있다. 전자는 여전히 계획된 교육과정의 실행에 관심을 둔다는 점에서 충실도 관점으로부터 크게 벗어난 것이 아니라고 할 수 있으며, 후자는 계획된 교육과정을 문제시한다는 점에서 교육과정 생성 관점의 일부를 공유하고 있다고 할 수 있다. 요컨대 상호적응 관점은 세부적인 관심의 초점에 따라 충실도 관점이나 교육과정 생성 관점과 일부 중첩되는 모습을 지닐 수 있다고 할 수 있다.

다. 교육과정 생성 관점

교육과정 실행을 앞의 두 관점과는 전혀 다르게 보는 접근이 있을 수 있다. 충실도와 상호적응 관점에서는 외부에서 계획한 교육과정을 교실에서 실행하거나 적응하는 것을 교육과정 실행으로 보았다. 이 경우, 교육과정 실행은 실행해야 할 구체적인 무엇, 즉 미리 계획된 교육과정을 전제한다. 그러나 미리 계획된 교육과정을 상정하지 않은 접근이 있다. 이 접근에서는 실천 장면에 있는 당사자, 즉 교실의 교사와 학생들이 공동으로 창안해 내는 교육적 경험이 곧 교육과정이며, 이러한 교육과정을 만들어 내는 활동 그 자체가 교육과정 실행이라고 본다. 이 접근은 이와 같이 교육과정 실행을 교사와 학생들이 함께 교육과정을 만들어가는 활동으로 본다는 점에서 '교육과정 생성'(curriculum enactment) 관점이라 불린다. 따라서 이 관점에서 교육과정 실행이라는 용어는 교육과정 생성의 의미를 지닌다. 즉 교실에서 교사와 학생들이 함께 교육적 경험을 생성하는 활동 그 자체가 교육과정 실행인 것이다. 이 경우, 충실도와 상호적응 관점에서 중요시하는 외부에서 계획된 교육과정, 예컨대 국가 교육과정은 교사와 학생들이 교실에서 교육적 경험을 생성할 때 활용할 수 있는 도구 정도로 간주된다.

교육과정 실행에 대한 교육과정 생성 관점은 아직 흔하게 발견할 수 있는 관점은 아니다. 교육과정 실행에 대한 관심은 당초 계획된 교육과정이 어느 정도 실행되고 있는가를 확인하고자 하는 차원에서 출발했기 때문에, 계획된 교육과정의 실행에 관심이 없는 교육과정 생성 관점은 그다지 주목받지 못해 왔다. 그러나 교육과정의 개념이 계획된 것만이 아니라 학교에서 실제로 전개되고 경험된 모든 것으로 확장되면서, 교육과정 실행에 대한 관점도 계획된 것에만 초점을 두는 것으로부터 점차 벗어나고 있다고 할 수 있다.

교육과정 생성 관점은 교육과정 실행에 대해 앞의 두 관점과는 근본적으로 다른 가정에 기반하고 있다. 이 관점에서는 교육과정이 외부적 기준에 의해서 만이 아니라 개인적인 수준에서도 구성될 수 있는 것으로 간주된다. 교사와 학생들이 교육과정을 생성할 수 있는 권한이 있으며, 외부에서 개발한 교육과정을 따르는 것보다 이것이 더 의미 있다고 본다. 교사의 역할은 외부에서 개발된 교육과정을 실행하거나 적응시키는 데에 있지 않다. 교사는 적극적인 교육과정 개발자이며, 학생 또한 교사와 함께 교육과정의 공동 창안자로 간주된다. 더구나 이 관점에서는 교육과정을 생성하는 과정이 교사와 학생들의 지속적인 성장과 발달 과정으로 이해된다.

교육과정 생성 관점에서는 계획된 교육과정이 어느 정도나 실행되었는가를 확인하는 데에 관심이 없다. 왜냐하면 이 관점은 실행되거나 적응되어야 할 교육과정으로부터 출발하지 않기 때문이다. 이 관점의 출발점은 교사와 학생들이 어떻게 교육과정을 구성해 가는가에 있다. 외부에서 부과한 교육과정을 갖고 있다고 할 때에도 이 관점은 그 교육과정을 충실히 수행한다거나 적응시키는 데에 관심을 두지 않는다. 오히려 외부에서 제공된 교육과정이 교실에서 생성된 교육과정에 어떤 영향을 주는지에 관심을 둠으로써 교사와 학생들이 교육과정을 어떻게 생성하는지를 더 잘 이해하려고 한다. 따라서 교육과정 생성 관점에서 교육과정 실행에 대한 평가는 다음과 같은 질문에 초점을 둔다. 그것은 1) 교실에서 생성된 경험들이 무엇이며 교사와 학생들은 이들을 어떻게 만들어 내는가, 2) 외부에서 제공한 국가 교육과정은 교실에서 생성된 교육과정에 어떠한 영향을 주는가, 3) 실제로 생성된 교육과정이 학생들에게 주는 영향은 무엇인가 등이다. 이 관점에서 교육과정 실행의 성공은 교육과정 생성에 참여하고 있는 교사와 학생 모두가 개인적으로 발달하고 성장해 가고 있다고 느끼는가에 의해 판단된다.

교육과정 생성 관점은 교사와 학생들의 교육과정 생성 과정 그 자체를 교육과정 실행으로 봄으로써 교육과정 실행을 이전과는 전혀 다른 각도에서 이해하고 연구할 수 있는 틀을 제공한다. 특히 이 관점은 교사들을 교육과정 개발자로 간주함으로써 그들 자신의 발달뿐만 아니라 교직의 발달에 더 책임감을 갖도록 격려한다. 더군다나 이 관점은 성공적인 실행에 핵심이 되는 것은 국가 수준의 계획이 아니라 개별 실행가 수준, 즉 교사와 학생들의 사고와 실천에 있어서의 성장과 변화라는 점을 말해준다. 이러한 교육과정 생성 관점에는 교사와 학생들이 바람직한 교육과정을 생성할 것이라는 믿음이 존재한다.

그러나 교육과정 생성 관점은 무엇이 과연 바람직한 결과이며, 이것이 어떻게 창안되는가에 대해서는 분명한 설명을 제공하지 못한다. 좀 더 정확히 말하면 이 관점에서는 교사와 학생들이 생성한 교육과정이 무엇이며, 무엇이어야 하는지를 구체적으로 진술하는 것을 조심스러워 한다. 이것은 실천 맥락에 따라 달라질 뿐만 아니라 계속 변화할 수 있는 생성적 경험을 특정의 정의로 고정시키는 것에 대한 두려움과 함께, 이러한 명확한 규정이 교육과정에 대해 그들이 갖고 있는 가정에 갈등을 야기할 수 있다고 보기 때문이다. 그럼에도 불구하고 교육과정 생성 관점이 교육과정 실행에 기여하기 위해서는 생성된 교육과정이 무엇인지를 좀 더 명료하게 개념화하는 작업이 앞으로 요구된다.

라. 세 관점의 비교

앞에서 검토한 바 있듯이, 교육과정 실행은 다양한 의미를 가지고 있을 뿐만 아니라 서로 다른 관점에서 접근되고 이해될 수 있다. 교육과정 실행에 대한 세 가지 관점은 특히 교육과정 개념, 교육과정 지식, 교육과정 변화, 그리고 교사의 역할에 대해 서로 다른 가정을 가지고 있다. 이러한 가정을 비교해 보는 것은 세 관점의 개념적 차이를 좀 더 분명히 드러낼 수 있는 바, 이를 정리해 보면 〈표 12-1〉과 같다.

〈표 12-1〉 교육과정 실행에 대한 세 가지 관점 비교

쟁점 \ 관점	충실도	상호적응	교육과정 생성
교육과정 개념	• 교사가 수행해야 할 구체적인 어떤 것으로서 미리 계획된 것	• 계획된 것 • 교사에 의해 실제로 전개된 것	• 교사와 학생들에 의해 창안되고 경험된 것
교육과정 지식	• 교실 밖의 교육과정 전문가에 의해 만들어진 것	• 교실 밖의 교육과정 전문가에 의해 만들어진 것 • 교실 실행 과정에서 재구성될 수 있는 것	• 교실 밖의 전문가들이 만든 산물이 아니라, 교실에서 교사와 학생들이 지속적으로 창안하고 있는 것
교육과정 변화	• 변화는 선형적인 것으로, 계획된 대로 교실에서 실행하면 일어날 수 있음	• 변화는 예측하기 어려운 복잡한 과정으로, 계획대로 실행이 일어나지 않을 수 있으며, 실행 과정이 변화에 중요함	• 교사와 학생들의 사고와 실천에 있어서의 변화가 진정한 변화임
교사의 역할	• 계획된 교육과정의 전달자 혹은 소비자	• 계획된 교육과정의 적극적인 재구성자	• 교육과정 창안자 혹은 개발자

• 교육과정 개념

충실도 관점에서 교육과정이란 구체적으로 계획된 것, 교사들이 실행할 수 있는 것, 그 목적을 달성했는지를 알기 위해 평가할 수 있는 어떤 것을 의미한다. 이 관점에서는 교육과정이 실행되기 위해서는 교사가 수행해야 할 구체적인 어떤 것이 미리 계획되어 있어야 한다고 보고 그 구체적으로 계획된 것을 교육과정으로 간주한다. 상호적응 관점도 실행을 위해 구체적으로 계획된 것을 교육과정으로 보고는 있으나, 이를 좀 더 확장하여 교사들이 계획된 교육과정을 학교와 교실의 맥락에 맞게 적응시켜 실제로 전개한 것까지를 교육과정으로 본다. 교육과정 생성 관점에서 교육과정은 교사와 학생들에 의해 함께 창안되고, 개별적으로 경험된 것을 의미한다.

• 교육과정 지식

충실도 관점에서는 교육과정 지식이 주로 교실 밖에서 교육과정 전문가들에 의해 만들어진다고 본다. 교사가 실행해야 할 국가 교육과정은 이 관점에서 생각하는 대표적인 교육과정 지식에 해당한다. 상호적응 관점에서도 충실도와 마찬가지로 교육과정 지식이 외부 전문가들에 의해 만들어진다고 가정하나, 이들이 만든 지식은 교실의 실행 과정에서 교사들에 의해 재구성될 수 있다고 본다. 교육과정 생성 관점은 교실 밖 외부에서 창안한 교육과정에 의존하지 않는다. 따라서 이 관점에서는 교육과정 지식이 외부에서 설계된 산물이라기보다는 구체적 맥락 속에서 그 맥락에 있는 사람들의 숙의적인 실천을 통해 얻어진다고 본다. 즉 교육과정 지식은 교사와 학생들이 교실에서 가르치고 배우는 과정에서 지속적으로 창안한 것이다.

• 교육과정 변화

충실도 관점에서는 변화 과정이 체계적이고 선형적이라고 가정하며, 계획한 대로 실행하면 변화가 가능할 것이라고 본다. 상호적응 관점에서는 변화 과정이 예측하기 어렵고 덜 선형적이며 복잡한 과정이어서 계획대로 실행이 일어나지 않을 수 있다고 본다. 따라서 계획보다는 실행 과정이 변화를 이끈다고 본다. 교육과정 생성 관점에서는 교육과정을 새롭게 설계한다고 해서 변화가 일어난다고 보지 않는다. 이 관점에서는 계획이나 설계 차원이 아니라, 교사와 학생들의 사고와 신념, 실천이 변해야 진정한 변화가 가능하다고 본다.

• 교사의 역할

충실도 관점에서는 교육과정 지식을 소유하고 있다고 가정된 외부 전문가들이 교육과정을 설계하기 때문에 교사는 지침에 따라 그 교육과정을 전달하고 실행해야 하는 전달자 혹은 소비자로 인식된다. 상호적응 관점에서 교사는 계획된 교육과정을 실천 맥락에 적절하게 만드는데 적극적인 역할을 하는 사람으로 인식된다. 교육과정 생성 관점에서는 다른 어느 관점보다 교사의 역할을 매우 중요시 한다. 왜냐하면 교사와 학생들이 없이는 어떠한 교육과정도 있을 수 없다고 보기 때문이다. 이 관점에서 교사는 학생들과 함께 교육적 경험을 구성하는 역할을 하는 교육과정 창안자 혹은 개발자이다.

3. 교육과정 실행과 교육과정 계획 간의 관계

앞에서 살펴본 세 가지 관점은 교육과정 실행과 관련하여 나름의 공헌을 할 수 있다. 그러나 각 관점이 어떤 경우에 더 바람직한 것이며, 이에 대한 결정은 누가 할 수 있는가를 답하기는 쉽지 않다. 물론 어떤 관점을 채택할 것인가에는 무엇보다도 먼저 상황적인 측면이 고려되어야 할 것이다. 예컨대 전 인구의 건강이나 생존에 필요한 정보와 기술을 확산시키기 위해서 이 분야의 전문가들이 설계한 교육과정을 제공하는 것이 바람직할 때를 생각해 볼 수 있다. 이 경우에는 충실도 관점에서 이 교육과정의 충실한 실행 정도를 확인하는 것이 중요할 수 있다. 그러나 구체화된 교육과정이 필요하지 않거나 바람직하지 않은 경우도 있다. 사실, 외부에서 지나치게 구체화하여 제공한 교육과정은 교사들의 전문성 발달을 막고 학생들을 학교로부터 탈주하게 할 수도 있다. 이 경우에 교육과정을 설계하는 전문가들은, 교사들이 그들의 학교 맥락에 비추어 교육과정을 재구성하거나 창안할 수도 있다는 점을 인지하고 상호적응이나 교육과정 생성 관점에서 교육과정을 계획해야 할 것이다.

우리나라 학교 현장에 강력한 영향력을 갖고 있는 국가 교육과정에 대해서도 교육과정 실행의 세 가지 관점에 비추어 생각해 볼 수 있다. 우리나라에서 국가 교육과정은 교사가 실행해야 할 것으로서, 학교에서의 실행을 염두에 두고 국가 수준에서 구체화한 계획이다. 그러나 교육과정 실행을 어떤 관점에서 접근하는가에 따라 교육과정은 다른 모양새로 계획될 수 있다. 교육과정 실행에 대해 충실도 관점을 따른다면 교육과정 계획은 매우 구체화될 것이나, 교육과정 생성 관점을 따른다면 교육과정 계획은 학교에 교육과정 결정의 많은 것을 허용하는 형태로 헐겁거나 대강적인 얼개만을 제시하는 구조가 될 것이다. [그림 12-2]는 이러한 교육과정 실행과 계획과의 관계를 보여준다.

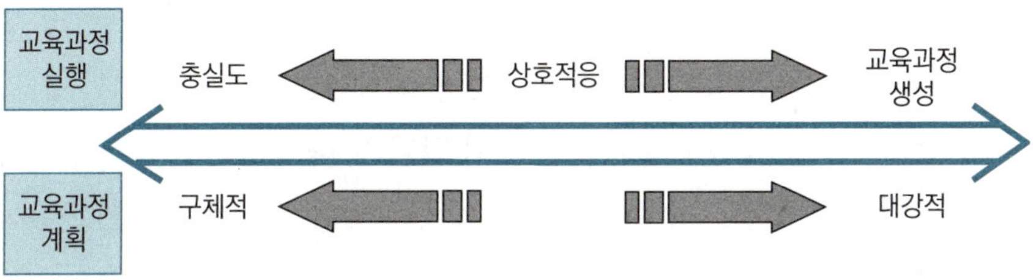

[그림 12-2] 교육과정 실행과 교육과정 계획 간의 관계

국가 교육과정이 교육과정 실행에 대해 어떤 관점을 취할 것인가 하는 것은 매우 중요한 질문이다. 우리나라는 교육과정 실행을 충실도 관점에서 바라본 오랜 전통을 갖고 있다. 이에 따라 국가 교육과정은 학교나 교사가

해야 할 일을 구체적으로 처방해주는 형태로 계획되고 개발되어 왔다. 그러나 이러한 충실도 관점의 국가 교육과정은 흔히 "학교 현장을 무시한 교육과정"이라는 지적을 받아 왔으며, 이 때문에 교사와 학생들로부터 외면받아 왔다. 국가 교육과정이 수차례 개정되어 왔으나, 학교 현장에서 실질적인 교육과정 혁신이나 변화를 보기 어려웠던 것은 이러한 충실도 관점과 무관하지 않다.

다행히도 제6차 교육과정 이후로는 지역과 학교의 교육과정 결정 권한이 점차 확대되어 왔다. 이는 교육과정 실행에 대한 상호적응 관점이 국가 교육과정 개발 과정에 반영되고 있는 것이라고 할 수 있다. 그러나 여전히 국가 교육과정 문서는 많은 것을 처방하고 있으며, 특히 일부 교과별 교육과정은 학교에 처방된 교과 수업 시간에 다루기에도 벅찬 내용을 제시하고 있다. 이에 따라 교사들은 국가 교육과정을 학교의 상황이나 특정 학생들의 필요에 적합한 방식으로 맥락화할 수 있는 여지를 갖기 어렵다.

변화나 혁신은 국가 교육과정 계획이나 문서상에서가 아니라 개별적인 교육과정 실행자들, 즉 교사와 학생들의 사고와 행위 속에서 일어나야 진정으로 성취될 수 있다. 따라서 진정한 교육과정 변화나 혁신을 위해서는 교사와 학생들이 그들에게 의미 있는 교육적 경험을 함께 생성해갈 수 있는 기회가 충분히 보장될 필요가 있다. 교육과정 실행에 대해 교육과정 생성 관점이 필요한 것이다. 교육과정 실행을 교육과정 생성 관점에서 볼 필요가 있다는 것은, 국가 교육과정이 좀 더 헐겁게, 다시 말하면 학교 현장의 교사와 학생들이 그들 개인의 지속적인 성장과 발달을 위한 경험을 만들어갈 수 있도록 설계될 필요가 있음을 의미한다. 학교를 혁신하고, 교사를 교육과정 연구자나 개발자로 존중하며, 학생 중심의 교육을 강조하는 최근의 교육 개혁 흐름은 교육과정 실행에 대해 어떤 관점을 취해야 할지, 나아가 국가 교육과정이 향후에 어떻게 계획되고 설계되어야 하는지의 방향을 제시한다고 할 수 있다.

참고 문헌

Fullan, M., & Pomfret, A.(1977). Research on curriculum and instruction implementation. *Review of Educational Research, 47*(2), 35-397.

Marsh, C., & Willis, W.(1995). *Curriculum: Alternative approaches, ongoing issues*. Upper Saddle River, NJ: Merrill Prentice Hall.

Noddings, N.(1986). Fidelity in teaching, teacher education, and research for teaching. *Harvard Educational Review, 56*(4), 90-96.

Ornstein, A., & Hunkins, F.(2004). *Curriculum: Foundations, principles, and issues*. Boston: Allyn & Bacon.

Snyder, J., Bolin, F., & Zumwalt, K.(1992). Curriculum implementation. In P. W. Jackson(Ed.), *Handbook of research on curriculum*(pp. 402-435). New York: MacMillan.

교육과정 연구의 흐름: 교육과정 이론화

제13장

1. 교육과정 이론과 이론화
2. 교육과정 이론화의 여러 갈래
3. 교육과정 이론화의 미래

'교육과정'은 교육학의 하나의 하위 학문 분야이다. 그러나 '교육과정학' 대신에 '교육과정'이라는 명칭이 흔히 사용되는 것에서 알 수 있듯이, 하나의 학문 혹은 연구 분야로서의 교육과정은 그 정체성이 분명하지 않은 편이다. 사실 교육과정에 대한 관심은 대학에 교육과정이라는 학과나 학문 분야가 자리 잡기 이전부터 이미 있어 왔다. 교육 기관이 존재하는 곳이면 그 곳에서 가르쳐야 할 내용이나 프로그램이 있어야 했기에 교육과정에 대한 관심은 교육 기관만큼이나 그 역사가 오래되었다고 할 수 있는 것이다.

교육과정이 하나의 학문 분야로 등장하게 된 것은 19세기 말, 20세기 초의 사회 변화와 밀접히 관련된다. 당시 학교교육이 대중화되면서 학교에 쏟아져 들어오는 다양한 배경과 관심을 가진 학생들을 위한 교육과정을 효율적으로 개발하는 것이 학교 행정가들과 교사들의 고민이 되었다. 교육과정 분야는 이 문제를 좀 더 과학적이고 체계적으로 다루기 위한 것으로 출발했다. 이후 학교 현장의 교사들에게 지침이 될 만한 교육과정 개발을 위한 여러 모형이나 이론들이 등장했으며, 이로 인해 교육과정 분야는 교육과정 '개발'에 도움을 주는 연구를 하는 학문으로 그 정체성이 인식되었다.

그러나 교육과정 분야가 발전하면서, 일부 학자들을 중심으로 이 분야의 학문적 정체성을 교육과정을 개발하는 데에만 두는 것에 대한 비판이 제기되어 왔다. 이러한 움직임은 1970년대부터 시작된 것으로, 이들은 교육과정 분야가 교육과정을 '개발'하는 것으로부터 '이해'하는 것으로 그 연구 패러다임을 바꾸어야 한다고 주장해 왔다. 물론 여전히 교육과정 분야가 '개발'에 더 초점을 두어야 한다는 입장이 있으며, 실제로 교육과정 개발에 관한 연구는 현재도 왕성하게 전개되고 있다. 그러나 최근 들어 교육과정을 폭넓은 지적·사회적 맥락과 관점에서 이해하려는 연구 또한 활발히 이루어지고 있다. 이러한 흐름은 교육과정 분야의 학문적 정체성에 관한 논의가 여전히 '진행 중'임을 말해준다. 즉 교육과정 분야는 어떤 분명하고 확실한 이론으로 설명될 수 있기보다는 아직도 다양한 이론화 작업에 열려 있는 상태라고 할 수 있다.

이 장에서는 20세기 초부터 최근까지 추진되어 온 하나의 학문 분야로서의 교육과정의 연구 흐름, 다시 말하면 교육과정 이론화의 노력을 검토해 본다.

【탐구 쟁점 예시】

1. 교육과정 분야의 연구는 교육과정 '개발'에 초점을 둘 수도 있고, '이해'에 초점을 둘 수도 있다. 각 연구가 갖는 장·단점은 무엇인가?
2. 교육과정 재개념주의자들이 수행한 여러 비판적-탐색적 이론화 가운데 어떤 것에 관심이 있으며, 이러한 이론화에 기반하여 구체적으로 어떤 문제를 다루고 싶은가?

1. 교육과정 이론과 이론화

19세기 말에서 20세기 중반까지의 미국 교육과정사는 학교에서 무엇을 가르쳐야 하는가를 둘러싸고 여러 입장이 경쟁해 왔다. 3장에서 이미 검토한 바 있었던 인문주의자, 발달주의자, 사회효율성주의자, 사회개량주의자 등의 서로 다른 주장은 이를 잘 보여준다. 이 와중에 1918년에 보빗(J. F. Bobbitt)이 출판한 『교육과정』이라는 저서는 교육과정이 하나의 독립적인 학문 분야가 될 수 있음을 알리는 서막과 같은 것이 되었다. 이후 미국 대학에 교육과정을 전문적으로 연구하는 코스나 학과가 설립되면서 교육과정 개발을 위한 이론 탐색이 본격적으로 이루어지게 되었다. 그러나 1950년대까지는 여전히 학교에서 무엇을 가르쳐야 하는가를 두고 교과내용 중심, 아동 중심, 혹은 사회 중심을 취하는 입장들이 경쟁해 왔다.

1960년대 초, 교육과정을 둘러싼 여러 입장 간의 경쟁을 종식시키기 위한 노력이 '교육과정 이론'이라는 이름으로 출현하기 시작했다(Marsh & Willis, 2007). 당시 학자들은 교육과정과 관련한 여러 갈등하는 입장에 직면하여, 학교의 교육과정을 결정하는데 직접 사용할 수 있는 '하나의' 일반적인 접근이나 원리가 필요하다고 보았다. 이들은 교육과정 개발을 위한 하나의 최고의 접근이 최상의 교육과정을 이끌 것이라고 보고 그러한 이론을 발견하거나 구축하려는 시도를 했다. 이러한 시도는 1949년에 발표된 타일러(R. Tyler)의 교육과정 개발 모형을 계승하여 발전시킨 것들로, 1960년대에는 어느 학교 현장에서나 탈맥락적으로 사용될 수 있는 과학적 이론의 창출에 관심이 집중되었다.

그러나 탈맥락적이고 과학적인 교육과정 이론을 구축하려는 노력은 1969년 슈왑(J. Schwab)이라는 학자에 의해 제동이 걸린다. 슈왑은 교육과정 연구들이 지나치게 탈맥락적인 이론을 창출하는 데 몰입함으로써 교육과정 분야가 죽어가고 있다는 과감한 선언을 했다. 슈왑의 선언을 계기로

1970년대 이후에는 기존과는 다른 방향, 즉 맥락적이고 비과학적인 형태의 이론화 노력이 전개되어 왔으며, 최근까지도 활발하게 진행되고 있다.

교육과정 이론을 둘러싼 이러한 흐름은, 교육과정 분야가 추구하는 '이론'이 어떤 성격을 가져야 하는가를 곰곰이 생각해 보도록 한다. 흔히 과학적 이론들은 존재하는 현상에 대한 연구를 통해 그 현상에 대해 일반적인 설명을 제공하고자 한다. 이들은 연구 대상에 대해 서로 관련되지 않아 보이는 것들을 체계화하거나 통합하여 연구 가설을 생성하고 설명을 제공하며, 예언을 하려고 한다. 과학적 이론들은 사실을 경험적으로 검증하는 방식을 사용하며, 따라서 흔히 주관적인 것(즉, 연구를 하는 사람의 마음에 있는 것으로부터 추론된 것)이기보다는 객관적인 것(즉, 연구 대상으로부터 직접 추론된 것)으로 고려된다.

그러나 교육과정 이론이 위와 같은 과학적 이론의 성격을 지닐 수 있다고 보기는 어렵다. 왜냐하면 현재까지 존재하는 어떠한 교육과정 이론도 과학적이라고 할 만큼 충분히 일반적이지 않으며, 교육과정 개발을 이끄는 하나의 최상의 지침이라고 할 만큼 충분한 구체성을 지닌 원리와 방법을 제시하고 있다고 보기도 어렵기 때문이다. 어쩌면 교육과정 분야는 학문적 특성상 이러한 탈맥락적이고 과학적인 이론을 만들어내는 것이 가능하지 않을 뿐만 아니라 적절하지 않을 수도 있다. 따라서 최근의 많은 교육과정 학자들은 최종 산물인 '이론'(theory)보다는 이론이 추구되는 과정, 즉 '이론화'(theorizing) 쪽으로 연구 관심의 초점을 전환하고 있다. 많은 교육과정 이론가들이 이론을 만드는 활동에 가담하고는 있으나, 이들의 실제적인 관심은 최종적 산물인 이론 그 자체가 아니라 그 이론에 도달하는 과정에 이러 저러한 형태로 가담하는 것에 있다고 할 수 있는 것이다.

사실 교육과정 분야에서 '교육과정 이론'과 '교육과정 이론화'는 흔히 서로 바꾸어 사용된다. 그러나 양자 간의 차이는 인식될 필요가 있으며, 특히 양자의 기저에 깔린 차이를 아는 것이 중요하다. 교육과정 '이론'은 학교에서 무엇을 가르칠 것인가라는 교육과정의 기본 문제를 해결하기 위해 보편적이고 일반적인 원리나 법칙을 발견하고자 한다. 그러나 교육과정 문제는 특정의 보편적인 일반화를 발견함으로써 해결될 수 있는 성격의 것이 아니다. 교육과정 문제에 대한 최상의 결정은 그 결정이 적용되는 구체적인 상황을 고려하지 않을 수 없다. 즉 교육과정 문제는 어떻게 하면 구체적 상황에 놓여 있는 사람들을 신중하게 고려하고, 그 상황에서 수행될 가장 바람직한 행위를 이끌며, 그 상황을 더 나은 방향으로 개선시킬 수 있을 것인가를 검토함으로써만 해결될 수 있다. 이러한 노력은 교육과정 '이론화'에 해당하는 것으로, 어떤 특정 결과를 산출하기보다는 지속적인 탐색 과정에 더 강조를 둔다. 이와 같이 교육과정의 기본 문제는 '이론'에 의한 '해결'로 처리될 수 있기보다는 '이론화'에 의한 상황의 '개선'으로 다루어질 수 있는 것에 더 가깝다.

이렇게 볼 때 1960년대에 추진된 교육과정의 일반적인 '이론'을 창출하려는 노력은 실패할 수밖에 없는 운명을 지녔다고 할 수 있다. 그럼에도 불구하고 이러한 노력은 오늘날 활발히 이루어지고 있는 교육과정 '이론화'의 의미 있는 토대였음이 분명하며, 이론화 노력의 일환으로 해석될 수도 있다. 교육과정 이론화는 다양한 방식으로 가능하며, 이러한 이론화의 다양성은 교육과정을 다각도로 이해할 수 있게 한다는 점에서 의미가 있다. 교육과정의 학문적 정체성은, 분명하고 확실한 하나의 틀 속에서보다는 바로 이러한 다양성과 지속적인 변화 가능성 속에서 찾을 수 있다고 할 수 있다.

2. 교육과정 이론화의 여러 갈래

교육과정 이론화를 시도하는 연구자들의 관심이나 접근 방식은 매우 다양하기 때문에 이들의 노력을 체계적으로 정리해 내기는 쉽지 않다. 그럼에도 불구하고 여러 이론가들의 노력을 범주화해 보는 것은 교육과정 이론가들 간의 차이뿐만 아니라 교육과정 연구의 흐름이나 특징을 이해하는데 도움이 된다.

교육과정 이론가들의 노력을 범주화하는 한 가지 방법으로 역사적인 시기에 따른 분류를 취해볼 수 있다. 예컨대 미국의 유명한 교육과정 이론가인 파이너(W. Pinar)는 슈왑의 1969년 선언을 기점으로 하여 교육과정 '개발'의 시대가 가고 '이해'의 시대가 왔다고 주장한 바 있다. 그는 1969년 이전의 이론가들을 교육과정 개발에 초점을 둔 전통주의자들로 분류하고, 1970년대 이후 교육과정 이해에 초점을 둔 연구를 수행한 이론가들을 재개념주의자들로 분류했다.

그러나 교육과정 '개발'의 시대가 완전히 갔다고는 볼 수 없다. 특히 우리나라의 경우는 국가 교육과정의 개발과 관련된 연구가 교육과정 분야의 주요 관심사로 자리해 오면서, 여전히 교육과정 '개발'이 교육과정 연구의 중심이 되고 있는 경향을 보인다. 미국 또한 최근 들어 일부 교과를 중심으로 국가 공통의 기준을 마련하고 이에 따른 교육을 강조함으로써 교육과정 '개발'에 관심을 둔 이론가들의 연구가 여전히 활발하다. 물론 교육과정 '이해'에 초점을 둔 연구들이 미국뿐만 아니라 우리나라에서도 점차 확대되고 있는 것은 분명한 흐름이다. 따라서 현재의 교육과정 이론화에는 어느 하나의 흐름이 지배적이라기보다는 여러 관심이나 접근 방식이 공존하고 있다고 볼 수 있다.

이 절에서는 교육과정 이론가들의 연구를 시기별로 분류하기보다는 추구하는 목적이나 관심에 따라 크게 세 가지 범주로 분류해 소개하고자 한다(Marsh & Willis, 2007). 첫 번째 범주는 '처방적'(prescriptive) 이론들이다. 이 범주의 이론가들은 학교교육의 실천적인 문제에 대한 답을 직접 처방하는 데 주된 목적이 있다. 따라서 이들은 학교교육의 실제를 개선하는 교육과정 개발을 위한 모델이나 틀을 창출하려고 한다. 이들의 주된 관심은 학교교육의 실천적 문제를 직접적으로 밝히고 이를 해결하는 이론을 창출하는 데 있다.

두 번째 범주는 '서술적'(descriptive) 이론들이다. 이 범주의 이론들도 앞의 '처방적' 이론들과 마찬가지로 학교교육의 실천적인 문제를 다루는 데 관심이 있다. 그러나 이들은 실천적 문제에 대해 직접적인 답을 처방하기보다는 간접적으로 접근한다는 점에서 '처방적' 이론과 차이가 있다. 이 범주의 이론가들은 학교 장면에서 교육과정 개발이 실제로 어떻게 일어나는지를 묘사하고 이를 타당화하는 이론을 창출하려고 한다. 이들의 주된 관심은 교육과정 개발이 실제로 이루어지는 과정을 밝히고 이해하려는 데 있다.

마지막 범주는 '비판적-탐색적'(critical-exploratory) 이론들이다. 이 범주의 이론가들은 기존의 교육과정 개발에 초점을 둔 이론들이 갖고 있는 결함을 지적하고, 이러한 결함을 극복하기 위해 교육과정을 가능한 한 폭넓은 지적 · 사회적 맥락 속에서 이해하는 이론을 창출하려고 한다. 언뜻 보기에 이 범주의 이론은 학교교육의 실천적 문제에 관심이 없는 것 같지만, 장기적으로 보면 오히려 학교교육의 실질적인 변화에 가장 의미 있는 기여를 할 수도 있다. 이하에서는 이들 세 범주의 이론들을 좀 더 살펴본다.

가. 처방적 이론: '개발'을 위한 이론

미국에서 교육과정은 대중을 위한 공공 교육이 출범하던 시기인 19세기 말 무렵에야 학문적인 탐구의 대상으로 출현했다. 그 이전까지 학교는 소수 엘리트 집단들을 대상으로 한 것으로, 교육과정에 대한 고민이 특별히 없었다. 전통과 관례에 따른 교과목이 교육과정으로 주어져 있었기 때문이다. 그러나 19세기 말 무렵, 각 학교는 갑자기 밀려들어오는 학생들, 그것도 다양한 배경과 관심을 가진 학생들로 인해 이들에게 무엇을 어떻게 가르쳐야 하는가의 문제에 봉착하게 되었다. 이러한 상황은 필연적으로 학교 운영자의 관심을 교육과정에 집중하도록 만들었다.

19세기 말, 20세기 초에 여러 전문가들은 학교 실행가들에게 도움을 주기 위해 학교교육에서 필요한 교육과정을 처방하는 데 관심을 갖기 시작했다. 교육과정 이론화의 초기 노력은 학교에서 일하는 실행가들에게 도움을 제공하려고 했던 전문가들에 의해 착수되었던 것이다. 당시 전문가들이 제시한 교육과정에 대한 처방은 그들이 견지하고 있는 입장에 따라 달랐으며, 이들 처방은 20세기 전반기 내내 학교 교육과정에 대한 주도권을 잡기 위해 서로 경쟁했다. 미국 교육과정사에 등장한 인문주의자, 발달주의자, 사회효율성주의자, 사회개량주의자 입장의 처방이 이 범주에 해당한다(이 책의 3장 참조). 그러나 당시 전문가들이 처방한 것은 각자의 관심에 따라 교과내용, 사회, 아동 가운데 어느 하나에 초점을 둔 것으로, 모든 학교 현장에 포괄적으로 적용될 수 있는 하나의 종합적인 이론으로서의 성격을 갖고 있다고 보기 어려운 것이었다.

학교 교육과정의 구성에 도움을 줄 수 있는 일반적 이론을 구축하기 위한 연구가 본격적으로 등장하게 된 것은 1960년대라고 할 수 있다. 물론 그 이전에도 교육과정에 대한 여러 전문가들의 주장이 제시되어 왔으나, 교육과정 '이론'이라는 이름을 가지고 교육과정 연구가 수행된 것은 1960년대즈음이다. 20세기 전반기 교육과정 전문가들의 연구가 학교가 가르쳐야 할 것, 즉 '교육 내용'이 무엇이어야 하는지를 제공하는 데 초점을 두는 것이었다면, 이 시기 교육과정 연구의 초점은 어떤 학교든지 교육과정을 개발하고자 할 때 따를 수 있는 교육과정 개발 방법을 발견하는 것, 즉 교육과정 '개발' 이론을 구축하는 데 있었다. 물론 양자 모두 학교교육의 실행가들이 필요로 하는 것을 제공하는 데 관심이 있었다는 점에서는 '처방적' 이론이라고 할 수 있다.

• 보빗(J. F. Bobbitt)과 타일러(R. Tyler)

1960년대에 활발히 수행된 교육과정 이론화 노력에 영향을 준 것은 보빗과 타일러였다. 보빗은 1918년에 교육과정에 관한 최초의 전문 서적으로 알려진 『교육과정』(The curriculum)을 출판함으로써 교육과정 분야의 학문적 탄생에 기여했다. 그러나 흥미롭게도 당시 그는 교육과정 분야가 아닌 교육행정 분야의 교수였다. 시카고대학교의 교수였던 보빗은 체제를 좀 더 효율적으로 만드는데 전문성을 가진 학자였으며, 따라서 그에게 교육과정의 구성은 공장 경영이나 관리 차원에서 접근되었다.

보빗은 1924년에 출판한 교육과정에 대한 그의 두 번째 저서,『교육과정을 만드는 방법』(How to make a curriculum)에서 교육과정 구성에 대해 좀 더 구체적인 것을 제공했다. 이 책에서 그는 교육 기관이 개인을 사회에 효율적으로 적응시키는 기능을 해야 한다고 보고, 학교가 사회의 필요를 충족할 수 있는 교육과정을 구성하는 방법을 제시했다. 그가 교육과정을 구성하는 방법으로 제시한 것은 활동 분석법이었다. 그에 따르면, 사회의 필요에 부응하는 시민들을 '생산'할 수 있는 교육과정을 구성하기 위해서는 성인들이 매일 하는 활동들을 분석하고 범주화하여 교육 목표로 삼고 이에 따른 교육적 경험을 만들면 되는 것이었다. 보빗은 이러한 활동 분석을 통한 교육과정 구성 방법이 '과학적' 방법이라고 보았다. 왜냐하면 그가 제시한 일련의 절차만 따르게 되면 교육과정이 구성될 수 있다고 보았기 때문이었다.

교육과정이라는 학문 분야가 교육행정가인 보빗이 출판한 저서와 더불어 탄생하였다는 사실은 이후 교육과정 분야의 학문적 정체성을 규정하는데 영향을 주었다. 보빗으로 인해 초기 교육과정 분야는 학교교육의 실천적인 문제를 다루며, 이 문제를 과학적으로 해결하기 위한 방법을 탐색하는 분야로 인식되었다. 실제로 보빗이 제시한 교육과정의 과학적 구성 방법은 미국에서 널리 수용되었으며, 이후 과학적 분석의 절차를 사용하여 교육 목표를 구체화하는 것의 중요성을 강조하는 저서들이 출현하기 시작했다.

보빗의 교육과정 구성 원리는 보빗의 제자였던 타일러에 의해 계승되고 발전된다. 타일러는 1949년에 출판한『교육과정과 수업의 기본 원리』(Basic principles of curriculum and instruction)라는 저서를 통해 교육과정 개발 원리를 세상에 알렸다. 그는 교육과정 개발에 관심이 있는 학교의 행정가와 교사라면 단계적으로 따라야 할 네 가지 요소, 즉 교육 목표의 설정, 학습 경험의 선정, 학습 경험의 조직, 평가를 밝히고, 이들 요소 간의 관계와 각 요소가 어떻게 개발될 수 있는지를 제시했다(이 책의 9장 참조). 타일러는 교육과정 개발에 어려움을 겪고 있는 학교 교사들을 위해 가치중립적이며 과학적인 교육과정 개발 절차를 마련하는 데 초점을 두었다. 따라서 그가 제시한 것은 어느 지역에서든, 어느 교과에서든, 그리고 어떤 교육 목표를 갖든 간에 교육과정을 개발하고자 할 때 활용할 수 있는 틀의 성격을 지녔다. 이러한 탈맥락적이고 간결한 교육과정 개발 원리는 타일러를 전 세계적으로 알리는데 크게 기여했다.

타일러의 교육과정 개발 원리는 1960년대까지 여러 학자들에 의해 계승되고 확장되었다. 이들 학자들은 교육과정 개발이 좀 더 이론적인 학문이 되도록 노력했다. 대부분의 이론가들은 타일러의 간결한 처방에서 다루지 않은, 교육과정 개발에서의 가치의 문제, 사회·문화적 변화의 반영, 시간 편성 방법 등에 관한 연구를 제시함으로써 교육과정 개발을 이론적으로 발전시켰다.

• 타바(H. Taba)

1960년대 타일러의 원리를 계승하여 발전시킨 대표적인 교육과정 이론가로는 타바를 들 수 있다. 그녀는 교육과정 개발이 학교 문제를 해결하기 위한 과정이라고 보았으며, 1962년에 출판한 『교육과정 개발: 이론과 실제』(Curriculum development: Theory and practice)에서 교육과정 개발 과정을 보다 명확하고 체계적으로 안내하는 절차를 제시했다. 이 책에서 타바는 교육과정 개발의 절차를 7 단계로 제시했다. '요구(needs) 진단 → 목표 설정 → 내용 선정 → 내용 조직 → 학습 경험 선정 → 학습 경험 조직 → 평가 내용·방법·수단 결정'이 이에 해당한다.

교육과정 개발은 타바의 연구로 인해 이전보다 더 정형화된 틀을 갖게 되었다. 교육과정 분야에서 타바 연구의 의의는 그녀가 교육과정 개발 문헌에서는 처음으로 이론의 역할에 주목했다는 점에 있다. 그녀는 과거 50년 동안 교육과정을 둘러싸고 대두된 여러 입장 간의 경쟁을 종식시키기 위한 교육과정 이론을 창안하고자 했다(Null, 2008). 보빗을 비롯한 초기 교육과정 연구자들은 효율적인 처방책에 관심을 가질 뿐, 이론 구축의 여유를 갖지 못했다. 타바는 교육과정 구성에 있어서 교과내용, 사회, 아동 가운데 어느 하나를 강조하는 것은 불필요한 대립적 사고를 야기한다고 보고, 이들 요소들을 결합하여 하나의 종합적인 교육과정 이론을 구축하고자 했다. 물론 타바가 제시한 것은 오늘날의 관점에서 보면 지나치게 기술적이고 과학적인 것으로 보일 수 있다. 그럼에도 불구하고 교육과정 이론에 대한 진지한 학문적 실천적 관심의 필요성에 대한 그녀의 지적은 의미가 있다고 할 수 있다.

타바의 연구에서 구축된 교육과정 이론은 엄밀히 말하면 교육과정 개발을 위한 이론으로서, 근대 과학을 공공 학교교육에 적용하기 시작했던 진보주의 교육의 흐름과 맞닿아 있는 것이었다. 타바는 근대 과학이 학교교육의 교육과정 개발 문제를 해결할 수 있다고 믿었다. 타바의 이러한 신념, 그리고 이러한 신념에 기반을 둔 그녀의 교육과정 이론은 1960년대와 1970년대 초 미국뿐만 아니라 영국의 교육과정 분야에서 널리 수용되었다. 이 시기 대부분의 교육과정 연구는 교육과정 개발을 위한 이론과 관련된 것이었다. 따라서 이 시기는 미국의 교육과정 이론화에서 교육과정 개발에 대한 관심이 가장 강력했던 10년으로 간주되기도 한다.

교육과정 개발 이론에 대한 관심은 1970년대 초, 이에 대한 비판이 제기되면서 다소 수그러들었다. 그러나 오늘날까지도 일부 학자들에 의해 여전히 굳건하게 그 전통이 지속되고 있다. 태너 부부(D. Tannner & L. Tanner), 뤠거(W. Wraga), 헬레보위치(P. Hlebowitsh) 등의 학자가 이 범주에 속하며, 백워드 모형을 주장했던 위깅스와 맥타이(G. Wiggins & J. McTighe)도 이에 해당한다.

이상에서 검토한 교육과정 연구나 이론들은 모두 '처방적' 성격을 지니고 있다. 즉 이들은 학교교육을 위한 교육과정이나 교육과정 개발 방법을 처방하는 데 관심이 있다. 이들은 학교교육의 실행가들이 직면하는 교육과정 문제에 대해 직접적인 답을 제공함으로써 학교교육의 실제를 개선하는 데 기여하고자 한다. 이러한 '처방적' 성격의 이론은 연구의 범위가 학교 교육과정에 한정되어 있고, 초 · 중등학교에서의 교직 경험이 있었던 교수들이 주로 관심을 가지며, 어디에나 적용 가능한 탈맥락적이고 과학적인 이론을 추구하는 경향이 있다. '처방적' 이론은 학교 실행가들이 활용할 수 있는 교육과정 개발의 틀을 제공하고 있다는 점에서 나름의 의미를 지닌다. 그러나 이 이론은 학교의 관료화된 특성이나 학교교육에 영향을 미치는 사회적 · 정치적 체제를 문제시하고 있지 않으며, 이론화의 범위가 주로 학교교육을 위한 교육과정 개발에 국한된다는 점에서 한계가 있는 것으로 지적된다.

나. 서술적 이론: 개발이 '숙의'를 만나다

서술적 이론은 처방적 이론과는 달리 교육과정이 무엇이어야 하며, 이를 어떻게 개발해야 하는가에 대한 직접적인 답을 제공하는데 관심이 없다. 대신에 그것은 그러한 답에 어떻게 도달될 수 있는지를 들여다보는 데에 관심이 있다. 즉 서술적 이론가들은 교육과정에 관한 의사결정이 어떻게 이루어지는가를 묘사하는 데 주된 관심이 있으며, 이 점 때문에 '서술적'이라고 불린다.

서술적 이론은 처방적 이론과 일부 특징을 공유한다. 양 이론 모두 주어진 학교의 교육과정 개발에 관심이 있으며, 따라서 기존의 교육적 · 사회적 · 정치적 체제를 문제시하지 않는다. 그러나 서술적 이론에서는 교육과정 문제가 쉽게 규정될 수 있는 성격의 것이 아니며, 그 문제를 해결하는 방법도 다양할 수밖에 없다고 본다. 따라서 이 이론에서는 하나의 최상의 교육과정이나 교육과정 개발 절차를 추구하려고 하지 않는다.

서술적 이론가들에 의하면, 교육과정에 관한 의사결정은 각 학교가 처한 상황에 따라 매우 달리 접근되어야 하는 것으로 어떤 하나의 이론을 적용함으로써 해결될 수 있는 것이 아니다. 이들이 보기에 교육과정에 관한 의사결정이 이루어지는 학교의 구체적 상황은 미리 예측할 수 없을 만큼 복잡하고 불확실하다. 이러한 상황에서의 교육과정은 선택이나 합의에 의해 결정될 수밖에 없다. 서술적 이론가들은 바로 이러한 상황에서 어떻게 하면 그 선택이나 합의가 좀 더 적절하게 이루어질 수 있는가를 탐색하는 데 관심을 둔다. 이들의 이러한 관심은 흔히 '실천적 추론'(practical reasoning) 혹은 '숙의'(deliberation)로 묘사된다. 서술적 이론에서는 교육과정 이론화를 위한 접근으로 바로 이러한 실천적 추론이나 숙의를 사용한다.

실천적 추론이나 숙의를 교육과정 이론화에 대한 접근으로 사용한다는 것은 교육과정 문제가 개방적이고 그 해결책을 예측하기 어렵다는 점을 전제한다. 서술적 이론가들에 의하면, 교육과정 문제는 이러한 독특한 특징을 가지고 있기 때문에 '숙의'에 의해서 해결되어야 한다. 왜냐하면 '숙의'는 불확실한 상황에서 가장 그럴듯한 정당성을 가진 행위를 규명하려는 노력이라고 할 수 있기 때문이다. 서술적 이론들은 대개 아래에서 소개할 슈왑(J. Schwab)의 교육과정 이론에 토대를 두고 있다. 그의 이론을 간략히 살펴본다.

• 슈왑(J. Schwab)

슈왑은 본래 자연과학자로 훈련받았으며, 시카고대학교의 생물학과 교수였다. 그러나 그는 40년 이상 동안 교육과 교육과정에 대한 많은 영향력 있는 글을 출판했다. 그 가운데 가장 많이 알려진 글은 다음 4개이다.

① "실천적인 것: 교육과정의 언어"(The practical: a language for curriculum)(1969)

② "실천적인 것: 절충술"(The practical: arts of the eclectic)(1971)

③ "실천적인 것 3: 교육과정으로의 번역"(The practical 3: translation into curriculum)(1973)

④ "실천적인 것 4: 교육과정 교수들이 해야 할 것"(The practical 4: something for curriculum professors to do)(1983)

사실, 과학자인 슈왑이 교육과정에 관심을 갖게 된 것은 1950년대 미국의 정치 상황과 밀접한 관련이 있다. 1957년 소련이 세계 최초의 인공위성인 스푸트닉(sputnik)호를 발사하면서 당시 미국의 학교교육을 지배했던 진보주의 교육에 대한 비판이 거세어졌다. 특히 정치가들은 미국이 우주 전쟁에서 소련에 진 것을 통탄하면서 학교의 과학교육이 좀 더 엄격해져야 한다고 주장했다. 1950년대 후반부터 1960년대 동안의 냉전 체제 하에서 학교 교육과정은 과학 교육에 대한 정치권의 이러한 요구를 고려해야만 했다. 이에 따라 미국 연방 정부는 생물학, 물리학, 화학 등 여러 과학 분야의 대학 교수들을 모집하여 이들에게 과학 교육과정을 다시 만들도록 요청했다. 지금까지 교육과정을 개발해 왔던 교육과정 전문가들은 배제되고, 대신에 이들 순수 과학자들이 새로운 과학 교육과정을 만들게 되었던 것이다. 슈왑은 이들 가운데 한 명이었다.

슈왑은 생물학과 교수였으나 자신의 전공 분야만이 아니라 다른 분야의 학문적인 동향에도 관심이 많았었다. 특히 그는 행동주의보다는 인간의 마음을 연구하는 인지 심리학, 그리고 과학과 인문주의적 탐구를 통합하는 과학 철학에 관심을 가졌다. 이러한 배경을 갖고 슈왑은 당시 연방 정부가 요청한 '생물학 교육과정 연구'(Biological Sciences Curriculum Study, BSCS) 위원회에 참여하여 국가 수준의 과학 교육과정 개발 업무를 하게 되었다. 그는 이 일을 하면서 생물학과 같은 매우 이론적인 지식을 특정 장소와 시점에 놓여 있는 특정 학생 집단에게 전달하는 것이 쉽지 않음을 발견했다. 따라서 그는 교육과정을 구성하는 일이란 학생들을 지식에 연결시키는 활동이어야 한다고 보고, 이에 대한 도움을 얻기 위해 교육과정 개발 문헌을 살펴보았다. 그러나 그는 기존의 문헌에서 도움을 얻지 못했으며, 이에 대한 비판으로 1969년 "교육과정 분야는 죽어가고 있다"는 유명한 선언을 했다.

슈왑은 당시의 교육과정 분야를 비판함과 동시에 이를 대신할 수 있는 새로운 제안을, 위에 언급된 "실천적인 것"이라는 제목의 4개의 연작 글을 통해 제시했다. 그는 교육과정 분야가 이전의 방법과 원리로는 그 연구를 계속하기 어렵다고 보고, 교육과정 문제의 성격을 새롭게 볼 수 있는 새로운 원리를 정립하고 이에 따른 새로운 방법을 탐색해야 한다고 주장했다. 그가 보기에 교육과정 개발가들이 교육과정 문제를 다루는 새로운 방식을 발견하려고 하지 않는다면 그 분야는 곧 사라지게 될 것이었다.

슈왑에 따르면, 교육과정 분야가 고사 상태에 이르게 된 것은 그 분야가 교육과정 문제를 다루는데 적절하지 않은 이론들에 지나치게 의존한 탓이었다. 그가 보기에, 당시 교육과정 분야는 이론의 처방적 힘을 과도하게 믿고 있었다. 이론의 역할이 실제 맥락 속에서 과도한 지위를 누리면서 교육과정 개발 원리나 절차를 이끌고 있었던 것이다. 문제는 이들 이론들이 교육과정 결정이 이루어지는 상황적 혹은 실천적 맥락의 긴급성을 고려할 수 없다는 데 있었다. 슈왑에 따르면, 이론적 추구는 실제를 위한 이론이라는 기치하에 이루어져 왔으나, 개발된 이론은 실제에 잘 들어맞지 않았다. 이론은 그 특성상 상황적이고 지역적인 조건을 이해하고 존중하기 어렵기 때문에 학교교육 맥락에서 적절히 작동할 수 없었던 것이다. 따라서 슈왑은 교육과정을 탐구하는 데에 지금까지와는 다른 새로운 언어를 가져오고자 했다.

슈왑은 타일러의 친구이자 동료로서 타일러의 주장을 존중했으나 타일러와 그 계승자들이 사용한 '개발'이라는 언어는 변형될 필요가 있다고 보았다. 따라서 그는 타일러의 전통을 따르되 교육과정 개발 과정을 다른 언어로 대체하고자 했다. 그에 따르면, 개발에 초점을 둔 연구들은 교육과정 개발에 관한 이론을 구축하고자 해 왔으나, 이러한 이론은 교육과정 실제에 실질적인 변화를 이끌지 못했다. 따라서 슈왑은 교육과정 분야가 되살아나려면 앞으로 이론적인 탐구가 아닌 실제적인 탐구를 할 필요가 있다고 보았다. 왜냐하면 교육과정 문제는 설명이나 이해를 목적으로 하는 것을 넘어서서 어떤 것을 행하는 데에 그 목적이 있기 때문이다. 그가 보기에 교육과정 문제는 실제 사태에서 가능한 행위에 대한 결정이나 선택을 요구하는 것으로, 일반적이고 보편적인 지식을 추구하는 이론적인 탐색으로는 해결이 어렵다. 슈왑에게 있어서 교육과정은 실천학(practical science)의 성격을 지닌 것으로, 이것은 이해하기 위해서만 존재하는 것이 아니라 사회를 좀 더 나은 방향으로 만들기 위해 존재하는 학문으로 인식되었다.

슈왑의 교육과정 이론에서 가장 중심적인 개념은 '숙의'이다. 슈왑은 구체적 사태에서의 가능한 행위의 결정이나 선택은 '숙의'에 의해 해결이 가능하다고 보고, 교육과정 문제는 '숙의'를 통해 접근될 수 있다고 보았다. 이렇게 하여 슈왑은 교육과정 개발 과정을 '숙의'라는 새로운 언어로 대체했다. 슈왑은 교육과정 전문가들이 교육과정 개발을 안내하는 이론적인 활동으로부터 벗어나 각 학교의 구성원들이 교육과정 결정을 위해 하는 일상적인 숙의 과정에 함께 가담해야 한다고 보았다. 슈왑에게 있어서 교육과정 개발이란 공공의 선에 봉사하는 행위로서, 어떤 교육과정이 더 나은 삶을 이끌 것인지를 결정하거나 선택하기 위한 숙의를 요청하는 것이었다.

슈왑은 교육과정 구성에 대해 초기 연구자들의 행정적이고 경영적인 접근 대신에 인문학적인 접근을 취했다. 그는 교육과정 숙의에 수사학이나 철학에 기원을 둔 '절충술'(arts of eclectic)과 '공통요소'(commonplace) 같은 용어를 도입했다. 먼저 절충술과 관련하여, 슈왑은 교육과정 결정에 참여하는 사람들은 구체적이고 실천적인 문제를 해결하는 데 여러 이론들을 절충적으로 사용해야 한다고 보았다. 그에 의하면, 교육과정의 문제와 같은 실천적인 문제는 매우 구체적이고 상황에 따라 변화하기 쉬우므로, 어떤 하나의 이론에 의존하기보다는 여러 이론들을 부분적으로 빌려서 활용하는 것이 바람직하다. 따라서 슈왑은 교육과정 결정에 참여하는 사람들은 실천적인 교육과정 문제를 성찰하는 데 있어서 이러한 절충술을 활용해야 하며, 이것이 숙의 과정의 핵심이라고 보았다.

한편, 슈왑이 도입한 또 다른 용어인 공통요소는 어떠한 실천적 교육과정을 결정할 때나 포함해야 할 네 가지 고려 사항을 밝히기 위해 사용된 것이다. 그가 주장한 공통요소는 교사, 학습자, 교과, 환경이며, 이 네 가지는 교육과정을 구성하는 구체적인 요소로서 교육과정 숙의에서 반드시 고려되어야 한다. 그러나 이들 공통요소는 타일러 원리에서 주장한 것과 달리 어떤 계열적인 순서로 고려될 필요는 없으며, 이들 요소 간의 상호작용적인 영향을 다루는 것이 교육과정 숙의에서는 더 중요한 것으로 간주된다. 슈왑은 교육과정 숙의에서는 이들 네 가지 요소 가운데 어느 하나가 강조되기보다는 균형이 유지되도록 하는 것이 중요하다고 보았다. 그가 보기에 교육과정 숙의는 집단적인 활동으로, 그 활동에 참여하는 어떤 개인도 이 네 가지 요소 모두에 대해 충분한 지식을 갖고 있다고 볼 수 없다. 따라서 그는 교육과정 개발에 교육과정에 대한 지식을 가진 학자뿐만 아니라, 수업과 교실에 친숙한 학교 구성원, 예컨대 교장, 교사, 학부모, 운영위원 등이 참여해야 한다고 보았다. 그에 의하면, 교육과정 개발이란 관련 이해 당사자들이 신중한 숙의를 통해 교실에서 일어나야 할 것으로 기대되는 실천적인 활동을 규명하려는 노력이다.

이와 같이 슈왑은 교육과정 구성에 있어서 탈맥락적인 이론에 의존하기보다는 상황적이고 지역적인 수준의 의사결정과 숙의가 중요함을 제시했다. 즉 그는 교육과정 개발은 특정 장소와 시점에 놓여 있는 이해 당사자들 간의 숙의를 통해 이루어지는 것이 학교 실제의 변화에 의미 있게 기여할 수 있는 것으로 보았다. 이러한 슈왑의 접근은 교육과정 문제를 실천적인 것으로 새롭게 인식하고 이 문제를 어떻게 다룰 수 있는지에 대한 유용한 통찰을 제공했다는 점에서 의의가 있다. 특히 슈왑의 이론화는 교육과정에 대한 담화의 성격을 바꾸는 데 기여한 것으로, 처음으로 인간들 간의 숙의를 교육과정 담론의 핵심에 놓았다는 의미도 있다.

슈왑의 교육과정 개발에 적용된 실천적 추론 및 숙의에 대한 이론은 워커(D. Walker), 웨스트베리(I. Westbury), 코넬리(F. Connelly), 리드(W. Reid) 등과 같은 교육과정 분야의 영향력 있는 많은 학자들에 의해 정련되고 발전되어 왔다. 예컨대 워커는 예술 교육과정 개발 프로젝트에서 교육과정 개발자들이 어떻게 '숙의'를 통해 결정에 이르게 되는지를 연구하고 이를 교육과정 개발의 '자연주의적 모형'(이 책의 9장 참조)으로 제시한 바 있다.

교육과정 개발 과정에서의 실천적 추론이나 숙의에 관심을 둔 이론들은 교육과정 구성을 위한 '처방'을 제시하기보다는 그 구성 과정이 어떻게 이루어질 수 있는지를 묘사한다는 점에서 '서술적'인 성격을 지니고 있다. 특히 이들은 교육과정 결정이 구체적인 상황이나 여건에 따라 다를 수 있다는 점을 강조함으로써 교육과정 개발에 있어서 탈맥락적인 기술적 혹은 운영적 절차를 이론화하는 것이 무의미함을 지적한다. 이러한 서술적 이론화는 교육과정 개발 과정에서 참여자들 간의 숙의가 매우 중요함을 잘 드러내고 있다는 점과, 처방적 이론화에 비해 교육과정 개발에 대해 좀 더 폭넓은 비전을 취한다는 점에서 의의가 있다. 그러나 서술적 이론화 역시 여전히 주어진 교육적 · 사회적 · 정치적 체제를 당연시하면서 학교교육을 위한 교육과정 개발의 문제에만 주목하고 있으며, 경험된 교육과정에 대해 거의 관심이 없다는 한계가 있다.

다. 비판적-탐색적 이론: '이해'와 '변화'를 위한 이론화

1970년대와 1980년대에는 교육과정 분야에 새로운 이론화 노력이 시도되었으며, 이러한 이론화는 '비판적-탐색적' 성격의 이론을 추구했다. 이 범주의 이론들은 교육과정에 대한 기존의 개념적 틀을 비판하고, 교육과정 개념을 최대한 폭넓게 이해하는 데 수반되는 모든 것을 새롭게 보고 탐색하는 방식을 제공하는 데 관심을 둔다. 이들의 접근은 매우 다양하나, 기존의 사회 구조와 학교 체제, 그리고 개인적인 경험에 대한 지배적인 가정을 의문시하고, 교육과정을 새롭고 다양하게 이해하는 방식을 탐색한다는 점에서는 공통점을 지닌다.

'비판적-탐색적' 이론가들의 연구는 대체로 두 가지 서로 다른 접근 형태로 이루어지고 있다. 하나는 학습의 개인적 성격에 주목하는 접근으로, 개별 학습자의 교육적 경험을 이해하는 데 관심을 둔다. 다른 하나는 학교교육과 기존 사회 질서 간의 관계에 주목하는 접근으로, 지배적인 사회 구조와 이 구조 안에서 작동하는 주류 교육과정에 대한 비판적 분석을 하는 데 관심이 있다. 전자는 교육과정 이론의 재개념화를 주도한 학자인 파이너(W. Pinar)의 입장을 나타내는 것으로, 개인에게 경험된 교육과정 및 이에 영향을 미치는 것에 연구의 초점을 둔다. 후자는 애플(M. Apple)과 같은 비판적 교육학자들의 입장을 나타내는 것으로, 계급, 헤게모니, 이데올로기 등과 같은 쟁점을 다루는데 연구의 초점을 둔다.

슈왑이 1969년 "교육과정 분야가 죽어가고 있다"는 도전적인 선언을 한 직후 파이너를 선두로 일부 교육과정 학자들은 교육과정 분야를 새롭게 재개념화하는 시도를 하였다. 스스로를 '재개념주의자들'(reconceptualists)로 언급하는 이들 학자들은 슈왑의 도전을 진지하게 받아들였으나, 슈왑의 숙의 이론을 수용하지는 않았다. 대신에 이들은 데리다(J. Derrida)와 푸코(M. Foucault)와 같은 포스트모던 학자들에 의존하여 교육과정 분야를 변형시키기 시작했다. 그러나 이들 노력의 목표는 공공 학교교육 기관의 개선이 아니라, 교육과정의 이론화 그 자체에 있었다.

재개념주의자들은 교육과정 분야가 거의 모든 이전의 이론가들과 결별해야 한다고 주장한다. 이들이 보기에, 이전의 교육과정 연구는 효율성, 경영, 그리고 사회 통제를 위한 교육과정 개발에 초점이 있었다. 이것은 일면 불가피했던 것으로 초기 교육과정 분야는 폭발적으로 증가하는 학교 인구를 위해 교육과정을 조직하는 것에 그 전문성을 행사해야 했기 때문이었다. 그러나 재개념주의자들에 따르면, 슈왑의 1969년 선언과 함께 교육과정 개발의 시대는 죽었다. 즉 교육과정 개발은 1918년에 탄생해서 1969

년에 죽었으며, 이제 우리는 다른 시대에 살고 있다. 이들이 보기에, 수학교육이나 과학교육과 달리 학교 교과 간의 관계에 관심을 두는 교육과정 분야는 이제 더 이상 개발에 몰두하기보다는 '이해'에 전념해야 한다(Pinar et al., 1995). 특히 이들은 개인들의 개별적인 교육적 경험을 다각도로 '이해'하는 것이 중요하다고 본다.

그러나 재개념주의자들로 언급된 일부 학자들 가운데에는 '이해'에 관심을 두는 학자들과는 다른 접근을 취하는 사람들이 있다. 물론 이들도 교육과정 분야에서 교육과정 개발이 중심이 되기보다는 주변화되어야 한다는 것에는 동의한다. 그러나 이들이 지향하는 재개념화 방향은 '이해'에 관심을 두는 학자들과는 다르다. 이들은 개인의 개별적 교육 경험을 이해하는 것보다는 공공 교육 기관의 문제를 비판하고 이의 근본적인 변형을 강조하는 데 관심을 둔다. 이들은 교육과정 개발이나 숙의 혹은 이해 그 자체에 대한 주장을 하지 않으며, 대신에 정치적인 변화를 주장한다. 예컨대 애플은 잠재적 교육과정이라는 개념을 통해 학교의 교육과정이 어떻게 인종, 계급, 젠더에 따른 사회적 불평등을 재생산할 수 있는지를 비판적으로 검토한다. 이러한 비판적 접근은 교육과정이라는 것이 근본적으로 결함이 있다고 보기 때문에 교육과정 개발의 실제를 직접 다루지 않으며, 이러한 전통을 확대하는 것에 관심이 없다.

사실 '재개념주의'라는 용어는 1970년대와 1980년대 초 당시 출현하는 새로운 이론화의 형태를 서술하기 위한 것으로 사용되었다. 그리고 재개념주의자들은 1960년대에 지배적이었던 합리주의적이고 과학적인 접근을 반대하는 연구자들을 지칭했다. 그러나 교육과정 분야를 재개념화하는 데 관심을 가진 이론가들의 수와 영향력이 증가함에 따라 점차 이들 간에 차이가 드러나기 시작했다. 예컨대 일부 이론가들은 주류 사회과학으로부터 추론된 철학적인 분석과 방법을 사용한 반면, 다른 이론가들은 사례 연구, 자서전, 정신분석적 기술, 문학 이론 등을 사용했다. 이러한 다양한 접근으로 인해 재개념주의가 무엇인가에 대한 최종적인 결론을 제시하기는 어렵다. 오늘날에도 여전히 재개념주의의 아이디어와 방법은 꾸준히 진화하고 있기 때문이다. 이하에서는 이러한 재개념주의자들이 수행해 온 다양한 비판적-탐색적 이론화의 노력을 몇 가지 범주를 나누어 간략히 소개한다(Marsh & Willis, 2007).

• 사회적 · 문화적 재생산 이론

이 범주의 이론들은 사회 · 문화와 학교교육 간의 관계를 분석하는 데 관심을 두고, 사회에서의 학교의 역할을 이론화한다. 이들에 의하면 학교는 사회적 · 문화적 재생산을 위한 장치이다. 예컨대 알튀세(Althusser, 1971)는 학교가 향후 사회에서의 사회적 관계에서 필요한 노동 기술과 태도를 재생산해 왔다고 본다. 보울즈와 긴티스(Bowles & Gintis, 1976)는 학교에서의 사회적 관계(예: 행정가와 교사, 교사와 학생 간의 관계)가 사회의 위계적인 노동 분업과 직접적으로 대응된다고 주장했다. 또한 문화적 재생산을 주장한 지루(Giroux, 1990)와 애플(Apple, 1990)은 학교가 어떻게 계급, 인종, 젠더에 있어서 취약한 집단을 억압하는데 봉사해 왔으며, 그 취약 집단이 어떻게 억압적인 교육 체제를 변화시킬 수 있는지를 지적했다. 특히 애플은 학교 교육과정에 포함된 지식의 합법성에 대해 비판적인 질문을 제기했다. 그는 특정 집단의 문화가 어떻게 객관적이고 사실적인 지식으로 표상되는지, 공적인 지식이 어떻게 사회의 지배적인 관심이나 이데올로기를 반영하는지, 그리고 학교가 어떻게 제한적이고 부분적인 지식을 의문의 여지가 없는 진리로 합법화하는지를 탐색했다.

이 범주의 이론가들은 학교교육이 사회의 불평등한 구조를 재생산하고, 이러한 교육 체제 속에서 특히 취약 집단들이 억압된다는 점을 드러내고자 했다. 이들 이론가들의 연구는 학교와 사회 간의 일상적 관계에 내재한 뿌리 깊은 문제를 밝히고, 처방적 이론에서는 다루지 않았던 교실 실제를 드러내는 데 기여했다.

• 현상학적 이론화

각 개인은 자신이 경험한 구체적 상황에 대해 개인적이고 특별한 의식을 갖게 되며, 개인의 경험에는 상황에 대한 정의적이고 인지적이며 생리적 반응이 포함되어 있다. 현상학적 이론화는 이러한 개인이 갖는 경험 그 자체, 즉 각 개인이 경험한 교육과정이 무엇인지를 밝히는 데 관심을 둔다.

교육학 분야의 대표적인 현상학자인 밴 마넨(Van Manen)(1980)에 의하면, 현상학은 하나의 단순한 질문, 즉 어떤 경험(예: 교육적 경험)을 겪는다는 것이 무엇과 같은가를 추구하는 것이다. 이러한 경험의 본질을 드러내는 것은 쉽지 않다. "지루하다" "흥미롭다" 등과 같이 어떤 경험에 대한 느낌을 표현하는 것은 가능할 수 있으나 그러한 느낌의 구체적 내용이나 구성 요소를 세밀하게 서술하는 것은 매우 어렵다. 그러나 타일러와 같은 교육과정 학자들은 학습 경험에 대해 안다거나 서술하는 것이 가능하다고 보고, 학습 경험의 선정과 조직에 대해 언급해 왔다. 그러나 판 매넌이 보기에 이러한 확신은 잘못된 것이다. 왜냐하면 학생이 어떤 경험을 가지거나 어떤 것을 이해하게 될 때, 우리는 그것이 정말로 무엇과 같은 것인지를 알기 어렵기 때문이다. 학생이 실제로 겪는 경험은 미리 계획된 어떤 것이 아니며, 그 학생에게 물어서만 확인할 수 있는 것이다.

밴 마넨은 개인들에게 그들이 겪는 경험의 본질적인 성격을 질문하기 위해 현상학적 이론화를 사용한다. 예컨대 교사들은 교사가 된다는 것이 무엇과 같은 것이며, 부모와 어떻게 다른가에 대해 질문을 받을 수 있다. 현상학은 특정 상황에 대해 공적으로 부과된 표현을 받아들이기보다는 개인 스스로가 그 상황에 대해 갖는 의식을 성찰하도록 돕는 접근이다. 이와 같이 현상학적 이론화는 연구 대상이 되는 개인들에게 스스로 보고, 느끼고, 믿는 것에 대해 깊게 성찰할 수 있도록 함으로써 이들의 개별적인 경험을 드러내고자 한다.

• 자서전적 이론화

이 접근은 개인의 교육과정 경험의 중요성에 초점을 둔 것으로 파이너에 의해 주도된 것이다. 파이너는 1972년에 처음으로 자서전적 방법을 소개했으며, 이후 그는 교육과정의 어원인 쿠레레(currere)라는 용어를 그의 이론을 설명하기 위해 사용했다. 쿠레레란 제도적 구성물에 대한 개인의 실존적 경험을 의미한다. 자서전적 이론화에서는 쿠레레의 방법을 활용한다. 쿠레레 방법이란 자서전을 집필하는 것과 같은 것으로, 개인이 자신의 경험을 좀 더 충분하고 더 명확하게 직면할 수 있게 하는 자아성찰 전략이다. 이러한 방법을 통하여 자서전적 이론화에서는 학습자가 교육과정을 어떻게 경험하고 있는가를 보여주고자 한다.

자서전적 이론화는 1990년대 중반 즈음에 교육과정의 주요 연구 분야로 발전되었다. 이에 속한 연구는 세 가지 흐름으로 구분된다. 쿠레레와 상상력 같은 주요 개념들에 초점을 둔 연구, 페미니스트 자서전 연구, 그리고 교사들의 경험을 전기적이고 자서전적으로 이해하려는 연구 등이 이에 해당한다. 자서전적 이론화는 1970년대 초 이후에 확장되어 왔다. 파이너 등(Pinar et al.)(1995)은 이러한 유형의 이론화가 개인적 지식을 축적하기 위한 것일 뿐만 아니라, 개인적 지식을 개인적이고 사회적인 세계 양자를 변형하는 데 활용하기 위한 접근이라고 본다.

• 젠더 분석과 페미니스트 이론화

이 접근은 교육과정을 '젠더 텍스트'(gender text)로서 이론화하려는 것이다. 이러한 접근은 점차 증가 추세에 있는 것으로, 젠더와 성적 지향으로 인한 불평등한 취급 방식을 분석하고, 젠더에 대한 사회의 지배적인 가정하에서 지식과 가치가 어떻게 개발되는지를 분석하는 데 관심을 둔다.

학교교육을 젠더 측면에서 분석한 연구는 학교교육이 어떻게 사회적으로 다르게 인식된 여성과 남성의 역할과 지위를 반영하여 조직되어 왔는지를 보여준다. 특히 페미니스트 이론가들은 사회와 학교교육에서 여성이 경험하는 불평등에 관심이 있다. 이들은 이러한 불평등의 원인을 규명하고 여성을 억압적 구조에서 해방시키기 위한 방안을 모색하기 위해, 학교교육과 교육과정에서 여성이 어떻게 그려지는가를 탐색한다. 예컨대 페미니스트 이론가인 밀러(Miller, 1992)는 여성 교사들이 학습 및 학교교육에 대한 가부장적인 가정을 내면화하는 무의식적 방식을 지적한 바 있다. 젠더 분석과 페미니스트 이론가들은 젠더와 성적 지향에 따른 불평등을 명확히 드러냄으로써 궁극적으로 정의를 위한 이론을 창출하고자 하다.

• 인종적 이론화

인종적 이론화는 학교교육에서 인종에 따른 불평등한 취급을 이론화하는 데 관심을 둔다. 인종은 학교교육, 특히 교육과정에 강력한 영향을 미치나, 교육과정 분야에서 인종과 인종적 불평등에 대한 연구는 독립적으로 다루어지기보다는 앞서 소개했던 사회적 · 문화적 재생산 이론 속에서 다루어져 왔다. 인종적 이론화는 1990년대에 이르러서야 교육과정 분야에서 독자적인 연구 분야로서 주목되기 시작했다.

인종에 대한 이론화는 최근 들어 더 교육과정 이론화의 방향에 강력한 영향을 행사하고 있는 것으로 보인다. 파이너 등(Pinar et al., 1995)은 종합적인 교육과정 이론이라면 인종 및 이와 관련된 개념들, 즉 다문화주의, 정체성, 주변화, 차이 등을 기본적인 것으로 포함해야 한다고 주장한다. 최근에 많이 주목되고 있는 다문화 교육과정은 학교교육의 인종적 불평등에 대한 이론화를 부분적으로 반영한 것이라고 할 수 있다.

• 포스트모던 이론화

1980년대 이후로 '포스트모던'(postmodern)이라는 용어가 여러 분야에서 사용되고 있음을 볼 수 있다. '포스트모던 예술'이나 '포스트모던 건축'이라는 말이 낯설지 않은 것이다. 포스트모던적이라는 것은 '포스트'라는 용어가 암시하는 바와 같이 모던적인 것을 대체하는 것을 의미한다. 따라서 포스트모던 이론가들은 학교교육 및 교육과정에 대한 근대적인 가정이나 접근을 해체하고 새롭게 재구성하는 데 관심을 갖는다.

포스트모더니즘은 시대를 규정하는 범주이기도 하고 특정한 태도와 가치를 가리키는 개념이기도 하다. 포스트모더니즘의 특징은 세계를 한 가지 방식으로 보려고 하지 않는다는 데에 있다. 포스트모더니즘은 세상에 대한 단일한 표상 체계가 존재한다는 신념을 거부한다. 포스트모더니즘에서는 세계를 유동적이고 생성적이며 혼란스럽고 개방적인 실재로 이해하며, 세상사는 지속적으로 해체되고 재구성되는 과정에 있는 것으로 본다. 따라서 포스트모던 이론가들은 교육과정을 한 가지 방식으로 해석하거나 이론화하려는 어떠한 시도도 거부하며, 교육과정을 고정적인 어떤 것이 아닌 생성적인 것으로 본다.

포스트모던 이론가들은 모던적인 틀 속에서 규정된 거대 담론을 비판하고 해체하는 것으로 시작한다. 이들은 교육과정, 수업, 교사, 학생 등에 대한 기존의 담론을 의심할 뿐만 아니라 이러한 담론이 누리는 공식성과 권력성도 의심한다. 따라서 이들은 국가 교육과정의 권위와 권력에도 도전한다. 포스트모던 이론가들은 교육과정은 끊임없이 해체되고 새로이 구성될 수 있는 것으로서, 결국 교사와 학생들이 교육과정을 구성해 간다고 본다.

포스트모던 이론가들이 우리의 세계와 교육과정에 대한 끊임없는 해체와 재구성을 강조할 때, 이들은 비판이론이나 현상학, 자서전 등 여러 이론들에 의존한다. 즉 포스트모던 이론화는 앞에서 소개했던 여러 이론들을 활용할 수도 있고 새로운 시도를 할 수도 있다는 점에서 매우 다양하고 절충적이며 개방적인 접근을 취한다. 이 점은 이 이론화의 강점이기도 하고 약점이기도 하다. 포스트모던 이론화는 교육과정을 다양하게 바라보고 새롭게 이해할 수 있게 하는 반면에 미래에 대한 한없는 불확실함을 제기하기도 하는 것이다.

이상에서 비판적-탐색적 이론화에 해당하는 여러 연구들을 검토해 보았다. 이 범주의 이론가들은 교육자들의 상상력을 한껏 자극하고 있다. 이들은 전통적인 교육과정 접근에 대해 진지하게 도전하고, 교육과정에 대한 새로운 시각과 교육과정 이론화를 위한 새로운 언어를 창안했다. 이들이 사용한 쿠레레, 자서전, 현상학, 해석학, 비판이론 등의 용어는 이제 교육과정 연구에서 자주 활용되고 있다. 특히 이들은 교육과정을 연구하는 새로운 방법론을 제시함으로써 이전에 우세했던 양적 연구 방법론에 대한 의존에서 벗어날 수 있도록 했다. 많은 최근의 교육과정 이론화는 교육적 경험의 질에 주목하도록 함으로써 교육과정 연구에서 사례 연구, 내러티브, 자서전적 방법과 같은 질적 연구 방법의 확산과 발전에 기여했다.

이러한 기여에도 불구하고 비판적-탐색적 이론가들은 교육과정 개발자나 학교 실행가들에게 도움이 될 만한 실천적인 아이디어를 산출하지 못했다는 비판을 받는다. 그러나 이들 이론가들이 당장 학교에서 써먹을만한 아이디어를 내놓지 않는다고 하여 학교 변화에 기여하지 않고 있다고 할 수는 없다. 학교의 변화, 나아가 교육적 변화는 즉각적인 실천 지침이나 원리를 통해서보다는 학교 구성원들이 가지고 있는 교육과정, 교사, 학생 등에 대한 신념과 가치의 변화를 통해서 더 의미 있게 일어날 수 있다. 비판적-탐색적 이론화는 이러한 신념과 가치의 변화에 영향을 줄 수 있는 비판과 탐색을 제공하고 있기 때문에 우리 사회와 학교를 좀 더 정의로운 방향으로 변화시키는 데에 더 강력한 것이 될 수도 있다.

3. 교육과정 이론화의 미래

교육과정이라는 학문은 엄밀한 과학적인 학문도 아니고 순수 학문도 아니다. 교육과정은 한편으로는 학교와 교실이라는 장면에서 필요한 교육과정 구성과 관련된 판단과 선택의 문제를 다루고, 다른 한편으로는 교육과정 현상을 분석하고 이해하는 데 관심을 갖는 탐구 분야이다. 교육과정 분야는 또한 일반적인 원리를 추구할 뿐만 아니라 기존 학교 교육과정에 대한 비판이나 학교 교육과정에 대한 개인의 개별적인 경험의 탐색에도 관심을 둔다. 따라서 교육과정 분야가 다루는 쟁점은 매우 다양하고 시기별로도 변화가 있는 것이어서 교육과정에 대한 하나의 이론을 만들어내는 것은 불가능하다고 할 수 있다.

앞에서 살펴보았듯이, 1960년대 교육과정 학자들은 교육과정을 둘러싼 여러 입장 간의 경쟁을 종식시키기 위해 교육과정 개발에 대한 통일된 접근을 마련하는 데 집중했다. 이들은 타일러 원리를 계승하고 발전시켜 교육과정 개발을 위한 하나의 종합적인 이론을 만드는데 온갖 노력을 경주하였다. 그러나 1969년 슈왑은 이러한 이론화 노력이 교육과정 분야를 죽게 만든다는 도발적인 선언을 했다. 이후 1970년대부터 일부 교육과정 학자들을 중심으로 교육과정 분야를 새롭게 해석하고 이론화하는 노력이 이루어져 왔다. 이러한 재개념화 혹은 이론화 노력은 점차 발전, 심화, 확장되어 2000년대 들어서는 특히 북미를 중심으로 교육과정 연구의 주요 흐름이 되어 왔다. 이러한 노력에 참여하는 이론가들은 교육과정 현상을 폭넓은 지적 · 사회적 관점에서 탐색하며 다양한 방법론을 사용하고 있다. 따라서 교육과정 분야에는 하나의 교육과정 이론이 아닌 여러 형태의 많은 교육과정 이론들이 존재하며 생성되고 있다.

교육과정 분야의 다양하고 활발한 이론화 작업은 교육과정 분야가 초기의 교육과정 개발 중심의 연구로부터 벗어나고 있는 듯한 인상을 준다. 그러나 교육과정 개발에 대한 연구나 이론화도 여전히 번성하고 있다. 사실 교육과정 분야에서 교육과정 개발에 대한 관심은 무시하기 어렵다. 학교라는 교육 제도가 존재하는 한 특정 유형의 지식을 선택해서 그것을 특정 시 · 공간에 있는 학생들에게 연결시키는 방법에 대한 탐색은 필요하기 때문에 교육과정 개발에 대한 연구나 이론화는 지속될 수밖에 없다. 더군다나 교육과정 개발의 언어는 이미 교육 분야 전체에 퍼져 있으며, 학교 현장의 교육과정 구성과 수업 실제에 강력한 영향을 미치고 있다. 따라서 향후 교육과정 개발에 대한 연구나 이론화가 살아남을 수 없을 것이라는 주장은 설득력을 얻기 어렵다. 교육과정 개발에 대한 이론은 그것이 기반하고 있는 근대주의적 사유 방식 때문에 꾸준히 비판받고 있으나 여전히 번성하고 있으며 앞으로도 그럴 것이다.

다른 한편으로, 교육과정 분야를 새롭게 이해하려는 노력 또한 더욱 확대될 것이다. 사실 이러한 현상은 이미 나타나고 있다. 21세기의 급격한 사회 변화는 교육과정 분야에서 새롭게 고려해야 할 문제 혹은 기존의 틀이나 관점으로는 해결하기 어려운 복잡한 문제를 제기하고 있다(Barnett, 2012). 또한 학문적으로는 앞서 언급한 포스트-모더니즘 이외에도 포스트-식민주의, 포스트-구조주의, 포스트-휴머니즘, 신유물론 등 새롭게 나타난 사조들이 교육과정 분야에 유입되면서 기존 교육과정 연구에 도전을 던지고 있다(Malewski, 2010). 이로 인해 교육과정 연구에서는 앞에서 제시한 재개념주의 이론화의 유형으로는 충분히 설명되지 않는 새로운 움직임이 나타나고 있다(소경희 외, 2019). 교육과정 연구에서 다루어 온 기존의 개념과 대상들을 포스트-구조주의나 포스트-식민주의 등 여러 대안적 관점이나 이론을 끌어와서 새롭게 사유한다거나, 한 연구 안에 젠더, 페미니즘, 비판이론과 같은 여러 담론들이 서로 얽히면서 새로운 혼종적인 공간을 창출하고 있는 연구들이 생겨나고 있는 것이다(Pacheco, 2012). 이러한 새로운 흐름은 재개념주의와의 단절이라거나 이로부터의 새로운 전환이라기보다는, 이의 연장선상에서 새로운 감각을 내세운다는 점에서 "포스트-재개념주의"(post-reconceptualization)(Malewski, 2010: 536)로 불린다. 즉 포스트-재개념주의는 파이너에서 비롯된 재개념주의의 관심사를 반영하고 확장하면서 이러한 관심사를 포스트-식민주의, 포스트-휴머니즘 등과 같은 새로운 이론적 흐름 속에서 새롭게 접근하고 해석하려는 노력이라고 할 수 있다.

교육과정 연구에서 새로운 시도는 앞으로도 넘쳐날 것이다. 이로 인해 교육과정 분야는 '교육과정 이론의 탈영토화'나 '유목민적 교육과정 이론'의 길로 향해갈 가능성이 있다(Paraskeva, 2016). 교육과정 현상을 이해하고 해석하는 어떠한 고착화되고 불변하는 틀로부터 탈주하려는 노력, 즉 탈영토화는 이미 진행되고 있으며, 이러한 탈영토화는 향후 교육과정 이론화를 이끌 새로운 언어가 될 가능성이 있다. 탈영토화된 교육과정 이론을 추구한다는 것은 기존의 어떠한 구조화된 틀이나 이론에 얽매이지 않고 끊임없이 새로운 사유 방식을 탐색한다는 것을 의미한다. 탈영토화된 교육과정 이론은 어떤 확실한 공간을 점하지 못한다는 점에서 유목민적인 성격을 갖는다고 할 수 있다. 기존의 지배적인 이론에 균열과 차이를 생성함으로써 새로운 사유 방식을 찾고자 하는 이러한 탈영토화되고 유목민적인 교육과정 이론화 작업은 앞으로 확대될 가능성이 있다.

이상에서 검토한 바와 같이, 교육과정 분야는 교육과정 개발에 대한 연구 전통을 폐기하지 않으면서 다양한 관점과 방법을 가지고 교육과정 현상을 새롭게 해석하고 이론화해 갈 것으로 보인다. 교육과정 분야는 이러한 다양하고 풍성한 이론화를 통해 발전해 갈 것이나, 교육과정의 학문적 발전을 위해서는 교사로부터 학자에 이르기까지 다양한 연구를 수행하는 모든 이론가들 간에 서로로부터 배울 수 있는 지속적이고 복잡한 대화가 필요할 것이다.

참고 문헌

소경희 · 허예지 · 박지애 · 장연우(2019). 교육과정 연구의 국제 동향에 대한 메타분석: 2010년 이후 AERA 학술대회 발표 논문을 중심으로. **교육과정연구**, 37(4), 117-142.

Althusser, L.(1971). Ideology and the ideological state apparatuses. In L. Althusser(Ed.), *Lenin and philosophy and other essays*. New York: Monthly Review Press.

Apple, M.(1990). *Ideology and curriculum*. New York: Routledge.

Barnett, R.(2012). Learning for an unknown future. *Higher Education Research & Development, 31*(1), 65–77.

Bobbitt, J. F.(1918). *The curriculum*. Boston: Houghton Mifflin.

Bobbitt, J. F.(1924). *How to make a curriculum*. Houghton Mifflin.

Bowles, S., & Gintis, H.(1976). *Schooling in capitalist America*. New York: Basic Books.

Giroux, H.(1990). Curriculum theory, textual authority, and the role of teachers as public intellectuals. *Journal of Curriculum and Supervision, 5*(4), 361–383.

Malewski, E.(2010). Introduction: Proliferating curriculum. In E. Malewski(Ed.), *Curriculum studies handbook: The next moment*(pp. 1–39). New york: Routledge.

Marsh, C., & Willis, W.(2007). *Curriculum: Alternative approaches, ongoing issues*. Upper Saddle River, NJ: Merrill Prentice Hall.

Miller, J.(1992). Shifting the boundaries: Teachers challenge contemporary curriculum thought. *Theory into Practice, 31*(3). 245–251.

Null, W.(2008). Curriculum development in historical perspective. In F. Connelly, M. He, & J. Phillion(Eds.), *Sage handbook of curriculum and instruction*(pp. 478–490). Los Angeles: Sage Publication.

Pacheco, J. A.(2012). Curriculum studies: What is the field today? *Journal of the American Association for the Advancement of Curriculum Studies, 8*, 1–18.

Paraskeva, J.(2016). Epistemicides: Toward an itinerant curriculum theory. In J. Paraskeva & S. Steinberg(Eds.), *Curriculum: Decanonizing the field* (pp.261–289). New York: Peter Lang.

Pinar, W., Reynolds, W., Slattery, P., & Taubman, P.(1995). *Understanding curriculum*. New York: Lang.

Schwab, J.(1969). The practical: A language for curriculum. *School Review, 78*(1), 1–23.

Schwab, J.(1971). The practical: Arts of the eclectic. *School Review, 79*, 493–542.

Schwab, J.(1973). The practical 3: Translation into curriculum. *School Review, 81*, 501–522.

Schwab, J.(1983). The practical 4: Something for curriculum professors to do.

Curriculum Inquiry, 13(3), 239–265.

Taba, H.(1962). *Curriculum development: Theory and practice*. New York: Harcourt, Brace, & World.

Tyler, R.(1949). *Basic principles of curriculum and instruction*. Chicago: The University of Chicago Press.

Van Manen, M.(1980). Pedagogical theorizing. Paper presented at the annual meeting of the American Educational Research Association, Boston.

찾아보기

[인 명]

[내 용]

ㄱ

ㄴ

ㄷ

ㅁ

ㅂ

저자 소개

소경희

서울대학교 교육학과 교수

교육과정의 이해 〈2판〉

2017년 3월 30일 1판 1쇄 발행
2023년 9월 10일 1판 10쇄 발행
2024년 2월 28일 2판 1쇄 발행
2026년 2월 28일 2판 3쇄 발행

지은이 • 소경희
발행자 • 한정주
발행처 • 교육과학사
경기도 파주시 광인사길 71
전화 • 031)955-6956~8 / 팩스 031)955-6037
Home-page • http://www.kyoyookbook.co.kr
E-mail • kyoyookbook@daum.net
등록 • 1970년 5월 18일 제2-73호

정가 21,000원
ISBN 978-89-254-1871-1

낙장 · 파본은 교환해 드립니다.
Printed in Korea.